THEORIE–WERKAUSGABE

LUDWIG FEUERBACH

WERKE IN SECHS BÄNDEN

Herausgegeben von Erich Thies

5

Das Wesen des Christentums
(Leipzig 1841)

SUHRKAMP

Erste Auflage 1976
© Suhrkamp Verlag Frankfurt am Main 1976
Alle Rechte dieser Ausgabe vorbehalten
Druck: MZ-Verlagsdruckerei GmbH, Memmingen
Printed in Germany

Inhalt

EINLEITUNG

ERSTER TEIL
DIE RELIGION IN IHRER ÜBEREINSTIMMUNG
MIT DEM WESEN DES MENSCHEN

ZWEITER TEIL
DIE RELIGION IN IHREM WIDERSPRUCH MIT DEM WESEN DES MENSCHEN

ANHANG

DAS WESEN DES CHRISTENTUMS

Leipzig 1841

Vorwort

Die in verschiedenen Arbeiten zerstreuten, meist nur gelegentlichen, aphoristischen und polemischen Gedanken des Verfassers über Religion und Christentum, Theologie und spekulative Religionsphilosophie findet der geneigte und ungeneigte Leser im vorliegenden Werke konzentriert, aber jetzt ausgebildet, durchgeführt, begründet – konserviert und reformiert, beschränkt und erweitert, gemäßigt und geschärft, je nachdem es eben sachgemäß und folglich notwendig war, aber keineswegs, wohlgemerkt, vollständig *erschöpft*, und zwar schon aus dem Grunde nicht, weil der Verfasser, abgeneigt allen nebulosen Allgemeinheiten, wie bei allen seinen Schriften, so auch bei dieser nur ein ganz bestimmtes Thema verfolgte.

Vorliegendes Werk enthält die *Elemente*, wohlgemerkt, nur die, und zwar kritischen, Elemente zu einer Philosophie der positiven Religion oder Offenbarung, aber natürlich, wie sich im voraus erwarten läßt, einer Religions-Philosophie weder in dem kindisch phantastischen Sinne unserer christlichen Mythologie, die sich jedes Ammenmärchen der Historie als Tatsache aufbinden läßt, noch in dem pedantischen Sinne unserer spekulativen Religionsphilosophie, welche, wie weiland die Scholastik, den articulus fidei ohne weiteres als eine logisch-metaphysische Wahrheit demonstriert.

Die spekulative Religionsphilosophie opfert die Religion der Philosophie, die christliche Mythologie die Philosophie der Religion auf, jene macht die Religion zu einem Spielball der spekulativen Willkür, diese die Vernunft zum Spielball eines phantastischen religiösen Materialismus, jene läßt die Religion nur sagen, was sie selbst gedacht und weit besser sagt, diese läßt die Religion *anstatt* der Vernunft reden, jene, unfähig, *aus sich* herauszukommen, macht die Bilder der Religion zu ihren eigenen *Gedanken,* diese, unfähig, *zu sich* zu kommen, die Bilder zu *Sachen.*

9

Es versteht sich allerdings von selbst, daß Philosophie oder Religion im allgemeinen, d. h. abgesehen von ihrer spezifischen Differenz, identisch sind, daß, weil es ein und dasselbe Wesen ist, welches denkt und glaubt, auch die Bilder der Religion zugleich Gedanken und Sachen ausdrücken, ja, daß jede bestimmte Religion, jede Glaubensweise auch zugleich eine Denkweise ist, indem es völlig unmöglich ist, daß irgendein Mensch etwas glaubt, was wirklich wenigstens *seinem* Denk- und Vorstellungsvermögen widerspricht. So ist das Wunder dem Wundergläubigen nichts der Vernunft Widersprechendes, vielmehr etwas ganz Natürliches, als eine sich von selbst ergebende Folge der göttlichen Allmacht, die gleichfalls für ihn eine sehr natürliche Vorstellung ist. So ist dem Glauben die Auferstehung des Fleisches aus dem Grabe so klar, so natürlich als die Wiederkehr der Sonne nach ihrem Untergang, das Erwachen des Frühlings nach dem Winter, die Entstehung der Pflanze aus dem in die Erde gelegten Samen. Nur wann der Mensch nicht mehr in Harmonie mit seinem Glauben ist, fühlt und denkt, der Glaube also keine den Menschen mehr penetrierende Wahrheit ist, nur dann erst wird der Widerspruch des Glaubens, der Religion mit der Vernunft mit besonderm Nachdruck hervorgehoben. Allerdings erklärt auch der mit sich einige Glaube seine Gegenstände für unbegreiflich, für widersprechend der Vernunft; aber er unterscheidet zwischen christlicher und heidnischer, erleuchteter und natürlicher Vernunft. Ein Unterschied, der übrigens nur soviel sagt: Dem Unglauben nur sind die Glaubensgegenstände vernunftwidrig; aber wer sie einmal glaubt, der ist von ihrer Wahrheit überzeugt, dem gelten sie selbst für die höchste Vernunft.

Aber auch inmitten dieser Harmonie zwischen dem christlichen oder religiösen Glauben und der christlichen oder religiösen Vernunft bleibt doch immer ein wesentlicher Unterschied zwischen dem Glauben und der Vernunft übrig, weil auch der Glaube sich nicht der natürlichen Vernunft entäußern kann. Die natürliche Vernunft ist aber nichts andres als die Vernunft κατ’ ἐξοχήν, die *allgemeine* Vernunft, die Vernunft mit allgemeinen Wahrheiten und Gesetzen; der christliche Glaube oder, was eins ist, die christliche Vernunft dagegen ist ein Inbegriff besonderer Wahrheiten, besonderer Privilegien und Exemtionen, also eine *besondere* Vernunft. Kürzer und schärfer: Die Vernunft ist die Regel, der Glaube die Ausnahme von der Regel. Selbst in der besten Harmonie ist daher eine Kollision zwischen beiden unvermeidlich, denn die Spezialität des Glaubens und die Universalität der Vernunft decken sich, sättigen sich nicht vollkommen, sondern es bleibt ein Überschuß von freier Vernunft, welcher *für sich selbst,* im Widerspruch mit der an die Basis des Glaubens gebundenen Vernunft, wenigstens in besondern Momenten, empfunden wird. So wird die *Differenz* zwischen Glauben und Vernunft selbst zu einer psychologischen Tatsache.

Und nicht das, worin der Glaube mit der allgemeinen Vernunft übereinstimmt, begründet das *Wesen* des Glaubens, sondern das, wodurch er sich von ihr unterscheidet. Die Besonderheit ist die Würze des Glaubens – daher sein Inhalt selbst äußerlich schon gebunden ist an eine *besondere*, historische Zeit, einen *besondern* Ort, einen *besondern* Namen. Den Glauben mit der Vernunft identifizieren heißt den Glauben diluieren, seine Differenz auslöschen. Wenn ich z. B. den Glauben an die Erbsünde nichts weiter aussagen lasse als dies, daß der Mensch von Natur nicht so sei, wie er sein soll, so lege ich ihm nur eine ganz allgemeine rationalistische Wahrheit in den Mund, eine Wahrheit, die jeder Mensch weiß, selbst der rohe Naturmensch noch bestätigt, wenn er auch nur mit einem Felle seine Scham bedeckt, denn was sagt er durch diese Bedeckung anderes aus, als daß das menschliche Individuum von Natur nicht so ist, wie es sein soll. Freilich liegt auch der Erbsünde dieser allgemeine Gedanke zugrunde, aber das, was sie zu einem Glaubensobjekt, zu einer religiösen Wahrheit macht, dies ist gerade das Besondere, das Differente, das nicht mit der allgemeinen Vernunft Übereinstimmende.

Allerdings ist immer und notwendig das Verhältnis des Denkens zu den Gegenständen der Religion, als ein sie *be-* und *erleuchtendes,* in den Augen der Religion oder wenigstens der Theologie ein sie diluierendes und destruierendes Verhältnis – so ist es auch die Aufgabe dieser Schrift, nachzuweisen, daß den übernatürlichen Mysterien der Religion ganz einfache, natürliche Wahrheiten zugrunde liegen –, aber es ist zugleich unerläßlich, die wesentliche Differenz der Philosophie und Religion stets festzuhalten, wenn man anders die Religion, nicht *sich selbst* expektorieren will. Die wesentliche Differenz der Religion von der Philosophie begründet aber das *Bild.* Die Religion ist wesentlich dramatisch. Gott selbst ist ein dramatisches, d. h. persönliches Wesen. Wer der Religion das Bild nimmt, der nimmt ihr die Sache, hat nur das *caput mortuum* in Händen. Das Bild ist *als Bild* Sache.

Hier in dieser Schrift nun werden die Bilder der Religion weder zu Gedanken – wenigstens nicht in dem Sinne der spekulativen Religionsphilosophie – noch zu Sachen gemacht, sondern *als Bilder* betrachtet –, d. h. die Theologie wird weder als eine mystische *Pragmatologie,* wie von der christlichen Mythologie, noch als *Ontologie,* wie von der spekulativen Religionsphilosophie, sondern als psychische *Pathologie* behandelt.

Die Methode, die aber der Verfasser hierbei befolgt, ist eine durchaus *objektive* – die Methode der *analytischen* Chemie. Daher werden überall, wo es nur nötig und möglich war, Dokumente, teils gleich unter dem Text, teils in einem besondern Anhange, angeführt, um die durch die Analyse gewonnenen Konklusionen zu legitimieren, d. h. als objektiv begründete zu erweisen. Findet man daher die Resultate seiner Methode auffallend, illegitim, so sei man so billig, die Schuld nicht auf ihn, sondern auf den Gegenstand zu schieben.

Daß der Verfasser diese seine Zeugnisse aus dem Archiv längst vergangner Jahrhunderte herholt, das hat seine guten Gründe. Auch das Christentum hat seine klassischen Zeiten gehabt – und nur das Wahre, das Große, das *Klassische* ist *würdig, gedacht zu werden;* das Unklassische gehört vor das Forum der Komik oder Satire. Um daher das Christentum als ein *denkwürdiges* Objekt fixieren zu können, mußte der Verfasser von dem feigen, charakterlosen, komfortabeln, belletristischen, koketten, epikureischen Christentum der modernen Welt abstrahieren, sich zurückversetzen in Zeiten, wo die Braut Christi noch eine keusche, unbefleckte Jungfrau war, wo sie noch nicht in die Dornenkrone ihres himmlischen Bräutigams die Rosen und Myrten der heidnischen Venus einflocht, um über den Anblick des leidenden Gottes nicht in Ohnmacht zu versinken; wo sie zwar arm war an irdischen Schätzen, aber überreich und überglücklich im Genusse der Geheimnisse einer übernatürlichen Liebe.

Das moderne Christentum hat keine andern Zeugnisse mehr aufzuweisen als – *testimonia paupertatis.* Was es allenfalls noch hat, das hat es nicht *aus sich* – es lebt vom Almosen vergangner Jahrhunderte. Wäre das moderne Christentum ein der philosophischen Kritik würdiger Gegenstand, so hätte sich der Verfasser die Mühe des Nachdenkens und Studiums, die ihm seine Schrift gekostet, ersparen können. Was nämlich in dieser Schrift sozusagen *a priori* bewiesen wird, daß das *Geheimnis der Theologie die Anthropologie* ist, das hat längst *a posteriori* die Geschichte der Theologie bewiesen und bestätigt. »Die Geschichte des Dogmas«, allgemeiner ausgedrückt: der Theologie überhaupt, ist die »Kritik des Dogmas«, der Theologie überhaupt. Die Theologie ist längst zur Anthropologie geworden. So hat die Geschichte realisiert, zu einem Gegenstande des Bewußtseins gemacht, was *an sich* – hierin ist die Methode Hegels vollkommen richtig, historisch begründet – das Wesen der Theologie war.

Obgleich aber »die unendliche Freiheit und Persönlichkeit« der modernen Welt sich also der christlichen Religion und Theologie bemeistert hat, daß der Unterschied zwischen dem produzierenden Heiligen Geist der göttlichen Offenbarung und dem konsumierenden menschlichen Geist längst aufgehoben, der einst übernatürliche und übermenschliche Inhalt des

Christentums längst völlig naturalisiert und anthropomorphosiert ist, so spukt doch immer noch unsrer Zeit und Theologie, infolge ihrer unentschiedenen Halbheit und Charakterlosigkeit, das übermenschliche und übernatürliche Wesen des alten Christentums wenigstens als ein *Gespenst* im Kopfe. Allein es wäre eine Aufgabe ohne alles philosophische Interesse gewesen, wenn der Verfasser den Beweis, daß dieses moderne Gespenst nur eine Illusion, eine Selbsttäuschung des Menschen ist, zum Ziele seiner Arbeit sich gesetzt hätte. Gespenster sind Schatten der Vergangenheit – notwendig führen sie uns auf die Frage zurück: Was war einst das Gespenst, als es noch ein Wesen von Fleisch und Blut war?

Der Verfasser muß jedoch den geneigten, insbesondere aber den ungeneigten Leser ersuchen, nicht außer acht zu lassen, daß er, wenn er aus der alten Zeit heraus schreibt, darum noch nicht in der alten, sondern *in* der neuen Zeit und *für* die neue Zeit schreibt, daß er also das moderne Gespenst nicht außer Augen läßt, während er sein ursprüngliches Wesen betrachtet, daß überhaupt zwar der Inhalt dieser Schrift ein pathologischer oder physiologischer, aber doch ihr Zweck zugleich ein *therapeutischer* oder *praktischer* ist.

Dieser Zweck ist: Beförderung der *pneumatischen Wasserheilkunde* – Belehrung über den Gebrauch und Nutzen des *kalten Wassers* der *natürlichen Vernunft* – Wiederherstellung der alten, einfachen jonischen Hydrologie auf dem Gebiete der spekulativen Philosophie, zunächst auf dem der spekulativen Religionsphilosophie. Die alte jonische, insbesondere Thalessche Lehre lautet aber bekanntlich in ihrer ursprünglichen Gestalt also: Das Wasser ist der Ursprung aller Dinge und Wesen, folglich auch der Götter; denn der Geist oder Gott, welcher nach Cicero dem Wasser bei der Geburt der Dinge als ein *besonderes* Wesen assistiert, ist offenbar nur ein Zusatz des spätern heidnischen Theismus.

Nicht widerspricht das sokratische Γνῶθι σαυτόν, welches das wahre Epigramm und Thema dieser Schrift ist, dem einfachen Naturelement der jonischen Weltweisheit, wenn es wenigstens wahrhaft erfaßt wird. Das Wasser ist nämlich nicht nur ein physisches Zeugungs- und Nahrungsmittel, wofür es allein der alten beschränkten Hydrologie galt; es ist auch ein sehr probates psychisches und optisches Remedium. Kaltes Wasser macht klare Augen. Und welche Wonne ist es, auch nur zu blicken in klares Wasser, wie seelerquickend, wie geisterleuchtend so ein optisches Wasserbad! Wohl zieht uns das Wasser mit magischem Reize zu sich hinab in die Tiefe der Natur, aber es spiegelt auch dem Menschen sein eignes Bild zurück. Das Wasser ist das Ebenbild des Selbstbewußtseins, das Ebenbild des menschlichen Auges – das Wasser der natürliche Spiegel des Menschen. Im Wasser entledigt sich ungescheut der Mensch aller mystischen Umhüllungen; dem Wasser vertraut er sich in seiner wahren, seiner nackten Gestalt an; im Wasser verschwinden alle supranaturalistischen Illusionen. So erlosch auch einst in dem Wasser der jonischen Naturphilosophie die Fackel der heidnischen Astrotheologie.

Hierin eben liegt die wunderbare Heilkraft des Wassers – hierin die Wohltätigkeit und Notwendigkeit der pneumatischen Wasserheilkunst, namentlich für so ein wasserscheues, sich selbst betörendes, sich selbst verweichlichendes Geschlecht, wie großenteils das gegenwärtige ist.

Fern sei es jedoch von uns, über das Wasser, das helle, sonnenklare Wasser der natürlichen Vernunft uns Illusionen zu machen, mit dem Antidotum des Supranaturalismus selbst wieder supranaturalistische Vorstellungen zu verbinden. Ἄριστον ὕδως, allerdings; aber auch ἄριστον μέτρον. Auch die Kraft des Wassers ist eine in sich selbst begrenzte, in Maß und Ziel gesetzte Kraft. Auch für das Wasser gibt es unheilbare Krankheiten. So ist vor allem inkurabel die Venerie, die *Lustseuche* der modernen Frömmler, Dichtler und Schöngeistler, welche, den Wert der Dinge nur nach ihrem poetischen Reize bemessend, so ehr- und schamlos sind, daß sie selbst auch die als Illusion erkannte Illusion, weil sie schön und wohltätig sei, in Schutz nehmen, so wesen- und wahrheitslos, daß sie nicht einmal mehr fühlen, daß eine Illusion nur so lange *schön* ist, solange sie für keine Illusion, sondern für *Wahrheit* gilt. Doch an solche grundeitle, lustsüchtige Subjekte wendet sich auch nicht der pneumatische Wasserheilkünstler. Nur wer den schlichten Geist der Wahrheit höher schätzt als den gleisnerischen Schöngeist der Lüge, nur wer die Wahrheit schön, die Lüge aber häßlich findet, nur der ist würdig und fähig, die heilige Wassertaufe zu empfangen.

Einleitung

DAS WESEN DES MENSCHEN IM ALLGEMEINEN

Die Religion beruht auf dem *wesentlichen Unterschiede* des Menschen vom Tiere – die Tiere haben *keine* Religion. Die ältern kritiklosen Zoographen legten wohl dem Elefanten unter andern löblichen Eigenschaften auch die Tugend der Religiosität bei; allein die Religion der Elefanten gehört in das Reich der Fabeln. Cuvier, einer der größten Kenner der Tierwelt, stellt, gestützt auf eigne Beobachtungen, den Elefanten auf keine höhere Geistesstufe als den Hund.

Was ist aber dieser wesentliche Unterschied des Menschen vom Tiere? Die einfachste und allgemeinste, auch populärste Antwort auf diese Frage ist: *das Bewußtsein* – aber Bewußtsein im strengen Sinne; denn Bewußtsein im Sinne des Selbstgefühls, der sinnlichen Unterscheidungskraft, der Wahrnehmung der äußern Dinge nach bestimmten sinnfälligen Merkmalen, solches Bewußtsein kann den Tieren nicht abgesprochen werden. Bewußtsein im strengsten Sinne ist nur da, wo einem Wesen seine *Gattung,* seine *Wesenheit* Gegenstand ist. Das Tier ist wohl sich als Individuum – darum hat es Selbstgefühl –, aber nicht als Gattung Gegenstand – darum mangelt ihm *das* Bewußtsein, welches seinen Namen vom *Wissen* ableitet. Wo Bewußtsein, da ist Fähigkeit zur Wissenschaft. Die Wissenschaft ist das *Bewußtsein der Gattungen.* Im Leben verkehren wir mit Individuen, in der Wissenschaft mit Gattungen. Aber nur ein Wesen, dem seine eigene Gattung, seine Wesenheit Gegenstand ist, kann andere Dinge oder Wesen nach seiner wesentlichen Natur zum Gegenstande machen.

Das Tier hat daher nur ein einfaches, der Mensch ein zweifaches Leben: Bei dem Tiere ist das innere Leben eins mit dem äußern – der Mensch hat ein inneres *und* äußeres Leben.

Das innere Leben des Menschen ist das Leben im Verhältnis zu seiner Gattung, seinem allgemeinen Wesen. Der Mensch denkt, d. h. er konversiert, er spricht *mit sich selbst*. Das Tier kann keine Gattungsfunktion verrichten ohne ein anderes Individuum außer ihm; der Mensch aber kann die Gattungsfunktion des Denkens, des Sprechens – denn Denken, Sprechen sind wahre *Gattungsfunktionen* – ohne einen andern verrichten. Der Mensch ist sich selbst zugleich Ich und Du; er kann sich selbst die Stelle des andern vertreten, eben deswegen, weil ihm seine Gattung, sein *Wesen,* nicht nur seine Individualität Gegenstand ist.

Die Religion im allgemeinen, als *identisch* mit dem *Wesen* des Menschen, ist identisch mit dem *Selbstbewußtsein,* mit dem Bewußtsein des Menschen von seinem *Wesen.* Aber die Religion ist, allgemein ausgedrückt, Bewußtsein des Unendlichen; sie ist also und kann nichts andres sein als das Bewußtsein des Menschen von *seinem,* und zwar nicht endlichen, beschränkten, sondern *unendlichen* Wesen. Ein *wirklich* endliches Wesen hat keine, auch nicht die *entfernteste Ahnung,* geschweige *Bewußtsein* von einem *unendlichen Wesen,* denn die *Schranke des Wesens* ist auch die *Schranke des Bewußtseins.* Das Bewußtsein der Raupe, deren Leben und Wesen auf eine bestimmte Pflanzenspezies eingeschränkt ist, erstreckt sich auch nicht über dieses beschränkte Gebiet hinaus. Sie unterscheidet wohl diese Pflanze von andern Pflanzen, aber mehr weiß sie nicht. Solches beschränktes, aber eben wegen seiner Beschränktheit infallibles, untrügliches Bewußtsein nennen wir darum auch nicht Bewußtsein, sondern Instinkt. *Bewußtsein* im strengen oder eigentlichen Sinne und *Bewußtsein des Unendlichen ist identisch. Beschränktes* Bewußtsein ist *kein* Bewußtsein; das Bewußtsein ist wesentlich unendlicher Natur.* Das Bewußtsein des Unendlichen ist nichts andres als das Bewußt-

---

* »Objectum intellectus esse *illimitatum* sive *omne verum* ac, ut loquuntur, omne ens ut ens, ex eo constat, quod ad *nullum non genus* rerum extenditur, *nullumque* est, cujus cognoscendi *capax non sit,* licet ob varia obstacula multa sint, quae re ipsa non norit« (Gassendi, *Op. omn., Phys.*).

sein von der *Unendlichkeit des Bewußtseins.* Oder: Im Bewußtsein des Unendlichen ist dem Bewußten nur die *Unendlichkeit des eignen Wesens Gegenstand.*

Aber was ist denn das Wesen des Menschen, dessen er sich bewußt ist, oder was konstituiert die Gattung, die eigentliche Menschheit im Menschen? *Die Vernunft, der Wille, das Herz.* Zu einem vollkommenen Menschen gehört die Kraft des Denkens, die Kraft des Willens, die Kraft des Herzens. Die Kraft des Denkens ist das Licht der Erkenntnis, die Kraft des Willens die Energie des Charakters, die Kraft des Herzens die Liebe. Vernunft, Liebe, Willenskraft sind *Vollkommenheiten,* die Vollkommenheiten des menschlichen Wesens, ja *absolute Wesensvollkommenheiten.* Wollen, Lieben, Denken sind die *höchsten Kräfte,* sind das *absolute Wesen* des Menschen qua talis, als Menschen, und der *Grund* seines Daseins. Der Mensch ist, um zu denken, um zu lieben, um zu wollen. Was aber der Endzweck, ist auch der wahre Grund und Ursprung eines Wesens. Aber was ist der Zweck der Vernunft? Die Vernunft. Der Liebe? Die Liebe. Des Willens? Die Willensfreiheit. Wir denken, um zu denken, lieben, um zu lieben, wollen, um zu wollen, d. h. frei zu sein. *Wahres* Wesen ist denkendes, liebendes, wollendes Wesen. Wahr, vollkommen, göttlich ist nur, was *um seiner selbst willen* ist. Aber so ist die Liebe, so die Vernunft, so der Wille. Die göttliche Dreieinigkeit *im* Menschen *über* dem individuellen Menschen ist die Einheit von Vernunft, Liebe, Wille. Vernunft (in ihren sinnlichen Formen: Einbildungskraft, Phantasie, Vorstellung, Meinung)**, Wille, Liebe oder Herz sind keine Kräfte, welche der Mensch *hat* – denn er ist nichts ohne sie, er ist, was er ist,

---

* Der *geistlose* Materialist sagt: »Der Mensch unterscheidet sich vom Tiere *nur* durch Bewußtsein, er ist ein Tier, aber mit Bewußtsein«, er bedenkt also nicht, daß in einem Wesen, das zum Bewußtsein erwacht, eine *qualitative Veränderung und Differenzierung* des ganzen Wesens vor sich geht. Übrigens soll mit dem Gesagten keineswegs das Wesen der Tiere herabgesetzt werden. Hier ist der Ort nicht, tiefer einzugehen.
** »Toute opinion est *assez forte* pour se faire esposer *au prix de la vie*« (Montaigne).

nur durch sie –, sie sind, als die sein Wesen, welches er weder *hat*, noch *macht*, konstituierenden Kräfte, Elemente oder Prinzipien, die ihn *beseelenden, bestimmenden, beherrschenden Mächte* – *göttliche, absolute Mächte,* denen er keinen Widerstand entgegensetzen kann.

Wie könnte der gefühlvolle Mensch dem Gefühl, der Liebende der Liebe, der Vernünftige der Vernunft widerstehen? Wer hat nicht die zermalmende Macht der Töne erfahren? Aber was ist die Macht der Töne [anderes] als die Macht der Gefühle? Die Musik ist die Sprache der Gefühle – der Ton das laute Gefühl, das Gefühl, das sich mitteilt. Wer hätte nicht die Macht der Liebe erfahren oder wenigstens von ihr gehört? Wer ist stärker: die Liebe oder der individuelle Mensch? Hat der Mensch die Liebe, oder hat nicht vielmehr die Liebe den Menschen? Wenn die Liebe den Menschen bewegt, selbst mit Freuden für den Geliebten in den Tod zu gehen, ist diese den Tod überwindende Kraft seine eigne individuelle Kraft oder nicht vielmehr die Kraft der Liebe? Und wer, der je wahrhaft gedacht, hätte nicht die Macht des Denkens, die freilich stille, geräuschlose Macht des Denkens erfahren? Wenn du in tiefes Nachdenken versinkest, dich und was um dich vergessend, beherrschest du die Vernunft oder wirst du nicht von ihr beherrscht und verschlungen? Ist die wissenschaftliche Begeisterung nicht der schönste Triumph, den die Vernunft über dich feiert? Ist die Macht des Wissenstriebs nicht eine *schlechterdings unwiderstehliche, alles überwindende Macht?* Und wenn du eine Leidenschaft unterdrückst, eine Gewohnheit ablegst, kurz, einen Sieg über dich selbst erringst, ist diese siegreiche Kraft deine eigne persönliche Kraft, für sich selbst gedacht, oder nicht vielmehr die Willensenergie, die Macht der Sittlichkeit, welche sich gewaltsam deiner bemeistert und dich mit Indignation gegen dich selbst und deine individuellen Schwachheiten erfüllt?

Der Mensch ist *nichts ohne Gegenstand.* Große, exemplarische Menschen – solche Menschen, die uns das Wesen des Menschen offenbaren, bestätigten diesen Satz durch ihr Leben.

Sie hatten nur *eine* dominierende Grundleidenschaft: die Verwirklichung des Zwecks, welcher der wesentliche Gegenstand ihrer Tätigkeit war. Aber der Gegenstand, auf welchen sich ein Subjekt *wesentlich, notwendig* bezieht, ist nichts andres als das *eigne*, aber *gegenständliche* Wesen dieses Subjekts. Ist derselbe ein mehreren der Gattung nach gleichen, der Art nach aber unterschiedenen Individuen gemeinschaftlicher Gegenstand, so ist er wenigstens *so, wie* er diesen Individuen je nach ihrer Verschiedenheit Objekt ist, ihr eignes aber gegenständliches Wesen.

So ist die Sonne das gemeinschaftliche Objekt der Planeten, aber so, wie sie dem Merkur, der Venus, dem Saturn, dem Uranus, so ist sie nicht der Erde Gegenstand. *Jeder Planet hat seine eigne Sonne.* Die Sonne, die und wie sie den Uranus erleuchtet und erwärmt, hat kein physisches (nur ein astronomisches, wissenschaftliches) Dasein für die Erde; und die Sonne erscheint nicht nur anders, sie *ist* auch wirklich auf dem Uranus eine *andere* Sonne als auf der Erde. Das Verhalten der Erde zur Sonne ist daher zugleich ein Verhalten der Erde zu sich selbst oder zu ihrem eignen Wesen, denn das Maß der Größe und der Intensität des Lichts, in welchem die Sonne der Erde Gegenstand ist, ist das Maß der Entfernung, welches die eigentümliche Natur der Erde begründet. Die Sonne jedes Planeten ist der Spiegel seines eignen Wesens.

An dem Gegenstande wird daher der Mensch *seiner selbst* bewußt: Das Bewußtsein des Gegenstands ist das *Selbstbewußtsein* des Menschen. Aus dem Gegenstande erkennst du den Menschen; an ihm *erscheint dir* sein Wesen: Der Gegenstand ist sein *offenbares* Wesen, sein *wahres, objektives* Ich. Und dies gilt keineswegs nur von den geistigen, sondern auch den *sinnlichen* Gegenständen. Auch die dem Menschen fernsten Gegenstände sind, *weil* und *wiefern* sie ihm Gegenstände sind, Offenbarungen des menschlichen Wesens. Auch der Mond, auch die Sonne, auch die Sterne rufen dem Menschen das Γνῶθι σαυτόν zu. Daß er sie sieht und sie so sieht, wie er sie sieht, das ist ein Zeugnis seines eignen Wesens. Das Tier wird nur ergriffen von dem das Leben unmittelbar affizierenden Lichtstrahl, der Mensch dagegen auch noch von dem kalten Strahl des entferntesten Sternes. Nur der Mensch hat reine, intellektuelle, interesselose Freuden und Affekte – nur der Mensch feiert theoretische Augenfeste Das Auge, das in den Sternenhimmel schaut, jenes *nutz-* und *schadenlose* Licht erblickt, welches nichts mit der Erde und ihren Bedürfnissen gemein hat, dieses Auge blickt in diesem Lichte in sein eignes Wesen, seinen eignen Ursprung. Das Auge ist himmlischer Natur. Darum erhebt sich der Mensch über die Erde nur mit dem Auge; darum beginnt die *Theorie* mit dem Blicke nach dem Himmel. Die *ersten* Philosophen waren Astronomen. Der Himmel erinnert den Menschen an seine Bestimmung, daran, daß er nicht bloß zum Handeln, sondern auch zur Beschauung bestimmt ist.

Das *absolute Wesen* des Menschen ist *sein eignes Wesen.* Die Macht des *Gegenstandes* über ihn ist daher die *Macht seines eignen Wesens.* So ist die Macht des *Gegenstands* der Liebe die Macht der *Liebe,* die Macht des *Gegenstands* der Vernunft die Macht der *Vernunft* selbst. Den Menschen, dessen Wesen der Ton bestimmt, beherrscht das Gefühl – wenigstens das Gefühl, welches im Tone sein entsprechendes Element findet. Nicht der Ton für sich selbst, nur der inhaltsvolle, der sinn- und gefühlvolle Ton hat Macht auf das Gefühl. Das Gefühl wird nur durch das Gefühlvolle, d. h. durch *sich selbst, sein eignes Wesen bestimmt.* So auch der Wille, so auch und unendlich mehr die Vernunft. Was für eines Gegenstandes wir uns daher auch nur immer bewußt werden: wir werden stets zugleich auch unsres eignen Wesens uns bewußt. Wir können nichts *anderes* betätigen, ohne *uns selbst* zu betätigen. Und weil Wollen, Fühlen, Denken Vollkommenheiten sind, Perfektionen, Realitäten, so ist es unmöglich, daß wir mit *Vernunft* die Vernunft, mit *Gefühl* das Gefühl, mit *Willen* den Willen als eine *beschränkte, endliche,* d. i. *nichtige* Kraft empfinden oder wahrnehmen. Endlichkeit nämlich und Nichtigkeit sind identisch. Endlichkeit ist nur ein Euphemismus für

Nichtigkeit. Endlichkeit ist der *metaphysische,* der *theoretische,* Nichtigkeit der *pathologische, praktische* Ausdruck. Was dem *Verstande endlich,* ist *nichtig* dem *Herzen.* Es ist aber unmöglich, daß wir uns des Willens, des Gefühls, der Vernunft als endlicher Kräfte bewußt werden, weil jede Vollkommenheit, jede ursprüngliche Kraft und Wesenheit die *unmittelbare Bewahrheitung* und *Bekräftigung ihrer selbst* ist. Man kann nicht lieben, nicht wollen, nicht denken, ohne diese Tätigkeiten als Vollkommenheiten zu empfinden, nicht wahrnehmen, daß man ein liebendes, wollendes, denkendes Wesen ist, ohne darüber eine *unendliche Freude* zu empfinden. Bewußtsein ist das Sich-selbst-Gegenstand-Sein eines Wesens; daher nichts Apartes, nichts von dem Wesen, das sich seiner bewußt ist, Unterschiednes. Wie könnte es sonst sich seiner bewußt sein? Unmöglich ist es darum, einer Vollkommenheit als einer Unvollkommenheit sich bewußt zu werden, *unmöglich, das Gefühl als beschränkt zu empfinden, unmöglich, das Denken als beschränkt zu denken.*

Bewußtsein ist Selbstbetätigung, Selbstbejahung, Selbstliebe – Selbstliebe nicht im Sinne der tierischen –, *Freude an der eignen Vollkommenheit. Bewußtsein ist das charakteristische Kennzeichen eines vollkommnen Wesens.* Bewußtsein ist nur in einem gesättigten, vollendeten Wesen. Selbst die menschliche Eitelkeit bestätigt diese Wahrheit. Der Mensch sieht in den Spiegel. Er hat ein Wohlgefallen an seiner Gestalt. Dieses Wohlgefallen ist eine notwendige, unwillkürliche Folge von der Vollendung, von der Schönheit seiner Gestalt. Die schöne Gestalt ist in sich gesättigt, sie hat notwendig eine Freude an sich, sie spiegelt sich notwendig in sich selbst. Eitelkeit ist es nur, wenn der Mensch seine eigne, individuelle Gestalt beliebäugelt, aber nicht, wenn er die menschliche Gestalt überhaupt bewundert. Er *soll* sie bewundern. Allerdings liebt jedes Wesen sich, sein Sein und *soll* es lieben. Sein ist ein Gut. Quidquid essentia dignum est, scientia dignum est. Alles was ist, hat Wert, ist ein Wesen von Distinktion. Wenigstens gilt dies von der Spezies, von der Gattung. Darum bejaht, behauptet es sich. Aber die höchste Form der Selbstbejahung, *die* Form, welche selbst eine Auszeichnung ist, eine Vollkommenheit, ein Glück, ein Gut, ist das Bewußtsein.

Jede Beschränkung der Vernunft oder überhaupt des Wesens des Menschen beruht auf einer Täuschung, einem Irrtum. Wohl kann und soll selbst das menschliche *Individuum* – hierin besteht sein Unterschied von dem tierischen – sich als beschränkt fühlen und erkennen; aber es kann sich seiner Schranken, seiner Endlichkeit nur bewußt werden, weil ihm die Vollkommenheit, die Unendlichkeit der Gattung Gegenstand ist, sei es nun als Gegenstand des Gefühls oder des Gewissens oder des denkenden Bewußtseins. Macht es gleichwohl *seine* Schranken zu *Schranken der Gattung,* so beruht dies auf der Täuschung, daß es sich mit der Gattung *unmittelbar* identifiziert – eine Täuschung, die mit der Bequemlichkeitsliebe, Trägheit, Eitelkeit und Selbstsucht des Individuums aufs innigste zusammenhängt. Eine Schranke nämlich, die ich bloß als *meine* Schranke weiß, *demütigt, beschämt* und *beunruhigt* mich. Um mich daher von diesem Schamgefühl, von dieser Unruhe zu befreien, mache ich die *Schranken meiner Individualität* zu *Schranken des menschlichen Wesens* selbst. Was mir unbegreiflich, ist auch den andern unbegreiflich; was soll ich mich weiter kümmern? Es ist ja nicht meine Schuld; es liegt nicht an *meinem* Verstande; es liegt am Verstande der Gattung selbst. Aber es ist Wahn, lächerlicher und zugleich frevelhafter Wahn, das, was die *Natur* des Menschen konstituiert, das Wesen der Gattung, welches das *absolute Wesen* des Individuums ist, als endlich, als beschränkt zu bestimmen. *Jedes Wesen ist sich selbst genug.* Kein Wesen kann sich, d. h. seine Wesenheit, negieren; kein Wesen ist sich selbst ein beschränktes. Jedes Wesen ist vielmehr *in sich* und *für sich* unendlich. Jede Schranke eines Wesens existiert nur für ein *andres* Wesen *außer* und *über* ihm. Das Leben der Ephemeren ist außerordentlich kurz im Vergleich zu länger lebenden Tieren; aber gleichwohl ist für sie dieses kurze Leben so lang als für andere ein Leben von Jahren. Das Blatt, auf dem die Raupe lebt, ist für sie eine Welt, ein unendlicher Raum.

Was ein Wesen zu dem macht, *was es ist,* das ist eben sein Talent, sein Vermögen, sein Reichtum, sein Schmuck. Wie wäre es möglich, sein Sein als Nichtsein, seinen Reichtum als Mangel, sein Talent als Unvermögen zu gewahren? Hätten die Pflanzen Augen, Geschmack und Urteilskraft – jede Pflanze würde ihre Blume für die schönste erklären; denn ihr Verstand, ihr Geschmack würde nicht weiter reichen als ihre produzierende Wesenskraft. Was die produzierende Wesenskraft als das Höchste hervorbrächte, das müßte auch ihr Geschmack, ihre Urteilskraft als das Höchste bekräftigen, anerkennen. *Was das Wesen bejaht, kann der Verstand,* der Geschmack, das Urteil *nicht verneinen;* sonst wäre der Verstand, die Urteilskraft nicht mehr der Verstand, die Urteilskraft dieses bestimmten, sondern irgendeines andern Wesens. *Das Maß des Wesens ist auch das Maß des Verstandes.* Ist das Wesen beschränkt, so ist auch das Gefühl, auch der Verstand beschränkt. Aber einem beschränkten Wesen ist sein beschränkter Verstand keine Schranke; es ist vielmehr vollkommen glücklich und befriedigt mit demselben; es empfindet ihn, es lobt und preist ihn als eine herrliche, göttliche Kraft; und der beschränkte Verstand preist seinerseits wieder das beschränkte Wesen, dessen Verstand er ist. Beide passen aufs genauste zusammen; wie sollten sie miteinander zerfallen können? Der Verstand ist der Gesichtskreis eines Wesens. So weit du siehst, so weit erstreckt sich dein Wesen, und umgekehrt. Das Auge des Tieres reicht nicht weiter als sein Bedürfnis und sein Wesen nicht weiter als sein Bedürfnis. Und so weit *dein Wesen,* so weit reicht *dein unbeschränktes Selbstgefühl,* so weit *bist du Gott.* Der Zwiespalt von Verstand und Wesen, von Denkkraft und Produktionskraft im menschlichen Bewußtsein ist einerseits ein nur individueller, ohne allgemeine Bedeutung, andrerseits nur ein scheinbarer. Wer seine schlechten Gedichte als schlecht erkennt, ist, *weil* in seiner *Erkenntnis,* auch in *seinem Wesen* nicht so beschränkt wie der, welcher seine schlechten Gedichte in seinem Verstande approbiert.

Kein Wesen kann also in seinen Gefühlen, Vorstellungen, Gedanken seine Natur verleugnen. Was es auch setzt – es setzt immer sich selbst. Jedes Wesen hat seinen *Gott,* sein höchstes Wesen *in sich selbst.* Preisest du die Herrlichkeit Gottes, so preisest du die Herrlichkeit des eignen Wesens. Alle Bewunderung ist im Grunde Selbstbewunderung, alles Lob Selbstlob; jedes Urteil, das du über anderes fällst, ein Urteil über sich selbst. Rühmliches zu rühmen ist selbst Ruhm, Tugenden eines andern anzuerkennen, zu fühlen, selbst Tugend. Was des Lichtes sich freut, das ist in sich selbst ein illuminiertes, aufgeklärtes Wesen. Gleich und gleich gesellt sich gern. Nur der helle Kopf verlangt nach Licht; nur Licht vernimmt Licht.

Denkst du folglich das Unendliche, so denkst und bestätigst du die *Unendlichkeit* des *Denkvermögens;* fühlst du das Unendliche, so fühlst und bestätigst du die *Unendlichkeit* des *Gefühlsvermögens.* Der *Gegenstand* der Vernunft ist die *sich gegenständliche Vernunft,* der *Gegenstand* des Gefühls das *sich gegenständliche Gefühl.* Hast du keinen Sinn, kein Gefühl für Musik, so vernimmst du auch in der schönsten Musik nicht mehr als in dem Winde, der vor deinen Ohren vorbeisaust, als in dem Bache, der vor deinen Füßen vorbeirauscht. Was ergreift dich also, wenn dich der Ton ergreift? Was vernimmst du in ihm? Was anders als die Stimme deines eignen Herzens? Darum spricht das Gefühl nur zum Gefühl, darum ist das Gefühl nur dem Gefühl, d. h. sich selbst verständlich – darum, weil der Gegenstand des Gefühls selbst nur Gefühl ist. Die Musik ist ein Monolog des Gefühls. Aber auch der Dialog der Philosophie ist in Wahrheit nur ein Monolog der Vernunft. Der Gedanke spricht nur zum Gedanken. Der Farbenglanz der Kristalle entzückt die Sinne; die Vernunft interessieren nur die Gesetze der Kristallonomie. Der Vernunft ist nur das Vernünftige Gegenstand.

Alles daher, was im Sinne der hyperphysischen, transzendenten Spekulation und Religion nur die Bedeutung des *Sekun-*

dären, des *Subjektiven*, des *Mittels*, des *Organs* hat, das hat im Sinne der Wahrheit die Bedeutung des *Primitiven*, des *Wesens*, des *Gegenstandes* selbst. Ist z. B. das Gefühl das wesentliche Organ der Religion, so drückt das *Wesen Gottes* nichts andres aus als das *Wesen des Gefühls*. Der wahre, aber verborgene Sinn der Rede: »Das Gefühl ist das Organ des Göttlichen« lautet: Das Gefühl ist das *Nobelste, Trefflichste, d. h. Göttliche* im Menschen. Wie könntest du das Göttliche vernehmen durch das Gefühl, wenn das Gefühl nicht selbst göttlicher Natur wäre? Das Göttliche wird ja nur durch das Göttliche, Gott nur durch sich selbst erkannt. Das göttliche Wesen, welches das Gefühl vernimmt, ist in der Tat nichts als das *von sich selbst entzückte und bezauberte* Wesen des Ge- fühls – *das wonnetrunkene, in sich selige Gefühl*.

Es erhellt dies schon daraus, daß da, wo das Gefühl zum Organ des Unendlichen, zum subjektiven Wesen der Religion gemacht wird, der *Gegenstand* derselben seinen objektiven Wert verliert. So ist, seitdem man das Gefühl zur Hauptsache der Religion gemacht, der sonst so heilige Glaubensinhalt des Christentums gleichgültig geworden. Wird auch auf dem Standpunkt des Gefühls dem Gegenstand noch Wert einge- räumt, so hat er doch diesen nur um des Gefühls willen. Würde ein anderer Gegenstand dieselben Gefühle erregen, so wäre er ebenso willkommen. Der Gegenstand des Gefühls wird aber eben nur deswegen gleichgültig, weil, wo einmal das Gefühl als das subjektive Wesen der Religion ausgespro- chen wird, es in der Tat auch das *objektive Wesen* derselben ist, wenn es gleich nicht als solches, wenigstens direkt, *ausge- sprochen* wird. Direkt sage ich; denn indirekt wird dies allerdings eingestanden, indem, wenn einmal das Gefühl für das Organ des Göttlichen gilt, das *Gefühl als solches*, jedes Gefühl *als Gefühl* für religiös erklärt, also der *Unterschied zwischen spezifisch religiösen* und irreligiösen oder wenigstens *nicht religiösen* Gefühlen aufgehoben wird und aufgehoben werden muß. Warum denn anders als wegen seines Wesens, seiner Natur machst du das Gefühl zum Organ des unendlichen, des göttlichen Wesens? Ist aber nicht die Natur des Gefühls überhaupt auch die Natur jedes speziellen Gefühls, sein Gegenstand sei nun, welcher er wolle? Was macht also dieses Gefühl zum religiösen? Der bestimmte *Gegenstand?* Mitnichten, denn dieser Gegenstand ist *selbst nur ein religiöser*, wenn er nicht ein Gegenstand des kalten Verstandes oder Gedächtnisses, sondern *des Gefühls* ist. Was also? Die Natur des Gefühls, an der jedes Gefühl, ohne Unterschied des Gegenstandes, teilhat. Das Gefühl ist also heiliggesprochen, lediglich weil es Gefühl ist; der *Grund* der Religiosität ist die Natur des Gefühls, liegt *in ihm selbst.* Ist aber dadurch nicht das Gefühl als das Absolute, als *das Göttliche selbst* ausgesprochen? Wenn das Gefühl *durch sich selbst* gut, religiös, d. h. heilig, göttlich ist, hat das Gefühl seinen Gott nicht *in sich selbst?*

Wenn du aber dennoch ein Objekt des Gefühls festsetzen, zugleich aber dein Gefühl *wahrhaft* auslegen willst, ohne mit deiner Reflexion etwas Fremdartiges hineinzulegen, was bleibt dir übrig, als zu unterscheiden zwischen deinen individuellen Gefühlen und dem allgemeinen Wesen, der Natur des Gefühls, als abzusondern das Wesen des Gefühls von den störenden, verunreinigenden Einflüssen, an welche in dir, dem bedingten Individuum, das Gefühl gebunden ist? Was du daher allein vergegenständlichen, als das Unendliche aussprechen, als dessen Wesen bestimmen kannst, das ist nur die Natur des Gefühls. Du hast hier keine andere Bestimmung für Gott als diese: *Gott ist das reine, das unbeschränkte, das freie Gefühl.* Jeder andre Gott, den du hier setzest, ist ein von außen deinem Gefühl aufgedrungener Gott. Das Gefühl ist *atheistisch* im Sinne des orthodoxen Glaubens, als welcher die Religion an einen äußern Gegenstand anknüpft. Das Gefühl leugnet einen *gegenständlichen Gott* – es ist *sich selbst Gott.* Die *Negation des Gefühls nur* ist auf dem Standpunkt des Gefühls die *Negation Gottes.* Du bist nur zu feige oder zu beschränkt, um mit Worten einzugestehen, was dein Gefühl im stillen bejaht. Gebunden an äußere Rücksichten, in den Banden des gemeinsten Empirismus noch befangen, unfähig, die Seelengröße des Gefühls zu begreifen, erschrickst du vor dem *religiösen Atheismus* deines Herzens und zerstörst in diesem Schrecken die *Einheit* deines Gefühls *mit sich selbst*, indem du dir ein vom Gefühl unterschiednes, objektives Wesen vorspiegelst und dich so notwendig wieder zurückwirfst in die alten Fragen und Zweifel: Ob ein Gott ist oder nicht ist? Fragen und Zweifel, die doch da verschwunden, ja unmöglich sind, wo das Gefühl als das Wesen der Religion bestimmt wird. Das Gefühl ist deine innigste und doch zugleich eine von dir unterschiedene, unabhängige Macht, es ist *in* dir *über* dir: Es ist selbst schon das Objektive in dir, dein eigenstes Wesen, das dich *als* und *wie ein anderes Wesen* ergreift, kurz, dein *Gott* – wie willst du also von diesem objektiven Wesen in dir noch ein anderes objektives Wesen unterscheiden? wie über dein Gefühl hinaus?

Das Gefühl wurde aber hier nur als Beispiel hervorgehoben. Dieselbe Bewandtnis hat es mit jeder andern Kraft, Fähigkeit, Potenz, Realität, Tätigkeit – der Name ist gleichgültig –, welche man als das *wesentliche Organ* eines Gegenstandes bestimmt. Was *subjektiv* die Bedeutung des Wesens, das hat eben damit auch *objektiv* die Bedeutung des Wesens. Der Mensch kann nun einmal nicht über sein *wahres Wesen* hinaus. Wohl mag er sich vermittels der Phantasie Individuen anderer, angeblich höherer Art vorstellen, aber von seiner Gattung, seinem Wesen kann er nimmermehr abstrahieren; die Wesensbestimmungen, die positiven, letzten Prädikate, die er diesen andern Individuen gibt, sind immer aus seinem eignen Wesen geschöpfte Bestimmungen – Bestimmungen, in denen er in Wahrheit nur sich selbst abbildet und vergegenständlicht.

Was im allgemeinen, selbst in Beziehung auf die sinnlichen Gegenstände, von dem Verhältnis des Subjekts zum Objekt bisher behauptet wurde, das gilt *insbesondere* von dem Verhältnis des Subjekts zum religiösen Gegenstande.

Im Verhältnis zu den sinnlichen Gegenständen ist das Bewußtsein des Gegenstandes wohl unterscheidbar vom Selbstbewußtsein; aber bei dem religiösen Gegenstand fällt das Bewußtsein mit dem Selbstbewußtsein unmittelbar zusammen. Der sinnliche Gegenstand ist *außer* dem Menschen da, der religiöse *in ihm,* ein selbst *innerlicher* – darum ein Gegenstand, der ihn ebensowenig verläßt, als ihn sein Selbstbewußtsein, sein Gewissen verläßt –, ein intimer, ja der allerintimste, der allernächste Gegenstand. »Gott«, sagten Augustin und Malebranche, »ist uns näher als wir uns selbst. Gott ist enger mit uns verbunden als der Leib mit der Seele, als wir mit uns selbst.« Der sinnliche Gegenstand ist *an sich* ein *indifferenter,* unabhängig von der Gesinnung, von der Urteilskraft; der Gegenstand der Religion aber ist ein *auserlesener* Gegenstand: das vorzüglichste, das erste, das höchste Wesen; er setzt wesentlich ein *kritisches Urteil* voraus, den *Unterschied* zwischen dem Göttlichen und Nichtgöttlichen, dem Anbetungswürdigen und Nichtanbetungswürdigen.* Und hier gilt daher *ohne alle Einschränkung* der Satz: Der Gegenstand des Subjekts ist nichts andres als das *gegenständliche Wesen des Subjekts* selbst. Wie der Mensch sich Gegenstand, so ist ihm Gott Gegenstand; wie er denkt, wie er gesinnt ist, so ist sein Gott. Soviel Wert der Mensch hat, so viel Wert und nicht mehr hat sein Gott. *Das Bewußtsein Gottes ist das Selbstbewußtsein des Menschen, die Erkenntnis Gottes die Selbsterkenntnis des Menschen.*** Aus seinem Gotte erkennst du den

---

* »Unusquisque vestrum non cogitat, *prius se debere Deum nosse, quam colere«* (M. Minucii Felicis *Octavianus,* c. 24).
** Wenn daher in der Hegelschen Religionsphilosophie auf dem Standpunkt der mystisch-spekulativen Vernunft der oberste Grundsatz der ist:

Menschen, und hinwiederum aus dem Menschen seinen Gott; beides ist identisch. Was dem Menschen *Gott* ist, das ist *sein Geist, seine Seele,* und was des *Menschen Geist, seine Seele, sein Herz, das ist sein Gott*: Gott ist das *offenbare* Innere, das ausgesprochne Selbst des Menschen; die Religion ist die feierliche Enthüllung der verborgnen Schätze des Menschen, das Eingeständnis seiner innersten Gedanken, das *öffentliche Bekenntnis seiner Liebesgeheimnisse.*

Wenn aber die Religion, das Bewußtsein Gottes, als das Selbstbewußtsein des Menschen bezeichnet wird, so ist dies nicht so zu verstehen, als wäre der religiöse Mensch sich direkt bewußt, daß sein Bewußtsein von Gott das Selbstbewußtsein seines Wesens ist, denn der Mangel dieses Bewußtseins begründet eben die differentia specifica der Religion. Um diesen Mißverstand zu beseitigen, ist es besser zu sagen: Die Religion ist die *erste* und *zwar indirekte Selbsterkenntnis* des Menschen. Die Religion geht daher überall der Philosophie voran, wie in der Geschichte der Menschheit, so auch in der Geschichte der einzelnen. Der Mensch verlegt sein Wesen zuerst *außer sich,* ehe er es in sich findet. Das eigne Wesen ist ihm zuerst als ein andres Wesen Gegenstand. Der geschichtliche Fortgang in den Religionen besteht deswegen darin, daß das, was der frühern Religion für etwas Objektives galt, als etwas Subjektives, d. h. was *als Gott* angeschaut und angebetet wurde, jetzt als etwas *Menschliches* erkannt wird. Die frühere Religion ist der spätern Götzendienst: Der Mensch hat sein *eignes Wesen* angebetet. Der Mensch hat sich verobjektiviert, aber den Gegenstand nicht als sein Wesen erkannt; die spätere Religion tut diesen Schritt. Jeder Fortschritt in der Religion ist daher eine tiefere Selbsterkenntnis. Aber jede bestimmte Religion, die ihre ältern Schwestern als Götzendienerinnen bezeichnet, nimmt *sich selbst* – und zwar notwendig, sonst wäre sie nicht

»*Das Wissen des Menschen von Gott ist das Wissen Gottes von sich selbst*«, so gilt dagegen hier, auf dem Standpunkt der natürlichen Vernunft, der entgegengesetzte Grundsatz: *Das Wissen des Menschen von Gott ist das Wissen des Menschen von sich selbst.*

mehr Religion – von dem Schicksal, dem allgemeinen Wesen der Religion aus; sie schiebt nur auf die *andern* Religionen, was doch – wenn anders Schuld – die Schuld der Religion überhaupt ist. Weil sie einen *andern* Gegenstand, einen *andern* Inhalt hat, weil sie über den Inhalt der frühern sich erhoben, wähnt sie sich erhaben über die notwendigen und ewigen Gesetze, die das Wesen der Religion konstituieren, wähnt sie, daß ihr Gegenstand, ihr Inhalt ein übermenschlicher sei. Aber dafür durchschaut das ihr selbst verborgne Wesen der Religion der Denker, dem die Religion *Gegenstand* ist, was sich selbst die Religion nicht sein kann. Und unsre Aufgabe ist es eben, nachzuweisen, daß der Gegensatz des Göttlichen und Menschlichen ein durchaus illusorischer, daß folglich auch der Gegenstand und Inhalt der christlichen Religion ein durchaus menschlicher ist.

Die Religion, wenigstens die christliche, ist das *Verhalten des Menschen zu sich selbst* oder richtiger: *zu seinem* (und zwar subjektiven*) *Wesen,* aber das *Verhalten zu seinem Wesen als zu einem andern Wesen. Das göttliche Wesen ist nichts andres* als das menschliche Wesen oder besser: *das Wesen des Menschen,* gereinigt, befreit von den Schranken des individuellen Menschen**, verobjektiviert, d. h. *angeschaut* und *verehrt als ein andres, von ihm unterschiednes, eignes Wesen* – alle *Bestimmungen* des göttlichen Wesens sind darum menschliche Bestimmungen.

In Beziehung auf die Bestimmungen, die Prädikate des göttlichen Wesens wird dies denn auch ohne Anstand zugegeben, aber keineswegs in Beziehung auf das *Subjekt* dieser Prädikate. Die Negation des Subjekts gilt für Irreligiosität, ja für

---

* Die Bedeutung dieser parenthetischen Beschränkung wird im Verlaufe erhellen.

** »*Les perfections de Dieu sont celles de nos ames,* mais il les possede sans *bornes* ... il y a en nous quelque puissance, quelque connaissance, quelque bonté, mais elles sont toutes entieres en Dieu« (Leibniz, *Theod.,* Préface). »Nihil in *anima* esse putemus *eximium,* quod non etiam *divinae naturae proprium* sit ... Quidquid *a Deo alienum, extra definitionem animae*« (Gregorius Nyss., *Krabingerus,* Lips. 1837, p. 43).

Atheismus, nicht aber die Negation der Prädikate. Aber was keine Bestimmungen hat, das hat auch keine Wirkungen auf mich; was keine Wirkungen, auch kein Dasein für mich. Alle Bestimmungen negieren ist so viel als das Wesen selbst negieren. Ein bestimmungsloses Wesen ist ein ungegenständliches Wesen, ein ungegenständliches ein nichtiges Wesen. Wo der Mensch alle Bestimmungen von Gott entfernt, da ist ihm Gott nur noch ein *negatives* Wesen. Dem wahrhaft religiösen Menschen ist Gott kein bestimmungsloses Wesen, weil er ihm ein *gewisses, wirkliches* Wesen ist. Die Bestimmungslosigkeit und mit ihr identische Unerkennbarkeit Gottes ist daher nur eine Frucht der neuern Zeit, ein Produkt der modernen Ungläubigkeit.

Wie die Vernunft nur da als endlich bestimmt wird und bestimmt werden kann, wo dem Menschen der sinnliche Genuß oder das religiöse Gefühl oder die ästhetische Anschauung oder die moralische Gesinnung für das Absolute, das Wahre gilt, so kann nur da die Unerkennbarkeit oder Unbestimmbarkeit Gottes als ein Dogma ausgesprochen und fixiert werden, wo dieser Gegenstand *kein Interesse mehr für die Erkenntnis hat,* wo die Wirklichkeit allein den Menschen in Anspruch nimmt, das Wirkliche allein für ihn die Bedeutung des wesentlichen, des absoluten, göttlichen Gegenstandes hat, aber doch zugleich noch *im Widerspruch* mit dieser rein weltlichen Tendenz ein alter Rest von Religiosität vorhanden ist. Der Mensch entschuldigt mit der Unerkennbarkeit Gottes vor seinem noch übriggebliebenen religiösen Gewissen seine Gottvergessenheit, sein Verlorensein in die Welt; er negiert Gott praktisch, durch die Tat – all sein Sinnen und Denken hat die Welt inne –, aber er negiert ihn *nicht theoretisch;* er greift seine Existenz nicht an; er läßt ihn bestehen. Allein diese Existenz tangiert und inkommodiert ihn nicht; sie ist eine nur *negative* Existenz, eine Existenz *ohne Existenz,* eine sich selbst widersprechende Existenz – ein Sein, das seinen Wirkungen nach nicht unterscheidbar vom Nichtsein ist. Die Negation bestimmter, positiver Prädikate des göttlichen Wesens ist nichts andres als eine Negation der Religion, welche aber noch einen *Schein von Religion* für sich hat, so daß sie nicht *als Negation* erkannt wird – nichts andres als ein *subtiler, verschlagner Atheismus*. Die angeblich religiöse Scheu, Gott durch bestimmte Prädikate zu verendlichen, ist nur der irreligiöse Wunsch, von Gott nichts mehr *wissen* zu wollen, Gott sich aus dem Sinne zu schlagen. *Wer sich scheut, endlich zu sein, scheut sich zu existieren.* Alle reale Existenz, d. h. alle Existenz, die *wirklich*, re vera Existenz ist, die ist *qualitative, bestimmte* und deswegen *endliche Existenz.* Wer ernstlich, wirklich, wahrhaft an die Existenz Gottes glaubt, der stößt sich nicht an den selbst derb sinnlichen Eigenschaften Gottes. Wer nicht durch seine Existenz beleidigen, wer nicht derb sein will, der verzichte auf die Existenz. Ein Gott, der sich durch die Bestimmtheit beleidigt fühlt, hat nicht den Mut und nicht die Kraft zu existieren. Die *Qualität* ist das Feuer, die Lebensluft, der Sauerstoff, das *Salz* der Existenz. Eine Existenz *überhaupt*, eine Existenz ohne Qualität ist eine *geschmacklose*, eine *abgeschmackte* Existenz. In Gott ist aber nicht mehr, als in der Religion ist. Nur da, wo der Mensch den *Geschmack an der Religion* verliert, die Religion selbst also geschmacklos wird, nur da wird daher auch die Existenz Gottes zu einer abgeschmackten Existenz.

Es gibt übrigens noch eine gelindere Weise der Negation der göttlichen Prädikate als die direkte, eben bezeichnete. Man gibt zu, daß die Prädikate des göttlichen Wesens endliche, insbesondre menschliche Bestimmungen sind; aber man verwirft ihre Verwerfung; man nimmt sie sogar in Schutz, weil es dem Menschen notwendig sei, sich bestimmte Vorstellungen von Gott zu machen, und weil er nun einmal Mensch sei, so könne er sich auch keine andern als eben menschliche Vorstellungen von ihm machen. In Beziehung auf Gott, sagt man, sind diese Prädikate freilich ohne objektive Bedeutung, aber für mich kann er, weil und wenn er für mich sein soll, nicht anders erscheinen als so, wie er mir erscheint, nämlich als ein menschliches oder doch menschenähnliches Wesen. Allein diese Unterscheidung zwischen dem, was Gott *an sich*, und dem, was er *für mich* ist, zerstört den Frieden der Religion und ist überdem an sich selbst eine grund- und haltungslose Distinktion. Ich kann gar nicht wissen, ob Gott etwas *andres* an sich oder für sich ist, als er *für mich* ist; *wie* er für mich ist, *so* ist er *alles* für mich. Für mich liegt eben in diesen Prädikaten, unter welchen er für mich ist, sein Ansichselbstsein, sein *Wesen* selbst; er ist für mich so, wie er für mich nur immer sein kann. Der religiöse Mensch ist in dem, was Gott in bezug auf ihn ist – von einer andern Beziehung weiß er als Mensch nichts –, *vollkommen* befriedigt, denn Gott ist ihm, was er dem Menschen *überhaupt sein kann*. In jener Distinktion setzt sich der Mensch über sich selbst, d. h. über sein Wesen, sein absolutes Maß hinweg; aber diese Hinwegsetzung ist nur eine Illusion. Den Unterschied nämlich zwischen dem Gegenstande, wie er an sich, und dem Gegenstand, wie er für mich ist, kann ich nur da machen, wo ein Gegenstand mir *wirklich anders* erscheinen *kann,* als er erscheint; aber nicht, wo er mir *so* erscheint, wie er mir nach meinem *absoluten Maße* erscheint, wie er mir erscheinen *muß*. Wohl kann meine Vorstellung eine subjektive sein, d. h. eine solche, an welche die *Gattung* nicht gebunden ist. Aber wenn meine Vorstellung dem Maße der Gattung entspricht, so fällt die Unterscheidung zwischen Ansichsein und Fürmichsein weg; denn diese Vorstellung ist selbst eine *absolute*. Das Maß der Gattung ist das *absolute* Maß, Gesetz und Kriterium des Menschen. Aber die Religion hat eben die Überzeugung, daß ihre Vorstellungen, ihre Prädikate von Gott solche sind, die jeder Mensch haben *soll* und haben *muß*, wenn er die *wahren* haben will, daß sie die notwendigen Vorstellungen der menschlichen Natur, ja die objektiven, die gottgemäßen Vorstellungen sind. Jeder Religion sind die Götter der andern Religionen nur Vorstellungen von *Gott,* aber *die* Vorstellung, die *sie* von Gott hat, ist ihr Gott selbst, Gott, wie sie ihn vorstellt, der echte, wahre Gott, Gott, wie er *an sich* ist. Die Religion begnügt sich nur mit einem *ganzen, rückhaltslosen* Gott. Die Religion will nicht eine bloße Erscheinung von Gott; *sie will Gott selbst, Gott in Person.* Die Religion gibt *sich selbst* auf, wenn sie das *Wesen* Gottes aufgibt. Sie ist keine Wahrheit mehr, wo sie auf den Besitz des wahren Gottes verzichtet. Der Skeptizismus ist der Erzfeind der Religion. Aber die Unterscheidung zwischen Objekt und Vorstellung, zwischen Gott an sich und Gott für mich ist eine skeptische, irreligiöse Unterscheidung.

Was dem Menschen die Bedeutung des *Ansichseienden* hat, was ihm das *höchste* Wesen ist, das, worüber er *nichts Höheres* sich vorstellen kann, dieses ist ihm eben das *göttliche* Wesen. Wie könnte er also bei diesem Gegenstande noch fragen, was er *an sich* sei? Wenn Gott dem Vogel Gegenstand wäre, so wäre er ihm nur als ein geflügeltes Wesen Gegenstand: Der Vogel kennt nichts Höheres, nichts Seligeres als das Geflügeltsein. Wie lächerlich wäre es, wenn dieser Vogel urteilte: Mir erscheint Gott als ein Vogel, aber was er an sich ist, weiß ich nicht. Das höchste Wesen ist dem Vogel eben das Wesen des Vogels. Nimmst du ihm die Vorstellung vom *Wesen des Vogels,* so nimmst du ihm die *Vorstellung des höchsten Wesens.* Wie könnte er also fragen, ob Gott *an sich* geflügelt sei? Fragen, ob Gott an sich so ist, wie er für mich ist, heißt fragen, ob Gott *Gott* ist, heißt über seinen Gott sich erheben, gegen ihn sich empören.

Wo sich daher einmal *das* Bewußtsein des Menschen bemächtigt, daß die religiösen Prädikate nur Anthropomorphismen sind, da hat sich schon der *Zweifel,* der *Unglaube* des Glaubens bemächtigt. Und es ist nur die Inkonsequenz der Herzensfeigheit und der Verstandesschwäche, die von diesem Bewußtsein aus nicht bis zur förmlichen Negation der Prädikate und von dieser bis zur Negation des zugrunde liegenden Subjekts fortgeht. Bezweifelst du die objektive Wahrheit der Prädikate, so mußt du auch die *objektive Wahrheit des Subjekts* dieser Prädikate in Zweifel ziehen. Sind deine Prädikate Anthropomorphismen, so ist auch das Subjekt derselben ein Anthropomorphismus. Sind Liebe, Güte, Persönlichkeit usw. menschliche Bestimmungen, so ist auch das Subjekt derselben, welches du ihnen voraussetzest, auch die *Existenz* Gottes, auch der Glaube, daß überhaupt ein Gott ist, ein Anthropomorphismus – eine durchaus menschliche Voraussetzung. Woher weißt du, daß der Glaube an Gott überhaupt nicht eine Schranke der menschlichen Vorstellungsweise ist? Höhere Wesen – und du nimmst ja deren an – sind vielleicht so selig in sich selbst, so einig mit sich, daß sie sich nicht mehr in der Spannung zwischen sich und einem höhern Wesen befinden. Gott zu wissen und nicht selbst Gott zu sein, Seligkeit zu kennen und nicht selbst zu genießen, das ist ein Zwiespalt, ein Unglück. Höhere Wesen wissen nichts von diesem Unglück; sie haben keine Vorstellung von dem, was sie *nicht* sind.

Du glaubst an die Liebe als eine göttliche Eigenschaft, weil du selbst liebst, du glaubst, daß Gott ein weises, ein gütiges Wesen ist, weil du nichts Besseres von dir kennst als Güte und Verstand, und du glaubst, daß Gott existiert, daß er also Subjekt ist – was existiert, ist ein Subjekt, werde dieses Subjekt nun als Substanz oder Person oder Wesen oder sonstwie bestimmt und bezeichnet –, weil du selbst existierst, selbst Subjekt bist. Du kennst kein höheres menschliches Gut, als zu lieben, als gut und weise zu sein, und ebenso kennst du kein höheres Glück, als überhaupt zu existieren, Subjekt zu sein; denn das Bewußtsein aller Realität, alles Glückes ist dir an das Bewußtsein des Subjektseins, der Existenz gebunden. Gott ist dir ein Existierendes, ein Subjekt aus demselben Grunde, aus welchem er dir ein weises, ein seliges, ein persönliches Wesen ist. Der Unterschied zwischen den göttlichen Prädikaten und dem göttlichen Subjekt ist nur dieser, daß dir das Subjekt, die Existenz *nicht* als ein Anthropomorphismus *erscheint,* weil in diesem deinem *Subjektsein* die *Notwendigkeit* liegt, daß dir Gott ein Existierendes, ein Subjekt ist, die Prädikate dagegen als Anthropomorphismen *erscheinen,* weil die Notwendigkeit derselben, die Notwendigkeit, daß Gott weise, gut, bewußt usw. ist, keine unmittelbare, mit dem Sein des Menschen identische, sondern durch sein Selbstbewußtsein, die Tätigkeit des Denkens vermittelte Notwendigkeit ist. Subjekt bin ich, ich existiere, ich mag weise oder unweise, gut oder schlecht sein. Existieren ist dem Menschen das erste, das Subjekt in seiner Vorstellung, die Voraussetzung der Prädikate. Die Prädikate gibt er daher frei, aber die Existenz Gottes ist ihm eine ausgemachte, unantastbare, schlechterdings unbezweifelbare, absolut gewisse, objektive Wahrheit. Aber gleichwohl ist dieser Unterschied nur ein scheinbarer. Die Notwendigkeit des Subjekts liegt nur in der Notwendigkeit des Prädikats. Du bist *Subjekt* nur als *menschliches* Subjekt. Die Gewißheit und Realität deiner Existenz liegt nur in der Gewißheit und Realität deiner menschlichen Eigenschaften. *Was* das Subjekt ist, das liegt nur im Prädikat; das Prädikat ist die *Wahrheit* des Subjekts. Das Subjekt ist nur das personifizierte, das existierende Prädikat. Subjekt und Prädikate unterscheiden sich nur wie *Existenz* und *Wesen. Die Negation der Prädikate ist daher die Negation des Subjekts.* Was bleibt dir vom menschlichen Subjekt übrig, wenn du ihm die menschlichen Eigenschaften nimmst? Selbst in der Sprache des gemeinen Lebens setzt man die göttlichen Prädikate: die Vorsehung, die Weisheit, die Allmacht, statt des göttlichen Subjekts.

Die Gewißheit der Existenz Gottes, von welcher man gesagt hat, daß sie dem Menschen so gewiß, ja gewisser als die eigne Existenz sei, hängt daher nur ab von der Gewißheit der *Qualität* Gottes – sie ist keine *unmittelbare* Gewißheit. Dem Christen ist nur die Existenz des *christlichen,* dem Heiden die Existenz des *heidnischen* Gottes eine Gewißheit. Der Heide bezweifelte nicht die Existenz Jupiters, weil er an dem Wesen Jupiters keinen Anstoß nahm, weil er sich Gott in keiner andern Qualität vorstellen konnte, weil ihm diese Qualität eine Gewißheit, eine göttliche Realität war. Die *Realität* des Prädikats ist allein die *Bürgschaft der Existenz.* Ein wahrer Atheist ist daher auch nur der, welchem die göttlichen Prädikate, die Liebe, die Weisheit, die Gerechtigkeit nichts sind, aber nicht der, welchem das Subjekt dieser Prädikate nichts ist.

Wenn es nun aber ausgemacht ist, daß, was das Subjekt ist, lediglich in den *Bestimmungen* des Subjekts liegt, d. h. daß das Prädikat es ist, wodurch das Subjekt uns allein in seinem Wesen Gegenstand ist, so ist auch erwiesen, daß, wenn die göttlichen Prädikate Bestimmungen des menschlichen Wesens sind, auch das *Subjekt* derselben *menschlichen Wesens* ist. Die göttlichen Prädikate sind aber einerseits allgemeine, andererseits persönliche. Die allgemeinen sind die metaphysischen, aber diese dienen nur der Religion zum äußersten Anknüpfungspunkte; sie sind nicht die *charakteristischen Bestimmungen* der Religion. Die *persönlichen* Prädikate allein sind es, welche das Wesen der Religion konstituieren, in welchen das göttliche Wesen der Religion Gegenstand ist. Solche Prädikate sind z. B., daß Gott Person, daß er der moralische Gesetzgeber, der Vater der Menschen, der Heilige, der Gerechte, der Gütige, der Barmherzige ist. Es erhellt nun aber sogleich von diesen und andern Bestimmungen, oder wird wenigstens im Verlaufe erhellen, daß sie, namentlich als *persönliche* Bestimmungen, rein menschliche Bestimmungen sind und daß sich folglich der Mensch in der Religion im Verhalten zu Gott zu *seinem eignen Wesen* verhält, denn der Religion sind diese Prädikate *nicht Vorstellungen, nicht Bilder,* die sich der Mensch von Gott macht, unterschieden von dem, was Gott an sich selbst ist, sondern Wahrheiten, Sachen, Realitäten. Die Religion weiß nichts von Anthropomorphismen: Die Anthropomorphismen sind ihr *keine* Anthropomorphismen. Das Wesen der Religion ist gerade, daß ihr diese Bestimmungen das Wesen Gottes ausdrücken. Nur der über die Religion reflektierende, sie, indem er sie verteidigt, *vor sich selbst verleugnende* Verstand erklärt sie für Bilder. Aber der Religion ist Gott *wirklicher* Vater, *wirkliche* Liebe und Barmherzigkeit, denn er ist ihr ein wirkliches, ein lebendiges, persönliches Wesen, seine wahren Bestimmungen sind daher auch lebendige, persönliche Bestimmungen. Ja, die adäquaten Bestimmungen sind gerade die, welche dem Verstande den meisten Anstoß geben, welche er in der Reflexion über die Religion verleugnet. Die Religion ist wesentlich Affekt; notwendig ist ihr daher auch objektiv der Affekt göttlichen Wesens. Selbst der Zorn ist ihr kein Gottes unwürdiger Affekt, wofern nur diesem Zorne ein religiöser Zweck zugrunde liegt.*

Es ist aber hier sogleich wesentlich zu bemerken, daß – und diese Erscheinung ist eine höchst merkwürdige, das innerste Wesen der Religion charakterisierende –, je menschlicher im *Wesen* das göttliche Subjekt ist, um so größer *scheinbar* die *Differenz* ist, welche zwischen Gott und dem Menschen gesetzt wird, um so mehr das Menschliche, wie es *als solches* dem Menschen *Gegenstand seines Bewußtseins* ist, *negiert* wird. Der Grund hievon ist: Weil das *Positive* in der Anschauung des göttlichen Wesens allein das Menschliche, so kann die Anschauung des Menschen, wie er Gegenstand des Bewußtseins ist, nur eine *negative* sein. Um Gott zu bereichern, muß der Mensch arm werden; damit Gott alles sei, der Mensch nichts sein. Aber er braucht auch nichts *für sich selbst* zu sein, weil alles, was er sich nimmt, in Gott nicht verlorengeht, sondern in ihm erhalten wird. Der Mensch hat *sein Wesen* in Gott, wie sollte er es also in sich und für sich haben? Warum wäre es notwendig, dasselbe zweimal zu setzen, zweimal zu haben? Je *ähnlicher* daher Gott in der Wahrheit dem Menschen ist, desto unähnlicher wird der Mensch Gott gemacht oder erscheint er sich selbst. Allein, diese Selbstverneinung ist nur Selbstbejahung. Was der Mensch sich entzieht, was er an sich selbst entbehrt, genießt er nur in um so unvergleichlich höherem und reicherem Maße in Gott.

Die Mönche gelobten die Keuschheit dem göttlichen Wesen, sie negierten die Geschlechterliebe an sich, aber dafür hatten sie im Himmel, in Gott, an der Jungfrau Maria das Bild

---

* Quodsi (igitur) irae detrahatur imperfectio, quae in rationis obnubilatione dolorisque sensu consistit, tantumque vidicandi voluntas relinquatur, Deo tribui potest, scripturae sacrae exemplo ... *Omnis* scil. *affectus* exceptis illis, qui per se mali aliquid involvunt, qualis est invidia, quam veteres (nein! auch die Christen, nur nicht dem Namen nach) inepte diis suis tribuebant, si pro appetitu rationali habeatur, seposito nempe sensitivo tumulto, *Deo* adscribi potest« (Leibniz, L. ad Placcium).

des Weibes – ein Bild der Liebe. Sie konnten um so mehr des wirklichen Weibes entbehren, je mehr ihnen ein ideales, vorgestelltes Weib ein Gegenstand wirklicher Liebe war. Je größere Bedeutung sie auf die Negation der Sinnlichkeit legten, je größere Bedeutung hatte für sie die himmlische Jungfrau: Sie trat ihnen selbst an die Stelle Christi, an die Stelle Gottes. *Je mehr das Sinnliche negiert wird, desto sinnlicher ist der Gott, dem das Sinnliche geopfert wird.* Aber diese himmlische Jungfrau ist nur eine sinnfällige Erscheinung einer allgemeinen, das Wesen der Religion betreffenden Wahrheit. *Der Mensch negiert nur von sich, was er in Gott setzt.* So negiert der Mensch in der Religion seine Vernunft: Er weiß nichts aus sich von Gott, seine Gedanken sind nur weltlich, irdisch: Er kann nur glauben, was Gott ihm geoffenbart. Aber dafür sind die Gedanken Gottes menschliche, irdische Gedanken; er hat Pläne wie der Mensch im Kopf; er akkommodiert sich den Umständen und Verstandeskräften wie ein Lehrer seinen Schülern; er berechnet genau den Effekt seiner Gaben und Offenbarungen; er beobachtet den Menschen in all seinem Tun und Treiben; er weiß alles – auch das Irdischste, das Gemeinste, das Schlechteste. Kurz, der Mensch negiert Gott gegenüber sein Wissen, sein Denken, um in Gott sein Wissen, sein Denken zu setzen. Der Mensch gibt seine Person auf, aber dafür ist ihm Gott, das allmächtige, unbeschränkte Wesen, ein persönliches Wesen; er negiert die menschliche Ehre, das menschliche Ich; aber dafür ist ihm Gott ein *selbstisches, egoistisches Wesen,* das in allem nur *sich,* nur *seine* Ehre, *seinen* Nutzen sucht, Gott also die *Selbstbefriedigung* der eignen, gegen alles andere mißgünstigen Selbstischkeit, Gott der *Selbstgenuß des Egoismus.** Die Religion negiert ferner das Gute als eine Beschaffenheit des menschlichen Wesens: Der Mensch ist schlecht, verdorben, unfähig zum Guten; aber dafür ist

---

* *»Gloriam suam plus amat Deus quam omnes creaturas.«* »Gott kann nur *sich* lieben, nur *an sich* denken, nur *für sich selbst* arbeiten. Gott sucht, indem er den Menschen macht, *seinen* Nutzen, *seinen* Ruhm« usw. (s. *P. Bayle. Ein Beitrag zur Geschichte der Philos. u. Menschh.,* p. 10 bis 107).

Gott nur gut, Gott das gute Wesen. Es wird die wesentliche Forderung gemacht, daß das Gute als Gott dem Menschen Gegenstand sei; aber wird denn dadurch nicht das Gute als eine wesentliche Bestimmung des Menschen ausgesprochen? Wenn ich absolut, d. h. von Natur, von Wesen böse, unheilig bin, wie kann das Heilige, das Gute mir Gegenstand sein, gleichgültig, ob dieser Gegenstand von außen oder von innen mir gegeben ist? Wenn mein Herz böse, mein Verstand verdorben ist, wie kann ich, was heilig als heilig, was gut als gut wahrnehmen und empfinden? Wie kann ich ein schönes Gemälde als schönes wahrnehmen, wenn meine Seele eine absolute ästhetische Schlechtigkeit ist? Wenn ich auch selbst kein Maler bin, nicht die Kraft habe, aus mir selbst Schönes zu produzieren, so habe ich doch ästhetisches Gefühl, ästhetischen Verstand, indem ich Schönes außer mir wahrnehme. Entweder ist das Gute gar nicht für den Menschen, oder ist es für ihn, so offenbaret sich hierin dem einzelnen Menschen die Heiligkeit und Güte des menschlichen Wesens. Was absolut meiner Natur zuwider ist, womit mich kein Band der Gemeinschaft verknüpft, das ist mir auch nicht denkbar, nicht empfindbar. Das Heilige ist mir nur als Gegensatz gegen meine Persönlichkeit, aber als Einheit mit meinem Wesen Gegenstand. Das Heilige ist der Vorwurf meiner Sündhaftigkeit; ich erkenne mich in ihm als Sünder; aber darin tadle ich mich, erkenne ich, was ich nicht bin, aber sein soll und eben deswegen an sich, meiner Bestimmung nach, sein kann; denn ein Sollen ohne Können tangiert mich nicht, ist eine lächerliche Chimäre, ohne Affektion des Gemüts. Aber eben indem ich das Gute als meine Bestimmung, als mein Gesetz erkenne, erkenne ich, sei es nun bewußt oder unbewußt, dasselbe als mein eignes Wesen. Ein *anderes*, seiner Natur nach von mir unterschiednes Wesen tangiert mich nicht. Die Sünde kann ich als Sünde nur empfinden, wenn ich sie als einen *Widerspruch meiner mit mir selbst*, d. h. *meiner Persönlichkeit mit meiner Wesenheit* empfinde. Als Widerspruch mit dem absoluten als einem *andern* Wesen gedacht, ist das Gefühl der Sünde unerklärlich, sinnlos.

Der Unterschied des Augustinianismus vom Pelagianismus beruht im Grunde nur auf einer religiösen Illusion. Beide sagen dasselbe; nur der eine rationalistisch, der andere mystisch-illusorisch; beide haben das nämliche Ziel, das nämliche Objekt; nur kommt der eine in gerader und darum kürzester Linie zum Ziel, während der andere Umwege macht. Solange das Gute als eine Wesensbestimmung Gottes ausgesprochen wird, so lange ist die Augustinische Lehre eine Lüge und ihr Unterschied vom Pelagianismus in der *Grundbestimmung* nur eine *religiöse Illusion.** Denn was dem *Gott des Menschen* gegeben wird, das wird *in Wahrheit* dem *Menschen selbst* gegeben; *was der Mensch von Gott aussagt, das sagt er in Wahrheit von sich selbst* aus. Der Augustinianismus wäre nur dann eine Wahrheit, wenn der Mensch den *Teufel* zu seinem Gotte hätte, den *Teufel,* und zwar *mit dem Bewußtsein,* daß er der Teufel ist, als *sein höchstes Wesen* verehrte und feierte. Aber solange der Mensch ein gutes Wesen als Gott verehrt, so lange schaut er in Gott sein eignes gutes Wesen an.

Wie mit der Lehre von der Grundverdorbenheit des menschlichen Wesens, ist es mit der damit identischen Lehre, daß der Mensch nichts Gutes, d. h. in Wahrheit *nichts aus sich selbst, aus eigner Kraft* vermöge. So, wie die Lehre von der Grundverdorbenheit des Menschen nur dann, wie eben gesagt, eine Wahrheit wäre, wenn der Mensch den Ausbund der Häßlichkeit mit Bewußtsein und Wohlgefallen als das Ideal der höchsten Schönheit und Liebenswürdigkeit, als sein wahres und höchstes Wesen verehrte und anbetete, so wäre die Negation der menschlichen Kraft und Tätigkeit nur dann eine *wahre* Negation, wenn der Mensch *auch in Gott die moralische Tätigkeit negierte* und sagte, wie der orientalische Nihilist oder Pantheist: Das göttliche Wesen ist ein absolut willen- und tatloses, indifferentes, nichts von Diskrimen des Bösen und Guten wissendes Wesen. Aber wer Gott als ein tätiges

---

* Eine Illusion, die aber, wie aus dieser Schrift sich ergibt, das eigentümliche Wesen der Religion und daher insofern einen wesentlichen Unterschied begründet.

Wesen bestimmt, und zwar als ein moralisch tätiges, moralisch kritisches Wesen, als ein Wesen, welches das Gute liebt, wirkt, belohnt, das Böse bestraft, verwirft, verdammt, wer Gott so bestimmt, der negiert nur scheinbar die menschliche Tätigkeit, in Wahrheit macht er sie zur höchsten, reellsten Tätigkeit. Wer Gott menschlich handeln läßt, erklärt die menschliche Tätigkeit für eine göttliche; der sagt: Ein Gott, der nicht tätig ist, und zwar moralisch oder menschlich tätig, ist kein Gott, und macht daher vom Begriffe der Tätigkeit, respektive der menschlichen – denn eine höhere kennt er nicht –, den Begriff der Gottheit abhängig. Was ich zu einer Eigenschaft, einer Bestimmung Gottes mache, das habe ich schon vorher für etwas Göttliches erkannt. Eine Qualität ist nicht dadurch göttlich, daß sie Gott hat, sondern Gott hat sie, weil *sie an und für sich, durch sich selbst* göttlich ist, weil Gott *nicht* Gott ist, wenn sie ihm *mangelt.* Der Mensch – dies ist das Geheimnis der Religion – vergegenständlicht sich sein Wesen und macht dann wieder sich zum *Objekt* dieses vergegenständlichten, in ein Subjekt verwandelten Wesens; er denkt sich, ist sich Objekt, aber als *Objekt eines Objekts,* eines *andern* Wesens. So hier. Der Mensch ist ein Objekt Gottes. Daß der Mensch gut oder schlecht, das ist Gott nicht gleichgültig; nein, er hat ein lebhaftes, inniges Interesse daran, daß er gut ist; er will, daß er gut, daß er selig sei – denn ohne Güte keine Seligkeit. Die menschlichen Gesinnungen und Handlungen sind also Gott nicht gleichgültig; sie sind Gegenstände Gottes, also göttliche Gegenstände, Gegenstände von höchstem Werte und Interesse, weil sie für Gott Wert und Interesse haben. Die *Nichtigkeit* der menschlichen Tätigkeit widerruft also der religiöse Mensch wieder dadurch, daß er seine Gesinnungen und Handlungen zu einem Gegenstande Gottes, den Menschen zum *Zweck* Gottes – denn was Gegenstand im Geiste, ist Zweck im Handeln –, die göttliche Tätigkeit zu einem *Mittel* des *menschlichen Heils* macht. Gott wirkt auf den Menschen, ist tätig, damit der Mensch gut und selig werde. So wird der Mensch, indem er scheinbar aufs tiefste erniedrigt wird, in Wahrheit aufs höchste erhoben! Der Mensch *bezweckt sich selbst in und durch Gott.* Der Mensch bezweckt Gott, aber Gott bezweckt nichts als das moralische und ewige Heil des Menschen, also bezweckt der Mensch nur sich selbst. Die göttliche Tätigkeit unterscheidet sich nicht von der menschlichen.

Wie könnte aber auch die göttliche Tätigkeit auf mich als ihr Objekt, ja *in* mir selber wirken, wenn sie eine andere, eine wesentlich andere wäre, wie einen menschlichen Zweck haben, den Zweck, den Menschen zu bessern, zu beglücken, wenn sie nicht selbst eine menschliche wäre? Bestimmt der Zweck nicht die Handlung? Wenn der Mensch seine moralische Besserung sich zum Zwecke setzt, so hat er göttliche Entschlüsse, göttliche Vorsätze, wenn aber Gott des Menschen Heil bezweckt, so hat er menschliche Zwecke und diesen Zwecken entsprechende menschliche Tätigkeit. So ist dem Menschen in Gott *nur seine eigene Tätigkeit Gegenstand.* Aber weil er die eigne Tätigkeit nur als eine *objektive,* das Gute nur als Objekt anschaut, so empfängt er notwendig auch den *Impuls,* den Antrieb nicht von sich selbst, sondern von diesem *Objekt.* Er schaut sein Wesen außer sich und dieses Wesen als das Gute an; es versteht sich also von selbst, es ist nur eine Tautologie, daß ihm der Impuls zum Guten auch nur daher kommt, wohin er das Gute verlegt.

Gott ist das *ab-* und *ausgesonderte* subjektivste Wesen des Menschen, also kann er nicht *aus sich* handeln, also kommt alles Gute aus Gott. Je *subjektiver* Gott ist, desto mehr *entäußert* der Mensch sich *seiner Subjektivität,* weil Gott per se sein entäußertes Selbst ist, welches er aber doch zugleich sich wieder vindiziert. Wie die arterielle Tätigkeit das Blut bis in die äußersten Extremitäten treibt, die Venentätigkeit wieder zurückführt, wie das Leben überhaupt in einer fortwährenden Systole und Diastole besteht, so auch die Religion. In der religiösen Systole stößt der Mensch sein eignes Wesen von sich aus, er verstößt, verwirft sich selbst; in der religiösen Diastole nimmt er das verstoßne Wesen wieder in sein Herz auf. Gott nur ist das *aus sich* handelnde, *aus sich* tätige Wesen – dies ist der Akt der religiösen Repulsionskraft, Gott ist das *in* mir, *mit* mir, *durch* mich, *auf* mich, *für* mich handelnde Wesen, das Prinzip *meines* Heils, meiner guten Gesinnungen und Handlungen, folglich mein eignes gutes Prinzip und Wesen – dies ist der Akt der religiösen Attraktionskraft.

ERSTER TEIL

Die Religion in ihrer Übereinstimmung mit dem Wesen des Menschen

GOTT ALS GESETZ ODER ALS WESEN DES VERSTANDES

Die Religion ist das bewußtlose Selbstbewußtsein des Menschen. In der Religion ist dem Menschen sein eignes Wesen Gegenstand, ohne daß er weiß, daß es das seinige ist; das eigne Wesen ist ihm Gegenstand *als ein andres Wesen*. Die Religion ist die *Entzweiung* des Menschen mit sich: Er setzt sich Gott als ein ihm *entgegengesetztes* Wesen gegenüber. Gott ist *nicht*, was der Mensch ist – der Mensch *nicht*, was Gott ist. Gott ist das unendliche, der Mensch das endliche Wesen, Gott vollkommen, der Mensch unvollkommen, Gott ewig, der Mensch zeitlich, Gott allmächtig, der Mensch unmächtig, Gott heilig, der Mensch sündhaft. Gott und Mensch sind Extreme: Gott das schlechthin Positive, der Inbegriff aller Realitäten, der Mensch das schlechtweg Negative, der Inbegriff aller Nichtigkeiten.

Aber der Mensch vergegenständlicht in der Religion sein eignes, geheimes Wesen. Es muß also nachgewiesen werden, daß auch dieser Gegensatz, dieser Zwiespalt, mit welchem die Religion anhebt, *ein Zwiespalt des Menschen mit seinem eignen Wesen* ist.

Die innere Notwendigkeit dieses Beweises ergibt sich übrigens schon daraus, daß, wenn *wirklich* das göttliche Wesen, welches Gegenstand der Religion ist, ein *andres* wäre als das menschliche, eine Entzweiung, ein Zwiespalt gar nicht stattfinden könnte. Ist Gott wirklich ein *andres* Wesen, was kümmert mich seine Vollkommenheit? Entzweiung findet nur statt zwischen Wesen, welche miteinander zerfallen sind, aber eins sein sollen, eins sein können und folglich im Wesen, in Wahrheit eins sind. Es muß also schon aus diesem allgemeinen Grunde *das* Wesen, mit welchem sich der Mensch entzweit fühlt, ein ihm *eingebornes* Wesen sein, obwohl es zugleich *anderer Beschaffenheit* sein muß als *das* Wesen oder *die* Kraft, welche ihm das Gefühl, das Bewußtsein der Einheit, der Versöhnung mit Gott oder, was eins ist, mit sich selbst gibt.

Dieses Wesen ist die Intelligenz – der *Verstand.** *Gott,* als *Extrem* des Menschen gedacht, ist das *objektive Wesen des Verstandes.* Das reine, vollkommne, mangellose göttliche Wesen ist das *Selbstbewußtsein des Verstandes,* das Bewußtsein des Verstandes von *seiner eignen Vollkommenheit.* Der Verstand weiß nichts von den Leiden des Herzens; er hat keine Begierden, keine Leidenschaften, keine Bedürfnisse und eben darum keine Mängel und Schwächen wie das Herz. Reine Verstandesmenschen, Menschen, die uns das Wesen des Verstandes personifizieren und versinnbildlichen, sind enthoben den Gemütsqualen, den Passionen, den Exzessen der Gefühlsmenschen; sie sind für keinen endlichen, d. i. bestimmten Gegenstand leidenschaftlich eingenommen; sie »verpfänden« sich nicht; sie sind frei. »Nichts bedürfen«, »nicht sich den Dingen, sondern die Dinge sich unterwerfen«, »alles ist eitel«, diese und ähnliche Sätze sind Mottos von Verstandesmenschen. Der Verstand ist das neutrale, apathische unbestechliche, unverblendete Wesen in uns – das reine, affektlose Licht der Intelligenz. Der Verstand ist das kategorische, rücksichtslose Bewußtsein der *Sache als Sache,* weil er selbst objektiver Natur, das Bewußtsein des *Widerspruchslosen,* weil er selbst widerspruchslose Einheit, die Quelle der logischen Identität ist, das Bewußtsein des *Gesetzes,* der *Notwendigkeit,* der *Regel,* des *Maßes,* weil er selbst Gesetzestätigkeit, die *Notwendigkeit* der Natur der Dinge *als Selbsttätigkeit,* die Regel

---

* Absichtlich wird hier der in neuerer Zeit mit Unrecht so zurückgesetzte Verstand als Ausdruck der Intelligenz überhaupt genommen, weil dieser Ausdruck ein höchst scharfer, bestimmter, pikanter und doch zugleich populärer ist.

der Regeln, das absolute Maß, das Maß der Maße ist. Durch den Verstand nur kann der Mensch *im Widerspruch* mit seinen teuersten persönlichen und menschlichen Gefühlen urteilen und handeln, wenn es also der Verstandesgott, das Gesetz, gebietet. Der Vater, welcher seinen eignen Sohn, weil er ihn schuldig erkannt, als Richter zum Tode selbst verurteilt, vermag dies nur als Verstandes-, nicht als Gefühlsmensch. Der Verstand zeigt uns die Fehler selbst unsrer Geliebten – selbst unsre eignen. Er versetzt uns deswegen so oft in peinliche Kollision mit uns selbst, mit unserm Herzen. Wir wollen dem Verstande nicht Recht lassen: Wir wollen nicht aus Schonung, aus Nachsicht das wahre, aber harte, aber rücksichtslose Urteil des Verstandes vollstrecken. Der Verstand ist das *eigentliche Gattungsvermögen* – das Herz vertritt die *besondern* Angelegenheiten, die *Individuen,* der Verstand die *allgemeinen* Angelegenheiten; er ist die *übermenschliche, unpersönliche* Kraft oder Wesenheit im Menschen. Nur durch den Verstand und in dem Verstande hat der Mensch die Kraft, *von sich selbst,* d. h. von seinem subjektiven Wesen zu abstrahieren, sich zu erheben zu allgemeinen Begriffen und Verhältnissen, den Gegenstand zu unterscheiden von den Eindrücken, die er auf das Gemüt macht, ihn *an und für sich selbst,* ihn ohne Beziehung auf den Menschen zu betrachten. Die Philosophie, die Mathematik, die Astronomie, die Physik, kurz die Wissenschaft überhaupt ist der tatsächliche Beweis, weil das Produkt, dieser in Wahrheit unendlichen und göttlichen Tätigkeit. Dem Verstande *widersprechen* daher auch die *religiösen Anthropomorphismen*; er *negiert* sie von Gott. Aber dieser *anthropomorphismenfreie, rücksichtslose, affektlose Gott* ist nichts andres als das *eigne gegenständliche Wesen des Verstandes.*

Das Wesen des Verstandes, wie es dem Menschen innerhalb der Religion Gegenstand wird, ist Gott als *allgemeines, unpersönliches, abstraktes, d. i. metaphysisches* Wesen, Gott als Gott, Gott als Gegensatz der menschlichen Nichtigkeit. Aber dieses Wesen hat für die Religion nicht mehr Bedeutung als für eine besondere Wissenschaft ein allgemeiner Grundsatz, von welchem sie anhebt: Es ist nur der oberste, letzte Anhalts- und Anknüpfungspunkt, gleichsam der mathematische Punkt der Religion. Das Bewußtsein der menschlichen Nichtigkeit, welches sich mit dem Bewußtsein dieses Wesens verbindet, ist keineswegs ein religiöses Bewußtsein; es bezeichnet vielmehr den Skeptiker, den Materialisten, den Naturalisten, den Pantheisten. Der Skeptiker, der Materialist verliert den Glauben an Gott – wenigstens den Gott der Religion –, weil er den *Glauben an den Menschen,* wenigstens den *Menschen der Religion,* verliert. Sowenig es daher der Religion mit der menschlichen Nichtigkeit *Ernst* ist und sein kann, so wenig ist ihr Ernst mit *dem* Wesen, welches eins ist mit dem Bewußtsein dieser Nichtigkeit. Ernst ist es der Religion nur mit *den* Bestimmungen, welche dem Menschen das *Wesen* des Menschen, und zwar das subjektive Wesen, sein Gemüt vergegenständlichen.

Es liegt wohl im Interesse der Religion, daß das Wesen, welches ihr Gegenstand, ein *andres* sei als der Mensch; aber es liegt ebenso, ja noch mehr in ihrem Interesse, daß dieses andre Wesen zugleich ein *menschliches* sei. Daß es ein andres sei, dies betrifft nur die *Existenz,* daß es aber ein menschliches sei, die innere *Wesenheit* desselben. Wenn es ein andres dem Wesen nach wäre, was könnte dem Menschen an seinem Sein oder Nichtsein gelegen sein? Wie könnte er an der Existenz desselben so *inniges Interesse* nehmen, wenn nicht sein eignes Wesen dabei beteiligt wäre? Der Mensch verhält sich in der Religion zum Wesen des Menschen als einem andern Wesen, aber ebenso verhält er sich wieder zu diesem andern als dem eignen Wesen. Er will, daß Gott sei, aber ebenso will er, daß er *sein* Gott, ein Wesen *für ihn,* ein menschliches Wesen sei.

Ein *spezielles,* aber gleichwohl allgemeingültiges Beispiel bestätige dies. »Wenn ich das glaube, daß *allein* die *menschliche Natur* für mich gelitten hat, so ist mir der Christus ein *schlechter Heiland,* so bedarf er wohl selbst eines Heilandes.« Es wird also über den Menschen hinausgegangen, ein andres, vom Menschen unterschiednes Wesen aus Heilsbedürfnis postuliert. Aber sowie dieses andre Wesen gesetzt ist, so entsteht auch sogleich das Verlangen des Menschen *nach sich selbst,* nach seinem Wesen, so wird auch sogleich der Mensch wieder gesetzt. »Hie ist Gott, der *nicht Mensch* ist und noch nie Mensch worden. Mir aber des Gottes nicht ... Es sollt mir ein *schlechter Christus* bleiben, der ... allein *ein bloßer abgesonderter Gott und göttliche Person ... ohne Menschheit.* Nein, Gesell, *wo du mir Gott hinsetzest, da mußt du mir die Menschheit mit hinsetzen.«**

Der Mensch will in der Religion sich in Gott befriedigen. Aber wie könnte er in ihm Trost und Frieden finden, wenn er ein wesentlich andres Wesen wäre? Wie kann ich den Frieden eines Wesens teilen, wenn ich nicht seines Wesens bin? Wenn sein Wesen ein andres, so ist auch sein Friede ein *wesentlich andrer,* kein Frieden *für mich.* Wie kann ich also seines Friedens teilhaftig werden, wenn ich nicht seines Wesens teilhaftig werden kann, wie aber seines Wesens teilhaftig werden, wenn ich wirklich andern Wesens bin? Frieden empfindet alles, was lebt, nur in seinem eignen Wesen, nur in seinem eignen Element. Empfindet also der Mensch Frieden in Gott, so empfindet er ihn nur, weil Gott erst sein wahres Wesen, weil er hier erst *bei sich selbst* ist, weil alles, worin er bisher Frieden suchte und was er bisher für sein Wesen nahm, ein *andres, fremdes* Wesen war. Und soll und will daher der Mensch in Gott sich befriedigen, so muß er *sich* in Gott finden.

Ein Gott, welcher nur das *objektive Wesen des Verstandes* ausdrückt, befriedigt darum nicht die Religion, ist nicht der Gott der Religion. Der Verstand interessiert sich nicht nur für den Menschen, sondern auch für die Wesen *außer dem Menschen, für die Natur.* Der Verstandesmensch vergißt sogar über der Natur sich selbst. Die Christen verspotteten die heidnischen Philosophen, weil sie statt an sich, an ihr Heil, nur an die Dinge außer ihnen gedacht hätten. Der Christ

* Luther, *Konkordienbuch,* Art. 8, Erklär.

denkt *nur an sich.** Der Verstand betrachtet mit demselben
Enthusiasmus den Floh, die Laus als das Ebenbild Gottes, den
Menschen. Nicht der Religionsbegeisterung, dem *Verstandes-
enthusiasmus* verdanken wir das Dasein einer Botanik, einer
Zoologie, einer Mineralogie, einer Astronomie. – Kurz, der
Verstand ist ein *universales, pantheistisches* Wesen, die *Liebe
zum Universum,* aber die Religion, insbesondere die christliche, ein durchaus *anthropotheistisches* Wesen, die *Liebe des
Menschen zu sich selbst,* die *ausschließliche Selbstbejahung* des
menschlichen, und zwar des subjektiv menschlichen Wesens;
denn allerdings bejaht auch der Verstand das Wesen des Menschen, aber das objektive, das auf den Gegenstand um des
Gegenstandes willen sich beziehende Wesen, dessen Darstellung eben die Wissenschaft ist. Es muß auch noch etwas ganz
andres als das Wesen des Verstandes dem Menschen in der
Religion Gegenstand werden, wenn er *sich* in ihr befriedigen
soll und will, und dieses Etwas wird und muß den eigentlichen Kern der Religion enthalten.

Die in der Religion, zumal der christlichen, vor allen andern
objektiven Bestimmungen hervortretende Verstandes- oder
Vernunftbestimmung ist diejenige, welche, indem sie Gott
vom Menschen unterscheidet, unmittelbar zugleich eine wesentliche Beziehung auf den Menschen ausdrückt. Diese Bestimmung ist die der *moralischen Vollkommenheit.* Gott ist der
Religion als moralisch vollkommnes Wesen Gegenstand. Gott
wohnt nur in einem reinen Herzen; nur dem reinen Sinne ist
er zugänglich. Warum, wenn er nicht selbst das reine moralische Wesen ist?** Die Sünde ist ein Widerspruch mit dem

---

* »*A te* incipiat cogitatio tua et *in te* finiatur, nec frustra *in alia*
distendaris, *te neglecto. Praeter salutem tuam nihil cogites*« (*De int.
Domo,* unter den unechten Schriften des Heil. Bernhard). »Si te vigilanter
homo attendas, mirum est, *si ad aliud unquam intendas*« (Divus Bernardus, *Tract. de XII gradibus humil. et superbiae*).
** »Nihil est autem quod hominem adeo *Deo dissimilem* faciat, quemadmodum *peccatum*« (Augustin bei Petrus Lombardus, *Sent.* I. II, dist.
35, c. 7). »Qui innocentiam colit, Domino supplicat, qui justitiam, Deo
libat; qui fraudibus abstinet, propitiat Deum, qui hominem periculo

göttlichen Wesen – in der Sprache der Religion, die alles personifiziert: Gott haßt die Sünde, sie ist ihm zuwider. Warum ist sie aber ein Widerspruch mit dem göttlichen Wesen? Weil sie die Natur des Menschen ist? Weil sie in seinem Wesen liegt? Mitnichten. Wenn der Mensch in der Sünde seiner Natur gemäß handelte, so handelte er, wie er handeln soll, so wäre seine Sünde ein comme il faut, ein Wohlklang, kein Mißton in der Welt. Also widerspricht nur die Sünde dem göttlichen Wesen, weil sie dem *menschlichen Wesen*, dem, was der Mensch sein soll, sein kann, widerspricht. Die Sünde beleidigt Gott, weil sie des Menschen Wesen beleidigt. Wäre das göttliche Wesen ein andres, vom menschlichen unterschiedenes, so könnte die Sünde, wie schon entwickelt, keinen Widerspruch gegen das göttliche Wesen ausdrücken; sie wäre demselben absolut indifferent. Der Widerspruch der Sünde mit Gott ist daher nur der Widerspruch des individuellen Menschen mit seinem Wesen. Das religiöse Bewußtsein setzt sein eignes Wesen sich als Objekt entgegen, als mangel- und sündloses, vollkommen heiliges Wesen – es ist *sein eignes* Wesen, denn es ist das *Gesetz* des Menschen, es stellt die Forderung an ihn, zu sein, wie es selbst ist: »Heilig ist Gott, ihr sollt heilig sein wie Gott«; *sein eignes Gewissen,* denn wie könnte es sonst vor diesem Wesen erzittern, wie vor ihm sich anklagen, wie es zum Richter seiner innersten Gedanken und Gesinnungen machen? Aber es wird angeschaut als ein andres, objektives Wesen. Indem nun der religiöse Mensch sein Wesen sich entgegensetzt als absolut heiliges Wesen, empfindet er sich, wie er ist, wie er sich seiner bewußt ist, im Widerspruch mit diesem Wesen, nicht entsprechend dieser Forderung, diesem Gesetze, ihm zu gleichen, als unvollkommen, als sündhaft. Der Mensch ist entzweit mit seinem eignen Wesen; er *ist nicht,* wie er sein soll und folglich sein kann, und in diesem Zwiespalt

subripit, opimam victimam caedit. Haec nostra sacrificia, haec Dei sacra sunt: sic apud nos *religiosior est ille qui justior*« (M. Minu. Felicis *Octav,* c. 32). Übrigens finden sich ähnliche Gedanken genug auch bei den sogenannten Heiden.

fühlt er sich unglücklich, nichtig, verdammt, um so mehr, als ihm in der Religion das moralische Gesetz nicht nur als Gesetz und als sein eignes, wahres Wesen, sondern als ein andres, persönliches Wesen Gegenstand ist, welches die Sünder haßt, von seiner Gnade, der Quelle alles Heils und Glücks ausschließt.

Das Bewußtsein der moralischen Vollkommenheit ist *herzlos*, denn es ist das Bewußtsein meiner *persönlichen Nichtigkeit*, und zwar der allerempfindlichsten, der moralischen Nichtigkeit. Das Bewußtsein der göttlichen Allmacht und Ewigkeit im Gegensatze zum Bewußtsein meiner Beschränktheit in Zeit und Kraft tut mir nicht wehe; denn die Allmacht, die Ewigkeit ist für mich nicht das Gesetz, selbst ewig, selbst allmächtig zu sein. Aber der moralischen Vollkommenheit kann ich mir nicht bewußt werden, ohne derselben zugleich als eines *Gesetzes* für mich bewußt zu werden, denn das Bewußtsein der moralischen Vollkommenheit ist im Grunde nichts andres als das Bewußtsein dessen, was ich *sein soll*. Die moralische Vollkommenheit hängt, wenigstens für das moralische Bewußtsein, nicht von der Natur, sondern vom Willen ab; sie ist eine Willensvollkommenheit, der vollkommne Wille. Den vollkommnen Willen, den Willen, der eins mit dem Gesetze, der selbst Gesetz ist, kann ich nicht denken, nicht mir vorstellen, ohne ihn zugleich als Willensobjekt, d. h. als Sollen für mich, zu denken. Kurz, die Vorstellung des moralisch vollkommnen Wesens ist keine nur theoretische, friedliche, sondern zugleich praktische, zur Handlung, zur Nacheiferung auffordernde, mich in Spannung, Differenz, Zwiespalt mit mir selbst versetzende Vorstellung; denn indem sie mir zuruft, was ich sein soll, sagt sie mir zugleich ohne alle Schmeichelei ins Gesicht, was ich *nicht bin*.

Aber in dieser Zwietracht mit sich selbst kann es der Mensch nicht aushalten; er empfindet vielmehr das dringende Bedürfnis, den unheilvollen Zwiespalt zwischen sich, dem Sünder, und dem vollkommnen Wesen aufzuheben. Der Gedanke des schlechthin vollkommnen Wesens läßt den Menschen *kalt* und *leer*, weil er die *Lücke* zwischen sich und diesem Wesen ge-

wahrt, fühlt; d. h. er *widerspricht* dem *menschlichen Herzen.*
Der Mensch muß daher nicht nur die Macht des Gesetzes, das
Wesen des Verstandes, er muß auch die *Macht der Liebe,* das
Wesen des Herzens bejahen, vergegenständlichen, wenn er
anders in der Religion sich befriedigen, zur Ruhe kommen
will und soll.

Der Verstand urteilt nur nach der Strenge des Gesetzes; das
Herz akkommodiert sich, ist nachsichtig, rücksichtsvoll, billig,
κατ' ἄνθρωπον. Dem Gesetze, das nur die moralische Vollkommenheit uns vorhält, genügt keiner, aber darum genügt
auch nicht das Gesetz dem eigentlichen Menschen im Menschen, dem Herzen. Das Gesetz verdammt; das Herz erbarmt
sich auch des Sünders. Das Herz gibt mir das Bewußtsein,
daß ich Mensch bin, das Gesetz nur das Bewußtsein, daß ich
nichtig, daß ich Sünder bin.*

Wodurch also erlöst sich der Mensch von der Pein des Sün-
denbewußtseins, von der Qual des Nichtigkeitsgefühles? Wodurch stumpft er der Sünde ihren tödlichen Stachel ab? Nur
dadurch, daß er sich des *Herzens,* der *Liebe* als der *höchsten,*
als der *absoluten Macht und Wahrheit* bewußt wird, daß er
das göttliche Wesen nicht nur als Gesetz, als moralisches Wesen, als Verstandeswesen, sondern vielmehr als ein *liebendes,*
herzliches, selbst subjektiv menschliches Wesen anschaut.

Die Liebe ist der *terminus medius,* das substantielle Band, das
Vermittlungsprinzip zwischen dem Vollkommnen und Unvollkommnen, dem sündlosen und sündhaften Wesen, dem
Allgemeinen und Individuellen, dem Gesetz und dem Herzen,
dem Göttlichen und Menschlichen. Die Liebe ist Gott selbst,
und außer ihr ist kein Gott. Die Liebe macht den Menschen
zu Gott und Gott zum Menschen. Die Liebe stärket das
Schwache und schwächet das Starke, erniedrigt das Hohe und
erhöhet das Niedrige, idealisiert die Materie und materiali-
siert den Geist. Die Liebe ist die wahre Einheit von Mensch
und Gott, Natur und Geist. In der Liebe ist die gemeine Natur

---

* »*Omnes peccavimus* ... Parricidae *cum lege* coeperunt et illis facinus
poena monstravit« (Seneca).

Geist und der vornehme Geist Materie. Lieben heißt vom Geiste aus: den Geist, von der Materie aus: die Materie negieren. Liebe ist *Materialismus. Immaterielle* Liebe ist ein Unding. Aber zugleich ist die Liebe der *Idealismus* der Natur.*
Liebe ist esprit. Nur die Liebe macht die Nachtigall zur Sängerin; nur die Liebe schmückt die Befruchtungswerkzeuge der Pflanze mit einer Blumenkrone. Und welche Wunder tut nicht die Liebe selbst in unserm gemeinen bürgerlichen Leben! Was der Glaube, die Konfession, der Wahn trennt, verbindet die Liebe. Selbst unsre hohe Noblesse identifiziert humoristisch genug die Liebe mit dem bürgerlichen Pöbel. Was die alten Mystiker von Gott sagten, daß er das *höchste* und doch das *gemeinste* Wesen sei, das gilt in Wahrheit von der Liebe, und zwar nicht einer erträumten, imaginären Liebe, nein, von der wirklichen Liebe, von der Liebe, die *Fleisch* und *Blut* hat, von der Liebe, die alle lebendigen Wesen als eine allgemeine Macht durchbebt.

DAS GEHEIMNIS DER INKARNATION ODER GOTT ALS LIEBE, ALS HERZENSWESEN

Das Bewußtsein der Liebe ist es, wodurch sich der Mensch mit Gott oder vielmehr mit sich, mit seinem Wesen, welches er im Gesetz als ein andres Wesen sich gegenüberstellt, versöhnt. Die Anschauung, das Bewußtsein der göttlichen Liebe oder, was eins ist, Gottes als eines selbst *menschlichen Wesens* – diese *Anschauung ist das Geheimnis der Inkarnation.* Die Inkarnation ist nichts andres als die tatsächliche, sinnliche Erscheinung von der *menschlichen Natur* Gottes. Die Inkarnation war nur eine Folge der göttlichen Liebe und Barmherzigkeit. Seinetwegen ist Gott nicht Mensch geworden. Die Not, das

* Der Unterschied zwischen dem Idealismus – wenigstens dem wahren, naturbegründeten Idealismus – und dem Materialismus ist nur dieser, daß jener ein *geist-* und *sinnvoller* Materialismus, dieser aber, der gewöhnlich so genannte Materialismus, ein *geistloser* Materialismus ist.

Bedürfnis des Menschen – ein Bedürfnis, das übrigens heute noch ein Bedürfnis des religiösen Gemüts – war der Grund der Inkarnation. Aus Barmherzigkeit wurde er Mensch – er war also schon in sich selbst ein menschlicher Gott, ehe er wirklicher Mensch wurde; denn er fühlte das menschliche Bedürfnis; es ging ihm das menschliche Elend zu Herzen. Die Inkarnation war eine Träne des göttlichen Mitleids, also nur eine Erscheinung eines menschlich fühlenden, darum wesentlich menschlichen Wesens.

Wenn der *menschgewordne* Gott in der Inkarnation als das erste gesetzt und betrachtet wird, so erscheint freilich die Menschwerdung Gottes als ein unerwartetes, frappierendes, wunderbares, geheimnisvolles Ereignis. Allein, der *menschgewordne* Gott ist nur die Erscheinung des *gottgewordnen* Menschen, was freilich *im Rücken* des religiösen *Bewußtseins* liegt; denn der Herablassung Gottes zum Menschen geht notwendig die Erhebung des Menschen zu Gott vorher. Der Mensch war schon in Gott, war schon *Gott selbst,* ehe Gott Mensch wurde. Wie hätte sonst Gott Mensch werden können? *Ex nihilo nil fit.* Ein Gott, der sich nicht um Menschliches kümmert, wird nicht um des Menschen willen Mensch werden. Ein König, der nicht auf seinem Herzen das Wohl seiner Untertanen trägt, der nicht schon auf dem Throne mit seinem Geiste in den Wohnungen derselben weilt, nicht schon in seiner Gesinnung, wie das Volk spricht, ein *gemeiner* Mann ist, ein solcher König wird auch nicht körperlich von seinem Throne herabsteigen, um seine Untergebenen zu beglücken mit seiner persönlichen Gegenwart. Ist also nicht schon der Untertan zum König emporgestiegen, ehe der König zum Untertan herabsteigt? Und wenn sich der Untertan durch die persönliche Gegenwart seines Königs geehrt und beglückt findet, bezieht sich dieses Gefühl nur auf diese sichtbare Erscheinung als solche oder nicht vielmehr auf die Erscheinung der Gesinnung, des menschenfreundlichen Wesens, welches der *Grund* dieser Erscheinung ist?

Das Tiefe, d. h. das Widersprechende, das Unbegreifliche,

welches man in dem Satze: Gott ist oder wird Mensch, findet, kommt nur daher, daß man den Begriff oder die Bestimmungen des allgemeinen, uneingeschränkten, d. i. lediglich metaphysischen Wesens mit dem Begriffe oder den Bestimmungen des *religiösen* Gottes *unmittelbar* verbindet oder vielmehr vermischt – eine Vermischung, die überhaupt die Einsicht in das Wesen der Religion erschwert. Aber es handelt sich in der Tat nur um die menschliche *Gestalt* eines Gottes, der schon *ein Wesen,* im tiefsten Grunde seiner Seele ein barmherziger, d. i. menschlicher Gott ist.

In der kirchlichen Lehre wird dies so ausgedrückt, daß es nicht die *erste* Person der Gottheit, sondern die *zweite* ist, welche sich inkarniert – die zweite Person, welche die *Welt* geschaffen, welche der zum Menschen redende Gott ist, welche den Menschen in und vor Gott vertritt*, kurz, nichts andres als der göttliche Mensch ist – die zweite Person, die aber fürwahr, wie sich zeigen wird, der eigentliche Gott, die *wahre, erste* Person der Religion ist. Und nur *ohne* diesen terminus medius, welcher aber der terminus a quo der Inkarnation, erscheint die Inkarnation unbegreiflich, mysteriös, »spekulativ«, während sie im Zusammenhang mit demselben eine sich von selbst verstehende Folge ist. Die Behauptung daher, daß die Inkarnation eine rein empirische Tatsache sei, von der man nur aus der Offenbarung Kunde erhalte, ist eine Äußerung des *stupidesten* religiösen Materialismus, denn die Inkarnation ist ein Schlußsatz, der auf einer sehr begreiflichen Prämisse beruht. Aber ebenso verkehrt ist es, wenn man aus puren spekulativen, d. i. metaphysischen Gründen die Inkarnation der kirchlichen, orthodoxen Theologie deduzieren will, denn die Metaphysik gehört nur der ersten Person an, welche sich nicht inkarniert, keine dramatische Person ist.

Aus diesem Exempel erhellt, wie sich die *genetisch-kritische,* die *spekulativ-rationelle* oder spekulativ-empirische Methode, die Methode der pneumatischen Wasserheilkunde, von der

---

* S. hierüber z. B. Tertullian, *Adv. Praxeam,* c. 15, 16.

purlautern spekulativen Methode unterscheidet. Die genetisch-kritische oder spekulativ-rationelle Methode philosophiert nicht über die Menschwerdung als ein *besonderes, stupendes Mysterium* wie die vom mystischen Schein verblendete Spekulation; sie zerstört vielmehr die Illusion, als stecke ein ganz besondres Geheimnis dahinter, sie kritisiert das Dogma und reduziert es auf seine *natürlichen Elemente,* auf seinen innern Ursprung – auf die *Liebe.* Der Mittelpunkt der Inkarnationslehre, des mystischen »*Gottmenschen*«, ist die Liebe Gottes zum Menschen; *inwiefern Gott den Menschen liebt, Gott an den Menschen denkt, Gott für den Menschen fürsorgt, ist er schon Mensch*; Gott begibt [sich] schon in sich seiner Gottheit, entäußert, anthropomorphiert sich, indem er liebt. Die wirkliche Inkarnation ist nun das geistliche Argument ad hominem von dieser innerlichen, wesentlichen Menschheit Gottes.

Das Dogma aber oder die Religion stellt uns zweierlei dar: *Gott und die Liebe.* Gott ist die Liebe; was heißt aber das? Ist Gott noch etwas *außer der Liebe?* ein von der Liebe unterschiedenes Wesen? Ist es soviel, als wie ich auch von einer menschlichen Person im Affekt ausrufe: Sie ist die Liebe selbst? Allerdings; sonst müßte ich den Namen *Gott,* der ein besondres, persönliches Wesen, ein Subjekt im Unterschiede vom Prädikat ausdrückt, fahrenlassen. Also wird die Liebe zu etwas *Besondrem* gemacht. Gott hat *aus Liebe* seinen eingebornen Sohn gesandt. Die Liebe wird so zurück- und herabgesetzt, verfinstert durch den dunkeln Hintergrund: *Gott.* Sie wird nur zu einer persönlichen, wenn auch wesenbestimmenden Eigenschaft; sie behält daher im Geiste und Gemüte, objektiv und subjektiv, den Rang nur eines Prädikats, nicht des Subjekts, nicht der Substanz; sie verschiebt sich mir als eine Nebensache, ein Akzidenz aus den Augen; bald tritt sie als etwas Wesentliches vor mich hin, bald verschwindet sie mir wieder. Gott erscheint mir auch noch in andrer Gestalt als in der der Liebe, auch in der Gestalt der Allmacht, einer finstern, nicht durch die Liebe gebundnen Macht, einer Macht, an der auch, wenngleich in geringerem Maße, die Dämonen, die Teufel partizipieren.

Solange die Liebe nicht zur Substanz, zum Wesen selbst erhoben wird, so lange lauert im Hintergrunde der Liebe ein Subjekt, das *auch ohne Liebe* noch *etwas für sich* ist, ein liebloses Ungeheuer, ein dämonisches Wesen, dessen *von der Liebe unterscheidbare und wirklich unterschiedene Persönlichkeit* an dem *Blute* der Ketzer und Ungläubigen sich ergötzt – das *Phantom des religiösen Fanatismus.* Aber gleichwohl ist das Wesentliche in der Inkarnation, obwohl noch gebunden an die Nacht des religiösen Bewußtseins, die Liebe. Die Liebe bestimmte Gott zur Entäußerung seiner Gottheit.* Nicht aus seiner Gottheit als solcher, nach welcher er das Subjekt ist in dem Satze: Gott ist die Liebe, sondern aus der Liebe, dem Prädikat, kam die Verleugnung seiner Gottheit; also ist die Liebe eine höhere Macht als die Macht der Gottheit. *Die Liebe überwindet Gott.* Die Liebe war es, der Gott seine göttliche Majestät aufopferte. Und was war das für eine Liebe? eine andere als die unsrige? als die, der wir Gut und Blut opfern? War es die Liebe *zu sich*? zu sich als *Gott*? Nein, die Liebe zum Menschen. Aber ist die Liebe zum Menschen nicht menschliche Liebe? Kann ich den Menschen lieben, ohne ihn menschlich zu lieben, ohne ihn so zu lieben, wie er selbst liebt, wenn er in Wahrheit liebt? Wäre sonst nicht die Liebe vielleicht teuflische Liebe? Der Teufel liebt ja auch die Menschen, aber nicht um des Menschen, sondern um seinetwillen, also aus Egoismus, um sich zu vergrößern, seine Macht auszubreiten. Aber Gott liebt, indem er den Menschen liebt, den Menschen

---

* So, in diesem Sinne feierte der alte unbedingte, begeisterungsvolle Glaube die Inkarnation. »Amor triumphat de Deo«, sagt der Heil. Bernhard. Und nur in der Bedeutung einer wirklichen Selbstentäußerung, Selbstverleugnung der Gottheit liegt die Realität, die vis der Inkarnation, wenngleich diese Selbstnegation nur eine *Phantasievorstellung* ist, denn, bei Lichte betrachtet, negiert sich in der Inkarnation Gott nicht, sondern er *zeigt sich nur als das, was er ist,* als ein menschliches Wesen. Was die Lüge der spätern rationalistisch-orthodoxen und biblisch-pietistisch-rationalistischen Theologie gegen die wonnetrunknen Vorstellungen und Ausdrücke des alten Glaubens in betreff der Inkarnation vorgebracht, verdient keine Erwägung, geschweige eine Widerlegung. Wie aber selbst der alte charaktervolle Glaube die Wahrheit der Inkarnation, die Wahrheit des Gottmenschen wieder geleugnet – darüber im Anhang.

um des Menschen willen, um ihn gut, glücklich, selig zu machen. Liebt er also nicht so den Menschen, wie der wahre Mensch den Menschen liebt? Hat die Liebe überhaupt einen Plural? Ist sie nicht überall sich selbst gleich? Was ist also der wahre, reine Text der Inkarnation als der Text der Liebe schlechtweg, ohne Beisatz, ohne Differenz von göttlicher und menschlicher Liebe? Denn wenn es auch eine eigennützige Liebe unter den Menschen gibt, so ist doch die wahre menschliche Liebe, die allein dieses Namens würdige diejenige, welche dem andern zuliebe das Eigne opfert. Wer ist also unser Erlöser und Versöhner? Gott oder die Liebe? Die Liebe, denn Gott als Gott hat uns nicht erlöst, sondern die Liebe, welche über die Differenz von göttlicher und menschlicher Persönlichkeit erhaben ist. Wie Gott sich selbst aufgegeben aus Liebe, so sollen wir auch der Liebe Gott aufopfern; denn *opfern wir nicht Gott der Liebe auf, so opfern wir die Liebe Gott auf,* und wir haben trotz des Prädikats der Liebe den Gott, das böse Wesen des religiösen Fanatismus.

Indem wir nun aber diesen Text aus der Inkarnation gewonnen, so haben wir zugleich das Dogma in seiner Unwahrheit und Nichtigkeit dargestellt, die Illusion aufgehoben, als stecke ein ganz besondres Geheimnis dahinter, das scheinbar übernatürliche und überverständige Mysterium auf eine *einfache,* dem Menschen *natürliche* Wahrheit reduziert – eine Wahrheit, die nicht der christlichen Religion allein, sondern jeder Religion als Religion mehr oder minder angehört. Jede Religion setzt nämlich voraus, daß Gott nicht gleichgültig ist gegen die Wesen, die ihn verehren, daß also Menschliches ihm nicht fremd, daß er als ein Gegenstand menschlicher Verehrung selbst ein menschlicher Gott ist. Jedes Gebet enthüllt das Geheimnis der Inkarnation, *jedes Gebet ist in der Tat eine Inkarnation Gottes.* Im Gebete ziehe ich Gott in das menschliche Elend herein; ich lasse ihn teilnehmen an meinen Leiden und Schwächen. Gott ist nicht taub gegen meine Klagen; er erbarmt sich meiner; er verleugnet also seine göttliche Majestät, seine Erhabenheit über alles Menschliche und Endliche;

er wird Mensch mit dem Menschen; denn erhört er mich, erbarmt er sich meiner, so wird er *affiziert* von meinem Leiden. Die Theologie freilich, welche die metaphysischen Verstandesbestimmungen der Apathie, der Immutabilität, Ewigkeit und andere dergleichen abstrakte Wesensbestimmungen im Kopfe hat und festhält, die Theologie freilich leugnet die *Passibilität* Gottes, leugnet aber eben damit auch die *Wahrheit der Religion*.* Denn die Religion, der religiöse Mensch glaubt im Akte der Andacht des Gebets an eine wirkliche Teilnahme des göttlichen Wesens an seinen Leiden und Bedürfnissen, glaubt an einen durch die *Innigkeit* des Gebets, d. h. durch die *Kraft des Gemüts bestimmbaren* Willen Gottes, glaubt an eine wirkliche, gegenwärtige, *durch das Gebet* bewirkte Erhörung. Der wahrhaft religiöse Mensch legt unbedenklich sein Herz in Gott; Gott ist ihm ein Herz, ein Gemüt, das für alles Menschliche empfänglich ist. Das Herz kann nur zum Herzen sich wenden; das Gemüt findet nur *in sich selbst*, in seinem Wesen, nur in einem Gotte, der ist, wie und was das Gemüt, seine Befriedigung. »Wir bedürfen einen *willkürlichen Gott*.«

Die Behauptung, daß die Erfüllung des Gebetes von Ewigkeit her schon bestimmt, schon in den Plan der Weltschöpfung ursprünglich mit aufgenommen sei, ist eine leere abgeschmackte Fiktion einer mechanischen Denkart, die absolut dem Wesen der Religion widerspricht. Überdem ist ja auch in dieser Fiktion Gott ebenso ein vom Menschen bestimmbares Wesen als in der wirklichen, gegenwärtig auf die Kraft des Gebets erfolgten Erhörung; nur daß der Widerspruch mit der Immutabilität und Unbestimmbarkeit Gottes, d. h. die Schwierigkeit in die täuschende Ferne der Vergangenheit oder Ewig-

---

* Der Heilige Bernhard hilft sich mit einem köstlich sophistischen Wortspiel: »*Impassibilis* est Deus, sed non *incompassibilis*, cui proprium est misereri semper et parcere« (*Super Cantica*, Sermo 26), als wäre nicht Mitleiden Leiden, freilich Leiden der Liebe, Leiden des Herzens. Aber was leidet, wenn nicht das teilnehmende Herz? Ohne Liebe kein Leiden. Die Materie, die Quelle des Leidens, ist eben das allgemeine Herz, das allgemeine Band der Natur.

keit hinausgeschoben wird. Ob Gott jetzt auf mein Gebet hin sich zur Erfüllung meines Gebets entschließt oder sich einst dazu entschlossen hat, das ist im Grunde ganz eins.

Es ist die größte Inkonsequenz, die Vorstellung eines durch das Gebet, d. h. die Kraft des Gemüts bestimmbaren Gottes als eine unwürdige, anthropomorphistische Vorstellung zu verwerfen. Glaubt man einmal ein Wesen, welches Gegenstand der Verehrung, Gegenstand des Gebetes, Gegenstand des Gemütes ist, ein Wesen, welches ein *vorsehendes, fürsorgendes* ist – eine Vorsehung, welche nicht ohne *Liebe* denkbar –, ein Wesen also, welches ein *liebendes* ist, die Liebe zum Bestimmungsgrunde seiner Handlungen hat, so glaubt man auch ein Wesen, welches, wenn auch nicht ein *anatomisches,* doch ein psychisches *menschliches Herz* hat. Das religiöse Gemüt legt überhaupt *alles in Gott* – das ausgenommen, *was es selbst verschmäht.* Die Christen gaben ihrem Gotte zwar keine ihren moralischen Begriffen widersprechenden Affekte, aber die Empfindungen und Gemütsaffekte der Liebe, der Barmherzigkeit gaben sie ihm ohne Anstand und mußten sie ihm geben. Und die Liebe, die das religiöse Gemüt in Gott setzt, ist eine eigentliche, nicht nur so vorgespiegelte, vorgestellte, eine wirkliche, wahrhafte Liebe – Gott wird geliebt und liebt wieder; in der göttlichen Liebe vergegenständlicht, bejaht sich nur die menschliche Liebe. In Gott vertieft sich nur die Liebe in sich als die Wahrheit ihrer selbst.

Gegen die eben entwickelte Bedeutung der Inkarnation kann man erwidern, daß es mit der christlichen Inkarnation doch eine ganz besondre, wenigstens andre Bewandtnis habe – was allerdings auch in gewisser Hinsicht wahr ist, wie selbst später gezeigt werden wird – als mit den Menschwerdungen der heidnischen, etwa griechischen oder indischen Götter. Diese seien bloße Menschenprodukte oder vergötterte Menschen; aber im Christentum sei die Idee des wahren Gottes gegeben; hier werde die Vereinigung des göttlichen Wesens mit dem menschlichen erst bedeutungsvoll und »spekulativ«. Jupiter verwandle sich auch in einen Stier; die heidnischen Menschwerdungen seien bloße Phantasien. Im Heidentum sei nicht mehr in dem *Wesen* Gottes als in der *Erscheinung* Gottes; im Christentum dagegen sei es Gott, sei es ein andres, übermenschliches Wesen, welches als Mensch erscheine. Aber dieser Einwurf widerlegt sich durch die bereits gemachte Bemerkung, daß auch die Prämisse der christlichen Inkarnation schon das menschliche Wesen enthält. Gott *liebt* den Menschen; Gott hat überdem einen *Sohn* in sich; Gott ist *Vater*; die Verhältnisse der Menschlichkeit sind von Gott nicht ausgeschlossen; Menschliches ist Gott nicht unbekannt, nicht ferne. Es ist daher auch hier nicht *mehr* im *Wesen* Gottes als in der *Erscheinung*. In der Inkarnation *gesteht* die Religion nur *ein*, was sie außer dem nicht Wort haben will, daß Gott ein durchaus menschliches Wesen ist. Die Inkarnation, das Geheimnis des Gottmenschen, ist daher keine *mysteriöse Komposition von Gegensätzen*, kein *synthetisches* Faktum, wofür es der spekulativen Religionsphilosophie gilt, weil sie eine besondere Freude am Widerspruch hat; sie ist ein *analytisches* Faktum – ein menschliches Wort mit menschlichem Sinne. Wäre ein Widerspruch vorhanden, so läge dieser schon *vor* und *außer* der Inkarnation; der Widerspruch läge schon in der Verbindung der *Vorsehung*, der *Liebe* mit der *Gottheit*; denn ist diese eine wirkliche, so ist sie keine von unsrer Liebe wesentlich unterschiedene – es sind nur die Schranken zu beseitigen –, und so ist die Inkarnation nur der kräftigste, intensivste, offenherzigste Ausdruck dieser Vorsehung, dieser Liebe. Die Liebe weiß ihren Gegenstand nicht mehr zu beglücken, als daß sie ihn mit ihrer persönlichen Gegenwart erfreut, daß sie sich *sehen* läßt. Den unsichtbaren Wohltäter von Angesicht zu Angesicht zu schauen ist das heißeste Verlangen der Liebe. Seligkeit liegt im bloßen Anblick des Geliebten. Der Blick ist die Gewißheit der Liebe. Und die Inkarnation soll nichts sein, nichts bedeuten, nichts wirken als die *zweifellose Gewißheit* an der Liebe Gottes zum Menschen. Die Liebe bleibt, aber die Inkarnation auf der Erde geht vorüber; die Erscheinung war eine zeitlich und räumlich beschränkte, wenigen zugängliche; aber das Wesen der Erscheinung ist ewig und allgemein. Wir sollen noch glauben an die Erscheinung, aber nicht um der Erscheinung, sondern um des Wesens willen; denn uns ist nur geblieben – die Anschauung der Liebe.

Der klarste, unwidersprechlichste *Beweis*, daß der Mensch in der Religion *sich als göttlicher Gegenstand, als göttlicher Zweck Objekt* ist, daß er also in der Religion nur zu *seinem eignen Wesen*, nur zu *sich selbst* sich verhält – ist die *Liebe Gottes zum Menschen*: der *Grund* und *Mittelpunkt* der Religion. Gott entäußert sich um des Menschen willen selbst seiner Gottheit. Hierin liegt der erhebende Eindruck der Inkarnation: Das höchste, das bedürfnislose Wesen demütigt, erniedrigt sich um meinetwillen. In Gott kommt daher mein *eignes Wesen* mir zur *Anschauung*; ich habe für Gott Wert; die *göttliche Bedeutung* meines Wesens wird mir offenbar. Wie kann denn der Wert des Menschen höher ausgedrückt werden, als wenn Gott um des Menschen willen Mensch wird, wenn der Mensch der Endzweck, der Gegenstand der göttlichen Liebe ist? Die Liebe Gottes zum Menschen ist eine *wesentliche Bestimmung* des göttlichen Wesens: Gott ist ein *mich*, den *Menschen überhaupt, liebender* Gott. Darauf ruht der Akzent, darin liegt der Grundaffekt der Religion. Gottes Demut macht mich demütig, seine Liebe liebend. Nur die Liebe ist der Gegenstand der Liebe: Nur was liebt, wird wiedergeliebt. Die Liebe Gottes zum Menschen ist der *Grund* der Liebe des Menschen zu Gott: Die göttliche Liebe verursacht, erweckt die menschliche Liebe. »*Lasset uns ihn lieben, denn er hat uns erst geliebet.*«* Was liebe ich also in und an Gott? *Die Liebe,* und zwar die *Liebe zum Menschen.* Wenn ich aber die Liebe liebe und anbete, mit welcher Gott den Menschen liebt, liebe ich nicht den Menschen, ist meine *Gottesliebe* nicht, wenn auch indirekte, *Menschenliebe*? Ist denn nicht der Mensch der *Inhalt Gottes,* wenn Gott ihn liebt? Ist nicht

* 1. Johannes 4, 19.

das mein Innigstes, was ich liebe? Habe ich ein Herz, wenn ich nicht liebe? Nein! *Die Liebe nur ist das Herz des Menschen.* Aber was ist die Liebe ohne das, was ich liebe? *Was ich also liebe, das ist mein Herz,* das ist mein Inhalt, das ist mein Wesen. Warum trauert der Mensch, warum verliert er die Lust zum Leben, wenn er den geliebten Gegenstand verliert? Warum? Weil er mit dem geliebten Gegenstande sein Herz, das Prinzip des Lebens, verloren. Liebt also Gott den Menschen, so ist der *Mensch* das *Herz* Gottes – des Menschen Wohl seine innigste Angelegenheit. Ist also nicht, wenn der Mensch der *Gegenstand Gottes* ist, der Mensch *sich selbst in Gott Gegenstand,* nicht der *Inhalt* des göttlichen Wesens das *menschliche Wesen,* wenn Gott die Liebe, der *wesentliche Inhalt* dieser Liebe aber *der Mensch* ist, *nicht die Liebe Gottes zum Menschen,* der Grund und Mittelpunkt der Religion, die *Liebe des Menschen zu sich selbst,* vergegenständlicht, angeschaut als die höchste, objektive Wahrheit, als das höchste Wesen des Menschen? Ist denn nicht der Satz »Gott liebt den Menschen« ein Orientalismus – die Religion ist wesentlich orientalisch –, welcher auf deutsch heißt: Das Höchste ist die Liebe des Menschen? –

DAS GEHEIMNIS DES LEIDENDEN GOTTES

Der Glaube an den aus Liebe *Mensch gewordnen Gott* – und dieser Gott ist der Mittelpunkt der christlichen Religion – ist nichts andres als der Glaube *an die Liebe,* der Glaube aber an die Liebe der Glaube an die *Wahrheit und Gottheit des menschlichen Herzens.* Der seiner selbst bewußte, der denkende Mensch erkennt das Herz *als Herz,* den Verstand *als Verstand,* beide in der Einheit ihrer Wesenheit und Wirklichkeit, als göttliche, absolute Mächte. Aber die Religion, ihrer sich nicht bewußt und beruhend auf der *Scheidung* der *Wesenheit* von der *Wirklichkeit* des *Wesens* des Menschen, als eines andern Wesens, vom wirklichen, individuellen Menschen, vergegenständlicht auch das Wesen des Herzens, wie des Verstandes, als ein andres, objektives, und zwar persönliches Wesen.

Eine Wesensbestimmung des menschgewordnen oder, was eins ist, des menschlichen Gottes, also Christi, ist die *Passion*. Die Liebe *bewährt sich durch Leiden*. Alle Gedanken und Empfindungen, die sich zunächst an Christus anschließen, konzentrieren sich in dem Begriffe des Leidens. Gott als Gott ist der Inbegriff aller menschlichen Vollkommenheit, Christus der Inbegriff alles menschlichen Elends. Die heidnischen Philosophen feierten die Aktuosität, die Spontaneität der Intelligenz als die höchste, als die göttliche Tätigkeit; die Christen heiligten das Leiden, setzten das Leiden selbst in Gott. Wenn Gott als actus purus der Gott der Philosophie, so ist dagegen Christus, der Gott der Christen, die passio pura – der höchste metaphysische Gedanke, das *être suprême des Herzens*. Denn was macht mehr Eindruck auf das Herz als Leiden? Und zwar das Leiden des an sich Leidlosen, des über alles Leiden Erhabenen, das Leiden des Unschuldigen, des Sündenreinen, das Leiden lediglich zum Besten anderer, das freiwillige Leiden, das Leiden der Liebe, der Selbstaufopferung? Aber eben deswegen, weil die Passionsgeschichte die ergreifendste Geschichte für das menschliche Herz oder überhaupt für das Herz ist – denn es wäre ein lächerlicher Wahn des Menschen, sich ein andres Herz als das menschliche vorstellen zu wollen –, so folgt daraus aufs unwidersprechlichste, daß in ihr nichts ausgedrückt, nichts vergegenständlicht ist als das *Wesen des Herzens,* daß sie zwar nicht in dem menschlichen Verstande oder Dichtungsvermögen, aber doch im menschlichen Herzen ihren Ursprung hat. Das Christentum, seinem *bessern Teil* nach, gereinigt von den widersprechenden eigentümlichen Elementen des religiösen Bewußtseins, die erst später in Betracht kommen, ist eine Invention des menschlichen Herzens. Aber das Herz erfindet nicht wie die freie Phantasie oder Intelligenz; es verhält sich leidend, empfangend; alles, was aus ihm kommt, erscheint ihm als gegeben, tritt gewaltsam auf, wirkt mit der Kraft der dringenden Notwendigkeit. Das Herz bewältigt, bemeistert den Menschen; wer einmal von ihm ergriffen, ist von ihm als seinem Dämon, seinem Gotte ergriffen. Das Herz kennt keinen andern Gott, kein trefflicheres Wesen *als sich*, als einen Gott, dessen *Name* zwar ein *besondrer*, ein andrer sein mag, *dessen Wesen, dessen Substanz* aber das eigne Wesen des Herzens ist. Und aus dem Herzen, aus dem innern Drange, Gutes zu tun, für die Menschen zu leben und zu sterben, aus dem göttlichen Triebe der *Wohltätigkeit*, die alle beglücken will, die keinen, auch den Verworfensten, den Niedrigsten nicht, von sich ausschließt, aus der sittlichen Pflicht der Wohltätigkeit im höchsten Sinne, wie sie zu einer *innern Notwendigkeit*, d. i. zum Herzen geworden, aus dem menschlichen Wesen also, wie es sich als Herz und durch das Herz offenbart, ist die *pars melior*, der bessere Teil des Christentums entsprungen.

Was nämlich die Religion zum *Prädikat* macht, das dürfen wir nur immer zum *Subjekt*, und was sie zum *Subjekt*, zum *Prädikat* machen, also die Orakelsprüche der Religion *umkehren*, als contre-véritez auffassen, so haben wir das Wahre. Gott leidet – Leiden ist Prädikat –, aber für die Menschen, für andere, nicht für sich. Was heißt das auf deutsch? Nichts andres als: *Leiden für andere ist göttlich**; wer für andere leidet, seine Seele läßt, handelt göttlich, ist den Menschen Gott. Aber leidende, sich selbst aufopfernde Liebe ist das höchste Wesen des Herzens. Christus also das *sich selbst gegenständliche Herz* – der Eindruck und Inhalt seiner Leidensgeschichte ein rein menschlicher. Denn daß Christus zugleich Gott war, Gott im Sinne der Religion oder Dogmatik,

* Die Religion spricht durch Exempel. Das Exempel ist das Gesetz der Religion. Was Christus getan, ist Gesetz. Christus hat gelitten für andere, also sollen wir dasselbe tun ... »Quae necessitas fuit ut sic exinaniret se, sic humiliaret se, sic abbreviaret se Dominus majestatis, nisi ut *vos similiter faciatis*?« (Bernardus in *De nat. Domini*). Aber diese Wahrheit negiert die Eifersucht der Religion auf den Menschen, auf die Moral dadurch wieder, daß sie das Handeln und Leiden für andere, für die Menschen, nur zu einem Handeln und Leiden für Christus, für Gott und seine Ehre macht. Doch davon erst später.

ist eine vage, nichtige, phantastische Vorstellung. Der positive, reale Eindruck auf Kopf und Herz, *der* Eindruck, der allein den objektiven Inhalt in seiner *Wahrheit* ausdrückt, ist, daß er freiwillig litt, daß er nicht zu leiden brauchte, wenn er nicht hätte leiden wollen, daß er litt unverschuldet, daß er litt für andere, litt aus freier Liebe. Aber solches Leiden geht wohl über den gemeinen, aber nicht über den Menschen an sich, über den wahren Menschen. Denke ich dagegen zugleich mit diesem menschlichen Leiden den supranaturalistischen religiösen oder dogmatischen Inhalt, den leidenden Christus zugleich als Gott, so geht alle Wahrheit verloren, so litt er sozusagen nur auf der einen Seite, auf der andern aber nicht – denn was war für ihn als Gott, als den seiner Gottheit, seiner Ewigkeit und himmlischen Seligkeit Bewußten sein Leiden? –, so war sein Leiden nur ein Leiden für ihn als Menschen, nicht als Gott, nur ein scheinbares, kein wahres Leiden – kurz, eine *bloße Komödie*.

Das Leiden Christi repräsentiert jedoch nicht nur das sittliche Leiden, das Leiden der Liebe, der Kraft, sich selbst zum Wohle anderer aufzuopfern, es repräsentiert auch das *Leiden als solches*, das Leiden, inwiefern es ein Ausdruck der Passibilität überhaupt ist. Die christliche Religion ist so wenig eine übermenschliche daß sie selbst die menschliche Schwachheit sanktioniert. Wenn der heidnische Philosoph selbst bei der Nachricht von dem Tode des eignen Kindes die Worte ausruft: Ich wußte, daß ich einen Sterblichen gezeugt, so vergießet dagegen Christus Tränen über den Tod des Lazarus – einen Tod, der doch in Wahrheit nur ein Scheintod war. Wenn Sokrates mit unbewegter Seele den Giftbecher leert, so ruft dagegen Christus aus: »Wenn es möglich, so gehe dieser Kelch von mir.«* Christus ist in dieser Beziehung das Selbstbe-

---

* »Haerent plerique hoc loco ... Ego autem non solum excusandum non puto, sed etiam nusquam magis pietatem ejus majestatemque demiror. Minus enim contulerat mihi, nisi *meum suscepisset affectum*. Ergo pro me doluit, qui pro se nihil habuit, quod doleret ... Suscepit enim *tristitiam meam*, ut mihi suam laetitiam largiretur ... Non me fefellit, ut aliud esset et aliud videretur. *Tristis videbatur et tristis* erat« (Ambrosius, *Exposit. in Lucae Evangel.*, l. X, c. 22).

kenntnis der menschlichen Sensibilität. Der Christ hat, ganz im Gegensatz gegen das heidnische, namentlich stoische Prinzip mit seiner rigorosen Willensenergie und Selbständigkeit, das Bewußtsein der eignen Reizbarkeit und Empfindlichkeit in das Bewußtsein Gottes aufgenommen; in Gott findet er sie, wenn sie nur keine sündliche Schwachheit, nicht negiert, nicht verdammt.*

Leiden ist das höchste Gebot des Christentums – die Geschichte des Christentums selbst die *Leidensgeschichte der Menschheit.* Wenn bei den Heiden das Jauchzen der sinnlichen Lust sich in den Kultus der Götter mischte, so gehören bei den Christen, *natürlich den alten Christen,* die Seufzer und Tränen des leidenden Herzens, des Gemüts zum Gottesdienst. Wie aber ein sinnlicher Gott, ein Gott des Lebens, der Lebensfreude da verehrt wird, wo sinnliches Freudengeschrei zu seinem Kultus gehört, ja, wie dieses Freudengeschrei nur eine sinnliche Definition ist von dem Wesen der Götter, denen dieses Geschrei gilt, so sind auch die Herzensseufzer der Christen Töne, die aus der innersten Seele, dem innersten Wesen ihres Gottes kommen. Der Gott des Gottesdienstes, bei den Christen des innern Gottesdienstes, nicht der Gott der sophistischen Theologie, ist der wahre Gott des Menschen. Aber mit Tränen, den *Tränen der Reue und Sehnsucht,* glaubten die Christen, *natürlich die alten Christen,* ihrem Gott die höchste Ehre anzutun. Die Tränen sind also die sinnlichen Glanzpunkte des christlich-religiösen Gemüts, in denen sich das Wesen ihres Gottes abspiegelt. Aber ein Gott, der an Tränen Gefallen hat, ist nichts andres als das gegenständliche Wesen des *leidenden* Herzens – des *Gemüts.* Zwar heißt es in der christlichen Religion: Christus *hat* alles für uns getan, *hat* uns erlöst, versöhnt mit Gott; und es ließe sich daher hieraus der Schluß ziehen: Lasset uns fröhlichen Sinnes sein, was brauchen wir uns darüber zu kümmern, wie wir uns mit Gott versöhnen sollen; wir sind es ja schon. Aber das Imper-

---

* »Quando enim illi (Deo) *appropinquare auderemus in sua impassibilitate manenti*« (Bernardus, *Tract. de XII grad. hum. et sup.*).

fektum des Leidens macht einen stärkern, anhaltendern Eindruck als das Perfektum der Erlösung. Die Erlösung ist nur das *Resultat* des Leidens; das Leiden der *Grund,* die Quelle der Erlösung. Das Leiden befestigt sich daher tiefer im Gemüte; das Leiden macht sich zu einem Gegenstande der Nachahmung, die Erlösung nicht. Wenn Gott selber litt um meinetwillen, wie soll ich fröhlich sein, wie mir eine Freude gönnen, wenigstens auf dieser verdorbnen Erde, die der Schauplatz seiner Leiden war?* Soll ich besser sein als Gott? Soll ich also sein Leiden mir nicht aneignen? Ist, was Gott, mein Herr tut, nicht mein Vorbild? Oder soll ich nur den Gewinn, nicht auch die Kosten tragen? Weiß ich nur, daß er mich versöhnt, erlöst hat? Ist mir seine Leidensgeschichte nicht auch Gegenstand? Soll sie mir nur ein Gegenstand kalter Erinnerung sein oder gar ein Gegenstand der Freude, weil dieses Leiden mir die Seligkeit erkauft? Aber wer kann so denken, wer sich ausschließen wollen von den Leiden seines Gottes außer der verworfenste *religiöse Egoismus*?

Die christliche Religion ist die Religion des Leidens. Die Bilder des Gekreuzigten, die uns heute noch in allen Kirchen begegnen, stellen uns keinen Erlöser, sondern nur den Gekreuzigten, den Leidenden dar. Selbst die Selbstkreuzigungen unter den Christen sind psychologisch tief begründete Folgen ihrer religiösen Anschauung. Wie sollte dem nicht die Lust kommen, sich selbst oder andere zu kreuzigen, der stets das Bild eines Gekreuzigten im Sinne hat? Wenigstens sind wir zu diesem Schlusse ebensogut berechtigt als Augustin und andere Kirchenväter zu dem Vorwurf gegen die heidnische Religion, daß die unzüchtigen religiösen Bilder die Heiden zur Unzucht aufforderten.

Aber so sehr dem objektiven Gemüte, dem Herzen des natürlichen oder selbstbewußten Menschen das Leiden widerspricht, weil in ihm der Trieb zur Selbsttätigkeit, zur Kraftäußerung der vorherrschende ist, so sehr entspricht dem *subjektiven,*

---

* »*Deus meus pendet in patibulo et ego voluptati operam dabo?*« (*Formula hon. vitae,* unter den unechten Schriften des Heil. Bernhard).

nur *einwärts gekehrten, weltscheuen, nur auf sich konzentrier-*
ten Herzen, d. i. dem Gemüte, das Leiden. Leiden ist eine
Selbstnegation, aber eine selbst subjektive, dem Gemüte wohltätige – auch ganz abgesehen davon, daß das christliche Leiden, selbst das Leiden des Märtyrertums *identisch ist mit der*
Hoffnung der himmlischen Seligkeit* –, die Anschauung
eines leidenden Gottes daher *die höchste Selbstbejahung, die*
höchste Wollust des leidenden Herzens.

Gott leidet heißt aber nichts andres als: *Gott ist ein Herz.*
Das Herz ist die Quelle, der Inbegriff aller Leiden. Ein Wesen
ohne Leiden ist ein Wesen ohne Herz. Im Verstande sind wir
selbsttätig; im Herzen leiden, d. i. empfinden wir. *Das Ge-*
heimnis des leidenden Gottes ist daher das Geheimnis der
Empfindung. Ein leidender *Gott* ist ein *empfindender, emp-*
findsamer Gott.** Aber was der Religion nur Prädikat, das
ist in Wahrheit das Subjekt, die Sache selbst, das Wesen. Der
Satz: Gott ist ein empfindendes Wesen, ist nur die *religiöse*
Periphrase des Satzes: *Die Empfindung ist absoluten, gött-*
lichen Wesens. Die Religion ist nichts andres als das vergegenständlichte Selbstbewußtsein des Menschen – so verschieden
daher als verschieden das Selbstbewußtsein des Menschen, d. h.
der Gegenstand, dessen der Mensch sich als seines höchsten
Wesens bewußt ist. Der Mensch hat aber nicht nur das Bewußtsein einer Tätigkeitsquelle, sondern auch Leidensquelle in
sich. Ich empfinde und empfinde die Empfindung, nicht bloß
das Wollen, nicht bloß das Denken, welches nur zu oft im
Gegensatze mit mir und meinen Empfindungen ist, als zu
meinem Wesen gehörig und, obwohl als die Quelle aller Leiden und Schmerzen, doch zugleich als eine herrliche, göttliche
Macht und Vollkommenheit. Was wäre der Mensch ohne

---

* S. z. B. I. Petri 4, 1. 13; Römer 8, 17, 18; II. Korinth. 4, 10.17. »Ab-
stine ... *ab omnibus seculi delectationibus,* ut post hanc vitam in *coelo*
laetari possis cum angelis« (*De modo bene viv.,* Serm. 23; unter den
unechten Schriften des Heil. Bernhard).
** »Pati voluit«, sagt der »letzte Kirchenvater«, der katholische Luther,
der Heil. Bernhard (in der zit. Schrift *De grad.*) »pati voluit, ut *com-*
pati sciret, miser fieri, ut misereri disceret« (Hebrae. 5, 15).

Empfindung? Sie ist die musikalische Macht im Menschen. Aber was wäre der Mensch ohne den Ton? Sogut der Mensch einen musikalischen Trieb, eine innere Nötigung in sich fühlt, im Tone, im Liede seine Empfindungen auszuhauchen, so notwendig strömt er in religiösen Seufzern und Tränen das Wesen der Empfindung als gegenständliches, göttliches Wesen aus.

Die Religion ist die Reflexion, die Spiegelung des menschlichen Wesens in sich selbst. Was ist, hat notwendig einen Gefallen an sich. Weil es *ist,* ist es vortrefflich. Sein ist ein Glück, ein Vorzug. Was ist, liebt sich. Tadelst du, daß es sich liebt, so machst du ihm den Vorwurf, daß es ist. Sein heißt *sich* bejahen, *sich* lieben. Wer des Lebens überdrüssig, nimmt sich das Leben. Wo die Empfindung daher nicht zurückgesetzt oder unterdrückt wird, wie bei den Stoikern, wo ihr *Sein* gegönnt wird, da ist ihr auch schon *religiöse Macht und Bedeutung* eingeräumt, da ist sie auch schon auf *die* Stufe erhoben, auf welcher sie sich in sich spiegeln und reflektieren, in Gott in ihren eignen Spiegel blicken kann. *Gott ist der Spiegel des Menschen.*

Was für den Menschen wesentlichen Wert hat, was ihm für das Vollkommne, das Treffliche gilt, woran er wahres Gefallen hat, das *allein* ist ihm *Gott.* Wem die Empfindung für eine herrliche Eigenschaft, für eine Realität gilt, dem gilt sie eben damit für eine *göttliche Eigenschaft,* eine göttliche Essenz. Der empfindende, gefühlvolle Mensch glaubt an einen empfindenden, gefühlvollen Gott, glaubt nur an die *Wahrheit* seines eignen Seins und Wesens, denn er kann *nichts andres glauben, als was er selbst in seinem Wesen ist.* Sein Glaube ist das Bewußtsein dessen, was ihm heilig ist. Aber *heilig* ist dem Menschen nur, was sein *Innerstes,* sein *Eigenstes,* der *letzte Grund,* das *Wesen* seiner Individualität ist. Dem empfindungsvollen Menschen ist ein empfindungsloser Gott ein leerer, toter, abstrakter, negativer Gott, weil ihm das *fehlt,* was dem Menschen wert und heilig ist, und weil nur *der* Gott den Menschen *befriedigt,* welcher des Menschen eignes Wesen enthält und ausdrückt. Gott ist dem Menschen das *Kollektaneen-buch* seiner höchsten Gedanken und Empfindungen, das *Stammbuch,* in welches er die Namen der ihm teuersten, heiligsten Wesen einträgt.

Es ist ein Zeichen einer haushälterischen Gemütlichkeit, ein weiblicher Trieb, zu sammeln und das Gesammelte zusammenzuhalten, nicht den Wogen der Vergeßlichkeit, dem Zufall der Erinnerung, überhaupt *nicht sich selbst* zu überlassen und anzuvertrauen, was man Wertes hat kennenlernen. Der Freigeist ist der Gefahr eines dissoluten Lebens ausgesetzt, der Religiöse, weil er alles in eins zusammenfaßt, ist der Gefahr, sich im sinnlichen Leben zu verlieren, entnommen, aber dafür der Gefahr der Illiberalität, der geistlichen Selbst- und Gewinnsucht ausgesetzt. Der Ir- oder wenigstens Nichtreligiöse erscheint daher auch, wenigstens dem Religiösen, als der Menschliches Vergötternde, als der Subjektive, Eigenmächtige, Hochmütige, nicht deswegen, weil ihm nicht auch *an sich* heilig wäre, was dem Religiösen heilig ist, sondern nur, weil das, was der Nichtreligiöse nur *in seinem Kopfe* behält, der Religiöse außer sich als Objekt sich gegenüber und zugleich *über sich* setzt, daher das Verhältnis der Subordination, der Subjektion in sich aufnimmt. Kurz, der Religiöse hat, weil ein Kollektaneenbuch, einen Sammelpunkt, einen *Zweck.* Ohne Religion erscheint den Menschen das Leben als ein zweckloses. In der Tat setzten auch alle tüchtigen Menschen sich einen höchsten Zweck. Das Geheimnis eines im höhern Sinne sittlichen Lebens beruht auf dieser Teleologie. Nicht der Wille als solcher, nicht das vage Wissen, nur der Zweck, in dem sich die theoretische Tätigkeit mit der praktischen verbindet, gibt dem Menschen einen sittlichen Grund und Halt, d. h. Charakter. Der gewöhnliche Mensch verliert sich ohne Religion (im gewöhnlichen, aber weltgültigen Sinne), es fehlt ihm der Punkt der Sammlung, des Zusammenhalts. Jeder Mensch muß sich daher einen Gott, d. h. einen Endzweck setzen. Der Endzweck ist der bewußte und gewollte wesentliche Lebenstrieb, der Genieblick, der Lichtpunkt der Selbsterkenntnis – die *Einheit von Natur und Geist* im individuellen Menschen. Wer einen Endzweck, hat ein *Gesetz über sich*: Er leitet sich nicht selbst nur; er wird geleitet. Wer keinen Endzweck, hat keine Heimat, kein Heiligtum. Größtes Unglück ist Zwecklosigkeit. Selbst wer sich gemeine Zwecke setzt, kommt besser durch, auch wenn er nicht besser ist, als wer keinen Zweck sich setzt. Der Zweck beschränkt; aber die Schranke ist der Tugend Meisterin. Wer einen Zweck hat, einen Zweck, der an sich wahr und wesenhaft ist, der hat darum *eo ipso Religion* – wenn auch nicht im Sinne der gewöhnlichen, der herrschenden Religion, aber doch im Sinne der Vernunft, der Wahrheit, der universellen Liebe, der allein wahren Liebe.

DAS MYSTERIUM DER TRINITÄT UND MUTTER GOTTES

Sowenig ein Gott ohne Empfindung, ohne Leidensvermögen einem empfindenden, leidenden Wesen genügt, so wenig genügt auch wieder ein Wesen nur mit Empfindung, ein Wesen ohne Aktivität und Spontaneität, als auf welcher allein der Begriff der Intelligenz, der Willenskraft, des Selbstbewußtseins beruht. Sosehr es den Menschen drängt, die Empfindung zu vergöttern, d. h. zu bejahen, so sehr drängt es ihn, den Geist, den Verstand, den Willen, das Selbstbewußtsein, die Selbsttätigkeit in ihrer Wesenheit zu vergegenständlichen. Kurz, nur ein Wesen, welches den *ganzen Menschen* in sich trägt, kann auch den *ganzen Menschen* befriedigen. Das Bewußtsein des Menschen von sich in seiner *Totalität* ist das Bewußtsein der Trinität. Das Geheimnis dieses Mysteriums ist nichts andres als das Geheimnis des Menschen selbst. Was als *Abdruck, Bild, Ähnlichkeit, Gleichnis* von der Religion und Theologie bezeichnet wird, dürfen wir nur als die *Sache selbst*, das *Wesen*, das *Urbild*, das *Original* erfassen, so haben wir das Rätsel gelöst. Die angeblichen Bilder, durch die man die Trinität zu veranschaulichen, begreiflich zu machen suchte, waren vorzüglich: Geist, Verstand, Gedächtnis, Wille, Liebe, mens, intellectus, memoria, voluntas, amor.

Gott denkt, und zwar denkt er sich, erkennt er sich, und das Gedachte, das Erkannte ist Gott selbst. Die Vergegenständlichung des Selbstbewußtseins ist das erste, was in der Trinität uns begegnet. Das Selbstbewußtsein drängt sich notwendig, unwillkürlich dem Menschen als etwas Absolutes auf. Sein ist für ihn eins mit Selbstbewußtsein, Sein mit Bewußtsein ist für ihn Sein schlechtweg. Der Unterschied von Sein und Nichtsein ist für ihn an das Bewußtsein gebunden. Ob ich gar nicht bin oder bin, ohne daß ich weiß, daß ich bin, ist gleich. Selbstbewußtsein hat für den Menschen, hat in der Tat an sich selbst absolute Bedeutung. Ein Gott, der sich nicht weiß, ein Gott ohne Bewußtsein, ist kein Gott. Wie der Mensch sich nicht denken kann ohne Bewußtsein, so auch nicht Gott. *Das göttliche Selbstbewußtsein ist nichts andres als das Bewußtsein des Bewußtseins als absoluter Wesenheit.*

Übrigens ist damit keineswegs die Trinität erschöpft. Wir würden vielmehr ganz willkürlich verfahren, wenn wir darauf allein das Geheimnis der Trinität zurückführen und einschränken wollten. Das Bewußtsein in seiner abstrakten Bedeutung ist nur Sache der Philosophie. Die Religion aber ist das Bewußtsein des Menschen von sich in seiner empirischen Totalität, in welcher die Identität des Selbstbewußtseins nur als die beziehungsreiche, erfüllte *Einheit von Ich und Du* existiert.

Die Religion, wenigstens die christliche, abstrahiert von der Welt; sie bezieht sich auf die Dinge in ihrer Erscheinung, nicht in ihrem Wesen, denn dieses ist nur Gegenstand des Denkens, der Wissenschaft; die Welt und alles, was in der Welt, ist ihr nichtig, nur Gott allein das Wesen. Der religiöse Mensch zieht sich vor der Welt in sich zurück. Innerlichkeit gehört zum Wesen der Religion. Der religiöse Mensch führt ein abgezogenes, in Gott verborgenes, stilles, weltfreudenleeres Leben. Tritt er auch in die Welt, so tritt er doch nur in polemische Verhältnisse zu ihr; er sucht die Welt, die Menschen anders zu machen, als sie sind, der Welt abzugewinnen, Gott zuzuführen. Er bezieht alle Dinge und Wesen nur auf Gott; er liebt die Menschen, aber nicht um ihret-, sondern um Gottes willen; er liebt in ihnen *nicht sie selbst,* sondern ihren Vater, ihren Erlöser. Der religiöse Mensch sondert sich aber nur von der Welt ab, und zwar von der Welt nicht nur im gemeinen Sinne, in jenem Sinne, in welchem die Negation der Welt zum Leben jedes wahren, ernsten Menschen gehört, sondern auch in jenem Sinne, in welchem die Wissenschaft dieses Wort nimmt, sich selbst Weltweisheit nennend; er sondert sich nur ab von der Welt, weil *Gott selbst* ein *von der Welt abgesondertes,* d. i. ein *außer- und überweltliches* Wesen ist. Gott als Gott ist ein *abgesondertes, unweltliches* Wesen – streng, abstrakt philosophisch ausgedrückt, das *Nichtsein* der Welt. Um sich mit Gott zu verbinden, löst der Mensch alle Bande mit der Welt. Gott selbst als außerweltliches Wesen ist nichts andres als das von der Welt *in sich zurückgezogene,* aus *allen Banden und Verwicklungen mit der Welt herausgerißne, über die Welt hinweg sich setzende, d. i. weltlose Innere des Menschen, ge- setzt als gegenständliches Wesen.*

Aber der Mensch kann nur abstrahieren von der menschlichen Individualität, nicht vom menschlichen Wesen, von der Er- scheinung der Welt, aber nicht von ihrem Wesen. Er muß also in die Abstraktion das, wovon er abstrahiert oder zu abstra- hieren glaubt, wieder aufnehmen. Und so setzt denn auch wirklich die Religion alles, was sie bewußt negiert, *unbewußt wieder in Gott,* aber mit dem Merkmale der Absonderung, der Abstraktion.

Gott als Gott, Gott der Vater ist der abgesonderte Gott, das *a-* und *antikosmische,* anthropomorphismenlose Wesen, Gott in Beziehung nur auf sich; Gott der Sohn [ist] die Bezie- hung Gottes auf uns, aber er erst der *wirkliche* Gott. In Gott als Gott wird der Mensch beseitigt, im Sohne kehrt er wieder. Der Vater ist die metaphysische Essenz, wie sich an sie die Religion anschließt, weil sie unvollständig wäre, wenn sie nicht auch das metaphysische Element in sich aufnähme; im

Sohne ist er erst *Gegenstand* der Religion; Gott, als Gegenstand der Religion, als religiöser Gott, ist Gott als Sohn. Im *Sohne* wird der *Mensch Gegenstand*; in ihm konzentrieren sich alle menschlichen Bedürfnisse.

Sosehr der religiöse Mensch vor der Außenwelt sich verbirgt, in sein einsames Innere sich zurückzieht, so ist ihm doch ein *wesentliches* Bedürfnis das andre, die Welt, der Mensch. Er ist sich selbst ein abstraktes Du; er hat eben deswegen ein Bedürfnis nach einem wirklichen Du. Verschmäht der religiöse Mensch auch die natürliche Freundschaft und Liebe, so ist ihm doch wenigstens religiöse Gemeinschaft ein Bedürfnis. Gott als Gott, als einfaches Wesen, ist *allein*, ein *einsamer* Gott. Gott als Gott ist selbst nichts andres als die *absolute, hypostasierte Einsamkeit und Selbständigkeit*, denn einsam kann nur sein, was selbständig ist. Einsam-sein-können ist ein Zeichen von Denk- und Charakterkraft. *Einsamkeit* ist das *Bedürfnis des Denkens, Gesellschaft* das *Bedürfnis des Herzens. Denken* kann man *allein, lieben* nur *selbander*. Einsamkeit ist Autarkie – bedürfnislos sind wir nur in der Intelligenz, nur im Akte des Denkens.

Gott als Gott ist nichts andres als das Bewußtsein der Denkkraft, der Kraft, von *allen andern zu abstrahieren und für sich allein mit sich sein* zu können, wie sie *innerhalb* der Religion, d. h. als ein vom Menschen *unterschiednes, apartes Wesen*, den Menschen Gegenstand wird. Aber von einem einsamen Gott ist das dem Menschen wesentliche Bedürfnis der Liebe, der Gemeinschaft, des *realen, erfüllten Selbstbewußtseins*, des *alter ego* im engsten und weitesten Sinne ausgeschlossen.* Dieses Bedürfnis daher befriedigt, aufgenommen in die stille Einsamkeit des göttlichen Wesens, ist Gott der Sohn – ein *anderes*, zweites Wesen, unterschieden vom Vater der *Persönlichkeit* nach, aber dem *Wesen* nach mit ihm identisch – sein *alter ego*.

---

* Gott ohne Sohn ist *Ich*, Gott mit Sohn ist *Du*. *Ich* ist *Verstand, Du* ist *Liebe. Liebe* aber *mit Verstand* und *Verstand mit Liebe* ist *Geist*; *Geist* aber die *Totalität* des Menschen als solchen, der *totale Mensch*.

Gemeinschaftliches Leben nur *ist wahres, in sich befriedigtes, göttliches Leben, Gott ist ein* ζῶον πολιτικόν – dieser einfache Gedanke, diese natürliche Wahrheit ist das Geheimnis des übernatürlichen Mysteriums der Trinität. Aber die Religion spricht auch diese wie jede andere Wahrheit *verkehrt,* d. h. *indirekt* aus, indem sie eine allgemeine Wahrheit zu einer besondern und das wahre Subjekt nur zum Prädikat macht, indem sie sagt: Gott ist ein gemeinschaftliches Leben, ein Leben und Wesen *der Liebe und Freundschaft.* Die dritte Person in der Trinität drückt ja nichts weiter aus als die Liebe der beiden göttlichen Personen zueinander, ist die Einheit des Vaters und Sohns, der Begriff der Gemeinschaft, widersinnig genug selbst wieder als ein persönliches, besondres Wesen gesetzt.*

Das Mysterium der Trinität war eben deswegen für den religiösen Menschen ein Gegenstand der überschwenglichsten Bewunderung, Begeisterung und Entzückung, weil ihm hier die Befriedigung der innersten menschlichen Bedürfnisse, welche er in der Wirklichkeit negierte, des Bedürfnisses der naturgemäßen, der intensivsten Liebe, des *wirklichen* Selbstbewußtseins, welches nichts andres als die Anschauung oder das Gefühl des andern als meinen eignen Wesens ist, zur Anschauung kam. Nur ein dreieiniger Gott ist für den religiösen Men-

---

* Der Heil. Geist verdankt seine persönliche Existenz nur einem Namen, einem Worte. Selbst die ältesten Kirchenväter identifizierten bekanntlich noch den Geist mit dem Sohne. Auch seiner spätern dogmatischen Persönlichkeit fehlt die Konsistenz. Er ist die Liebe, mit der Gott sich und die Menschen, und hinwiederum die Liebe, mit welcher der Mensch Gott und den Menschen liebt. Also die Identität Gottes und des Menschen, wie sie innerhalb der Religion dem religiösen Menschen, d. i. als ein selbst besonderes Wesen, Gegenstand wird. Aber für uns liegt diese Einheit schon im Vater, noch mehr im Sohne. Wir brauchen daher den Heil. Geist nicht zu einem besondern Gegenstande unserer Untersuchung zu machen. Nur diese Bemerkung noch. Inwiefern der Heil. Geist die subjektive Seite repräsentiert, so ist er eigentlich die Repräsentation des religiösen Gemüts *vor sich selbst, der religiösen Begeisterung,* des *religiösen Affekts,* oder die Personifikation, die Bejahung, die Vergegenständlichung der Religion in der Religion. Der Heil. Geist ist daher die *seufzende* Kreatur, die Sehnsucht der Kreatur.

schen ein Gegenstand der Liebe, weil ihm in der Trinität selbst die *Liebe Gegenstand* ist. Daß es im Grunde nicht mehr als zwei Personen sind, denn die dritte Person repräsentiert, wie gesagt, nichts andres als die Liebe, obwohl selbst wieder als ein besondres Wesen vorgestellt, dies liegt darin, daß dem strengen Begriffe der Liebe das Zwei genügt. Zwei ist das Prinzip und eben damit der vollkommne Ersatz der Vielheit. Würden mehrere Personen gesetzt, so würde nur die Kraft der Liebe geschmälert; sie würde sich zerstreuen. Aber Liebe und Herz sind identisch. Ohne Liebe kein Herz. Das Herz ist kein besondres Vermögen – das Herz ist der Mensch, insofern er liebt. Die zweite Person ist daher die *Selbstbejahung des menschlichen Herzens, das Prinzip des gemeinschaftlichen Lebens, der Liebe* – die Wärme, der Vater das Licht, obwohl das Licht hauptsächlich ein Prädikat des Sohns war, weil in ihm die Gottheit erst dem Menschen licht, klar, verständlich wird. Aber dessen ungeachtet können wir dem Vater, als dem Repräsentanten der Gottheit als solcher, des kalten Wesens der Intelligenz, das Licht als hypertellurisches Prinzip, dem Sohne die tellurische Wärme zuschreiben. Gott als Sohn erwärmt erst den Menschen, hier wird Gott aus dem Objekt des Auges, des kalten, indifferenten Lichtsinnes, ein Objekt des Gefühls, des Affekts, der Begeisterung, der Entzückung, aber nur, weil der Sohn selbst nichts andres ist als die *Glut der Liebe*, der Begeisterung.* Gott als Sohn ist die primitive Inkarnation, die primitive Selbstverleugnung Gottes; denn als Sohn ist er *endliches* Wesen; denn er ist ab alio, von einem Grunde; der Vater dagegen grundlos, a se, von sich selbst. Es wird also in der zweiten Person die wesentliche Bestimmung der Gottheit, die Bestimmung des Von-sich-selbst-Seins aufgegeben. Aber Gott der Vater zeugt selbst den Sohn; er resigniert also auf seine rigorose, ausschließliche Göttlichkeit; er ist herablassend, erniedrigt sich, setzt das Prinzip der End-

---

* »Exigit ergo Deus timeri ut Dominus, honorari ut pater, ut *sponsus amari*. Quid in his praestat, quid eminet? *Amor*« (Bernardus, *Sup. Cant.*, Ser. 83).

lichkeit, des Von-einem-Grunde-Seins in sich; er wird im Sohne Mensch, zwar zuvörderst nicht der Gestalt, doch dem Wesen nach. Aber eben dadurch wird auch Gott erst Gegenstand des Menschen, Gegenstand des Gefühls, des Herzens.

Das Herz ergreift nur, was aus dem Herzen stammt. Aus der Beschaffenheit des subjektiven Verhaltens ist untrüglich der Schluß auf die Beschaffenheit des Objekts dieses Verhaltens. Der reine, freie Verstand negiert den Sohn, der durch das Gefühl bestimmte, vom Herzen überschattete Verstand nicht; er findet vielmehr die *Tiefe* der Gottheit im Sohne, weil er in ihm das *Gefühl* findet, das Gefühl, das an und für sich etwas Dunkles ist und darum dem Menschen für etwas Mysteriöses gilt. Der Sohn ergreift das Herz, weil der *wahre Vater* des göttlichen Sohnes das *menschliche Herz* ist, der Sohn selbst nichts ist als das *göttliche Herz,* das sich *als göttliches Wesen gegenständliche menschliche Herz.*

Ein Gott, in dem nicht selbst das Wesen der Endlichkeit, das Wesen des *Abhängigkeitsgefühls,* das Prinzip der Empirie, des Nicht-von-sich-selbst-Seins ist, ein solcher Gott ist kein Gott für ein empirisches, endliches Wesen. Sowenig der religiöse Mensch einen Gott lieben kann, der nicht das Wesen der Liebe in sich hat, so wenig kann der Mensch, kann überhaupt ein endliches Wesen Gegenstand eines Gottes sein, der nicht den Grund, das Prinzip der Endlichkeit in sich hat. Es fehlt einem solchen Gott der Sinn, der Verstand, die Teilnahme für Endliches. Wie kann Gott der Vater der Menschen sein, wie sozusagen seine entfernteren Verwandten lieben, wenn er *nicht selbst einen Sohn in sich* hat, wenn er nicht aus *eigner Erfahrung,* nicht in *Beziehung auf sich selbst* weiß, was Lieben heißt? So nimmt auch der vereinzelte Mensch weit weniger Anteil an den Familienleiden eines andern, als wer selbst im Familienbande lebt. Gott der Vater liebt daher die Menschen nur *im Sohne* und *um des Sohnes willen.* Die Liebe zu den Menschen ist eine von der Liebe zum Sohne abgeleitete Liebe.

Der Vater, der Sohn in der Trinität sind darum auch *nicht im bildlichen* Sinne, sondern im *allereigentlichsten* Sinne Vater und Sohn. Der Vater ist *wirklicher* Vater *in Beziehung* auf den Sohn, der Sohn *wirklicher* Sohn in Beziehung auf den Vater. Ihr *wesentlicher persönlicher* Unterschied besteht nur darin, daß jener der Erzeuger, dieser der Erzeugte ist. Nimmt man diese *natürliche empirische Bestimmtheit* weg, so hebt man ihre *persönliche Existenz* und *Realität* auf. Die Christen, natürlich die alten Christen, welche die heutigen verliebten, galanten, zuckersüßen, geschwätzigen, gesellschaftssüchtigen Christen wohl schwerlich als ihre Brüder in Christo anerkennen würden, setzten an die Stelle der natürlichen Liebe und Einheit eine nur *religiöse Liebe* und Einheit; sie verwarfen das wirkliche Familienleben, die innigen Bande der *natursittlichen* Liebe als ungöttliche, unhimmlische, d. h. in Wahrheit nichtige Dinge. Aber dafür hatten sie zum Ersatz in Gott einen Vater und Sohn, die sich mit innigster Liebe umfingen, mit jener intensiven Liebe, welche nur die Naturverwandtschaft einflößt.

Ganz in der Ordnung war es daher auch, daß, um die göttliche Familie, den Liebesbund zwischen Vater und Sohn, zu ergänzen, noch eine dritte, und zwar *weibliche Person* in den Himmel aufgenommen wurde; denn die Persönlichkeit des Heiligen Geistes ist eine zu vage und prekäre, eine zu sichtliche bloß poetische Personifikation der gegenseitigen Liebe des Vaters und Sohns, als daß sie dieses dritte ergänzende Wesen hätte sein können. Die Maria wurde zwar nicht so zwischen den Vater und Sohn hingestellt, als hätte der Vater den Sohn vermittels derselben erzeugt, weil die Vermischung des Mannes und Weibes den Christen etwas Unheiliges, Sündhaftes war; aber es ist genug, daß das mütterliche Prinzip neben Vater und Sohn hingestellt wurde.

Es ist in der Tat auch nicht abzusehen, warum die Mutter etwas Unheiliges, d. i. Gottes Unwürdiges sein soll, wenn einmal Gott Vater, Gott Sohn ist. Wenngleich der Vater nicht Vater im Sinne der natürlichen Zeugung, die Zeugung Gottes vielmehr eine andere sein soll als die natürliche, menschliche und daher aus sehr begreiflichen Gründen eine unbegreifliche, übernatürliche, mysteriöse Zeugung ist, so ist er doch immerhin wirklicher, nicht nomineller oder bildlicher Vater in bezug auf den Sohn. Und die uns jetzt so befremdliche Komposition der Mutter Gottes ist daher nicht mehr befremdlich oder paradox als der Sohn Gottes, widerspricht nicht mehr den allgemeinen metaphysischen Bestimmungen der Gottheit als die Vater- und Sohnschaft. Die Maria paßt vielmehr ganz in die Kategorie der Dreieinigkeitsverhältnisse, weil sie ohne *männliche* Befruchtung den Sohn gebar, wie Gott Vater ohne *weiblichen* Schoß den Sohn erzeugte, so daß also die Maria eine notwendige, innerlich herausgeforderte, ergänzende Antithese zum Vater im Schoße der Dreieinigkeit bildet. Auch haben wir ja schon, wenn auch nicht in concreto und explicite, doch in abstracto und implicite das weibliche Prinzip im Sohne. Der Sohn Gottes ist das milde, sanfte Wesen, das weibliche Gemüt Gottes; im Sohn gibt Gott sein rigoroses, ausschließliches Selbstbewußtsein auf. Gott als Vater ist nur Zeuger, das Aktivum, das Prinzip der männlichen Spontaneität; aber der Sohn ist gezeugt, ohne selbst zu zeugen, deus genitus, das Passivum, das leidende, empfangende Wesen: Der Sohn empfängt vom Vater sein Sein. Der Sohn ist als Sohn, natürlich nicht als Gott, abhängig vom Vater, der väterlichen Autorität unterworfen.* Der Sohn ist also das weibliche Abhängigkeitsgefühl in Gott; der Sohn dringt uns daher auch unwillkürlich das Bedürfnis nach einem *wirklichen* weiblichen Wesen auf.**

* In der strengen Orthodoxie wird allerdings jede Subordination des Sohnes aufs sorgfältigste vermieden, aber eben dadurch, wie überhaupt durch die völlige Einheit und Gleichheit, geht auch die Realität der Unterschiede und Personen, hiemit der mystische Reiz der Trinität verloren. Übrigens ist diese Bemerkung überflüssig. Alle Einwendungen, die man gegen die Auffassungsweise im ersten Teil dieser Schrift vorbringen kann, kommen im zweiten Teil, zwar nicht ausdrücklich, was zu langweilig wäre, aber dem *Prinzip nach,* zur Sprache.
** In der jüdischen Mystik ist Gott nach einer Partei ein männliches, der Heilige Geist ein weibliches Urwesen, aus deren geschlechtlicher Vermischung der Sohn und mit ihm die Welt entstanden (Gfrörer, *Jahrh. d. H.,* I. Abt., p. 332–34). Auch die Herrnhuter nannten den Heil. Geist die *Mutter* des Heilands.

Der Sohn, auch der natürliche menschliche Sohn, ist an und für sich ein Mittelwesen zwischen dem männlichen Wesen des Vaters und dem weiblichen der Mutter; er ist gleichsam noch halb Mann, halb Weib, indem er noch nicht das volle, rigorose Selbständigkeitsbewußtsein hat, welches den Mann charakterisiert, und mehr zur Mutter als zum Vater sich hingezogen fühlt. Die Liebe des Sohnes zur Mutter ist die *erste* Liebe des männlichen Wesens zum weiblichen. Die Liebe des Mannes zum Weibe, des Jünglings zur Jungfrau empfängt ihre *religiöse* – ihre einzig wahre religiöse – Weihe in der Liebe des Sohns zur Mutter. Die Mutterliebe des Sohnes ist die erste Sehnsucht, die erste Demut des Mannes vor dem Weibe.

Notwendig ist daher auch mit dem Gedanken an den *Sohn Gottes* der Gedanke an die *Mutter Gottes* verbunden – dasselbe Herz, das eines Sohnes Gottes, bedarf auch einer Mutter Gottes. Wo der Sohn ist, da kann auch die Mutter nicht fehlen. Dem Vater ist der Sohn eingeboren, aber dem Sohne die Mutter. Dem Vater ersetzt der Sohn das Bedürfnis der Mutter, aber nicht der Vater dem Sohne. Dem Sohne ist die Mutter unentbehrlich; das Herz des Sohnes ist das Herz der Mutter. Warum wurde denn Gott der Sohn nur im Weibe Mensch? Hätte der Allmächtige nicht auf andere Weise, nicht unmittelbar als Mensch unter den Menschen erscheinen können? Warum begab sich also der Sohn in einen weiblichen Schoß? Warum anders, als weil der Sohn die Sehnsucht nach der Mutter ist, weil sein weibliches, liebevolles Herz nur in einem weiblichen Leibe den entsprechenden Ausdruck fand? Zwar weilt der Sohn nur neun Monde lang unter dem Obdach des weiblichen Herzens, aber die Eindrücke, die er hier empfängt, sind unauslöschlich. Die Mutter kommt dem Sohne nimmer aus dem Sinne und Herzen. Wenn daher die Anbetung des Sohnes Gottes kein Götzendienst, so ist auch die Anbetung der Mutter Gottes kein Götzendienst. Schämt sich Gott nicht, einen Sohn zu haben, so braucht er sich auch nicht einer Mutter zu schämen. Wenn wir daraus die Liebe Gottes zu uns erkennen sollen, daß er seinen eingebornen Sohn, d. h. das einzige Kind, das Liebste und Teuerste, was er hatte, für uns zum Heile dahin gab, so können wir diese Liebe noch weit besser erkennen, wenn uns in Gott ein Mutterherz entgegenschlägt. Die höchste und tiefste Liebe ist die Mutterliebe. Der Vater tröstet sich über den Verlust des Sohnes; er hat ein stoisches Prinzip in sich. Die Mutter dagegen ist untröstlich; die Mutter ist die Schmerzenreiche, aber die Trostlosigkeit die Wahrheit der Liebe.

Wo der Glaube an die Mutter Gottes sinkt, da sinkt auch der Glaube an den Sohn Gottes und den Gott-Vater. Der Vater ist nur da eine Wahrheit, wo die Mutter eine Wahrheit ist. Die Liebe ist an und für sich weiblichen Geschlechts und Wesens. Der Glaube an die Liebe Gottes ist der Glaube an das *weibliche* als ein *göttliches Prinzip. Liebe ohne Natur* ist ein Unding, ein Phantom. An der Liebe erkennt die heilige Notwendigkeit und Tiefe der Natur!

Der Protestantismus* hat die Mutter Gottes auf die Seite gesetzt**; aber das zurückgesetzte Weib hat sich dafür schwer an ihm gerächt. Die Waffen, die er gegen die Mutter Gottes gebraucht, haben sich gegen ihn selbst, gegen den Sohn Gottes, gegen die gesamte Dreieinigkeit gekehrt. Wer einmal die Mutter Gottes dem Verstande aufopfert, hat nicht mehr weit hin, auch das Mysterium des Sohnes Gottes als einen Anthropomorphismus aufzuopfern. Der Anthropomorphismus wird allerdings versteckt, indem das weibliche Wesen ausgeschlossen wird, aber nur versteckt, nicht aufgehoben. Freilich hatte der Protestantismus auch kein Bedürfnis nach einem *himmlischen* Weibe, weil er das *irdische* Weib mit offnen Armen in sein Herz aufnahm. Aber eben deswegen hätte er auch so ehrlich und konsequent sein sollen, mit der Mutter auch den Vater und Sohn dahinzugeben. Nur wer keine irdi-

---

* Es ist hier wie anderwärts natürlich immer nur der religiöse oder theologische Protestantismus gemeint.
** Im Konkordienbuch, Erklär. Art. 8, heißt es jedoch noch von ihr: »Darum sie wahrhaftig *Gottes Mutter* und gleichwohl eine Jungfrau geblieben ist.«

schen Eltern hat, braucht himmlische Eltern. Der dreieinige Gott ist der Gott des Katholizismus; er hat eine *innige, inbrünstige, notwendige, wahrhaft religiöse* Bedeutung nur im *Gegensatze* zur Negation aller substantiellen* Bande, im Gegensatze zum Anachoreten-, Mönchs- und Nonnenwesen. Der dreieinige Gott ist ein *inhaltsvoller* Gott, deswegen da ein Bedürfnis, wo von dem *Inhalt* des wirklichen Lebens abstrahiert wird. Je *leerer* das *Leben*, desto *voller*, desto konkreter, wie man zu reden beliebt, desto reicher ist *Gott*. Die Entleerung der wirklichen Welt und die Erfüllung der Gottheit ist *ein* Akt. Gott entspringt aus dem *Gefühl eines Mangels*; was der Mensch *vermißt* – sei dieses nun ein bestimmtes, bewußtes oder unbestimmtes Vermissen –, das ist *Gott*. So bedarf das trostlose Gefühl der Leere und Einsamkeit einen Gott, in dem *Gesellschaft,* ein Verein sich innigst liebender Wesen ist.

Hier haben wir den wahren Erklärungsgrund, warum die Trinität in der neuern Zeit zuerst ihre *praktische* und endlich auch ihre *theoretische* Bedeutung verlor.

DAS GEHEIMNIS DES LOGOS UND GÖTTLICHEN EBENBILDES

Die wesentliche Bedeutung der Trinität für die Religion konzentriert sich in dem Begriffe der zweiten Person. Das warme Interesse der christlichen Menschheit an der Trinität war hauptsächlich nur das Interesse an dem Sohne Gottes. Der heftige Streit über das *homousios* und *homoiousios* war kein leerer, obwohl nur ein Buchstabe den Unterschied ausmacht. Es handelte sich hier um die Gottebenbürtigkeit, um die göttliche Würde der zweiten Person, hiemit um die *Ehre*

---

* »Sit monachus quasi Melchisedech *sine patre, sine matre, sine genealogia*: neque patrem sibi vocet super terram. Imo sic se existemet, quasi *ipse sit solus et Deus*« (*Speculum Monach.*, unter den unechten Schriften des Heil. Bernh.). »Melchisedech ... refertur ad exemplum, ut tanquam *sine patre et sine matre sacerdos* esse debeat« (Ambrosius, irgendwo).

der christlichen Religion selbst*; denn ihr wesentlicher, *charakteristischer* Gegenstand ist eben die zweite Person; was aber der wesentliche Gegenstand einer Religion, das ist auch ihr wesentlicher, wahrer Gott. Der wahre, *reale* Gott einer Religion ist überhaupt erst der *sogenannte Mittler,* weil dieser nur der *unmittelbare* Gegenstand der Religion ist. Wer sich statt an Gott an den Heiligen wendet, der wendet sich an den Heiligen nur in der Voraussetzung, daß dieser *alles über Gott vermag,* daß, was er bittet, d. h. wünscht und will, Gott gutwillig vollstreckt, d. h. daß *Gott in den Händen des Heiligen* ist. Die Bitte ist das Mittel, unter dem *Scheine* der Demut und Unterwürfigkeit *seine Herrschaft* und *Superiorität* über ein andres Wesen auszuüben. Der König herrscht, aber regiert nicht – dieser Grundsatz gilt auch von dem Regiment der Heiligen. Woran ich mich *zuerst* in meinem Geiste wende, das ist mir auch in Wahrheit das erste Wesen. Ich wende mich an den Heiligen, *nicht weil der Heilige von Gott,* sondern *weil Gott von dem Heiligen abhängig ist,* Gott von den Bitten, d. h. von dem Willen und Herzen des Heiligen bestimmt und beherrscht wird. Die Unterschiede, welche die katholischen Theologen zwischen latria, dulia, hyperdulia machen, sind abgeschmackte, grundlose Sophismen. Kurz, der Gott *hinter* dem Mittler ist nur eine abstrakte, müßige Vorstellung, die Vorstellung oder Idee der Gottheit; und nicht, um sich mit dieser Idee zu versöhnen, sondern um sie zu *entfernen,* zu *negieren**,* um einzugestehen, daß sie kein Gegenstand für

---

* Aus demselben Grunde bestand auch die lateinische Kirche so fest auf dem Dogma, daß der Heil. Geist *nicht vom Vater allein,* wie die griechische Kirche behauptete, sondern zugleich *auch vom Sohne* ausgehe. S. hierüber J. G. Walchii *Hist. Contr. Gr. et Lat. de proc. Spiritus s.* Jenae 1751.

** Dies ist besonders deutlich in der Menschwerdung ausgesprochen. Gott gibt auch, negiert seine Majestät und überweltliche Macht, d. i. seine Unendlichkeit, um Mensch zu werden, d. h. der Mensch *negiert den* Gott, der nicht selbst Mensch ist, bejaht nur den Gott, welcher den Menschen bejaht. »Exinanivit«, sagt der Heil. Bernhard, »majestate et potentia, *non bonitate et misericordia.*« Das Unveräußerliche, das nicht zu Negierende ist die göttliche Güte und Barmherzigkeit, d. i. die Selbstbejahung des menschlichen Herzens.

die Religion ist, tritt der Mittler dazwischen. Der Gott über dem Mittler ist nichts andres als der *kalte Verstand über dem Herzen* – ähnlich dem Fatum über den olympischen Göttern.

Gott als Vater, d. i. *Gott als Gott* – denn der Vater ist das Prinzip der ganzen Dreieinigkeit, principium totius trinitatis –, ist, um diesen Gegenstand noch einmal aufzunehmen, nur *Gegenstand des Denkens*. Er ist das unsinnliche, gestaltlose, unfaßbare, bildlose Wesen, das *abstrakte, negative* Wesen; er wird nur durch *Abstraktion* und *Negation* (via negationis) erkannt, d. i. Gegenstand. Warum? Weil er nichts ist als das *gegenständliche Wesen der Denkkraft*, überhaupt der Kraft oder Tätigkeit, wodurch sich der Mensch der Vernunft, des Geistes, der Intelligenz bewußt wird.* Der Mensch kann *keinen andern Geist,* d. h. – denn der *Begriff des Geistes* ist lediglich der *Begriff der Erkenntnis, der Vernunft,* jeder andre Geist ein Gespenst der Phantasie – *keine andre* Intelligenz oder Vernunft ahnen, vorstellen, glauben, denken als die Vernunft, die ihn erleuchtet. Er kann nichts weiter als die Intelligenz *absondern von den Schranken seiner Individualität.* Gott als Gott ist daher nichts andres als die von den *Schranken der Individualität, der Leiblichkeit* – denn Individualität und Leiblichkeit sind untrennbar – *abgesonderte Intelligenz.* Gott, sagten die Scholastiker, die Kirchenväter und lange vor ihnen schon die heidnischen Philosophen, Gott ist Geist, reiner Geist, immaterielles Wesen, Intelligenz. Von Gott als Gott kann man sich kein Bild machen; aber kannst du dir von der Vernunft, von der Intelligenz ein Bild machen? Hat sie eine Gestalt? Ist ihre Tätigkeit nicht die unfaßbarste, die undarstellbarste? Gott ist unbegreiflich; aber kennst du das Wesen der Intelligenz? Hast du die geheimnisvolle Operation des Denkens, das geheime Wesen des Selbstbewußtseins er-

---

* Wer sich daher an die Denkmacht stößt, der setze dafür irgendeine andre geistige Macht, etwa die Willensmacht, oder was ihm sonst beliebt. So schrieben einige Theologen dem Heil. Geist vorzugsweise die Liebe, dem Sohne die Weisheit, dem Vater die Macht, potentia, zu.

forscht? Ist nicht das Selbstbewußtsein, die Intelligenz das Rätsel der Rätsel? Haben nicht schon die alten Mystiker, Scholastiker und Kirchenväter die Unfaßlichkeit und Undarstellbarkeit Gottes mit der Unfaßlichkeit und Unbegreiflichkeit der menschlichen Seele verglichen, erläutert? nicht also in Wahrheit das Wesen Gottes mit dem Wesen der Seele identifiziert?

Der Unterschied zwischen dem »*unendlichen* und *endlichen* Geist«, welcher so sehr die hyperphysischen Spekulanten torquiert, ist nichts als der Unterschied zwischen dem Geiste *an sich, der Intelligenz an sich,* abgesondert von den Schranken der Individualität, und dem seiner *Schranken sich bewußten Individuum.* Der religiöse Mensch faßt alle Dinge, weil er sich nicht in ihr Wesen vertieft, nur auf den überweltlichen Gott sich bezieht, nur im Scheine auf; der Schein ist ihm das Wesen; das *wirkliche* Wesen der Dinge *an sich* daher ein *andres Wesen,* ein von ihnen *unterschiednes Wesen* – Gott. Die Intelligenz, der Verstand oder die Vernunft, wie der Religiöse sie mit *Bewußtsein* faßt, ist ihm, weil nur in ihrem *Scheine* Gegenstand, nicht Gott, sondern vielmehr etwas Endliches, Menschliches; aber das ihm *unbekannte Wesen* der Intelligenz, die Intelligenz, wie *sie nicht Gegenstand seines Bewußtseins* ist, als ein andres, gegenständliches Wesen gesetzt, das ist ihm Gott überhaupt, Gott im allgemeinen, Gott der Vater, d. i. die *Idee der Gottheit* oder der *abstrakte Gott.*

Aber die Intelligenz als solche entspricht, als eine abgezogne, unsinnliche Tätigkeit und Wesenheit, nicht dem sinnlichen und gemütlichen Menschen. Den sinnlichen und gemütlichen Menschen beherrscht und beseligt nur das *Bild.* Die bildliche, die gemütliche, die sinnliche Vernunft ist die *Phantasie.* Das zweite Wesen in Gott, in Wahrheit das erste Wesen der Religion, ist das *gegenständliche Wesen der Phantasie.* Die Bestimmungen der zweiten Person sind vorzüglich *Bilder.* Und diese Bilder kommen nicht her von dem Unvermögen des Menschen, den Gegenstand nicht anders denken zu können als bildlich – was eine ganz falsche Interpretation ist –, sondern die Sache selbst kann gar nicht anders gedacht werden denn bildlich, weil die *Sache selbst Bild ist.* Der Sohn heißt daher auch expreß das *Ebenbild* Gottes.* Sein Wesen ist, daß er Bild ist. Der Sohn ist das befriedigte Bedürfnis der Bilderschau; das vergegenständlichte Wesen der Bildertätigkeit als einer absoluten, göttlichen Tätigkeit. Der Mensch macht sich ein Bild von Gott, d. h. er verwandelt das *abstrakte Vernunftwesen,* das *Wesen der Denkkraft,* in ein *Phantasiewesen.* Er setzt aber dieses Bild in Gott selbst, weil es natürlich nicht seinem Bedürfnis entsprechen würde, wenn er dieses Bild nicht als objektive Realität wüßte, wenn dieses Bild für ihn nur ein subjektives, von Gott *unterschiednes,* von ihm *gemachtes* wäre. In der Tat ist es auch kein gemachtes, kein willkürliches; denn es drückt die Notwendigkeit der Phantasie aus, die Notwendigkeit, die Phantasie als eine göttliche Macht zu bejahen. Der Sohn ist der Abglanz der Phantasie, das Lieblingsbild des Herzens; aber eben deswegen, weil er nur der Phantasie Gegenstand, ist er nur das gegenständliche Wesen der Phantasie.

Es erhellt hieraus, wie befangen die dogmatische Spekulation ist, wenn sie, völlig übersehend die innere Genesis des Sohnes als des Gottesbildes, den Sohn als ein metaphysisches ens, als eine Gedankenwesenheit demonstriert, da eben der Sohn das Bedürfnis nach einem andern Wesen, als das metaphysische Wesen ist, ausdrückt, gewissermaßen ein Absprung, ein Abfall von der Idee der Gottheit ist – ein Abfall, den aber natürlich der religiöse Mensch in Gott selbst setzt, um den Abfall zu rechtfertigen, nicht als Abfall zu empfinden. Der Sohn ist das oberste und letzte Prinzip des *Bilderdienstes;* denn er ist das Bild Gottes; das Bild tritt aber *notwendig* an die *Stelle der Sache.* Die Verehrung des Heiligen im Bilde ist die *Verehrung des Bildes als des Heiligen.* Das *Bild* ist das Wesen

---

* »*Proprium est filio esse imaginem,* quia illi convenit secundum proprietatem originis ... Filius ex eo, quod ab alio est, habet quem imitetur ... ideo dicit *Augustinus,* quod *eo imago est quo filius*« (Albertus M., *De mir. sci. Dei,* P. I, Tr. VIII, Qu. 35, m. 2).

der Religion, wo das Bild der wesentliche Ausdruck, das *Organ* der Religion ist.

Das Konzilium zu Nicäa führte unter andern Gründen für den religiösen Gebrauch der Bilder als Autorität auch den Gregor von Nyssa an, welcher sagt, daß er ein gewisses Bild, welches Isaaks Opferung darstellte, nie habe ansehen können, ohne darüber bis zu Tränen gerührt zu werden, weil es ihm so lebendig diese heilige Geschichte vergegenwärtigt habe. Aber die Wirkung des abgebildeten Gegenstandes ist nicht die Wirkung des *Gegenstandes als solchen,* sondern die *Wirkung des Bildes.* Der heilige *Gegenstand* ist nur der *Heiligenschein,* in welchen das Bild seine geheimnisvolle Macht verhüllt. Der religiöse Gegenstand ist nur ein *Vorwand* der Phantasie, um ihre Herrschaft über den Menschen *ungehindert* ausüben zu können. Für das religiöse Bewußtsein knüpft sich freilich, und zwar notwendig, die Heiligkeit des Bildes nur an die Heiligkeit des Gegenstandes. Aber das religiöse Bewußtsein ist nicht der Maßstab der Wahrheit. Sosehr übrigens auch die Kirche zwischen dem Bilde und dem Gegenstand des Bildes unterschieden, geleugnet hat, daß dem Bilde die Verehrung gelte, so hat sie doch zugleich nolens volens die Wahrheit, indirekt wenigstens, eingestanden und die Heiligkeit des Bildes ausgesprochen.*

Aber das letzte, höchste Prinzip der Bilderverehrung ist die Verehrung des Gottesbildes in Gott. Der »Abglanz Gottes« ist der entzückende Glanz der Phantasie, der in den sichtbaren Bildern nur zur äußern Erscheinung gekommen. Wie innerlich, so war auch äußerlich das Bild des Gottesbildes das Bild der Bilder. Die Bilder der Heiligen sind nur optische Vervielfältigungen des einen und selben Bildes. Die spekulative Deduktion des Gottesbildes ist daher nichts als eine unbewußte Deduktion und Begründung des Bilderdienstes, denn die Sank-

---

* »Sacram imaginem Domini nostri Jesu Christi et omnium salvatoris aequo honore cum libro sanctorum evangeliorum adorari decernimus ... Dignum est enim ut ... propter honorem qui ad principalia refertur, etiam derivative *imagines honorentur* et *adorentur*« (Gener. Const. Conc., VIII. Act. 10, can. 3).

tion des Prinzips ist notwendig auch die Sanktion seiner notwendigen Konsequenzen; aber die Sanktion des Urbildes ist die Sanktion des Abbildes. Wenn Gott ein Bild von sich hat, warum soll ich kein Bild von Gott haben? Wenn Gott sein Ebenbild *wie sich selbst* liebt, warum soll auch ich das Bild Gottes nicht *wie Gott selbst* lieben? Wenn das Bild Gottes Gott selbst ist, warum soll das Bild des Heiligen nicht der Heilige selbst sein? Wenn es keine Superstition ist, daß das Bild, welches sich Gott von sich macht, kein Bild, kein Gedanke, sondern Substanz, Person ist, warum soll es denn Superstition sein, daß das Bild des Heiligen die empfindende Substanz des Heiligen selbst ist? Das Bild Gottes ist lebendig; warum soll denn das Bild des Heiligen tot sein? Das Bild Gottes tränt und blutet; warum soll denn das Bild des Heiligen nicht auch tränen und bluten? Soll der Unterschied daher kommen, daß das Heiligenbild ein Produkt der Hände? Ei, die Hände haben dieses Bild nicht gemacht, sondern der Geist, der diese Hände beseelte, die Phantasie, und wenn Gott sich ein Bild von sich macht, so ist dieses Bild auch nur ein Produkt der Einbildungskraft. Oder soll der Unterschied daher kommen, daß das Gottesbild ein von Gott selbst produziertes, das Heiligenbild aber ein von einem andern Wesen gemachtes ist? Ei, das Heiligenbild ist auch eine Selbstbetätigung des Heiligen; denn der Heilige erscheint dem Künstler; der Künstler stellt ihn nur dar, wie er sich selbst ihm dargestellt.

Eine andere mit dem Wesen des Bildes zusammenhängende Bestimmung der zweiten Person ist, daß sie das *Wort* Gottes ist.*

---

* Über die Bedeutung des Wortes *logos* im N. T. ist viel geschrieben worden. Wir halten uns hier an das *Wort Gottes* als die im Christentum geheiligte Bedeutung. Über den logos bei Philo s. Gfrörer. Philo setzt statt logos auch ῥῆμα θεοῦ. S. auch Tertullian, *Adv. Praxeam*, c. 5, wo er zeigt, daß es auf eins hinauskommt, ob man logos mit sermo oder ratio übersetzt. Daß übrigens *das Wort* der richtige Sinn des logos ist, geht schon daraus hervor, daß die Schöpfung im A. T. von einem ausdrück-

Das Wort ist ein abstraktes Bild, die imaginäre Sache oder, inwiefern jede Sache immer zuletzt auch ein Objekt der Denkkraft ist, der eingebildete Gedanke, daher die Menschen, wenn sie das Wort, den Namen einer Sache kennen, sich einbilden, auch die Sache selbst zu kennen. Das Wort ist eine Sache der Einbildungskraft. Schlafende, die lebhaft träumen, Kranke, die phantasieren, sprechen. Was die Phantasie erregt, macht redselig, was begeistert, beredt. Sprachfähigkeit ist ein poetisches Talent. Die Tiere sprechen nicht, weil es ihnen an Poesie fehlt. Der Gedanke äußert sich nur bildlich; die Äußerungskraft des Gedankens ist die Einbildungskraft, die sich äußernde Einbildungskraft aber die Sprache. Wer spricht, bannt, fasziniert den, zu dem er spricht; aber die Macht des Worts ist die Macht der Einbildungskraft. Ein Wesen, ein geheimnisvolles, magisch wirkendes Wesen war nur den alten Völkern, als Kindern der Einbildungskraft, das Wort. Selbst die Christen noch, und nicht nur die gemeinen, sondern auch die gelehrten, die Kirchenväter, knüpften an den bloßen *Namen* Christus geheimnisvolle Heilkräfte.* Und noch heute glaubt das gemeine Volk, daß man durch bloße Worte den Menschen bezaubern könne. Woher dieser Glaube an eingebildete Kräfte des Wortes? Nur daher, weil das Wort selbst nur ein Wesen der Einbildungskraft ist, aber eben deswegen narkotische Wirkungen auf den Menschen äußert, ihn unter die Herrschaft der Phantasie gefangennimmt. Worte besitzen Revolutionskräfte, Worte beherrschen die Menschheit. Heilig ist die *Sage*; aber verrufen die *Sache* der Vernunft und Wahrheit.

Die Bejahung oder Vergegenständlichung des Wesens der Phantasie ist daher zugleich verbunden mit der Bejahung oder

lichen Befehl abhängig gemacht wird und daß man von jeher in diesem schöpferischen Worte den logos erblickt hat. Freilich hat der logos auch den Sinn von virtus, spiritus, Kraft, Verstand usw., denn was ist das Wort ohne Sinn, ohne Verstand, d. i. ohne Kraft?

* »Tanta certe vis *nomini* Jesu inest contra daemones, ut nonnunquam etiam a *malis nominatum* sit efficax« (Origenes, *Adv. Celsum,* I. I; s. auch I. III).

Vergegenständlichung des Wesens der Sprache: des *Wortes*. Der Mensch hat nicht nur einen Trieb, eine Notwendigkeit, zu denken, zu sinnen, zu phantasieren; er hat auch den Trieb zu *sprechen*, seine Gedanken zu äußern, mitzuteilen. *Göttlich* ist dieser Trieb, *göttlich* die *Macht* des Wortes. Das Wort ist der bildliche, der offenbare, der ausstrahlende, der glänzende, der *erleuchtende* Gedanke. Das *Wort* ist das *Licht* der Welt. Das Wort leitet in alle Wahrheit, erschließt alle Geheimnisse, veranschaulicht das Unsichtbare, vergegenwärtigt das Vergangne und Entfernte, verendlicht das Unendliche, verewigt das Zeitliche. Die Menschen vergehen, das Wort besteht; das Wort ist Leben und Wahrheit. Dem Wort ist alle Macht übergeben: Das Wort macht Blinde sehend, Lahme gehend, Kranke gesund, Tote lebendig – das Wort wirkt Wunder, und zwar die allein vernünftigen Wunder. Das Wort ist das Evangelium, der Paraklet der Menschheit. Denke dich, um dich von der göttlichen Wesenheit der Sprache zu überzeugen, einsam und verlassen, aber der Sprache kundig, und du hörtest zum ersten Male das Wort eines Menschen: Würde dir nicht dieses Wort als ein Engel erscheinen, nicht als die Stimme Gottes selbst, als die himmlischste Musik erklingen? Das Wort ist in der Tat nicht ärmer, nicht seelenloser als der musikalische Ton, obwohl der Ton unendlich mehr zu sagen *scheint* als das Wort und deswegen, weil ihn dieser Schein, diese Illusion umgibt, tiefer und reicher als das Wort erscheint.

Das Wort hat erlösende, versöhnende, beglückende Kraft. Die Sünden, die wir bekennen, sind uns vergeben kraft der göttlichen Macht des Wortes. Versöhnt scheidet der Sterbende, der noch die längst verschwiegene Sünde bekannt. Die Vergebung der Sünde liegt im Eingeständnis der Sünde. Die Schmerzen, die wir dem Freunde offenbaren, sind schon halb geheilt. Worüber wir sprechen, darüber mildern sich unsre Leidenschaften; es wird helle in uns; der Gegenstand des Zornes, des Ärgers, des Kummers erscheint uns in einem Lichte, in welchem wir die Unwürdigkeit der Leidenschaft erkennen. Worüber wir im Dunkel und Zweifel sind, wir dürfen nur darüber sprechen – oft in dem Augenblick schon, wo wir den Mund auftun, um den Freund zu fragen, schwinden die Zweifel und Dunkelheiten. Das Wort macht endlich den Menschen *frei*. Wer sich nicht äußern kann, ist ein Sklave. Sprachlos ist darum die übermäßige Leidenschaft, die übermäßige Freude, der übermäßige Schmerz. *Sprechen ist ein Freiheitsakt*; das Wort ist selbst Freiheit. Mit Recht gilt deswegen die Sprachbildung für die Wurzel der Bildung. Wo das Wort kultiviert wird, da wird die Menschheit kultiviert. Die Barbarei des Mittelalters schwand mit der Bildung der Sprache.

Wie wir nichts andres als göttliches Wesen ahnen, vorstellen, denken können denn das Vernünftige, welches wir denken, denn das Gute, welches wir lieben, das Schöne, welches wir empfinden, so kennen wir auch keine höhere geistige wirkende Macht und Kraftäußerung als die Macht des Wortes. *Gott ist der Inbegriff aller Realität.* Alles, was der Mensch als Realität empfindet oder erkennt, muß er in Gott setzen. Die Religion muß sich daher auch der Macht des Wortes als einer göttlichen Macht bewußt werden. Das *Wort Gottes* ist die *Göttlichkeit* des Wortes, wie sie innerhalb der Religion dem Menschen Gegenstand wird; denn es gehört, wie bereits gezeigt, zur differentia specifica der Religion, daß sie überall das eigentliche Subjekt zum Prädikat und eine allgemeine Wahrheit zu einer partikulären macht – so hier das allgemeine Wesen des Wortes zu einem besondern, persönlichen Wesen –, aber zugleich so, daß doch immer die allgemeine Wahrheit, die Natur der Sache, durch die partikuläre Wahrheit hindurchschimmert.

DAS GEHEIMNIS DES KOSMOGONISCHEN
PRINZIPS IN GOTT

Die zweite Person ist als der sich offenbarende, äußernde, sich aussprechende Gott (deus se dicit) das *weltschöpferische Prinzip* in Gott. Das heißt aber nichts andres als: Die zweite Person ist das *Mittelwesen* zwischen dem *unsinnlichen Wesen* Gottes und dem *sinnlichen Wesen* der Welt, das *göttliche* Prinzip des *Endlichen,* des von Gott Unterschiedenen. Die zweite Person hat einen, obwohl der Vorstellung nach zeitlosen, Anfang, einen Grund; sie ist gezeugt, das *erste* der erzeugten Wesen. Sie hat also als gezeugt, als nicht a se, von sich seiend, die allgemeine Grundbestimmung des Endlichen in sich.* Aber zugleich ist sie noch nicht ein wirkliches endliches Wesen, außer Gott gesetzt; sie ist vielmehr noch identisch mit Gott – so identisch, als es mit dem Vater der Sohn ist, der zwar eine andre Person, aber doch gleiches Wesen mit dem Vater hat. Die zweite Person repräsentiert uns daher nicht den reinen Begriff der Gottheit, aber auch nicht den reinen Begriff der Menschheit oder Wirklichkeit überhaupt – sie ist ein Mittelwesen zwischen beiden Gegensätzen. Der Gegensatz von dem unsinnlichen oder unsichtbaren göttlichen Wesen und dem sinnlichen oder sichtbaren Wesen der Welt ist aber nichts andres als der *Gegensatz* zwischen dem *Wesen der Abstraktion* und dem *Wesen der sinnlichen Anschauung,* das die Abstraktion mit der sinnlichen Anschauung Verknüpfende aber die *Phantasie* oder *Einbildungskraft*; folglich ist der *Übergang von Gott zur Welt* vermittels der zweiten Person nur der *vergegenständlichte Übergang* von der *Abstraktionskraft vermittels der Phantasie zur Sinnlichkeit.* Die Phantasie ist es allein, durch die der Mensch den Gegensatz zwischen Gott und Welt aufhebt, vermittelt. Alle religiösen Kosmogonien sind Phantasien – jedes Mittelwesen zwischen Gott und Welt, es werde nun bestimmt, wie es wolle, ein Phantasiewesen. Die *psychologische* Wahrheit und Notwendigkeit, die allen diesen Theo- und Kosmogonien zugrunde liegt, ist die *Wahrheit und Notwendigkeit der Einbildungs-*

* »*Hylarius* ... Si quis innascibilem et sine initio dicat filium, quasi duo sine principio et duo innascibilia, et duo innata dicens, duos faciat Deos, anathema sit. Caput enim quod est *principium omnium, filius.* Caput autem quod est *principium Christi, deus* ... Filium *innascibilem confiteri impiissimum* est« (Petrus Lomb., *Sent.,* I. I, dist. 31, c. 4).

*kraft als des terminus medius zwischen dem Abstrakten und
Konkreten.* Und die Philosophie, die ihrer selbst bewußte
Philosophie hat daher, in Beziehung auf diese Materie, wenn
sie dieselbe zu einem Gegenstande ihrer Untersuchung macht,
nur die allgemeine Aufgabe, das Verhältnis der Einbildungskraft zur Vernunft, die Genesis des Bildes, wodurch ein Objekt des Gedankens zu einem Objekt des Sinnes, des Gefühls
wird, zu begreifen.

Das Wesen der Einbildungskraft ist jedoch die volle erschöpfende Wahrheit des kosmogonischen Wesens nur da, wo der
Gegensatz von Gott und Welt nichts ausdrückt als den unbestimmten Gegensatz von dem unsinnlichen, unsichtbaren,
unfaßlichen Wesen, Gott, und dem sichtbaren, handgreiflichen Wesen der Welt. Wird dagegen das kosmogonische Wesen abstrakter erfaßt und ausgedrückt, so, wie es von der
religiösen Spekulation geschieht, so haben wir auch eine ab-
straktere psychologische Wahrheit als seine Grundlage zu
erkennen.

Die Welt ist *nicht* Gott, sie ist das andere, der Gegensatz
Gottes, oder wenigstens – wenn dieser Ausdruck zu stark
sein sollte, weil er das Kind beim rechten Namen nennt – das
von Gott Unterschiedene. Aber das von Gott Unterschiedene
kann nicht *unmittelbar* aus Gott kommen, sondern nur aus
einem Unterschied *von* Gott *in* Gott. Die andere Person ist
der sich in sich von sich unterscheidende, sich selbst sich gegen-
über- und entgegensetzende, darum sich *Gegenstand* seiende,
bewußte Gott. Die *Selbstunterscheidung* Gottes von sich ist
der *Grund* des von ihm Unterschiedenen – das Selbstbewußtsein also der Ursprung der Welt. Gott denkt die Welt erst
dadurch, daß er *sich* gedacht –, sich denken ist sich zeugen,
die Welt denken die Welt schaffen. Die Zeugung geht der
Schöpfung vor. Die produktive Idee der Welt, eines anderen
Wesens, das *nicht* Gott ist, wird vermittelt durch die produktive Idee eines anderen Wesens, das Gott *gleich* ist.

Dieser kosmogonische Prozeß ist nun aber nichts andres als
die mystische Periphrase eines *psycho-logischen* Prozesses,

nichts andres als die Vergegenständlichung der *Einheit des Bewußtseins* und *Selbstbewußtseins*. Gott denkt sich – so ist er bewußt, selbstbewußt –, Gott ist das Selbstbewußtsein, als Objekt, als Wesen gesetzt; aber indem er *sich* weiß, *sich* denkt, so denkt er auch damit zugleich ein *andres*, als er selbst ist; denn *Sich-Wissen* ist *Sich-Unterscheiden* von anderem, sei dieses nun ein mögliches, nur vorgestelltes oder ein wirkliches. So ist also zugleich die Welt – wenigstens die Möglichkeit, die Idee der Welt – gesetzt mit dem Bewußtsein oder vielmehr vermittelt durch dasselbe. Der Sohn, der von sich gedachte, der gegenständliche, der urabbildliche, der andere Gott, ist das Prinzip der Weltschöpfung. Die Wahrheit, die zugrunde liegt, ist das *Wesen* des Menschen: die Identität seines Selbstbewußtseins mit dem Bewußtsein von einem Andern, welches mit ihm *identisch,* und von einem Andern, welches *nicht* mit ihm identisch ist. Und das zweite, das wesensgleiche Andre ist notwendig das Mittelglied, der terminus medius zwischen dem ersten und dritten. Der Gedanke eines *Andern überhaupt,* eines *wesentlich Andern* entsteht mir erst durch den Gedanken eines im *Wesen mir gleichen Andern.*

Das Bewußtsein der Welt ist das Bewußtsein meiner Beschränktheit – wüßte ich nichts von einer Welt, so wüßte ich nichts von Schranken –, aber das Bewußtsein meiner Beschränktheit steht im Widerspruch mit dem Triebe meiner Selbstheit nach Unbeschränktheit. Ich kann also von der Selbstheit, sie absolut gedacht – Gott ist das *absolute Selbst* –, nicht *unmittelbar* zu ihrem Gegenteil übergehen; ich muß diesen Widerspruch einleiten, vorbereiten, mäßigen durch das Bewußtsein eines Wesens, welches zwar auch ein anderes ist und insofern mir die Anschauung meiner Beschränktheit gibt, aber so, daß es zugleich mein Wesen bejaht, mein Wesen mir vergegenständlicht. Das Bewußtsein der Welt ist ein demütigendes Bewußtsein – die Schöpfung war ein »Akt der Demut« –, aber der erste Stein des Anstoßes, an dem sich der Stolz der Ichheit bricht, ist das Du, der alter ego. Erst stählt das Ich seinen Blick in dem Auge eines Du, ehe es die Anschauung eines Wesens erträgt, welches ihm nicht sein eignes Bild zurückstrahlt. Der *andere* Mensch ist das Band zwischen mir und der Welt. Ich bin und fühle mich abhängig von der Welt, weil ich zuerst von andern Menschen mich abhängig fühle. Bedürfte ich nicht des Menschen, so bedürfte ich auch nicht der Welt. Ich versöhne, ich befreunde mich mit der Welt nur durch den andern Menschen. Ohne den Andern wäre die Welt für mich nicht nur tot und leer, sondern auch sinn- und verstandlos. Nur an dem Andern wird der Mensch sich klar und selbstbewußt; aber erst wenn ich mir selbst klar, wird mir die Welt klar. Ein absolut für sich allein existierender Mensch würde sich selbstlos und unterschiedslos in dem Ozean der Natur verlieren; er würde weder sich als Menschen noch die Natur als Natur erfassen. Der erste Gegenstand des Menschen ist der Mensch. Der Sinn für die Natur, der uns erst das Bewußtsein der Welt als Welt erschließt, ist ein späteres Erzeugnis; denn er entsteht erst durch den Akt der Absonderung des Menschen von sich. Den Naturphilosophen Griechenlands gehen die sogenannten sieben Weisen voran, deren Weisheit sich unmittelbar nur auf das menschliche Leben bezog.

Das Bewußtsein der Welt ist also für das Ich vermittelt durch das Bewußtsein des Du. So ist der *Mensch der Gott des Menschen.* Daß er ist, verdankt er der *Natur,* daß er *Mensch* ist, dem *Menschen.* Wie er nichts physisch vermag ohne den andern Menschen, so auch nichts geistig. Vier Hände vermögen mehr als zwei; aber auch vier Augen sehen mehr als zwei. Und diese *vereinte* Kraft unterscheidet sich nicht nur quantitativ, sondern auch *qualitativ* von der *vereinzelten.* Einzeln ist die menschliche Kraft eine beschränkte, *vereinigt* eine *unendliche* Kraft. Beschränkt ist das Wissen des einzelnen, aber unbeschränkt die Vernunft, unbeschränkt die Wissenschaft, denn sie ist ein gemeinschaftlicher Akt der Menschheit, und zwar nicht nur deswegen, weil unzählig viele an dem Bau der Wissenschaft mitarbeiten, sondern auch in dem innerlichen Sinne, daß das wissenschaftliche Genie einer bestimmten Zeit die Gedankenkräfte der vorangegangenen Genies in sich vereinigt, wenn auch selbst wieder auf eine bestimmte, individuelle Weise, seine Kraft also keine vereinzelte Kraft ist. Witz, Scharfsinn, Phantasie, Gefühl, als unterschieden von der Empfindung, Vernunft als subjektives Vermögen, alle diese sogenannten Seelenkräfte sind *Kräfte der Menschheit*, nicht des Menschen als eines Einzelwesens, sind Kulturprodukte, Produkte der menschlichen Gesellschaft. Nur wo sich der Mensch am Menschen *stößt* und *reibt*, entzündet sich Witz und Scharfsinn – mehr Witz ist daher in der Stadt als auf dem Lande, mehr in großen als kleinen Städten –, nur wo sich der Mensch am Menschen *sonnt* und *wärmt*, entsteht Gefühl und Phantasie – die Liebe, ein gemeinschaftlicher Akt, ohne Erwiderung darum der größte Schmerz, ist der Urquell der Poesie –, und nur wo der Mensch mit dem Menschen *spricht*, nur in der Rede, einem gemeinsamen Akte, entsteht die Vernunft. Fragen und Antworten sind die ersten Denkakte. Zum Denken gehören ursprünglich zwei. Erst auf dem Standpunkt einer höhern Kultur verdoppelt sich der Mensch, so daß er jetzt in und für sich selbst die Rolle des andern spielen kann. Denken und Sprechen ist darum bei allen alten und sinnlichen Völkern identisch; sie denken nur im Sprechen, ihr Denken ist nur Konversation. Gemeine Leute, d. h. nicht abstrakt gebildete Leute, verstehen noch heute Geschriebenes nicht, wenn sie nicht *laut* lesen, nicht aussprechen, was sie lesen. Wie richtig ist es in dieser Beziehung, wenn Hobbes den Verstand des Menschen aus den Ohren ableitet!

Auf abstrakte logische Kategorien reduziert, drückt das kosmogenetische Prinzip in Gott nichts weiter aus als den tautologischen Satz: Das Verschiedene kann nur aus einem Prinzip der Verschiedenheit, nicht aus einem einfachen Wesen kommen. Sosehr die christlichen Philosophen und Theologen der Schöpfung aus nichts das Wort geredet, so haben sie doch wieder den alten Grundsatz: Aus nichts wird nichts, weil er ein Gesetz des Denkens ausspricht, nicht ganz umgehen können. Sie haben zwar keine wirkliche Materie als Prinzip der unterschiednen materiellen Dinge gesetzt, aber sie haben doch den göttlichen Verstand – der Sohn aber ist die Weisheit, die Wissenschaft, der Verstand des Vaters – als den *Inbegriff aller Dinge,* als die *geistige Materie* zum Prinzip der wirklichen Materie gemacht. Der Unterschied zwischen der heidnischen Ewigkeit der Materie und der christlichen Schöpfung in dieser Beziehung ist nur, daß die Heiden der Welt eine reale, objektive, die Christen eine nicht sinnliche Ewigkeit vindizierten. Die Dinge waren, ehe sie existierten, aber nicht als Objekt des Sinnes, sondern des subjektiven Verstandes. Die Christen, deren Prinzip das Prinzip der absoluten Subjektivität, denken alles nur durch dieses Prinzip vermittelt. Die durch ihr *subjektives* Denken gesetzte, die vorgestellte, subjektive Materie ist ihnen daher auch die *erste* Materie – weit vorzüglicher als die wirkliche, objektive Materie. Aber dessen ungeachtet ist dieser Unterschied nur ein Unterschied in der Weise der Existenz. Die Welt ist *ewig* in Gott. Oder ist sie etwa in ihm entstanden wie ein plötzlicher Einfall, eine Laune? Allerdings kann sich auch dies der Mensch vorstellen, aber dann vergöttlicht der Mensch nur seinen eignen Unsinn. Bin ich dagegen bei Vernunft, so kann ich die Welt nur ableiten *aus ihrem Wesen,* ihrer Idee, d. h. eine Art ihrer Existenz aus einer andern Art – mit andern Worten: Ich kann die Welt immer nur *aus sich selbst* ableiten. Die Welt hat ihren Grund *in sich selbst,* wie alles in der Welt, was auf den Namen einer Gattungswesenheit Anspruch hat. Die differentia specifica, das eigentümliche Wesen, das, wodurch ein bestimmtes Wesen ist, *was es ist,* dies ist immer ein im gemeinen Sinne Unerklärliches, Unableitbares, ist durch sich, hat seinen Grund in sich.

So ist es nun auch mit der Vielfachheit und Verschiedenheit, wenn wir die Welt auf diese abstrakte Kategorie im Gegensatz zur Einfachheit und Identität des göttlichen Wesens reduzieren. Die wirkliche Verschiedenheit kann nur abgeleitet werden aus einem *in sich selbst verschiedenen* Wesen. Aber ich setze die Verschiedenheit nur in das ursprüngliche Wesen, weil mir schon *ursprünglich* die Verschiedenheit eine *positive Realität* ist. Wo und wenn die Verschiedenheit an sich selbst nichts ist, da wird auch im Prinzip keine Verschiedenheit gedacht. Ich setze die Verschiedenheit als eine wesentliche Kategorie, als eine Wahrheit, wo ich sie aus dem ursprünglichen Wesen ableite, und umgekehrt: Beides ist identisch. Der vernünftige Ausdruck ist: Die Verschiedenheit liegt ebenso notwendig in der Vernunft als die Identität.

Da nun aber eben die Verschiedenheit eine positive Vernunftbestimmung ist, so kann ich die Verschiedenheit nicht ableiten, ohne schon die Verschiedenheit vorauszusetzen; ich kann sie nicht erklären außer *durch sich selbst*, weil sie eine ursprüngliche, durch sich selbst einleuchtende, durch sich selbst sich bewährende Realität ist. Wodurch entsteht die Welt, das von Gott Unterschiedene? Durch den Unterschied Gottes von sich in Gott selbst. Gott denkt sich, er ist sich Gegenstand, er *unterscheidet sich von sich* – also entsteht *dieser* Unterschied, die Welt, nur von einem Unterschied anderer Art, der äußere von einem innerlichen, der seiende von einem tätigen, einem Unterscheidungsakte, also begründe ich den Unterschied nur durch sich selbst, d. h. er ist ein ursprünglicher Begriff, ein non plus ultra meines Denkens, ein Gesetz, eine Notwendigkeit, eine Wahrheit. Der letzte Unterschied, den ich denken kann, ist der Unterschied eines Wesens *von* und *in sich selbst*. Der Unterschied eines Wesens von einem andern versteht sich von selbst, ist schon durch ihr Dasein gesetzt, eine sinnfällige Wahrheit: Es sind *zwei*. Für das Denken begründe ich aber erst den Unterschied, wenn ich ihn in *ein und dasselbe* Wesen aufnehme, wenn ich ihn mit dem *Gesetze der Identität* verbinde. Hierin liegt die letzte Wahrheit des Unterschieds. *Das kosmogenetische Prinzip in Gott,* auf seine letzten Elemente reduziert, ist nichts andres als der nach seinen einfachsten Momenten *vergegenständlichte Denkakt.* Wenn ich den Unterschied aus Gott entferne, so gibt er mir keinen Stoff zum Denken; er hört auf, ein Denkobjekt zu sein; denn der Unterschied ist ein *wesentliches Denkprinzip*. Und wenn ich daher *Unterschied* in Gott setze, was begründe, was vergegenständliche ich anderes als die Wahrheit und Notwendigkeit dieses Denkprinzipes?

DAS GEHEIMNIS DER NATUR IN GOTT

Einen interessanten Stoff zur Kritik der kosmo- und theogonischen Phantasien liefert die von Schelling aufgefrischte, aus Jakob Böhme geschöpfte Lehre von der ewigen Natur in Gott.

Gott ist reiner Geist, lichtvolles Selbstbewußtsein, sittliche Persönlichkeit; die Natur dagegen ist, wenigstens stellenweise, verworren, finster, wüst, unsittlich oder doch nicht sittlich. Es widerspricht sich aber, daß das Unreine aus dem Reinen, die Finsternis aus dem Lichte komme. Wie können wir also aus Gott diese offenbaren Instanzen gegen eine göttliche Abkunft ableiten? Nur dadurch, daß wir dieses Unreine, dieses Dunkle in Gott setzen, in Gott selbst ein Prinzip des Lichtes und der Finsternis unterscheiden. Mit andern Worten: Nur dadurch können wir den Ursprung des Finstern erklären, daß wir überhaupt die Vorstellung eines Ursprungs aufgeben, die Finsternis als seiend von Anbeginn an voraussetzen.*

Das Finstere in der Natur ist aber das Irrationelle, Materielle, die eigentliche Natur im Unterschiede von der Intelligenz. Der einfache Sinn dieser Lehre ist daher: Die Natur, die Materie kann nicht aus der Intelligenz erklärt und abgeleitet werden; sie ist vielmehr der *Grund* der Intelligenz, der Grund der Persönlichkeit, ohne selbst einen Grund zu haben;

---

* Es liegt außer unserm Zwecke, diese kraß mystische Ansicht zu kritisieren. Es werde hier nur bemerkt, daß die Finsternis nur dann *erklärt* wird, wenn sie *aus dem Lichte* abgeleitet wird, daß aber nur dann die Ableitung des Dunkeln in der Natur aus dem Lichte als eine Unmöglichkeit erscheint, wenn man so blind ist, daß man nicht auch in der Finsternis noch Licht erblickt, nicht bemerkt, daß das Dunkel der Natur kein absolutes, sondern gemäßigtes, durch das Licht temperiertes Dunkel ist.

der Geist ohne Natur ist ein unreelles Abstractum; das Bewußtsein entwickelt sich nur aus der Natur. Aber diese materialistische Lehre wird dadurch in ein mystisches, aber gemütliches Dunkel gehüllt, daß sie nicht allgemein, nicht mit den klaren, schlichten Worten der Vernunft ausgesprochen, sondern vielmehr mit dem heiligen Empfindungsworte Gott betont wird. Wenn das Licht in Gott aus der Finsternis in Gott entspringt, so entspringt es nur, weil es in dem Begriffe des Lichts überhaupt liegt, daß es Dunkles erhellt, also das Dunkle voraussetzt, aber nicht macht. Wenn du also einmal Gott einem allgemeinen Gesetze unterwirfst – was denn nicht anders als notwendig ist, wofern du nicht Gott zum Tummelplatz der sinnlosesten Einfälle machen willst –, wenn also ebensogut in Gott als an und für sich, als überhaupt das Selbstbewußtsein durch ein natürliches Prinzip bedingt ist, warum abstrahierst du nicht von Gott? Was einmal Gesetz des Bewußtseins an sich, ist Gesetz für das Bewußtsein jedes persönlichen Wesens, es sei Mensch, Engel, Dämon, Gott, oder was du nur immer dir sonst noch als Wesen einbilden magst. Worauf reduzieren sich denn, bei Lichte besehen, die beiden Prinzipien in Gott? Das eine auf die Natur, wenigstens die Natur, wie sie in deiner Vorstellung existiert, abstrahiert von ihrer Wirklichkeit, das andere auf Geist, Bewußtsein, Persönlichkeit. Nach seiner einen Hälfte, nach seiner Rück- und Kehrseite, nennst du Gott nicht Gott, sondern nur von seiner Vorderseite, sein Gesicht, wonach er dir Geist, Bewußtsein zeigt: Also ist sein spezifisches Wesen, das, worin er *Gott* ist, *Geist, Intelligenz, Bewußtsein.* Warum machst du denn aber, was das *eigentliche Subjekt* in Gott *als* Gott, d. i. als Geist ist, zu einem bloßen Prädikat, als wäre Gott als Gott, auch ohne Geist, ohne Bewußtsein, Gott? Warum anders, als weil du denkst als Sklave der mystisch religiösen Imagination, weil das primäre Prinzip in dir die Imagination, das sekundäre, formelle nur das Denken ist, weil es dir nur wohl und heimelig ist im trügerischen Zwielicht des Mystizismus?

Mystizismus ist Deuteroskopie. Der Mystiker spekuliert über

das Wesen der Natur oder des Menschen, aber *in* und *mit der Einbildung,* daß er über ein *anderes,* von beiden unterschiedenes, persönliches Wesen spekuliert. Der Mystiker hat dieselben Gegenstände wie der einfache, selbstbewußte Denker; aber der wirkliche Gegenstand ist dem Mystiker nur Objekt *nicht als er selbst,* sondern als ein eingebildeter, und daher der *eingebildete* Gegenstand ihm der *wirkliche* Gegenstand. So ist hier, in der mystischen Lehre von den zwei Prinzipien in Gott, der *wirkliche* Gegenstand die *Pathologie,* der *eingebildete* die *Theologie;* d. h. die Pathologie wird zur Theologie gemacht. Dagegen ließe sich nun eigentlich nichts sagen, wenn mit Bewußtsein die *wirkliche* Pathologie als Theologie erkannt und ausgesprochen würde; unsre Aufgabe ist es ja eben, zu zeigen, daß die Theologie nichts ist als eine sich selbst verborgene, als die esoterische Patho-, Anthropo- und Psychologie und daß daher die wirkliche Anthropologie, die wirkliche Pathologie, die wirkliche Psychologie weit mehr Anspruch auf den Namen *Theologie* haben als die Theologie selbst, weil diese doch nichts weiter ist als eine imaginäre Psychologie und Anthropologie. Aber es *soll* der Inhalt dieser Lehre oder Anschauung – und darum ist sie eben Mystik und Phantastik – nicht Pathologie, sondern Theologie, Theologie im alten oder gewöhnlichen Sinne des Wortes, sein; es soll hier das Leben eines andern, von uns unterschiednen Wesens aufgeschlossen werden, und es wird doch nur unser eignes Wesen aufgeschlossen, aber zugleich wieder verschlossen, weil es das Wesen eines andern Wesens sein soll. Bei Gott, nicht bei uns menschlichen Individuen – das wäre eine viel zu triviale Wahrheit –, soll sich die Vernunft erst nach der Leidenschaft der Natur einstellen, nicht wir, sondern Gott soll sich aus dem Dunkel verworrner Gefühle und Triebe zur Klarheit der Erkenntnis emporringen, nicht in unsrer subjektiven, beschränkten Vorstellungsweise, sondern in Gott selbst soll der Nervenschrecken der Nacht eher sein als das freudige Bewußtsein des Lichtes; kurz, es soll hier nicht eine menschliche Krankheitsgeschichte, sondern die Entwicklungs-, d. i.

Krankheitsgeschichte Gottes – Entwicklungen sind Krank-heiten – dargestellt werden. Leider gehört aber das Sollen der Einbildung, die Wahrheit, die Objektivität nur dem patholo-gischen Element an.

Wenn daher der kosmogenetische Unterscheidungsprozeß in Gott uns das *Licht* der *Unterscheidungskraft* als eine *göttliche Wesenheit* zur Anschauung bringt, so repräsentiert uns da-gegen die Nacht oder Natur in Gott die Leibnizschen *pensées confuses als göttliche Kräfte oder Potenzen.* Aber die pensées confuses, die verworrenen, dunkeln Vorstellungen und Gedan-ken, richtiger *Bilder,* repräsentieren das Fleisch, die *Materie*: Eine reine, von der Materie abgesonderte Intelligenz hat nur lichte, freie Gedanken, keine dunkeln, d. i. fleischlichen Vor-stellungen, keine materiellen, die Phantasie erregenden, das Blut in Aufruhr bringenden Bilder. Die Nacht in Gott sagt daher nichts andres aus als: Gott ist nicht nur ein geistiges, sondern *auch materielles, leibliches, fleischliches Wesen*; aber wie der Mensch Mensch ist und heißt nicht nach seinem Fleisch, sondern seinem Geist, so auch Gott.

Aber die Nacht spricht dies nur in *dunkeln, mystischen, unbe-stimmten, hinterhaltigen* Bildern aus. Statt des kräftigen, aber eben deswegen präzisen und pikanten Ausdrucks *Fleisch* setzt sie die vieldeutigen, abstrakten Worte *Natur und Grund.* »Da nichts vor oder außer Gott ist, so muß er den *Grund* sei-ner Existenz in sich selbst haben. Das sagen alle Philosophien, aber sie reden von diesem Grund als einem *bloßen Begriff,* ohne ihn zu etwas *Reellem* und *Wirklichem* zu machen. Dieser Grund seiner Existenz, den Gott in sich hat, ist nicht Gott, absolut betrachtet, d. h. sofern er existiert; denn er ist ja nur der Grund seiner Existenz. Er ist die *Natur* – in Gott; ein von ihm zwar unabtrennliches, aber doch *unterschiednes Wesen.* Analogisch (?) kann dieses Verhältnis durch das der *Schwerkraft* und des Lichts in der Natur erläutert werden.« Aber dieser Grund ist das *Nichtintelligente* in Gott. »Was der Anfang einer Intelligenz (in ihr selber) ist, kann nicht wieder *intelligent* sein.« »Aus diesem *Verstandlosen* ist im eigentlichen Sinne der Verstand geboren. Ohne dies vorausgehende *Dunkel* gibt es keine *Realität* der Kreatur.« »Mit solchen *abgezognen* Begriffen von Gott als *actus purissimus,* dergleichen die ältere Philosophie aufstellte, oder solchen, wie sie die neuere, aus Fürsorge, Gott ja recht weit von aller Natur zu entfernen, immer wieder hervorbringt, läßt sich überall nichts *ausrichten.* Gott ist etwas *Realeres* als eine *bloße moralische Weltordnung* und hat ganz *andre* und *lebendigere* Bewegungskräfte in sich, als ihm die *dürftige Subtilität abstrakter Idealisten* zuschreibt. – Der Idealismus, wenn er nicht einen *lebendigen Realismus* zur Basis erhält, wird ein ebenso leeres und abgezogenes System als das Leibnizische, Spinozische oder irgendein anderes dogmatisches.« »Solange der Gott des modernen Theismus das einfache, rein wesenhaft sein sollende, in der Tat aber wesenlose – Wesen bleibt, das er in allen neuern Systemen ist, solange nicht in Gott eine wirkliche Zweiheit erkannt und der bejahenden, ausbreitenden Kraft eine *einschränkende, verneinende* entgegengesetzt wird, so lange wird die Leugnung eines persönlichen Gottes wissenschaftliche Aufrichtigkeit sein.« »Alles Bewußtsein ist Konzentration, ist Sammlung, ist Zusammennehmen, Zusammenfassen seiner selbst. Diese verneinende, auf es selbst zurückgehende Kraft eines Wesens ist die wahre Kraft der Persönlichkeit in ihm, die Kraft der Selbstheit, der Egoität.« »Wie sollte eine *Furcht* Gottes sein, wenn keine Stärke in ihm wäre? Daß aber etwas in Gott sei, das *bloß Kraft* und *Stärke* sei, kann nicht befremden, wenn man nur nicht behauptet, daß er allein dieses und sonst nichts andres sei.«*

Aber was ist denn nun Kraft und Stärke, die *nur* Kraft und Stärke ist *im Unterschiede* von der geistigen Macht der Güte und Intelligenz, als die *leibliche* Kraft und Stärke? Ist denn eine bloße Kraft, eine bloße Stärke ohne ein *wirkliches leibliches Substrat* nicht auch »dürftige Subtilität eines abstrakten Idealismus«? Kennst du im Unterschiede von der Macht der

* Schelling, *Über das Wesen der menschlichen Freiheit,* 429, 432, 427. *Denkmal Jacobis,* S. 82, 97-99.

Güte und der Macht der Vernunft eine andere dir zu Gebote stehende Kraft als die *Muskelkraft?* Wenn du durch Güte und Vernunftgründe nichts ausrichten kannst, so mußt du zur Stärke deine Zuflucht nehmen. Kannst du aber etwas »*ausrichten*« ohne kräftige Arme und Fäuste? Kennst du *im Unterschiede* von der *Macht der moralischen Weltordnung* »andere und lebendigere Bewegungskräfte« als die *Hebel der peinlichen Halsgerichtsordnung?* Gibt es ein anderes System »*lebendigen Realismus*« als das *System des organischen Leibes?* Ist *Natur ohne Leib* nicht ein leerer, abgezogner Begriff? das Geheimnis der Natur nicht das *Geheimnis des Leibes?* Kennst du eine andere Existenz, ein anderes Wesen der Natur als die leibliche Existenz, als das leibliche Wesen? Ist aber nicht der höchste, der realste, der lebendigste Leib der Leib von *Fleisch* und *Blut?* Kennst du eine andere, der Intelligenz entgegengesetzte Kraft als die Kraft von Fleisch und Blut, eine andere Stärke der Natur als die Stärke der *sinnlichen Triebe?* Ist aber nicht der stärkste, der der Intelligenz entgegengesetzteste Naturtrieb der Geschlechtstrieb? Wer erinnert sich nicht an den alten Spruch: *Amare et Sapere vix Deo competit?* Wenn wir also eine Natur, ein dem Lichte der Intelligenz entgegengesetztes Wesen in Gott setzen wollen, können wir uns einen lebendigeren, realeren Gegensatz denken als den Gegensatz von amare und sapere, von *Geist* und *Fleisch,* von *Freiheit* und *Geschlechtstrieb?* Du entsetzest dich über diese Deszendenzen und Konsequenzen? O, sie sind die legitimen Sprossen von dem heiligen Ehebündnis zwischen Gott und Natur. Du selbst hast sie gezeugt unter den günstigen Auspizien der Nacht. Ich zeige sie dir jetzt nur im Lichte. Persönlichkeit, Egoität, Bewußtsein ohne Natur ist nichts oder, was eins, ein hohles, wesenloses Abstraktum. Aber die Natur ist, wie bewiesen und von selbst klar ist, *nichts ohne Leib.* Der *Leib* ist allein jene *verneinende, einschränkende, zusammenziehende, beengende Kraft, ohne welche keine Persönlichkeit denkbar* ist. Nimm deiner Persönlichkeit ihren Leib – und du nimmst ihr ihren Zusammenhalt. *Der Leib ist der Grund, das Subjekt der Persönlichkeit* Nur durch den Leib unterscheidet sich die *reale* Persönlichkeit von der *eingebildeten* eines Gespenstes. Was wären wir für abstrakte, vage, leere Persönlichkeiten, wenn uns nicht das Prädikat der Impenetrabilität inhärierte, wenn an demselben Orte, in derselben Gestalt, worin wir sind, zugleich andere sich befinden könnten? Nur durch die räumliche Ausschließung bewährt sich die Persönlichkeit als eine wirkliche. Aber der Leib ist nichts *ohne Fleisch und Blut. Fleisch und Blut ist Leben* und *Leben allein* die Realität, die *Wirklichkeit* des Leibes. Aber Fleisch und Blut ist nichts ohne den *Sauerstoff der Geschlechtsdifferenz.* Die Geschlechtsdifferenz ist keine oberflächliche oder nur auf gewisse Körperteile beschränkte; sie ist eine *wesentliche;* sie durchdringt *Mark und Bein.* Die *Substanz* des Mannes ist die Männlichkeit, die des Weibes die Weiblichkeit. Sei der Mann auch noch so geistig und hyperphysisch – er bleibt doch immer Mann; ebenso das Weib. Die *Persönlichkeit* ist daher *nichts ohne Geschlechtsdifferenz;* die Persönlichkeit unterscheidet sich *wesentlich* in männliche und weibliche Persönlichkeit. Wo kein Du, ist kein Ich; aber der Unterschied von Ich und Du, die Grundbedingung aller Persönlichkeit, alles Bewußtseins, ist nur *ein realer, lebendiger, feuriger als der Unterschied von Mann und Weib.* Das Du zwischen Mann und Weib hat einen ganz andern Klang als das monotone Du zwischen Freunden.

Natur im Unterschiede von Persönlichkeit kann gar nichts anderes bedeuten als Geschlechtsdifferenz. Ein persönliches Wesen ohne Natur ist eben nichts andres als ein Wesen ohne Geschlecht, und umgekehrt. Natur soll von Gott prädiziert werden »in dem Sinne, wie von einem Menschen gesagt wird, er sei eine starke, eine tüchtige, eine gesunde Natur«. Aber was ist krankhafter, was unausstehlicher, was naturwidriger als eine Person ohne Geschlecht oder eine Person, die in ihrem Charakter, ihren Sitten, ihren Gefühlen ihr Geschlecht verleugnet? Was ist die Tugend, die Tüchtigkeit des Menschen als Mann? Die Männlichkeit. Des Menschen als Weibes? Die

Weiblichkeit. Aber der Mensch existiert nur als Mann und Weib. Die Tüchtigkeit, die Gesundheit des Menschen besteht demnach nur darin, daß er als Weib so ist, wie er als Weib sein soll, als Mann so, wie er als Mann sein soll. Du verwirfst »den Abscheu gegen alles Reale, der das Geistige durch jede Berührung mit demselben zu verunreinigen meint«. Also verwirf vor allem deinen eignen Abscheu vor dem Geschlechtsunterschied. Wird Gott nicht durch die Natur verunreinigt, so wird er auch nicht durch das Geschlecht verunreinigt. Deine Scheu vor einem *geschlechtlichen Gott* ist eine falsche Scham – falsch aus doppeltem Grunde. Einmal, weil die Nacht, die du in Gott gesetzt, dich der Scham überhebt; die Scham schickt sich nur für das Licht; dann, weil du mit ihr dein ganzes Prinzip aufgibst. Ein sittlicher Gott ohne Natur ist ohne Basis. Aber die Basis der Sittlichkeit ist der Geschlechtsunterschied. Selbst das Tier wird durch den Geschlechtsunterschied aufopfernder Liebe fähig. Alle Herrlichkeit der Natur, all' ihre Macht, all' ihre Weisheit und Tiefe konzentriert und individualisiert sich in der Geschlechtsdifferenz. Warum scheust du dich also, die *Natur Gottes* bei ihrem *wahren Namen* zu nennen? Offenbar nur deswegen, weil du überhaupt eine Scheu vor den Dingen in *ihrer Wahrheit und Wirklichkeit* hast, weil du alles nur durch den trügerischen Nebel des Mystizismus erblickst. Aber eben deswegen, weil die Natur in Gott nur ein *trügerischer, wesenloser Schein,* ein *phantastisches Gespenst der Natur* ist – denn sie stützt sich, wie gesagt, nicht auf Fleisch und Blut, nicht auf einen realen Grund –, also auch diese Begründung eines persönlichen Gottes eine fehlgeschossene ist, so schließe auch ich mit den Worten: »Die Leugnung eines *persönlichen* Gottes wird so lange wissenschaftliche Aufrichtigkeit«, ich setze hinzu: wissenschaftliche Wahrheit sein, als man nicht mit *klaren, unzweideutigen* Worten ausspricht und beweist, erstens a priori, aus spekulativen Gründen, daß Gestalt, Örtlichkeit, Fleischlichkeit, Geschlechtlichkeit nicht dem Begriffe der Gottheit widersprechen, zweitens a posteriori – denn die Realität eines persönlichen

Wesens stützt sich nur auf empirische Gründe –, *was für eine Gestalt Gott hat, wo* er existiert – etwa im Himmel –, und endlich, welchen Geschlechtes er ist, ob er ein *Männlein oder Weiblein* oder gar ein *Hermaphrodit.* Übrigens hat schon anno 1682 ein Pfarrer die kühne Frage aufgeworfen: »*Ob Gott auch ehelich sei und ein Weib habe? Und wieviel er Weisen (modos) habe, Menschen zuwege zu bringen?*« Mögen sich daher die *tiefsinnigen spekulativen Religions-Philosophen* Deutschlands diesen ehrlichen, schlichten Pfarrherrn zum Muster nehmen! Mögen sie den gênanten Rest von Rationalismus, der ihnen noch im schreiendsten Widerspruch mit ihrem innersten Wesen anklebt, mutig von sich abschütteln und endlich die mystische Potenz der Natur Gottes in einen wirklich potenten, zeugungskräftigen Gott realisieren! Amen.

Die Lehre von der Natur in Gott ist Jakob Böhme entnommen. Aber im Original hat sie eine weit tiefere und interessantere Bedeutung als in ihrer zweiten, kastrierten und modernisierten Auflage. J. Böhme ist ein tief inniges, tiefsinniges religiöses Gemüt; die Religion ist das Zentrum seines Lebens und Denkens. Aber zugleich hat sich die Bedeutung, welche die Natur in neuerer Zeit erhielt – im Studium der Naturwissenschaften, im Spinozismus, Materialismus, Empirismus –, seines religiösen Gemütes bemächtigt. Er hat seine Sinne der Natur geöffnet, einen Blick in ihr geheimnisvolles Wesen geworfen, aber sie erschreckt ihn; und er kann diesen Schrecken der Natur nicht zusammenreimen mit seinen religiösen Vorstellungen. »Als ich anschauete die große Tiefe dieser Welt, darzu die Sonne und Sternen, sowohl die Wolken, darzu Regen und Schnee, und betrachtete in meinem Geiste die ganze Schöpfung dieser Welt, darinnen ich dann in allen Dingen Böses und Gutes fand, Liebe und Zorn, in den unvernünftigen Kreaturen, als in Holz, Steinen, Erden und Elementen, sowohl als in Menschen und Tieren ... Weil ich aber befand, daß in allen Dingen Böses und Gutes war, in den Elementen sowohl als in den Kreaturen, und daß es in der

Welt dem Gottlosen so wohl ginge als den Frommen, auch die barbarischen Völker die besten Länder innehätten und daß ihnen das Glück noch wohl mehr beistünde als den Frommen: ward ich derowegen ganz melancholisch und hoch betrübet und konnte mich keine Schrift trösten, welche mir doch fast wohl bekannt war: darbei dann gewißlich der Teufel nicht wird gefeiret haben, welcher mir dann oft heidnische Gedanken einbleuete, deren ich allhie verschweigen will.«[*] Aber so schrecklich sein Gemüt das finstre, nicht mit den religiösen Vorstellungen eines himmlischen Schöpfers zusammenstimmende Wesen der Natur ergreift, so entzückend affiziert ihn andrerseits die Glanzseite der Natur. J. Böhme hat Sinn für die Natur. Er ahnet, ja empfindet die Freuden des Mineralogen, die Freuden des Botanikers, des Chemikers, kurz die Freuden der »gottlosen Naturwissenschaft«. Ihn entzückt der Glanz der Edelsteine, der Klang der Metalle, der Geruch und Farbenschmuck der Pflanzen, die Lieblichkeit und Sanftmut gewisser Tiere. »Ich kann es« (nämlich die Offenbarung Gottes in der Lichtwelt, den Prozeß, wo »aufgehet in der Gottheit die wunderliche und schöne Bildung des Himmels in mancherlei Farben und Art und erzeiget sich jeder Geist in seiner Gestalt sonderlich«), »ich kann es«, schreibt er an einer andern Stelle, »mit nichts vergleichen als mit den alleredelsten Steinen als Jerubin, Schmaragden, Delfin, Onyx, Saffir, Diamant, Jaspis, Hyacinth, Amethyst, Berill, Sardis, Karfunkel und dergleichen.« Woanders: »Anlangend aber die köstlichen Steine, als Karfunkel, Jerubin, Schmaragden, Delfin, Onyx und dergleichen, die die allerbesten seind, die haben ihren Ursprung, wo der Blitz des Lichtes in der Liebe auffgangen ist. Dann derselbe Blitz wird in der Sanftmut geboren und ist das Herze im Centro der Quellgeister, darum seind dieselben Steine auch sanfte, kräftig und lieblich.« Wir sehen, J. Böhme hatte keinen übeln mineralogischen Geschmack. Daß er aber auch an den Blumen

* *Kernhafter Auszug ... J. Böhmes*, Amsterdam 1718, p. 58.

Wohlgefallen, folglich botanischen Sinn hatte, beweisen unter anderm folgende Stellen: »Die himmlischen Kräfte gebären himmlische freudenreiche Früchte und Farben, allerlei Bäume und Stauden, darauf wächst die schöne und liebliche Frucht des Lebens: Auch so gehen in diesen Kräften auf allerlei Blumen mit schönen himmlischen Farben und Geruch. Ihr Schmack ist mancherlei, ein jedes nach seiner Qualität und Art, ganz heilig, göttlich und freudenreich.« »So du nun die himmlische göttliche Pomp und Herrlichkeit willst betrachten, wie die sei, was für Gewächse, Lust oder Freude da sei, so *schaue mit Fleiß an diese Welt,* was für Früchte und Gewächse aus dem Salniter der Erden wächst von Bäumen, Stauden, Kraut, Wurzeln, Blumen, Öle, Weine, Getreide und alles, was da ist und dein Herz nur forschen kann: Das ist alles ein Vorbild der himmlischen Pomp.«[*]

J. Böhme konnte nicht ein *despotischer Machtspruch* als *Erklärungsgrund* der Natur genügen; die Natur lag ihm zu sehr im Sinne und auf dem Herzen; er versuchte daher eine *natürliche Erklärung der Natur;* aber er fand natürlicher- und notwendigerweise keine andern Erklärungsgründe als eben *die Qualitäten* der Natur, die den tiefsten Eindruck auf sein Gemüt machten. J. Böhme – dies ist seine wesentliche Bedeutung – ist ein mystischer Naturphilosoph, ein *theosophischer Vulkanist*[**] *und Neptunist,* denn im »*Feuer* und *Wasser* urständen nach ihm alle Dinge«. Die Natur hatte Jakobs religiöses Gemüt fasziniert – nicht umsonst empfing er von dem Glanze eines zinnernen Geschirres sein mystisches Licht –, aber das religiöse Gemüt webt nur *in sich selbst*; es hat nicht die Kraft, nicht den Mut, zur Anschauung der Dinge in ihrer Wirklichkeit zu dringen; es erblickt alles durch das Medium der Religion, alles in Gott, d. h. alles im entzückenden,

[*] L. c. p. 480, 338, 340, 323.
[**] Merkwürdigerweise wandelte der *philosophus teutonicus* wie geistig, so auch physisch auf *vulkanischem Grunde.* »Die Stadt Görlitz ist durchaus mit lauter *Basalt* gepflastert« (Charpentier, *Mineral. Geographie der Kursächsischen Lande,* p. 19).

das Gemüt ergreifenden Glanze der Imagination, alles im Bilde und als Bild. Aber die Natur affizierte sein Gemüt entgegengesetzt; er mußte diesen Gegensatz daher in Gott selbst setzen – denn die Annahme von zwei selbständig existierenden entgegengesetzten Urprinzipien hätte sein religiöses Gemüt zerrissen –, er mußte *in Gott selbst* unterscheiden ein sanftes, wohltätiges und ein grimmiges, verzehrendes Wesen. Alles Feurige, Bittere, Herbe, Zusammenziehende, Finstere, Kalte kommt aus einer göttlichen Herbigkeit, Bitterkeit, alles Milde, Glänzende, Erwärmende, Weiche, Sanfte, Nachgiebige aus einer milden, sanften, erleuchtenden Qualität in Gott. »Das seind nun die Kreaturen auf Erden, im Wasser und in der Luft, die Vögel, eine jede Kreatur aus seiner eignen Scienz, aus Gutem und Bösem … wie man das vor Augen siehet, daß gute und böse Kreaturen seind; als giftige Tiere und Würmer nach dem Zentrum der Natur der *Finsternis,* aus *Gewalt der grimmen Eigenschaft,* welche auch nur begehren, im *Finstern zu wohnen,* als da sind diejenigen, so in den *Löchern* wohnen und sich *vor der Sonnen verbergen.* An jedes Tieres *Essen* und *Wohnung* siehet man, *woraus* das herkommen sei, denn eine jede Kreatur begehret in seiner Mutter zu wohnen und sehnet sich nach ihr, wie das klar vor Augen ist.« »Das Gold, Silber, Edelgesteine und alles *lichte Erz* hat *seinen Ursprung vom Lichte,* welches vor den Zeiten des Zornes etc. geschienen hat.« »Alles, was im Wesen dieser Welt *weich, sanft* und *dünn* ist, das ist ausfließend und sich selber gebend und ist dessen Grund und Urstand nach der *Einheit* der Ewigkeit, da die Einheit immerdar von sich ausfleußt, wie man dann an dem Wesen der Dünnheit, als am Wasser und Luft keine Empfindlichkeit oder Peinen verstehet, was dasselbe Wesen einig in sich selber ist.«* Kurz, der *Himmel ist so reich* als die Erde. Alles, was auf der Erde, ist im Himmel, *was in der Natur, in Gott.* Aber hier ist es göttlich, himmlisch, dort irdisch, sichtbarlich, äußerlich, *materiell,* aber doch dasselbe. »Wann ich nun schreibe von Bäumen, Stauden und

* L. c. p. 468, 617-18

Früchten, so mußt du es nicht irdisch, gleich dieser Welt verstehen, dann das ist nicht meine Meinung, daß im Himmel wachse ein toter *harter hölzerner* Baum oder *Stein, der in irdischer Qualität* stehet. Nein, sondern meine Meinung ist *himmlisch* und *geistlich,* aber *doch wahrhaftig* und *eigentlich,* also ich meine *kein ander Ding, als wie ich's in Buchstaben setze«,* d. h. im Himmel sind dieselben Bäume und Blumen, aber die Bäume im Himmel sind die Bäume, wie sie in *meiner Imagination* duften und blühen, ohne grobe *materielle* Eindrücke auf mich zu machen; die Bäume auf Erden die Bäume in meiner *sinnlichen, wirklichen Anschauung.* Der Unterschied ist der Unterschied *zwischen Imagination und Anschauung.* »Nicht ist das mein Fürnehmen«, sagt er selbst, »daß ich wollte aller Sternen Lauf, Ort oder Namen beschreiben, oder wie sie jährlich ihre Konjunktion oder Gegenschein oder Quadrat und dergleichen haben, was sie jährlich und stündlich wirken. Welches durch die lange Verjährung ist erfahren worden von den hochweisen und klugen geistreichen Menschen, durch fleißiges Anschauen und Aufmerken und tiefen Sinn und Rechnen. Ich habe dasselbe auch nicht gelernet und studieret und lasse dasselbe die Gelehrten handeln: sondern mein Fürnehmen ist, *nach dem Geist und Sinne zu schreiben, und nicht nach dem Anschauen.«*[*]

Die Lehre von der Natur in Gott will durch den *Naturalismus* den *Theismus,* namentlich den Theismus, welcher das höchste Wesen als ein persönliches Wesen betrachtet, begründen. Der persönliche Theismus denkt sich aber Gott als ein von allem Materiellen abgesondertes persönliches Wesen; er schließt von ihm alle Entwicklung aus, weil diese nichts andres ist als die Selbstabsonderung eines Wesens von Zuständen und Beschaffenheiten, die seinem wahren Begriffe nicht entsprechen. Aber in Gott findet dies nicht statt, weil in ihm Anfang, Ende, Mitte sich nicht unterscheiden lassen, weil er mit einem Mal ist, was er ist, von Anbeginn an so ist, wie er sein soll, sein kann; er ist die reine Einheit von Sein und Wesen, Realität und Idee,

[*] L. c. p, 339, p. 69

Tat und Wille. Deus suum esse est. Der Theismus stimmt hierin mit dem *Wesen* der *Religion* überein. Alle auch noch so positiven Religionen beruhen auf *Abstraktion*; sie unterscheiden sich nur in dem, was gesetzt wird als das, wovon abstrahiert werden soll. Auch die Homerischen Götter sind bei aller Lebenskräftigkeit und Menschenähnlichkeit *abstrakte Gestalten*; sie haben Leiber wie die Menschen, aber doch keine so plumpen, beschwerlichen, beschränkten, keine sterblichen. Die *erste* Bestimmung des göttlichen Wesens ist: Es ist ein *abgesondertes, destilliertes* Wesen. Es versteht sich von selbst, daß diese Abstraktion *keine willkürliche*, sondern durch den wesentlichen Standpunkt des Menschen bestimmte ist. So wie er ist, so wie er überhaupt denkt, so abstrahiert er.

Die Abstraktion drückt ein *Urteil* aus – ein bejahendes und verneinendes zugleich, *Lob* und *Tadel*. Was der Mensch *lobt* und *preist, das* ist ihm *Gott**; was er tadelt, verwirft, das Ungöttliche. Die Religion ist ein *Urteil* – die Affirmation dessen, was der Mensch als sein Wesen anschaut. Was dem Menschen wert und teuer, das gibt er nicht den zerstörenden Elementen der Außenwelt preis; er verwahrt es in sein Schatzkästchen, d. h. er macht es zu einem *unantastbaren Heiligtum*. Die wesentlichste Bestimmung in der Religion, in der Idee des göttlichen Wesens ist demnach die *Abscheidung* des Preiswürdigen vom Tadelhaften, des Vollkommnen vom Unvollkommnen, kurz des Positiven vom Negativen. Der Kultus selbst besteht in nichts anderm als in der fortwährenden Erneuerung des Ursprungs der Religion – in der kritischen, aber feierlichen Sonderung des Göttlichen vom Ungöttlichen.

Das göttliche Wesen ist das durch den *Tod der Abstraktion* verklärte menschliche Wesen* – der *abgeschiedene Geist* des Menschen. In der Religion befreit sich der Mensch von den Schranken des Lebens; hier läßt er fallen, was ihn drückt, hemmt, widerlich affiziert; *Gott ist das von aller Widerlichkeit befreite Selbstgefühl des Menschen*; frei, glücklich, selig

---

* »Quidquid enim unus quisque *super caetera colit*: *hoc illi Deus est*«
(Origenes, *Explan. in Epist. Pauli ad Rom.*, c. I).

fühlt sich der Mensch nur in *seiner* Religion, weil er nur hier seinem Genius lebt, seinen Sonntag feiert. Die Vermittlung, die Begründung der göttlichen Idee liegt für ihn *außer* dieser Idee – die Wahrheit derselben schon im *Urteil,* darin, daß alles, was er von Gott ausschließt, die Bedeutung des Ungöttlichen, das Ungöttliche aber die Bedeutung des Nichtigen hat. Würde er die Vermittlung dieser Idee *in die Idee* selbst aufnehmen, so würde sie ihre wesentlichste Bedeutung, ihren wahren Wert, ihren beseligenden Zauber verlieren. Das göttliche Wesen ist die reine, von allem andern, allem Objektiven losgemachte, *sich nur zu sich selbst verhaltende, nur sich selbst genießende, sich selbst feiernde Subjektivität* des Menschen – sein subjektivstes Selbst, sein *Innerstes.* Der Prozeß der Absonderung, der Scheidung des Intelligenten vom Nicht-Intelligenten, der Persönlichkeit von der Natur, des Vollkommnen vom Unvollkommnen fällt daher notwendig in das Subjekt, nicht in das Objekt, und die Idee der Gottheit nicht an den Anfang, sondern an das *Ende* der Sinnlichkeit, der Welt, der Natur – »*wo die Natur aufhört, fängt Gott an*« –, weil Gott das non plus ultra, die *letzte Grenze der Abstraktion* ist. Das, wovon ich nicht mehr abstrahieren kann, ist Gott – der *letzte* Gedanke, den ich zu fassen fähig bin – der letzte, d. i. der höchste. Id quo majus nihil cogitari potest, Deus est. Daß nun dieses Omega der Sinnlichkeit auch das Alpha wird, ist leicht begreiflich, aber das Wesentliche ist, daß es das Omega ist. Das Alpha ist erst die Folge; weil es das Letzte, so ist es auch das Erste. Und das Prädikat »das erste Wesen« hat keineswegs sogleich kosmogonische Bedeutung, sondern nur die Bedeutung des höchsten Ranges. Die Schöpfung in der mosaischen Religion hat den Zweck, Jehovah das Prädikat des höchsten und ersten, des wahren, ausschließlichen Gottes im Gegensatz zu den Götzen zu sichern.*

---

* »*Ich bin* der Herr, der alles tut.« »*Ich bin* der Herr und ist keiner mehr.« »*Ich bin Gott* und *keiner mehr.*« »*Ich bin es,* der *Herr,* beides, der *erste* und der *letzte*« (Jesaias, c. 41–47). Hieraus ergibt sich die erst später ausführlicher zu entwickelnde Bedeutung der Kreation.

Dem Bestreben, die Persönlichkeit Gottes durch die Natur begründen zu wollen, liegt daher eine unlautere, *heillose Vermischung der Philosophie und Religion,* eine völlige *Kritik- und Bewußtlosigkeit über die Genesis des persönlichen Gottes* zugrunde. Wo die Persönlichkeit für die wesentliche Bestimmung Gottes gilt, wo es heißt: Ein unpersönlicher Gott ist kein Gott, da gilt die Persönlichkeit schon an und für sich für das Höchste und Realste, da liegt das Urteil zugrunde: Was nicht Person, ist tot, ist nichts; nur persönliches Sein ist reales, ist absolutes Sein, ist Leben und Wahrheit; die Natur ist aber unpersönlich, also ein nichtiges Ding. Die Wahrheit der Persönlichkeit stützt sich nur auf die Unwahrheit der Natur: Die Persönlichkeit ist alles, weil die Natur nichts ist. Die Persönlichkeit von Gott prädizieren heißt nichts andres als die Persönlichkeit für das absolute Wesen erklären; aber die Persönlichkeit wird nur *im Unterschiede, in der Abstraktion* von der Natur erfaßt. Freilich ist ein *nur* persönlicher Gott ein *abstrakter* Gott; aber das *soll* er sein, das liegt in seinem Begriffe; denn er ist nichts andres als das sich *außer allen Zusammenhang mit der Welt setzende,* sich von aller Abhängigkeit von der Natur frei machende *persönliche Wesen* des Menschen. *In der Persönlichkeit Gottes feiert der Mensch die Übernatürlichkeit, Unsterblichkeit, Unabhängigkeit, Unbeschränktheit seiner eignen Persönlichkeit.*

Das Bedürfnis eines persönlichen Gottes hat überhaupt darin seinen Grund, daß der persönliche Mensch erst in der Persönlichkeit *bei sich* ankommt, erst in ihr *sich* findet. Substanz, reiner Geist, bloße Vernunft genügt ihm nicht, ist ihm zu abstrakt, d. h. drückt nicht *ihn selbst* aus, führt ihn nicht *auf sich* zurück. Befriedigt, glücklich ist aber der Mensch nur, wo er bei sich, bei seinem Wesen ist. Je persönlicher daher ein Mensch, desto stärker ist für ihn das Bedürfnis eines persönlichen Gottes. Der freie Geist kennt nichts Höheres als die Freiheit; er braucht sie nicht an ein persönliches Wesen anzuknüpfen; die Freiheit ist ihm *durch sich selbst,* als solche, ein reales, positives Wesen. Ein mathematischer, astronomischer

Kopf, ein reiner Verstandesmensch, ein objektiver Mensch, der nicht in sich befangen ist, der frei und glücklich sich nur fühlt in der Anschauung objektiv vernünftiger Verhältnisse, in der Vernunft, die *in den Dingen selbst* liegt, ein solcher wird die Spinozische Substanz oder eine ähnliche Idee als sein höchstes Wesen feiern, voller Antipathie gegen einen persönlichen, d. i. subjektiven Gott. Jacobi war darum ein klassischer, weil (in dieser Beziehung wenigstens) konsequenter, mit sich einiger Philosoph. Wie sein Gott, so war seine Philosophie – persönlich, subjektiv. Der persönliche Gott kann nicht anders wissenschaftlich begründet werden, als wie ihn Jacobi und seine Schüler begründeten. Die Persönlichkeit bewährt sich nur auf selbst persönliche Weise.

Sicherlich läßt sich, ja soll sich die Persönlichkeit auf natürlichem Wege begründen; aber nur dann, wenn ich aufhöre, im Dunkeln des Mystizismus zu munkeln, wenn ich heraustrete an den hellen lichten Tag der wirklichen Natur und den Begriff des persönlichen Gottes mit dem Begriff der *Persönlichkeit überhaupt* vertausche. Aber in den Begriff des persönlichen Gottes, dessen positiver Begriff eben die *befreite, abgeschiedene, von der einschränkenden Kraft der Natur erlöste Persönlichkeit* ist, eben diese Natur wieder einzuschwärzen, das ist ebenso verkehrt, als wenn ich in den Nektar der Götter Braunschweiger Mumme mischen wollte, um dem ätherischen Trank eine solide Grundlage zu geben. Allerdings lassen sich nicht aus dem himmlischen Safte, der die Götter nährt, die Bestandteile des animalischen Blutes ableiten. Allein, die Blume der Sublimation entsteht nur durch Verflüchtigung der Materie; wie kannst du also in der sublimierten Substanz eben *die* Stoffe vermissen, von welchen du sie geschieden? Allerdings läßt sich das unpersönliche Wesen der Natur nicht aus dem Begriffe der Persönlichkeit erklären. Erklären heißt begründen; aber wo die Persönlichkeit eine Wahrheit oder vielmehr die absolute Wahrheit ist, da hat die Natur keine *positive Bedeutung* und folglich auch *keinen positiven Grund.* Die eigentliche *Schöpfung aus nichts* ist hier allein der zureichende

Erklärungsgrund; denn sie sagt nichts weiter als: *Die Natur ist nichts,* spricht also präzis *die* Bedeutung aus, welche die Natur für die absolute Persönlichkeit hat.

DAS GEHEIMNIS DER VORSEHUNG UND SCHÖPFUNG AUS NICHTS

Die Schöpfung ist das *ausgesprochene* Wort Gottes, das schöpferische kosmogenetische Wort, das innerliche, mit dem Gedanken identische Wort. Aussprechen ist ein Willensakt, die Schöpfung also ein *Produkt des Willens.* Wie der Mensch in dem Worte Gottes die Göttlichkeit des Wortes, so bejaht er in der Schöpfung die *Göttlichkeit des Willens,* und zwar nicht des Willens der Vernunft, sondern des *Willens der Einbildungskraft, des absolut subjektiven, unbeschränkten Willens.* Der höchste Gipfel des Subjektivitätsprinzips ist die Schöpfung aus nichts. Wie die Ewigkeit der Welt oder Materie nichts weiter bedeutet als die *Wesenhaftigkeit* der Materie, so bedeutet die Schöpfung der Welt aus nichts weiter nichts als die *Nichtigkeit* der Welt. Mit dem Anfang eines Dings ist unmittelbar, dem Begriffe, wenn auch nicht der Zeit nach, das Ende desselben gesetzt. Der Anfang der Welt ist der Anfang ihres Endes. Wie gewonnen, so zerronnen. Der Wille hat sie ins Dasein gerufen, der Wille ruft sie wieder zurück ins Nichts. Wann? Die Zeit ist gleichgültig. Das Schwert, das ihr Todesurteil vollstreckt, schwebt stets über ihrem Nacken. Ihr *Sein oder Nichtsein* hängt nur *vom Willen* ab. Aber dieser Wille ist nicht ihr eigner Wille – kein Ding kann sein Nichtsein wollen –, aber auch schon deswegen nicht, weil sie selbst *willenlos* ist. Daß sie also nichtig ist, das ist nur die Kraft des Willens. Der Wille, daß sie ist, ist in einem der Wille, wenigstens der mögliche Wille, daß *sie nicht ist.* Die Existenz der Welt ist daher eine momentane, *willkürliche, unzuverlässige,* d. h. eben *nichtige* Existenz.

Die Schöpfung aus nichts ist der höchste Ausdruck der *All-*

macht. Aber die Allmacht ist nichts als die allen objektiven Bestimmungen und Begrenzungen sich entbindende, diese ihre Ungebundenheit als die höchste Macht und Wesenheit feiernde Subjektivität – die Macht des Vermögens, subjektiv alles Wirkliche als ein Unwirkliches, alles Vorstellbare als ein Mögliches zu setzen – die *Macht der Einbildungskraft* oder des mit der Einbildungskraft identischen Willens, die *Macht der Willkür.** Der bezeichnendste, stärkste Ausdruck subjektiver Willkür ist das Belieben, das Wohlgefallen. – »Es hat Gott beliebt, eine Körper- und Geisterwelt ins Dasein zu rufen« – der unwidersprechlichste Beweis, daß die eigne Subjektivität, die eigne Willkür als *das höchste Wesen, als allmächtiges Weltprinzip* gesetzt wird. Die Schöpfung aus nichts als ein Werk des allmächtigen Willens fällt aus diesem Grunde in *eine* Kategorie *mit dem Wunder***, oder vielmehr, sie ist das *erste* Wunder nicht nur der Zeit, sondern auch dem *Range* nach – *das Prinzip,* aus dem sich alle weiteren Wunder von selbst ergeben. Der Beweis ist die Geschichte selbst. Alle Wunder hat man aus der Allmacht, die die Welt aus nichts geschaffen, gerechtfertigt, erklärt und veranschaulicht. Wer die Welt aus nichts gemacht, wie sollte der nicht aus Wasser Wein machen, aus einem Esel menschliche Worte hervorbringen, aus einem Felsen Wasser hervorzaubern können? Aber das Wunder ist, wie wir weiter sehen werden, nur ein *Produkt* und *Objekt* der *Einbildungskraft* – also auch die Schöpfung aus nichts als das primitive Wunder. Man hat deswegen die Lehre von der Schöpfung aus nichts für eine übernatürliche erklärt, auf welche die Vernunft nicht von selbst hätte kommen können, und sich auf die heidnischen Philosophen berufen, als welche aus einer schon vorhandenen

* Der tiefere Ursprung der Schöpfung aus nichts liegt im Gemüt – was ebensowohl direkt als indirekt in dieser Schrift ausgesprochen und bewiesen wird. Die Willkür aber ist eben der *Wille des Gemüts,* die Kraftäußerung des Gemüts nach außen.

** »Creatio est *miraculosa*« (Albertus M., I. P., *Summae de quatuor coaequaevis,* Qu. I, art. 8). Darum ist auch die Schöpfung aus nichts der natürlichen Vernunft unbegreiflich, nur ein *articulus fidei,* wie derselbe sagt (*De mirab. sci. Dei,* P. I, Tract. 13, Qu. 53, membr. I).

Materie die Welt durch die göttliche Vernunft bilden ließen. Allein dieses übernatürliche Prinzip ist kein andres als das Prinzip der Subjektivität, welches sich im Christentume zur unbeschränkten Universalmonarchie erhob, während die alten Philosophen nicht so subjektiv waren, das absolut subjektive Wesen als das schlechtweg, das ausschließlich absolute Wesen zu erfassen, weil sie durch die Anschauung der Welt oder Wirklichkeit die Subjektivität beschränkten – weil ihnen die Welt eine *Wahrheit* war.

Die Schöpfung aus nichts ist, als identisch mit dem Wunder, eins mit der *Vorsehung*; denn die *Idee der Vorsehung* ist – ursprünglich, in ihrer wahren religiösen Bedeutung, wo sie noch nicht bedrängt und beschränkt worden durch den ungläubigen Verstand – *eins mit der Idee des Wunders.* Der Beweis der Vorsehung ist das Wunder.* Der Glaube an die Vorsehung ist der Glaube an eine Macht, der alle Dinge zu beliebigem Gebrauche zu Gebote stehen, deren Kraft gegenüber *alle Macht der Wirklichkeit nichts ist.* Die Vorsehung hebt die Gesetze der Natur auf; sie unterbricht den Gang der Notwendigkeit, das eiserne Band, das unvermeidlich die Folge an die Ursache knüpft; kurz, sie ist *derselbe unbeschränkte, allgewaltige Wille,* der die Welt aus nichts ins Sein gerufen. Das *Wunder* ist eine creatio ex nihilo, eine *Schöpfung aus nichts.* Wer Wein aus Wasser macht, der macht Wein aus nichts, denn der Stoff zum Wein liegt nicht im Wasser; widrigenfalls wäre die Hervorbringung des Weins keine wunderbare, sondern natürliche Handlung. Aber nur im Wunder *bewährt, beweist sich* die Vorsehung. Dasselbe, was die Schöpfung aus nichts, sagt daher die Vorsehung aus. *Die Schöpfung aus nichts kann nur im Zusammenhang mit der Vorsehung, mit dem Wunder begriffen und erklärt werden*; denn das Wunder will eigentlich nichts weiter aussagen, als daß der Wundertäter *derselbe* ist, welcher die Dinge durch seinen bloßen Willen aus nichts hervorgebracht – Gott, der Schöpfer.

* »*Certissimum* divinae providentiae *testimonium* praebent miracula« (H. Grotius, *De verit. rel. christ.,* I. I, § 13).

Die Vorsehung bezieht sich aber *wesentlich auf den Menschen. Um des Menschen willen* macht die Vorsehung mit den Dingen, was sie nur immer will, um seinetwillen hebt sie die Gültigkeit und Realität des sonst allmächtigen Gesetzes auf. Die Bewunderung der Vorsehung in der Natur, namentlich der Tierwelt, ist nichts andres als eine Bewunderung der Natur und gehört daher nur dem, wenn auch religiösen, *Naturalismus* an*; denn in der Natur offenbart sich auch nur die *natürliche, nicht die göttliche Vorsehung, die Vorsehung, wie sie Gegenstand der Religion. Die religiöse Vorsehung offenbart sich nur im Wunder* – vor allem im Wunder der Menschwerdung, dem Mittelpunkt der Religion. Aber wir lesen nirgends, daß Gott um der Tiere willen Tier geworden sei – ein solcher Gedanke schon ist in den Augen der Religion ein ruchloser, gottloser – oder daß Gott überhaupt Wunder um der Tiere oder Pflanzen willen getan habe. Im Gegenteil: Wir lesen, daß ein armer Feigenbaum, weil er keine Früchte trug zu einer Zeit, wo er keine tragen konnte, verflucht wurde, nur um den Menschen ein Beispiel zu geben, was für eine Macht der Glaube über die Natur sei, daß die dämonischen Plagegeister zwar den Menschen *aus-,* aber dafür den Tieren *ein*getrieben wurden. Wohl heißt es: »Kein Sperling fällt ohne des Vaters Willen vom Dach«; aber diese Sperlinge haben nicht mehr Wert und Bedeutung als die Haare auf des Menschen Haupt, die alle gezählt sind.

Das Tier hat – abgesehen vom Instinkt – keinen andern Schutzgeist, keine andere Vorsehung als seine Sinne oder überhaupt Organe. Ein Vogel, der seine Augen verliert, hat seine Schutzengel verloren; er geht notwendig zugrunde,

---

* Der religiöse Naturalismus ist allerdings auch ein Moment der christlichen – mehr noch der mosaischen, so tierfreundlichen Religion. Aber er ist keineswegs das *charakteristische, das christliche* Moment der christlichen Religion. Die christliche, die religiöse Vorsehung ist eine ganz *andere* als die Vorsehung, welche die Lilien kleidet und die Raben speist. Die natürliche Vorsehung läßt den Menschen im Wasser untersinken, wenn er nicht schwimmen gelernt hat, aber die christliche, die religiöse Vorsehung führt ihn an der Hand der Allmacht über das Wasser hinweg.

wenn nicht ein Wunder geschieht. Aber wir lesen wohl, daß ein Rabe dem Propheten Elias Speisen gebracht habe, nicht jedoch (wenigstens meines Wissens), daß je um seinetwillen ein Tier auf andere als natürliche Weise erhalten worden sei. Wenn nun aber ein Mensch glaubt, daß auch er keine andere Vorsehung habe als die Kräfte seiner Gattung, seine Sinne, seinen Verstand, so ist er in den Augen der Religion und aller derer, welche der Religion das Wort reden, ein irreligiöser Mensch, weil er nur eine *natürliche* Vorsehung glaubt, die natürliche Vorsehung aber eben in den Augen der Religion soviel als keine ist. Die Vorsehung bezieht sich darum wesentlich nur auf den Menschen – selbst unter den Menschen eigentlich nur auf die *religiösen.* »Gott ist der Heiland aller Menschen, *sonderlich aber der Gläubigen.*« Sie gehört wie die Religion nur dem Menschen an – sie soll den *wesentlichen Unterschied des Menschen* vom Tiere ausdrücken, den Menschen der Gewalt der Naturmächte entreißen. Jonas im Leibe des Fisches, Daniel in der Löwengrube sind Beispiele, wie die Vorsehung den (religiösen) Menschen vom Tiere unterscheidet. Wenn daher die Vorsehung, welche in den Fang- und Freßwerkzeugen der Tiere sich äußert und von den frommen christlichen Naturforschern so sehr bewundert wird, eine Wahrheit ist, so ist die Vorsehung der Bibel, die Vorsehung der Religion eine Lüge, und umgekehrt. Welch erbärmliche und zugleich lächerliche Heuchelei, leider, Natur und Bibel zugleich huldigen zu wollen! Die Natur, wie widerspricht sie der Bibel! Die Bibel, wie widerspricht sie der Natur! Der Gott der Natur offenbart sich darin, daß er dem Löwen die Stärke und schicklichen Organe gibt, um zur Erhaltung seines Lebens im Notfall selbst ein menschliches Individuum erwürgen und fressen zu können; der Gott der Bibel aber offenbart sich darin, daß er das menschliche Individuum den Freßwerkzeugen des Löwen wieder entreißt!*

* Der Verfasser hatte bei dieser Entgegensetzung der religiösen oder biblischen und natürlichen Vorsehung besonders die fade, bornierte Theologie der englischen Naturforscher vor Augen.

Die Vorsehung ist ein *Vorzug* des Menschen; sie drückt den *Wert* des Menschen im Unterschied von den andern natürlichen Wesen und Dingen aus; sie *entreißt ihn dem Zusammenhange des Weltganzen*. Die Vorsehung ist die Überzeugung des Menschen von dem unendlichen Wert seiner Existenz – eine Überzeugung, in der er den Glauben an die Realität der Außendinge aufgibt, der Idealismus der Religion –, der Glaube an die Vorsehung daher eins mit dem Glauben an die persönliche Unsterblichkeit, nur mit dem Unterschiede, daß hier in Beziehung auf die Zeit der unendliche Wert als unendliche Dauer des Daseins sich bestimmt. Wer keine besondern Ansprüche macht, wer gleichgültig gegen sich ist, wer sich mit der Natur identifiziert, wer sich als einen Teil im Ganzen verschwinden sieht, der glaubt keine Vorsehung, d. h. keine *besondere* Vorsehung; aber nur die *besondere* Vorsehung ist *Vorsehung* im Sinne der Religion. Der Glaube an die Vorsehung ist der *Glaube an den eignen Wert* – daher die wohltätigen Folgen dieses Glaubens, aber auch die falsche Demut, der religiöse Hochmut, der sich zwar nicht auf sich verläßt, aber dafür dem lieben Gott die Sorge für sich überläßt –, der Glaube des Menschen *an sich selbst.* Gott bekümmert sich um mich; er beabsichtigt mein Glück, mein Heil; *er will, daß ich selig werde;* aber *dasselbe will ich auch; mein eignes Interesse ist also das Interesse Gottes, mein eigner Wille Gottes Wille, mein eigner Endzweck Gottes Zweck* – die *Liebe Gottes zu mir* nichts als *meine vergötterte Selbstliebe.* Woran glaube ich also in der Vorsehung als an die göttliche Realität und Bedeutung meines eignen Wesens?

Aber wo die Vorsehung geglaubt wird, da wird der Glaube an Gott von dem Glauben an die Vorsehung abhängig gemacht. Wer leugnet, daß eine Vorsehung ist, leugnet, daß Gott ist oder – was dasselbe – Gott *Gott* ist; denn ein Gott, der nicht die Vorsehung des Menschen, ist ein lächerlicher Gott, ein Gott, dem die göttlichste, anbetungswürdigste Wesenseigenschaft fehlt. Folglich ist der *Glaube an Gott* nichts als der Glaube an die *menschliche Würde**, der *Glaube des Menschen an die absolute Realität und Bedeutung seines Wesens*. Aber der Glaube an die (religiöse) Vorsehung ist der Glaube an die Schöpfung aus nichts und vice versa: Diese kann also auch keine andere Bedeutung haben als die eben entwickelte Bedeutung der Vorsehung, und sie hat auch wirklich keine andere. Die Religion spricht dies hinlänglich dadurch aus, daß sie den Menschen als den *Zweck* der Schöpfung setzt.** Alle Dinge sind um des Menschen willen, nicht um ihretwillen. Wer diese Lehre, wie die frommen *christlichen* Naturforscher, als *Hochmut* bezeichnet, erklärt das Christentum selbst für Hochmut; denn daß die »*materielle Welt*« um des Menschen willen ist, das will unendlich weniger sagen, als daß Gott oder wenigstens, wenn wir Paulus folgen, *ein* Wesen, das *fast* Gott, kaum zu unterscheiden von Gott ist, *um des Menschen willen Mensch wird.*

Wenn aber der Mensch der Zweck der Schöpfung, so ist er auch der wahre Grund derselben, denn der Zweck ist das Prinzip der Tätigkeit. Der Unterschied zwischen dem Menschen als Zweck der Schöpfung und dem Menschen als Grund derselben ist nur, daß der Grund der verborgne, innerliche Mensch, das Wesen des Menschen, der Zweck aber der sich offenbare, der empirische, individuelle Mensch ist, daß der Mensch sich wohl als den Zweck der Schöpfung *weiß,* aber nicht als den Grund, weil er den Grund, das Wesen als ein andres persönliches Wesen von sich unterscheidet.*** Allein

---

* »Qui Deos negant, *Nobilitatem* generis humani destruunt« (Baco. Verul., *Serm. Fidel.,* 16).

** Bekanntlich sagten auch die Stoiker: »Deorum et hominum causa factum esse mundum, quaeque in eo sint omnia« (Cicero, *De nat. Deor.,* I, II).

*** Bei Clemens Alex. (*Coh. ad gentes*) findet sich eine interessante Stelle. Sie lautet in der lateinischen Übersetzung (der schlechten Würzburger Ausgabe 1778): »At nos *ante mundi constitutionem* fuimus, ratione futurae nostrae productionis, *in ipso Deo* quodammodo *tum praeexistentes.* Divini igitur Verbi sive Rationis, nos creaturae rationales sumus, et per eum primi esse dicimur, quoniam in principio erat Verbum.« Hier ist das menschliche Wesen – denn dieses ist das Geheimnis des logos, als welcher nichts will und denkt als das Heil des Menschen – deutlich genug als das schöpferische Prinzip ausgesprochen.

dieses andre Wesen, dieses schöpferische Prinzip ist in der Tat nichts andres als sein von den Schranken der Individualität und Materialität, d. i. Objektivität, *abgesondertes subjektives Wesen*, der unbeschränkte Wille, die außer allen Zusammenhang mit der Welt gesetzte Persönlichkeit, welche sich durch die Schöpfung, d. h. *das Setzen* der Welt, der Objektivität, des Andern als *eines unselbständigen, endlichen nichtigen Daseins die Gewißheit ihrer Alleinwirklichkeit* gibt. Bei der Kreation handelt es sich *nicht* um die Wahrheit und Realität der Natur oder Welt, sondern um *die Wahrheit und Realität der Persönlichkeit, der Subjektivität im Unterschiede von der Welt*. Es handelt sich um die Persönlichkeit Gottes; aber die Persönlichkeit Gottes ist die *von allen Bestimmungen und Begrenzungen der Natur befreite Persönlichkeit* des Menschen. Daher die *innige Teilnahme* an der Kreation, der *Abscheu* vor *pantheistischen Kosmogonien*; die Kreation ist, wie der persönliche Gott überhaupt, keine wissenschaftliche, sondern *persönliche Angelegenheit*, kein Objekt der *freien Intelligenz*, sondern des Gemütsinteresses; denn es handelt sich in der Kreation nur um die Garantie, die letzte denkbare Bewährung und Bescheinigung der Persönlichkeit oder Subjektivität als einer ganz aparten, gar nichts mit dem Wesen der Natur gemein habenden, einer *supra-* und *extramundanen* Wesenheit.*

Der Mensch *unterscheidet sich von der Natur. Dieser sein Unterschied ist sein Gott – die Unterscheidung Gottes von der Natur nichts andres als die Unterscheidung des Menschen von der Natur*. Der Gegensatz von Pantheismus und Personalismus oder Anthropotheismus löst sich in die Frage auf: Ist das *Wesen* des Menschen ein *transzendentes* oder *immanentes*, ein *supranaturalistisches* oder *naturalistisches* Wesen? Unfrucht-

---

* Hieraus erklärt es sich, warum alle Versuche der spekulativen Theologie und der ihr gleichgesinnten Philosophie, von Gott auf die Welt zu kommen oder aus Gott die Welt abzuleiten, mißglücken und mißglücken müssen. Nämlich darum, weil sie von Grund aus falsch und verkehrt sind, nicht wissen, worum es sich eigentlich in der Kreation handelt.

bar, eitel, kritiklos, ekelhaft sind darum die Spekulationen und Streitigkeiten über die Persönlichkeit oder Unpersönlichkeit Gottes; denn die Spekulanten nennen das Kind nicht beim rechten Namen; sie stellen das Licht unter den Scheffel; sie spekulieren in Wahrheit nur *über sich selbst,* spekulieren selbst nur im *Interesse ihres eignen Glückseligkeitstriebes,* und doch wollen sie es *nicht Wort* haben, daß sie *sich nur über sich selbst* die Köpfe zerbrechen, spekulieren in dem Wahne, die Geheimnisse eines andern Wesens auszuspähen. Der Pantheismus *identifiziert den Menschen mit der Natur* – sei es nun mit ihrer augenfälligen Erscheinung oder ihrem abgezogenen Wesen –, der Personalismus *isoliert, separiert* ihn von der Natur, macht ihn aus einem Teile zum *Ganzen,* zu einem *absoluten* Wesen *für sich selbst.* Dies ist der Unterschied. Wollt ihr daher über diese Dinge ins reine kommen, so vertauscht eure *mystische, verkehrte* Anthropologie, die ihr Theologie nennt, mit der *wirklichen Anthropologie* und spekuliert im Lichte des Bewußtseins und der Natur über die Differenz oder Identität des menschlichen Wesens mit dem Wesen der Natur. Ihr gebt selbst zu, daß das Wesen des pantheistischen Gottes nichts ist als das Wesen der Natur. Warum wollt ihr denn nun nur die Splitter in den Augen eurer Gegner, nicht aber die doch so leicht wahrnehmbaren Balken in euren eignen Augen bemerken, warum bei euch eine Ausnahme von einem allgemeingültigen Gesetz machen? Also gebt auch zu, daß euer persönlicher Gott nichts andres ist als euer eigenes persönliches Wesen, daß ihr, indem ihr die Über- und Außernatürlichkeit eures Gottes glaubt und konstruiert, *nichts andres glaubt und konstruiert als die Über- und Außernatürlichkeit eures eignen Selbstes.*

Wie überall, so verdecken auch in der Kreation die beigemischten, allgemeinen, metaphysischen oder selbst *pantheistischen* Bestimmungen das eigentliche Prinzip der Kreation. Aber man braucht nur aufmerksam zu sein auf die nähern Bestimmungen, um sich zu überzeugen, daß das Prinzip der Kreation nichts andres als die Selbstbewährung der Subjektivität im Unterschiede von der Natur ist. Gott produziert die Welt *außer sich* – zuerst ist sie nur Gedanke, Plan, Entschluß, jetzt wird sie Tat, und damit tritt sie außer Gott hinaus als ein von ihm unterschiednes, relativ wenigstens selbständiges Objekt. Aber ebenso setzt die Subjektivität überhaupt, die sich von der Welt unterscheidet, sich als ein von ihr unterschiednes Wesen erfaßt, die Welt außer sich als ein andres Wesen – ja, dieses *Außersichsetzen* und das *Sichunterscheiden* ist *ein* Akt. Indem daher die Welt *außer* Gott gesetzt wird, so wird Gott *für sich selbst* gesetzt, *unterschieden* von der Welt. Was ist also Gott anderes als euer subjektives Wesen, wenn die Welt außer ihn tritt?* Was anderes wird durch diese Tat eingestanden, als was mit Worten geleugnet wird, nämlich daß das göttliche Wesen das Wesen der eignen Subjektivität ist? Indem die listige Reflexion hinzutritt, so wird freilich der Unterschied zwischen extra und intra als ein endlicher, menschlicher (?) Unterschied geleugnet. Aber auf das Leugnen des Verstandes, der ein purer Miß- und Unverstand der Religion, ist nichts zu geben. Ist es ernstlich gemeint, so zerstört es das Fundament des religiösen Bewußtseins; es hebt die Möglichkeit, ja das Prinzip der Schöpfung auf, denn sie beruht nur auf der *Realität* dieses Unterschieds. Überdies geht der Effekt der Schöpfung, die ganze Majestät dieses Aktes für Gemüt und Phantasie verloren, wenn das Außersichsetzen nicht im wirklichen Sinne genommen wird. Was heißt denn machen, schaffen, hervorbringen anderes als etwas, was zunächst nur ein Subjektives, insofern Unsichtbares, Nichtseiendes ist, gegenständlich machen, versinnlichen, so daß nun auch

---

* Man kann hiegegen auch nicht einwenden die Allgegenwart Gottes, das Sein Gottes in allen Dingen oder das Sein der Dinge in Gott. Denn abgesehen davon, daß durch den einstigen wirklichen Untergang der Welt das Außer-Gott-Sein der Welt, d. h. ihre Ungöttlichkeit, deutlich genug ausgesprochen ist – Gott ist *nur im Menschen* auf *spezielle* Weise; aber nur da bin ich zu Hause, wo ich *speziell* zu Hause bin. Und das Sein der Dinge in Gott ist, wo es keine pantheistische Bedeutung hat, die aber hier wegfällt, ebenso nur eine Vorstellung ohne Realität, drückt nicht die speziellen Gesinnungen der Religion aus.

andre, von mir unterschiedne Wesen es kennen und genießen, also etwas außer mich setzen, zu etwas von mir Unterschiednem machen? Wo nicht die Wirklichkeit oder Möglichkeit eines Außer-mir-Seins ist, da ist von Machen, Schaffen keine Rede. Gott ist ewig, aber die Welt entstanden; Gott war, als die Welt noch nicht war; Gott ist unsichtbar, unsinnlich; aber die Welt ist sinnlich, materiell; also außer Gott; denn wie wäre das Materielle als solches, die Masse, der Stoff in Gott? Die Welt ist in demselben Sinne außer Gott, in welchem der Baum, das Tier, die Welt überhaupt außer meiner Vorstellung, außer mir selbst ist – ein von der Subjektivität unterschiednes Wesen. Nur da, wo ein solches Außersichsetzen zugegeben wird, wie bei den älteren Theologen, haben wir daher die unverfälschte, unvermischte Lehre des religiösen Bewußtseins. Die spekulativen Theologen dagegen schwärzen allerlei pantheistische Bestimmungen mit ein, obwohl sie das Prinzip des Pantheismus negieren, aber sie bringen deswegen auch nur ein absolut sich widersprechendes, unausstehliches Geschöpf zur Welt.

Die Schöpfung der Welt drückt nichts aus als die Subjektivität, welche sich durch das Bewußtsein, daß die Welt *erschaffen*, ein *Produkt des Willens*, d. h. eine *selbstlose, machtlose, nichtige* Existenz ist, die Gewißheit der eignen Realität und Unendlichkeit gibt. Das Nichts, aus dem die Welt hervorgebracht wurde, ist *ihr eignes Nichts*. Indem du sagst: Die Welt ist aus nichts gemacht, denkst du dir die Welt selbst als Nichts, räumst du alle Schranken deiner Phantasie, deines Gemüts, deines Willens aus dem Kopfe; denn die *Welt ist die Schranke deines Willens, deines Gemüts*; die Welt allein bedrängt deine Subjektivität; sie allein ist die *Scheidewand zwischen dir und Gott, deinem seligen, vollkommnen Wesen*. Du vernichtest also subjektiv die Welt; du denkst dir *Gott allein für sich, d. h. die schlechthin unbeschränkte Subjektivität*, die Subjektivität, die *sich selbst allein genießt*, die *nicht der Welt bedarf*, die *nichts weiß von den schmerzlichen Banden der Materie*. Im innersten Grunde deiner Seele willst du, daß keine Welt sei; denn wo Welt ist, da ist Materie, und wo Materie, da ist Druck und Stoß, Raum und Zeit, Schranke und Notwendigkeit. Gleichwohl *ist* aber *doch* eine Welt, *doch* eine Materie. Wie kommst du aus der Klemme dieses Widerspruchs hinaus? Wie schlägst du dir die Welt aus dem Sinne, daß sie dich nicht stört in dem Wonnegefühl der unbeschränkten Subjektivität? Nur dadurch, daß du die Welt selbst zu einem Willensprodukt machst, daß du ihr eine *willkürliche,* stets zwischen Sein und Nichtsein schwebende, stets ihrer Vernichtung gewärtige Existenz gibst. Allerdings läßt sich die Welt oder die Materie – denn beide lassen sich nicht trennen – nicht aus dem Kreationsakte erklären; aber es ist gänzlicher Mißverstand, solche Forderung an die Kreation zu stellen; denn es liegt dieser der Gedanke zugrunde: Es *soll* keine Welt, keine Materie sein; und es wird daher auch täglich ihrem Ende sehnlichst entgegengeharrt. Die Welt in ihrer Wahrheit existiert hier gar nicht; sie ist nur als der Druck, die Schranke der Subjektivität Gegenstand; wie sollte die Welt in ihrer Wahrheit und Wirklichkeit aus einem Prinzip, das die Welt negiert, sich deduzieren, begründen lassen?

Um die entwickelte Bedeutung der Kreation zu erkennen, bedenke man nur dies eine ernstlich, daß es sich in der Kreation keineswegs um die Schöpfung von Kraut und Vieh, von Wasser und Erde, für die ja kein Gott ist, sondern um die Schöpfung von persönlichen Wesen, von *Geistern,* wie man zu sagen pflegt, handelt. Gott ist der Begriff oder die *Idee der Persönlichkeit als selbst Person,* die in sich selbst seiende, von der Welt abgeschlossene Subjektivität, das als absolutes Sein und Wesen gesetzte bedürfnislose Fürsichselbstsein, das Ich ohne Du. Da aber das absolute Nur-für-sich-selbst-Sein dem Begriffe des wahren Lebens, dem Begriffe der Liebe widerspricht, da das Selbstbewußtsein wesentlich gebunden ist an das Bewußtsein eines Du, da in die Dauer wenigstens die Einsamkeit sich nicht vor dem Gefühle der Langweiligkeit und Einförmigkeit bewahren kann, so wird sogleich von dem göttlichen Wesen fortgeschritten zu andern bewußten Wesen, der Begriff der Persönlichkeit, der zuvörderst nur in *ein* Wesen kondensiert ist, zu einer Vielheit von Personen erweitert.* Wird die Person physisch gefaßt, als wirklicher Mensch, als welcher sie ein *bedürftiges* Wesen ist, so tritt sie erst am Ende der physischen Welt, wenn die Bedingungen ihrer Existenz vorhanden, als der Endzweck der Kreation auf. Wird dagegen der Mensch abstrakt als Person gedacht, wie es von der religiösen Spekulation geschieht, so ist dieser Umweg abgeschnitten; es handelt sich in gerader Linie um die Deduktion der Person, d. h. um die *Selbstbegründung,* die *letzte Selbstbewährung* der menschlichen Persönlichkeit. Zwar wird die göttliche Persönlichkeit auf alle mögliche Weise von der menschlichen distinguiert, um ihre Identität zu verschleiern; aber diese Unterschiede sind entweder rein phantastische oder bloße Versicherungen, Vorspiegelungen, welche die Tat der Deduktion in ihrer Nichtigkeit zeigt. Alle *positiven* Gründe der Kreation reduzieren sich nur auf die Bestimmungen, auf solche Gründe, welche dem Ich das Bewußtsein der Notwendigkeit eines andern persönlichen Wesens aufdrängen. Spekuliert so viel, als ihr wollt: Ihr werdet nie eure Persönlichkeit aus Gott herausbringen, wenn ihr sie nicht schon vorher hineingebracht habt, wenn nicht Gott selbst schon der Begriff eurer Persönlichkeit, euer eignes subjektives Wesen ist.

---

* Hier ist auch der Punkt, wo die Kreation uns nicht nur die göttliche Macht, sondern auch die göttliche Liebe repräsentiert. »Quia bonus est (Deus), sumus« (Augustin). Anfangs, vor der Welt, war Gott allein für sich. »*Ante omnia Deus erat solus, ipse sibi et mundus* et locus et *omnia. Solus autem; quia nihil extrinsecus praeter ipsum*« (Tertullian). Aber kein höheres Glück gibt es, als andere zu beglücken, Seligkeit liegt im actus der Mitteilung. Aber mitteilend ist nur die Freude, die Liebe. Der Mensch setzt daher die mitteilende Liebe als Prinzip des Seins. »Extasis boni non sinit *ipsum manere in se ipso*« (Dionysius A.). Alles Positive begründet sich *nur durch sich selbst.* Die *göttliche Liebe* ist *die sich selbst begründende, sich selbst bejahende Lebensfreude.* Das *höchste Selbstgefühl* des Lebens, die *höchste Lebensfreude* ist aber die *Liebe,* die beglückt. Gott ist das Glück der Existenz.

DIE BEDEUTUNG DER KREATION IM JUDENTUM

Die Kreationslehre stammt aus dem Judentum; sie ist selbst die charakteristische Lehre, die Fundamentallehre der jüdischen Religion. Das Prinzip, das ihr hier zugrunde liegt, ist aber nicht sowohl das Prinzip der Subjektivität als vielmehr des *Egoismus*. Die Kreationslehre in ihrer charakteristischen Bedeutung entspringt nur auf dem Standpunkt, wo der Mensch praktisch die Natur nur seinem Willen und Bedürfnis subjiziert und daher auch in seiner Vorstellungskraft zu einem bloßen Machwerk, einem Produkt des Willens degradiert. Jetzt ist ihm ihr Dasein *erklärt*, indem er sie *aus sich*, in *seinem* Sinne erklärt und auslegt. Die Frage: Woher ist die Natur oder Welt? setzt eigentlich eine Verwunderung darüber voraus, daß sie ist, oder die Frage, warum sie ist. Aber diese Verwunderung, diese Frage entsteht nur da, wo sich der Mensch bereits von der Natur separiert und sie zu einem bloßen Willensobjekt gemacht hat. Der Verfasser des *Buchs der Weisheit* sagt mit Recht, daß »die *Heiden vor Bewunderung der Schönheit der Welt sich nicht zum Begriffe des Schöpfers erhoben hätten*«. Wem die Natur ein *schönes* Objekt ist, dem erscheint sie als Zweck *ihrer selbst,* für den hat sie den Grund ihres Daseins in sich selbst, in dem entsteht nicht die Frage: Warum ist sie? Der Begriff der *Natur* und *Gottheit identifiziert* sich in seinem Bewußtsein, seiner Anschauung von der Welt. Die Natur, wie sie in seine Sinne fällt, ist ihm wohl entstanden, erzeugt, aber nicht erschaffen im eigentlichen Sinne, im Sinne der Religion, nicht ein willkürliches Produkt, nicht gemacht. Und mit diesem Entstandensein drückt er nichts Arges aus; die Entstehung involviert für ihn nichts Unreines, Ungöttliches; er denkt sich seine Götter selbst als entstanden. Die zeugende Kraft ist ihm die erste Kraft: Er setzt als Grund der Natur daher eine Kraft der Natur, eine reale, gegenwärtige, in seiner Anschauung sich betätigende Kraft als Grund der Realität. So denkt der Mensch, wo er sich ästhetisch oder theoretisch – denn die theoretische Anschauung ist ursprünglich die ästhetische, die Ästhetik die prima philosophia – zur Welt verhält, wo ihm der Begriff der Welt der Begriff des Kosmos, der Herrlichkeit, der Göttlichkeit selbst ist. Nur da, wo solche Anschauung Grundprinzip war, konnten Gedanken gefaßt und ausgesprochen werden wie der des Anaxagoras: Der Mensch sei geboren *zur Anschauung der Welt.*[*] Der Standpunkt der Theorie ist der Standpunkt der *Harmonie* mit der Welt. Die *subjektive* Tätigkeit, diejenige, in welcher der Mensch *sich* befriedigt, *sich* freien Spielraum läßt, ist hier allein die sinnliche Einbildungskraft. Er läßt hier, indem er sich befriedigt, zugleich die Natur in Frieden gewähren und bestehen, indem er seine Luftschlösser, seine poetischen Kosmogonien nur aus *natürlichen Materialien* zusammensetzt. Wo dagegen der Mensch nur auf den praktischen Standpunkt sich stellt und von diesem aus die Welt betrachtet, den praktischen Standpunkt selbst zum theoretischen macht, da ist er entzweit mit der Natur, da macht er die Natur zur *untertänigsten Dienerin* seines selbstischen Interesses, seines praktischen Egoismus. Der theoretische *Ausdruck dieser egoistischen, praktischen Anschauung,* welcher die Natur *an und für sich selbst nichts* ist, ist: Die Natur oder Welt ist gemacht, geschaffen, ein *Produkt des Befehls.* Gott sprach: Es werde die Welt, und es ward die Welt, d. i. Gott *befahl*: Es werde die Welt, und ohne Verzug stand sie auf diesen Befehl hin da.[**]

Aber der *Utilismus* ist die wesentliche Anschauung des Judentums. Der Glaube an eine besondere göttliche Vorsehung ist charakteristischer Glaube des Judentums; der Glaube an die

---

[*] Bei Diogenes L., lib. II, c. III, § 6 heißt es wörtlich »zur Anschauung der Sonne, des Mondes und des Himmels«. Ähnliche Gedanken bei andern Philosophen. So sagten auch die Stoiker: »Ipse autem homo ortus est ad *mundum contemplandum* et imitandum« (Cic., *De nat.*).

[**] »Hebraei Numen verbo quidquid videtur efficiens describunt et quasi imperio omnia creata tradunt, ut facilitatem in eo *quod vult* efficiendo, summamque ejus *in omnia potentiam* ostendant. Psal. 33, 6. Verbo Jehovae coeli facti sunt. Ps. 148, 5. Ille *jussit* eaque creata sunt.« (J. Clericus, *Comment. in Mosem*, Genes. I, V. 3)

Vorsehung der Glaube an Wunder; der Glaube an Wunder aber ist es, wo die Natur nur als ein Objekt der Willkür, des Egoismus, der eben die Natur nur zu willkürlichen Zwecken gebraucht, angeschaut wird.* Das Wasser teilt sich entzwei oder ballt sich zusammen wie eine feste Masse, der Staub verwandelt sich in Läuse, der Stab in eine Schlange, der Fluß in Blut, der Felsen in eine Quelle, an demselben Orte ist es zugleich Licht und Finsternis, die Sonne steht bald stille in ihrem Laufe, bald geht sie zurück. Und alle diese Widernatürlichkeiten geschehen *zum Besten* Israels, lediglich auf *Befehl Jehovahs,* der sich um nichts als Israel kümmert, nichts ist als die personifizierte Selbstsucht des israelitischen Volks, mit Ausschluß aller andern Völker, die absolute Intoleranz – das Geheimnis des Monotheismus.

Die Griechen betrachteten die Natur mit den theoretischen Sinnen; sie vernahmen himmlische Musik in dem harmonischen Laufe der Gestirne; sie sahen aus dem Schaume des allgebärenden Ozeans die Natur in der Gestalt der Venus Anadyomene emporsteigen. Die Israeliten dagegen öffneten der Natur nur die gastrischen Sinne; nur im Gaumen fanden sie Geschmack an der Natur; nur im Genusse des Manna wurden sie ihres Gottes inne. »Zwischen Abend sollt ihr *Fleisch zu essen* haben und am Morgen *Brots satt* werden und *inne*werden, daß *ich der Herr euer Gott bin.«** Essen ist der feierlichste Akt oder doch die Initiation der jüdischen Religion. Im Essen feiert und erneuert der Israelite den Kreationsakt; im Essen erklärt der Mensch die Natur für ein *an sich nichtiges* Objekt. Als die siebzig Ältesten mit Mose den Berg hinanstiegen, da »*sahen sie Gott,* und *da sie Gott geschauet hatten, tranken und aßen sie«.*** Der Anblick des höchsten Wesens beförderte also bei ihnen nur den Appetit zum Essen.

---

* »Quidquid est creatum, δυνάμει tale est, ut possit *ex quocunque fieri quodlibet,* respectu *omnipotentiae Dei* et *misericordiae«* (C. Peucer, *De praec. divinationum generibus,* p. 81, Servestae 1591).
** Mose II, c. 16, 12.
*** Mose II, 24, 10, 11. »Tantum abest«, bemerkt ein Exeget, »ut mortui sint, ut contra convivium hilares celebrarint.«

»Und Jakob tat ein Gelübde und sprach: So Gott wird mit mir sein und mich behüten auf dem Wege, den ich reise, und *Brot zu essen* geben und Kleider anzuziehen und mich mit Frieden wieder heim zu meinem Vater bringen, so soll der *Herr mein Gott sein.*«[*]

Der Grieche trieb Humaniora, die artes liberales, die Philosophie; der Israelite erhob sich nicht über das *Brotstudium der Theologie.* Dem Griechen war die Natur ein Diamant; er konnte sich nicht satt sehen an seinem wundervollen Farbenspiel, an seinen regelmäßigen Formen, an seiner himmlischen Klarheit und Durchsichtigkeit; er erblickte in ihm seinen reinen, von keinem praktischen Egoismus getrübten Geist im Spiegel; er erkannte Vernunft, Geist in der Natur; er blickte in ihre Tiefe – darum war ihm die Natur *ewig.* Kurz, der Grieche betrachtete die Natur mit den Augen des enthusiastischen *Mineralogen,* der Jude mit den Augen des seinen Vorteil berechnenden *Mineralienhändlers.*

Die Juden haben sich in ihrer Eigentümlichkeit bis auf den heutigen Tag erhalten. Ihr Prinzip, ihr Gott ist das *praktischste* Prinzip von der Welt – der Egoismus, und zwar der *Egoismus in der Form der Religion.* Der Egoismus ist der Gott, der seine Diener nicht zuschanden werden läßt. Der Egoismus ist wesentlich *monotheistisch,* denn er hat nur *eines,* nur *sich* zum Zweck. Der Egoismus sammelt, konzentriert den Menschen auf sich; er gibt ihm ein konsistentes Lebensprinzip; aber er macht ihn theoretisch borniert, weil gleichgültig gegen alles, was nicht unmittelbar auf das Wohl des Selbst sich bezieht. Die *Wissenschaft* entsteht daher – wie die Kunst – nur aus dem *Polytheismus,* denn der Polytheismus ist der offne, neidlose Sinn für alles Schöne und Gute ohne Unterschied, der Sinn für die Welt, für das Universum. Die Griechen sahen sich in der weiten Welt um, um ihren Gesichtskreis zu erweitern; die Juden beten noch heute mit gen Jerusalem gekehrtem Gesichte. Kurz, der monotheistische Egoismus raubte

[*] Mose I, c. 28, 20

den Israeliten den freien theoretischen Trieb und Sinn. Salomo allerdings übertraf »alle Kinder gegen Morgen« an Verstand und Weisheit und redete (handelte, agebat) sogar »von Bäumen, von der Zeder zu Libanon bis zu dem Ysop, der an der Wand wächst«, auch von »Vieh, Vögeln, von Gewürme und von Fischen« (I. Könige 4, 30-34). Aber Salomo diente auch dem Jehovah nicht mit ganzem Herzen; Salomo huldigte fremden Göttern und Weibern; Salomo hatte also *polytheistischen* Sinn und Geschmack. Der *polytheistische Sinn* ist die *Grundlage der Wissenschaft.* Naturstudium ist vom Standpunkt des Jehovah aus *Götzendienst*; denn der Naturforscher vertieft sich in den Gegenstand um des Gegenstandes willen; er widmet ihm enthusiastische, göttliche Verehrung. Kein Studium ist wahr, fruchtbar, produktiv ohne Enthusiasmus. Ein der Wissenschaft unwürdiges, ein feiles Subjekt ist *jeder*, dem sein Gegenstand nicht der höchste, der absolute ist. *Heilig* muß dem Menschen sein, was er zum *wesentlichen* Gegenstand seines Lebens und Denkens macht. Heuchelei ist alle Wissenschaftlichkeit mit einer ihrem Gegenstande fremden Religiosität. In der Wissenschaft gilt keine andre als die *wissenschaftliche Frömmigkeit* – die Pietät gegen die Wissenschaft, die Gesinnung der Gründlichkeit, der Treue, der Aufrichtigkeit, der Wahrhaftigkeit, mit welcher sich der Mensch seinem Gegenstande ergibt.

Eins nun mit dieser Bedeutung, welche die Natur überhaupt für den Hebräer hatte, ist auch die Bedeutung ihres Ursprungs. In der Art, wie ich mir die Genesis eines Dings erkläre, spreche ich nur unverhohlen meine Meinung, meine Gesinnung von demselben aus. Denke ich despektierlich davon, so denke ich mir auch einen despektierlichen Ursprung. Das Ungeziefer, die Insekten leiteten sonst die Menschen vom Aas und sonstigem Unrat ab. Nicht weil sie das Ungeziefer von einem so unappetitlichen Ursprung ableiteten, dachten sie so verächtlich davon, sondern weil sie so dachten, weil ihnen ihr Wesen so verächtlich erschien, dachten sie sich einen diesem Wesen entsprechenden, einen verächtlichen Ursprung. Den Juden war die Natur ein bloßes Mittel zum Zwecke des Egoismus, ein bloßes Willensobjekt. Das Ideal, der Abgott des egoistischen Willens ist aber der Wille, welcher unbeschränkt gebietet, welcher, um seinen Zweck zu erreichen, sein Objekt zu realisieren, keiner Mittel bedarf, welcher, was er nur immer will, unmittelbar durch sich selbst, d. h. den bloßen Willen, ins Dasein ruft. Den egoistischen Menschen schmerzt es, daß die Befriedigung seiner Wünsche und Bedürfnisse eine vermittelte ist, daß für ihn eine Kluft vorhanden ist zwischen der Realität und dem Wunsche, zwischen dem Zwecke in der Wirklichkeit und dem Zwecke in der Vorstellung. Er setzt daher, um diesen Schmerz zu heilen, um sich frei zu machen von den Schranken der Wirklichkeit, als das wahre, als sein höchstes Wesen *das* Wesen, welches durch das bloße: *Ich will* den Gegenstand hervorbringt. Deswegen war dem Hebräer die Natur, die Welt das Produkt eines *diktatorischen Wortes*, eines *kategorischen Imperativs*, eines *zauberischen Machtspruchs*.

Was für mich keine theoretische Bedeutung hat, was mir *kein Wesen* in der Theorie ist, dafür habe ich auch keinen *theoretischen*, keinen *positiven* Grund. Durch den *Willen bekräftige, realisiere* ich nur seine *theoretische Nichtigkeit*. Was wir verachten, das würdigen wir keines Blickes. Was man ansieht, achtet man. *Anschauung* ist *Anerkennung*. Was man anschaut, das fesselt durch geheime Anziehungskräfte, das überwältigt durch den Zauber, den es auf das Auge ausübt, den frevelnden Übermut des Willens, der alles nur sich unterwerfen will. Was einen Eindruck auf den theoretischen Sinn, auf die Vernunft macht, das entzieht sich der Herrschaft des egoistischen Willens; es reagiert, leistet Widerstand. Was der vertilgungssüchtige Egoismus dem Tode weiht, das gibt die liebevolle Theorie dem Leben wieder.

Die sosehr verkannte Ewigkeit der Materie oder Welt bei den heidnischen Philosophen hat keinen andern Sinn, als daß ihnen die Natur eine *theoretische Realität* war.* Die
_____
* Übrigens dachten sie bekanntlich verschieden hierüber. (S. z. B. Aristo-

Heiden waren Götzendiener, d. h. sie *schauten* die Natur an; sie taten nichts andres, als was die tiefchristlichen Völker heute tun, wenn sie die Natur zum Gegenstande ihrer Bewunderung, ihrer unermüdlichen Forschung machen. »Aber die Heiden beteten ja die Naturgegenstände an.« Allerdings; allein die Anbetung ist nur die kindliche, *die religiöse Form der Anschauung.* Anschauung und Anbetung unterscheiden sich nicht wesentlich. Was ich anschaue, vor dem demütige ich mich, dem weihe ich das Herrlichste, was ich habe, mein Herz, meine Intelligenz zum Opfer. Auch der Naturforscher fällt vor der Natur auf die Knie nieder, wenn er eine Flechte, ein Insekt, einen Stein selbst mit Lebensgefahr aus der Tiefe der Erde hervorgräbt, um ihn im Lichte der Anschauung zu verherrlichen und im Andenken der wissenschaftlichen Menschheit zu verewigen. *Naturstudium* ist *Naturdienst,* und *Götzendienst* nichts als *die erste Naturanschauung* des Menschen; denn die Religion ist nichts andres als die erste, darum kindliche, volkstümliche, aber befangene, unfreie Natur- und Selbstanschauung des Menschen. Die Hebräer dagegen erhoben sich über den Götzendienst zum Gottesdienste, über die Kreatur zur Anschauung des Kreators, d. h. sie erhoben sich über die *theoretische Anschauung* der Natur, welche den Götzendiener bezauberte, zur rein praktischen Anschauung, welche die Natur nur den Zwecken des Egoismus unterwirft. »Daß du auch nicht deine Augen aufhebest gen Himmel und sehest die Sonne und den Mond und die Sterne, das ganze Heer des Himmels, und fallest ab und betest sie an und dienest ihnen, welche der Herr, dein Gott, verordnet hat (d. i. geschenkt, *largitus est*) allen Völkern unter dem ganzen Himmel.«[*] Nur in der *unergründlichen Tiefe* und Gewalt des hebräischen Egoismus hat also die Schöpfung aus nichts, d. h. die Schöpfung als ein bloßer befehlshaberischer Akt, ihren Ursprung.

teles, *De coelo,* I. I, c. 10). Aber ihre Differenz ist eine untergeordnete, da das schaffende Wesen bei ihnen mehr oder weniger selbst ein kosmisches Wesen ist.

[*] Deuteron. c. 4, 19

Aus diesem Grunde ist auch die Schöpfung aus nichts kein Objekt der Philosophie – wenigstens in keiner andern Weise, als in welcher sie hier es ist –, denn sie schneidet mit der Wurzel alle wahre Spekulation ab, bietet dem Denker, der Theorie, keinen Anhaltspunkt dar; sie ist eine für die Theorie bodenlose, aus der Luft gegriffene Lehre, die nur den Utilismus, den Egoismus bewahrheiten soll, nichts enthält, nichts andres ausdrückt als den *Befehl,* die Natur nicht zu einem Gegenstande des Denkens, der Anschauung, sondern der Nutznießung zu machen. Aber freilich, je leerer sie für die natürliche Philosophie, um so tiefer ist ihre »spekulative« Bedeutung; denn eben weil sie keinen theoretischen Anhaltspunkt hat, läßt sie der Spekulation einen unendlichen Spielraum zu willkürlicher, bodenloser Deutelei.

Es ist in der Geschichte der Dogmen und Spekulationen wie in der Geschichte der Staaten. Uralte Gebräuche und Institute schleppen sich mit fort, nachdem sie längst ihren Sinn verloren. Was einmal gewesen, das will sich nicht mehr das Recht nehmen lassen, für immer zu sein; was einmal gut war, das will nun auch für alle Zeiten gut sein. Hinterdrein kommen dann die Deutler, die Spekulanten und sprechen von dem *tiefen* Sinne, weil sie den *wahren* Sinn nicht mehr kennen.[*]
So betrachtet auch die religiöse Spekulation die Dogmen, losgerissen aus dem Zusammenhang, in welchem sie allein Sinn haben; sie reduziert sie nicht kritisch auf ihren wahren innern Ursprung; sie macht vielmehr das Sekundäre zum Primitiven und das Primitive zum Sekundären. Gott ist ihr das erste, der Mensch das zweite. So kehrt sie die natürliche Ordnung der Dinge um! Das erste ist gerade der Mensch, das zweite das sich *gegenständliche* Wesen des Menschen: Gott. Nur in

---

[*] Aber natürlich nur bei der absoluten Religion, denn bei den andern Religionen heben sie die uns fremden, ihrem ursprünglichen Sinn und Zweck nach unbekannten Vorstellungen und Gebräuche als sinnlos und lächerlich hervor. Und doch ist in der Tat die Verehrung des Kuhurins, den der Parse und Inder trinkt, um Vergebung der Sünden zu erhalten, nicht lächerlicher als die Verehrung des Haarkamms oder eines Fetzens vom Rocke der Mutter Gottes.

der spätern Zeit, wo die Religion bereits Fleisch und Blut geworden, kann man sagen: Wie der Gott, so der Mensch, obwohl auch dieser Satz immer nur eine Tautologie ausdrückt. Aber im Ursprung ist es anders, und nur im Ursprung kann man etwas in seinem wahren Wesen erkennen. *Erst schafft der Mensch Gott nach seinem Bilde,* und dann erst schafft wieder dieser Gott den Menschen nach seinem Bilde. Dies bestätigt vor allem der Entwicklungsgang der israelitischen Religion. Daher der Satz der theologischen Halbheit, daß die Offenbarung Gottes gleichen Schritt mit der Entwicklung des Menschengeschlechts hält. Natürlich; denn die Offenbarung Gottes ist nichts andres als die Offenbarung, die Selbstentfaltung des menschlichen Wesens. Nicht aus dem Kreator ging der *supranaturalistische* Egoismus der Juden hervor, sondern umgekehrt jener aus diesem: In der Kreation rechtfertigte nur gleichsam vor dem Forum seiner Vernunft der Israelite seinen Egoismus.

Allerdings konnte sich auch der Israelite als Mensch, wie leicht begreiflich, selbst schon aus praktischen Gründen, nicht der theoretischen Anschauung und Bewunderung der Natur entziehen. Aber er feiert nur die Macht und Größe Jehovahs, indem er die Macht und Größe der Natur feiert. Und diese Macht Jehovahs hat sich am herrlichsten gezeigt in den Wunderwerken, die sie zum Besten Israels getan. Es bezieht sich also der Israelite in der Feier dieser Macht immer zuletzt auf sich selbst; er feiert die Größe der Natur nur aus demselben Interesse, aus welchem der Sieger die Stärke seines Gegners vergrößert, um dadurch sein Selbstgefühl zu steigern, seinen Ruhm zu verherrlichen. Groß und gewaltig ist die Natur, die Jehovah gemacht, aber noch gewaltiger, noch größer ist Israels Selbstgefühl. Um seinetwillen steht die Sonne stille; um seinetwillen erbebt, nach Philo, bei der Verkündigung des Gesetzes die Erde; kurz, um seinetwillen verändert die ganze Natur ihr Wesen. *»Die ganze Kreatur, so ihre eigene Art hatte, veränderte sich wieder nach deinem Gebote, dem sie dient, auf daß deine Kinder unversehrt bewahrt* *würden.«** Gott gab Mose, nach Philo, Macht über die ganze Natur. Jedes der Elemente gehorchte ihm als dem *Herrn der Natur.*** Israels Bedürfnis ist das allmächtige Weltgesetz, *Israels Notdurft das Schicksal der Welt.* Jehovah ist das Bewußtsein Israels von der Heiligkeit und Notwendigkeit seiner Existenz – eine Notwendigkeit, vor welcher das Sein der Natur, das Sein anderer Völker in nichts verschwindet –, Jehovah die salus populi, das Heil Israels, dem alles, was im Wege steht, aufgeopfert werden muß, Jehovah das ausschließliche, monarchische Selbstgefühl, das vernichtende Zornfeuer in dem racheglühenden Auge des vertilgungssüchtigen Israels, kurz, Jehovah das Ich Israels, das sich als der Endzweck und Herr der Natur Gegenstand ist. So feiert also der Israelite in der Macht der Natur die Macht Jehovahs und in der Macht Jehovahs die Macht des eignen Selbstbewußtseins. »Gelobt sei Gott! Ist *Hülfsgott* uns, ein Gott *zu unserm Heil.«* »Jehovah, Gott, ist *meine Kraft.«* »Gott selbst des *Helden* (Josua) *Wort gehorchte*, denn er, Jehovah, selbst stritt mit vor Israel.« »Jehovah ist *Kriegsgott.«****

Wenn sich gleich im Verlaufe der Zeit der Begriff des Jehovah in einzelnen Köpfen erweiterte und seine Liebe, wie von dem Verfasser des Buchs Jona, auf die Menschen überhaupt ausgedehnt wurde, so gehört dies doch nicht zur wesentlichen Charakteristik der israelitischen Religion. Der Gott der Väter, an den sich die teuersten Erinnerungen knüpfen, der *alte historische* Gott, bleibt doch immer die Grundlage einer Religion.****

* *Weisheit* 19, 6
** S. Gfrörers, *Philo.*
*** Nach Herder.
**** Die Bemerkung stehe noch hier, daß allerdings die Bewunderung der Macht und Herrlichkeit Gottes überhaupt, so auch Jehovahs, *in der Natur* zwar nicht *im Bewußtsein* des Israeliten, aber doch in Wahrheit nur die Bewunderung der Macht und Herrlichkeit der Natur ist (s. hierüber *P. Bayle, Ein Beitrag* etc., p. 25-29). Aber dies förmlich zu beweisen, liegt außer unserm Plan, da wir uns hier nur auf das Christentum, d. h. die Verehrung Gottes *im Menschen* (Deum colimus *per Christum*, Tertullian, *Apolog.*, c. 21) beschränken. Gleichwohl ist jedoch das *Prinzip* dieses Beweises auch in dieser Schrift ausgesprochen.

DIE ALLMACHT DES GEMÜTS ODER DAS
GEHEIMNIS DES GEBETES

Israel ist die historische Definition der spezifischen Natur des religiösen Bewußtseins, nur daß dieses hier noch mit der Schranke eines besondern, des Nationalinteresses behaftet war. Wir dürfen daher diese Schranke nur fallenlassen, so haben wir die christliche Religion. Das Judentum ist das *weltliche Christentum*, das Christentum das *geistliche Judentum*. Die christliche Religion ist die vom Nationalegoismus gereinigte jüdische Religion, allerdings zugleich eine neue, andere Religion; denn jede Reformation, jede Reinigung bringt, namentlich in religiösen Dingen, wo selbst das Unbedeutende Bedeutung hat, eine wesentliche Veränderung hervor. Dem Juden war der Israelite der Mittler, das Band zwischen Gott und Mensch; er bezog sich in seiner Beziehung auf Jehovah auf sich als Israeliten; Jehovah war selbst nichts andres als die Identität, das sich als absolutes Wesen gegenständliche Selbstbewußtsein Israels, das Nationalgewissen, das allgemeine Gesetz, der Zentralpunkt der Politik.* Lassen wir die Schranke des Nationalbewußtseins fallen, so bekommen wir statt des Israeliten – *den Menschen*. Wie der Israelite in Jehovah sein Nationalwesen vergegenständlichte, so vergegenständlichte sich der Christ in Gott sein von der Schranke der Nationalität befreites, menschliches, und zwar subjektiv-menschliches Wesen. Wie Israel das Bedürfnis, die Not seiner Existenz zum Gesetz der Welt machte, wie es in diesem Bedürfnis selbst seine politische Rachsucht vergötterte, so machte der Christ die Bedürfnisse des menschlichen Gemüts zu den absoluten Mächten und Gesetzen der Welt. Die Wunder des Christentums, die ebenso wesentlich zur Charakteristik desselben gehören als die Wunder des A. T. zur Charakteristik des Judentums, haben nicht das Wohl einer Nation zu ihrem Gegenstande, sondern das *Wohl des Menschen* – allerdings

---

* »Der größte Teil der hebräischen Poesie, den man oft nur für *geistlich* hält, ist *politisch*« (Herder).

nur des christgläubigen, denn das Christentum anerkannte den Menschen nur unter der Bedingung, der *Beschränkung* der Christlichkeit, im Widerspruch mit dem wahrhaft, dem universell menschlichen Herzen, aber diese verhängnisvolle Beschränkung kommt erst später zur Sprache. Das Christentum hat den *Egoismus* des Judentums zur *Subjektivität* vergeistigt – obwohl sich auch innerhalb des Christentums diese Subjektivität wieder, z. B. im Herrnhutianismus, als purer Egoismus ausgesprochen –, das Verlangen nach *irdischer Glückseligkeit,* das Ziel der israelitischen Religion, in die Sehnsucht *himmlischer Seligkeit,* das Ziel des Christentums, verwandelt.

Der höchste Begriff, der Gott eines politischen Gemeinwesens, eines Volks, dessen Politik aber in der *Form der Religion* sich ausspricht, ist das *Gesetz,* das Bewußtsein des Gesetzes als einer absoluten, göttlichen Macht; der höchste Begriff, der Gott des unweltlichen, unpolitischen menschlichen Gemüts, *die Liebe* – die Liebe, die dem Geliebten alle Schätze und Herrlichkeiten im Himmel und auf Erden zum Opfer bringt, die Liebe, deren *Gesetz* der *Wunsch* des Geliebten und deren Macht die unbeschränkte Macht der Phantasie, der intellektuellen Wundertätigkeit ist.

Gott ist die Liebe, die unsre Wünsche, unsre Gemütsbedürfnisse befriedigt – er ist selbst der *realisierte Wunsch* des Herzens, der zur Gewißheit seiner Erfüllung, seiner Realität, zur zweifellosen Gewißheit, vor der kein Widerspruch des Verstandes, kein Einwand der Erfahrung, der Außenwelt besteht, gesteigerte Wunsch. Gewißheit ist für den Menschen die höchste Macht; was ihm *gewiß,* das ist ihm das Seiende, das Göttliche. *Gott ist die Liebe* – dieser Ausspruch, der höchste des Christentums, ist nur der Ausdruck von der *Selbstgewißheit* des *menschlichen Gemütes,* von der Gewißheit seiner als der allein *seienden, d. i. absoluten, göttlichen Macht* – der Ausdruck von der Gewißheit, daß des Menschen innere Herzenswünsche objektive Gültigkeit und Realität haben, daß es *keine Schranke, keinen positiven Gegensatz des* *menschlichen Gemüts* gibt, daß die ganze Welt mit aller ihrer Herrlichkeit und Pracht *nichts ist gegen das menschliche Gemüt.* Gott ist die Liebe – d. h. *das Gemüt ist der Gott* des Menschen, ja Gott schlechtweg, das absolute Wesen. Gott ist das sich gegenständliche Wesen des Gemüts, das *schrankenfreie, reine Gemüt* – Gott ist der in das tempus finitum, in das gewisse selige Ist verwandelte Optativ des menschlichen Herzens, die rücksichtslose Allmacht des Gefühls, das sich selbst erhörende Gebet, das *sich selbst vernehmende Gemüt,* das Echo unserer Schmerzenslaute. Äußern muß sich der Schmerz; unwillkürlich greift der Künstler nach der Laute, um in ihren Tönen seinen eignen Schmerz auszuhauchen. Er befriedigt seinen Schmerz, indem er ihn vernimmt, indem er ihn vergegenständlicht; er erleichtert die Last, die auf seinem Herzen ruht, indem er sie der Luft mitteilt, seinen Schmerz zu einem *allgemeinen* Wesen macht. Aber die Natur erhört nicht die Klagen des Menschen – sie ist gefühllos gegen seine Leiden. Der Mensch wendet sich daher weg von der Natur, weg von den sichtbaren Gegenständen überhaupt – er kehrt sich nach innen, um hier, verborgen und geborgen vor den gefühllosen Mächten, Gehör für seine Leiden zu finden. Hier spricht er seine drückenden Geheimnisse aus, hier macht er seinem gepreßten Herzen Luft. *Diese freie Luft des Herzens,* dieses *ausgesprochne* Geheimnis, dieser entäußerte Seelenschmerz ist *Gott.* Gott ist eine Träne der Liebe in tiefster Verborgenheit, vergossen über das menschliche Elend. »*Gott ist ein unaussprechlicher Seufzer,* im Grund der Seelen gelegen« – dieser Ausspruch[*] ist der merkwürdigste, tiefste, wahrste Ausspruch der christlichen Mystik.

Das tiefste Wesen der Religion offenbart der einfachste Akt der Religion – *das Gebet* –, ein Akt, der unendlich mehr oder wenigstens ebensoviel sagt als das Dogma der Inkarnation, obgleich die religiöse Spekulation dasselbe als das größte Mysterium anstiert. Aber freilich nicht das Gebet vor und

[*] Sebastian Frank von Wörd in Zinkgrafs *Apophthegmata deutscher Nation.*

nach der Mahlzeit, das Mastgebet des Egoismus, sondern das schmerzensreiche Gebet, das Gebet der trostlosen Liebe, das Gebet, welches die den Menschen zu Boden schmetternde Macht seines Herzens ausdrückt, das Gebet, welches in der Verzweiflung beginnt und in der Seligkeit endet.

Im Gebet redet der Mensch Gott mit *Du* an; er erklärt also laut und vernehmlich Gott für sein alter ego; er beichtet Gott, als dem ihm nächsten, innigsten Wesen seine *geheimsten* Gedanken, seine innigsten Wünsche, die er außer dem sich scheut, laut werden zu lassen. Aber er äußert diese Wünsche in der Zuversicht, *in der Gewißheit,* daß sie erfüllt werden. Wie könnte er sich an ein Wesen wenden, das kein Ohr für seine Klagen hätte? Was ist also das Gebet als der mit der *Zuversicht in seine Erfüllung* geäußerte *Wunsch des Herzens?** Was anderes *das* Wesen, das diese Wünsche erfüllt, als das sich selbst Gehör gebende, *sich selbst genehmigende,* sich ohne Ein- und Widerrede *bejahende menschliche Gemüt?* Der Mensch, der sich nicht die Vorstellung der Welt aus dem Kopf schlägt, die Vorstellung, daß alles hier nur vermittelt ist, jede Wirkung ihre natürliche Ursache hat, jeder Wunsch nur erreicht wird, wenn er zum Zweck gemacht und die entsprechenden Mittel ergriffen werden, ein solcher Mensch betet nicht; er arbeitet nur: Er verwandelt die erreichbaren Wünsche in Zwecke reeller Tätigkeit, die übrigen Wünsche, die er als subjektive erkennt, negiert er oder betrachtet sie eben nur

---

* Es wäre ein schwachsinniger Einwand, zu sagen, Gott erfülle nur *die* Wünsche, *die* Bitten, welche in seinem Namen oder im Interesse der Kirche Christi geschehen, kurz, nur die Wünsche, welche mit seinem Willen übereinstimmen; denn der *Wille Gottes* ist eben der *Wille des Menschen,* oder vielmehr, Gott hat die *Macht,* der Mensch den *Willen*: Gott *macht* den Menschen selig, aber der Mensch *will* selig sein. Ein einzelner, dieser oder jener Wunsch kann allerdings nicht erhört werden; aber darauf kommt es nicht an, wenn nur die Gattung, die wesentliche Tendenz genehmigt ist. Der Fromme, dem eine Bitte fehlschlägt, tröstet sich daher damit, daß die Erfüllung derselben ihm nicht heilsam gewesen wäre. »Nullo igitur modo vota aut preces sunt irritae aut infrugiferae et recte dicitur, in petitione rerum corporalium aliquando Deum exaudire nos, non ad voluntatem nostram, sed *ad salutem*« (Oratio de precatione, in *Declamat. Melanchthonis,* T. III).

als subjektive, fromme Wünsche. Kurz, er beschränkt, bedingt sein Wesen durch die Welt, als deren Mitglied er sich denkt, seine Wünsche durch die Vorstellung der Notwendigkeit. Im Gebete dagegen schließt der Mensch die Welt und mit ihr alle Gedanken der Vermittlung, der Abhängigkeit, der traurigen Notwendigkeit von sich aus; er macht seine Wünsche, seine Herzensangelegenheiten zu Gegenständen des unabhängigen, allvermögenden, des absoluten Wsens, d. h. *er bejaht sie unbeschränkt*. Gott ist das *Jawort* des menschlichen Gemüts – das Gebet die unbedingte Zuversicht des menschlichen Gemütes zur *absoluten Identität des Sujektiven und Objektiven*, die Gewißheit, daß die Macht des Herzens größer als die Macht der Natur, daß das *Herzensbedürfnis die absolute Notwendigkeit, das Schicksal* der Welt ist. *Das Gebet verändert den Naturlauf* – es bestimmt Gott zur Hervorbringung einer Wirkung, die *mit den Gesetzen der Natur im Widerspruch* steht. Das Gebet ist *das absolute Verhalten des menschlichen Herzens zu sich selbst, zu seinem eigenen Wesen* – im Gebete vergißt der Mensch, daß eine Schranke seiner Wünsche existiert, und ist selig in diesem Vergessen.

Das Gebet ist die *Selbstteilung* des Menschen in *zwei* Wesen – ein Dialog des Menschen mit sich selbst, mit seinem Herzen. Es gehört mit zur Wirkung des Gebets, daß es laut, deutlich, nachdrucksvoll ausgesprochen wird. Unwillkürlich quillt das Gebet über die Lippen heraus – der Druck des Herzens zersprengt das Schloß des Mundes. Aber das laute Gebet ist nur das sein Wesen offenbarende Gebet: Das Gebet ist wesentlich, wenn auch nicht äußerlich ausgesprochene *Rede* – das lateinische Wort *oratio* bedeutet beides –, im Gebete spricht sich der Mensch unverhohlen aus über das, was ihn drückt, was ihm überhaupt nahegeht; er vergegenständlicht sein Herz – daher die moralische Kraft des Gebets. Sammlung, sagt man, ist die Bedingung des Gebets. Aber sie ist mehr als Bedingung: Das Gebet ist selbst Sammlung – Beseitigung aller zerstreuenden Vorstellungen, aller störenden Einflüsse von außen, Einkehr in sich selbst, um sich nur zu seinem eignen Wesen zu verhalten. Nur ein zuversichtliches, aufrichtiges, herzliches, inniges Gebet, sagt man, hilft, aber diese Hilfe liegt im Gebete selbst. Wie überall in der Religion das *Subjektive, Sekundäre, Bedingende* die *prima causa,* die *objektive Sache* selbst ist – so sind auch hier diese subjektiven Eigenschaften das objektive Wesen des Gebets selbst.*

Die oberflächlichste Ansicht vom Gebet ist, wenn man in ihm nur einen Ausdruck des Abhängigkeitsgefühles sieht. Allerdings drückt es ein solches aus, aber die *Abhängigkeit des Menschen von seinem Herzen, von seinen Gefühlen.* Wer sich nur abhängig fühlt, der öffnet seinen Mund nicht zum Gebete; das Abhängigkeitsgefühl nimmt ihm die Lust, den Mut dazu; denn Abhängigkeitsgefühl ist Notwendigkeitsgefühl. Das Gebet wurzelt vielmehr in dem unbedingten, um alle Notwendigkeit unbekümmerten Vertrauen der Subjektivität, daß ihre Angelegenheiten Gegenstand des absoluten Wesens sind, daß das allmächtige unendliche Wesen der Vater der Menschen, ein *teilnehmendes, gefühlvolles, liebendes Wesen* ist, daß also die dem Menschen teuersten, heiligsten Empfindungen göttliche Realitäten sind. Das Kind fühlt sich aber nicht abhängig von dem Vater *als Vater*; es hat vielmehr im Vater das Gefühl seiner Stärke, das Bewußtsein seines Werts, die Bürgschaft seines Daseins, die Gewißheit der Erfüllung seiner Wünsche; auf dem Vater ruht die Last der Sorge; das Kind dagegen lebt sorglos und glücklich im Vertrauen auf den Vater, seinen lebendigen Schutzgeist, der nichts will als des Kindes Wohl und Glück. Der Vater macht das Kind zum Zweck, sich selbst zum Mittel seiner Existenz. Das Kind, wel-

---

* Aus *subjektiven* Gründen vermag auch mehr das *gemeinschaftliche* als einzelne Gebet. Gemeinsamkeit erhöht die Gemütskraft, steigert das Selbstgefühl. Was man *allein* nicht vermag, vermag man *mit andern.* Alleingefühl ist Beschränktheitsgefühl, Gemeingefühl Freiheitsgefühl. Darum drängen sich die Menschen, von Naturgewalten bedroht, zusammen. »*Multorum preces* impossibile est, ut non impetrent, inquit *Ambrosius* ... Sanctae orationis fervor quanto inter plures collectior, tanto ardet diutius ac intensius cor Divinum penetrat ... *Negatur singularitati, quod conceditur charitati*« (*Sacra Hist. de gentis hebr. ortu.*, P. Paul. Mezger, Aug. Vind. 1700, p. 668, 669).

ches seinen Vater um etwas bittet, wendet sich nicht an ihn als ein von ihm unterschiedenes, selbständiges Wesen, als Herrn, als Person überhaupt, sondern an ihn, *wie* und *wiefern* er *abhängig, bestimmt ist* von seinen *Vatergefühlen,* von der *Liebe* zu seinem Kinde.* Die Bitte ist nur ein Ausdruck von der *Gewalt,* die das Kind über den Vater ausübt – wenn man anders den Ausdruck Gewalt hier anwenden darf, da die Gewalt des Kindes nichts ist als die *Gewalt des Vaterherzens selbst.* Die Sprache hat für Bitten und Befehlen dieselbe Form – den Imperativ. Die *Bitte* ist der *Imperativ der Liebe.* Und der amatorische Imperativ hat unendlich mehr Macht als der despotische. Die Liebe befiehlt nicht; die Liebe braucht ihre Wünsche nur leise anzudeuten, um schon der Erfüllung derselben gewiß zu sein; der Despot muß schon in den Ton eine Gewalt hineinlegen, um andere, gegen ihn an sich gleichgültige Wesen zu Vollstreckern seiner Wünsche zu machen. Der amatorische Imperativ wirkt mit elektro-magnetischer Kraft, der despotische mit der mechanischen Kraft eines hölzernen Telegraphen. Der innigste Ausdruck Gottes im Gebet ist das Wort *Vater* – der innigste, weil sich hier der Mensch zu dem absoluten Wesen als dem seinigen verhält, das Wort Vater eben selbst der Ausdruck der innigsten, intensivsten Identität ist, *der* Ausdruck, in dem unmittelbar die *Gewähr* meiner Wünsche, die *Garantie* meines Heils liegt. Die Allmacht, an die sich der Mensch im Gebete wendet, ist nichts als die *Allmacht der Güte,* die zum Heile des Menschen auch das Unmögliche möglich macht – in Wahrheit nichts andres als die *Allmacht des Herzens,* des *Gefühls,* welches alle Verstandesschranken durchbricht, alle Grenzen der Natur überflügelt, welches will, daß *nichts andres sei als Gefühl, nichts sei, was dem Herzen widerspricht.* Der Glaube an die Allmacht ist der Glaube an die Irrealität der Außenwelt, der Objektivität – der Glaube an die absolute Realität des Gemüts. Das *Wesen*

---

* Trefflich ist der Begriff des Abhängigkeitsgefühles, der Allmacht, des Gebetes, der Liebe in der lesenswürdigen Schrift *Theanthropos.* Eine Reihe *von Aphorismen,* Zürich 1838, entwickelt.

der Allmacht drückt nichts aus als das *Wesen des Gemüts.* Die Allmacht ist die Macht, vor der kein Gesetz, keine Determination gilt und besteht, aber diese Macht ist eben das Gemüt, welches jede Determination, jedes *Gesetz* als Schranke empfindet und deswegen aufhebt. Die Allmacht tut nichts weiter, als daß sie den *innersten Willen des Gemüts vollstreckt, realisiert.* Im Gebete wendet sich der Mensch an die Allmacht der Güte – das heißt also nichts andres als: *Im Gebete betet der Mensch sein eignes Herz an,* schaut er das Wesen seines Gemüts als das absolute Wesen an.

DAS GEHEIMNIS DES GLAUBENS – DAS GEHEIMNIS DES WUNDERS

Der Glaube an die Macht des Gebets – und nur da, wo dem Gebete eine Macht, und zwar eine objektive Macht zugeschrieben wird, ist noch das Gebet eine *religiöse Wahrheit* – ist eins mit dem Glauben an die Wundermacht und der Glaube an Wunder eins mit dem Wesen des Glaubens überhaupt. Nur der Glaube betet; nur das Gebet des Glaubens hat Kraft. Der Glaube ist aber nichts andres als die *Zuversicht zur Realität des Subjektiven* im Gegensatz zu den Schranken, d. i. Gesetzen der Natur und Vernunft, d. h. der natürlichen Vernunft. Das spezifische Objekt des Glaubens ist daher das *Wunder* – *Glaube* ist *Wunderglaube, Glaube und Wunder absolut unzertrennlich.* Was *objektiv* das Wunder oder die Wundermacht, das ist *subjektiv* der Glaube – das Wunder ist das äußere Gesicht des Glaubens, der Glaube die innere Seele des Wunders – der *Glaube das Wunder des Geistes,* das Wunder des Gemüts, das sich im äußern Wunder nur vergegenständlicht. *Dem Glauben ist nichts unmöglich* – und diese *Allmacht des Glaubens* verwirklicht nur das Wunder. Das Wunder ist nur ein sinnliches Beispiel von dem, was der Glaube vermag. Unbegrenztheit, Übernatürlichkeit der Subjektivität, Überschwenglichkeit des Gefühls – Transzendenz ist daher das Wesen des Glaubens. Der Glaube bezieht sich nur auf Dinge, welche, im Widerspruch mit den Schranken, d. i. *Gesetzen* der Natur und Vernunft*, die Realität des menschlichen Gemüts, der menschlichen Wünsche vergegenständlichen. Der Glaube entfesselt die Wünsche der Subjektivität von den Banden der natürlichen Vernunft. Er genehmigt, was Natur und Vernunft versagen; er macht den Menschen darum *selig*, denn er befriedigt seine subjektivsten Wünsche. Und kein Zweifel beunruhigt den wahren Glauben. Der Zweifel entsteht nur da, wo ich aus mir selbst herausgehe, die Grenzen meiner Subjektivität überschreite, wo ich auch dem andern außer mir, dem von mir Unterschiedenen, Realität und Stimmrecht einräume, wo ich mich als ein subjektives, d. i. *beschränktes* Wesen weiß und nun durch das andere außer mir meine Grenzen zu erweitern suche. Aber im Glauben ist das *Prinzip des Zweifels* selbst verschwunden, denn dem Glauben gilt eben an und für sich *das Subjektive für das Objektive, das Absolute selbst*. Der Glaube ist eben nichts andres als der *Glaube an die absolute Realität der Subjektivität*. Die rauhe Wirklichkeit existiert gar nicht für ihn, das Wirkliche ist ihm das Unwirkliche; wie sollte also das audiatur et altera pars hier stattfinden können? Der Glaube *beschränkt sich nicht durch die Vorstellung einer Welt, eines Weltganzen, einer Notwendigkeit*. Für den Glauben *ist nur Gott, d. h. die schrankenfreie Subjektivität*. Wo der Glaube im Menschen *aufgeht*, da *geht die Welt unter*, ja, sie ist schon untergegangen. Der Glaube an den *wirklichen Untergang*, und zwar an einen *demnächst bevorstehenden*, dem Gemüt *prä-*

---

* »Talis quippe homo est, qui *simul est Deus, qui contra conditiones corporis humani, clausas fores penetravit, omnibus Euclidis demonstrationibus contemptis*, qui lapidem sepulchralem transivit, *Aristotele longum valere jusso*, qui aquis marinis non aliter ac terrae solo inambulavit, *omnibus Philosophis neglectis*« (N. Frischlini *Phasma*, Act. III, Sc. III). S. hierüber auch im Anhang. Es ist daher unverzeihliche Willkür, wenn die spekulative Theologie das Wunder als etwas dem Glauben Äußerliches auf die Seite setzt. Allerdings ist das äußerliche, faktische Wunder als solches nur ein Phänomen, aber ein Phänomen von dem innersten Wesen des Glaubens.

senten Untergang dieser den *christlichen Wünschen wider-sprechenden* Welt, ist daher ein Phänomen von dem *innersten Wesen* des christlichen Glaubens, ein Glaube, der sich *gar nicht abtrennen läßt* von dem übrigen Inhalt des christlichen Glaubens, mit dessen Aufgebung das wahre positive Christentum aufgegeben, *verleugnet* wird.* Das Wesen des Glaubens, welches sich durch alle seine Gegenstände bis ins Speziellste hinein bestätigen läßt, ist, daß das *ist,* was der Mensch *wünscht* – er *wünscht,* unsterblich zu sein, also *ist* er unsterblich; er *wünscht,* daß ein Wesen sei, welches *alles vermag, was der Natur und Vernunft unmöglich ist,* also existiert ein solches Wesen; er wünscht, daß eine Welt sei, welche den Wünschen des Gemüts entspricht, eine Welt der *unbeschränkten Subjektivität,* d. i. der ungestörten Empfindung, der ununterbrochnen Seligkeit; nun existiert aber *dennoch* eine dieser subjektiven Welt entgegengesetzte Welt, also *muß* diese Welt *vergehen* – so notwendig vergehen, als notwendig ein Gott, das absolute Wesen der Subjektivität, besteht. Glaube, Liebe, Hoffnung ist die christliche Dreieinigkeit. Die Hoffnung bezieht sich auf die Erfüllung der Verheißungen – der Wünsche, die *noch nicht erfüllt* sind, aber *erfüllt werden*; die Liebe auf das Wesen, welches diese Verheißungen gibt und *erfüllt*; der Glaube auf die Verheißungen, die Wünsche, welche, *bereits erfüllt, historische Tatsachen* sind.

Das Wunder ist ein wesentlicher Gegenstand des Christentums, wesentlicher Glaubensinhalt. Aber was ist das Wunder? *Ein realisierter supranaturalistischer Wunsch* – sonst nichts. Der Apostel Paulus erläutert das Wesen des christlichen Glaubens an dem Beispiel Abrahams. Abraham konnte auf

---

* Dieser Glaube ist der Bibel so wesentlich, daß sie *ohne ihn* gar *nicht begriffen werden kann.* Die Stelle 2. Petri 3, 8 spricht nicht, wie dies aus dem ganzen Kapitel hervorgeht, gegen einen nahen Untergang, denn wohl sind 1000 Jahre wie *ein* Tag vor dem Herrn, aber auch *ein* Tag wie 1000 Jahre, und die Welt kann daher schon morgen nicht mehr sein. Daß überhaupt in der Bibel ein *sehr nahes* Weltende erwartet und prophezeit, obgleich nicht Tag und Stunde bestimmt wird, kann nur ein *Lügner* oder ein *Blinder* leugnen. S. hierüber auch Lützelbergers Schriften.

natürlichem Wege nimmer auf Nachkommenschaft hoffen. Jehovah verhieß sie ihm gleichwohl aus besonderer Gnade. Und Abraham glaubte, der Natur zum Trotz. Darum wurde ihm auch dieser Glaube zur Gerechtigkeit, zum Verdienst angerechnet; denn es gehört viel Kraft der Subjektivität dazu, etwas im Widerspruch mit Erfahrung, wenigstens vernünftiger, gesetzmäßiger Erfahrung, dennoch als gewiß anzunehmen. Aber was war denn der Gegenstand dieser göttlichen Verheißung? Nachkommenschaft: der Gegenstand eines menschlichen Wunsches. Und woran glaubte Abraham, wenn er Jehovah glaubte? An ein Wesen, welches alles vermag, alle menschlichen Wünsche erfüllen kann. *Sollte dem Herrn etwas unmöglich sein?«*[*]

Doch wozu versteigen wir uns bis zu Abraham hinauf? Die schlagendsten Beweise haben wir ja viel näher. Das Wunder speist Hungrige, heilt von Natur Blinde, Taube, Lahme, errettet aus Lebensgefahren, belebt selbst Tote auf die Bitten ihrer Verwandten. Es befriedigt also menschliche Wünsche – Wünsche, die aber zugleich, zwar nicht immer *an sich selbst*, wie der Wunsch, den Toten zu beleben, doch *insofern*, als sie die Wundermacht, wunderbare Hilfe ansprechen, *transzendente, supranaturalistische Wünsche* sind. Aber das Wunder unterscheidet sich dadurch von der natur- und vernunftgemäßen Befriedigungsweise menschlicher Wünsche und Bedürfnisse, daß es die Wünsche des Menschen auf eine dem *Wesen des Wunsches entsprechende*, auf die *wünschenswerteste Weise* befriedigt. Der Wunsch bindet sich an keine Schranke, kein Gesetz: Er ist ungeduldig; er will unverzüglich, augenblicklich erfüllt sein. Und siehe da, so schnell als der Wunsch, so schnell ist das Wunder. Die Wunderkraft realisiert *augenblicklich, mit einem Schlag, ohne alles Hindernis* die menschlichen Wünsche. Daß Kranke gesund werden, das ist kein Wunder, aber daß sie unmittelbar auf einen *bloßen Machtspruch* hin gesund werden, das ist das Geheimnis des Wunders. Nicht also durch das *Produkt* oder *Objekt,* welches sie

[*] 1. Mose 18, 14

hervorbringt – würde die Wundermacht etwas absolut Neues, nie Gesehenes, nie Vorgestelltes, auch nicht einmal Erdenkbares verwirklichen, so wäre sie als eine *wesentlich andere* und zugleich *objektive* Tätigkeit faktisch erwiesen –, sondern allein durch den *modus*, die *Art und Weise*, unterscheidet sich die Wundertätigkeit von der Tätigkeit der Natur und Vernunft. Allein die Tätigkeit, welche dem Wesen, dem Inhalt nach eine natürliche, sinnliche, nur dem *modus* nach eine *übernatürliche, übersinnliche* ist, diese Tätigkeit ist nur die Phantasie oder Einbildungskraft. Die *Macht des Wunders* ist daher nichts andres als die *Macht der Einbildungskraft*.

Die Wundertätigkeit ist eine Zwecktätigkeit. Die Sehnsucht nach dem verlornen Lazarus, der Wunsch seiner Verwandten, ihn wieder zu besitzen, war der Beweggrund der wunderbaren Erweckung – die Tat selbst, die Befriedigung dieses Wunsches, der Zweck. Allerdings geschah zugleich das Wunder »*zur Ehre Gottes,* daß der Sohn Gottes dadurch geehret werde«, aber die Schwestern des Lazarus, die nach dem Herrn schicken mit den Worten: »Siehe, den du lieb hast, der liegt krank«, und die *Tränen,* die Jesus vergoß, vindizieren zugleich dem Wunder einen menschlichen Ursprung und Zweck. Der Sinn ist: *Der* Macht, die selbst Tote erwecken kann, ist kein menschlicher Wunsch unerfüllbar. Die Zwecktätigkeit beschreibt bekanntlich einen Kreis: Sie läuft im Ende auf ihren Anfang zurück. Aber die Wundertätigkeit unterscheidet sich dadurch von der gemeinen Verwirklichung des Zwecks, daß sie einen Zweck *ohne Mittel* realisiert, daß sie eine *unmittelbare Identität des Wunsches und der Erfüllung* bewirkt, daß sie folglich einen *Kreis* beschreibt, aber *nicht in krummer,* sondern in gerader, folglich der kürzesten Linie. Ein Kreis in gerader Linie ist das mathematische Sinn- und Ebenbild des Wunders. So lächerlich es daher wäre, einen Kreis in gerader Linie konstruieren zu wollen, so lächerlich ist es, das Wunder philosophisch deduzieren zu wollen. Das Wunder ist für die Vernunft sinnlos, undenkbar, so undenkbar als ein hölzernes Eisen, ein Kreis ohne Peripherie. Ehe man die Möglichkeit

bespricht, ob ein Wunder geschehen kann, zeige man die Möglichkeit, ob das Wunder, d. h. das *Undenkbare denkbar ist.*
Was dem Menschen die Einbildung der Denkbarkeit des Wunders beibringt, ist, daß das Wunder als eine *sinnliche* Begebenheit vorgestellt wird und der Mensch daher seine Vernunft durch zwischen den Widerspruch sich einschiebende, sinnliche Vorstellungen täuscht. Das Wunder der Verwandlung des Wassers in Wein z. B. sagt in Wahrheit nichts andres als: Wasser *ist* Wein, nichts andres als die Identität zweier sich absolut widersprechender Prädikate oder Subjekte; denn in der Hand des Wundertäters ist *kein Unterschied* zwischen beiden Substanzen; die Verwandlung ist nur die sinnliche Erscheinung von dieser Identität des sich Widersprechenden. Aber die Verwandlung verhüllt den Widerspruch, weil die natürliche Vorstellung der *Veränderung* sich dazwischen einschiebt. Allein, es ist ja keine allmähliche, keine natürliche, sozusagen *organische,* sondern eine absolute, stofflose Verwandlung — eine reine *creatio ex nihilo.* In dem geheimnis- und verhängnisvollen Wunderakt, in dem Akt, der das Wunder zum *Wunder* macht, ist urplötzlich, ununterscheidbar Wasser Wein — was ebensoviel sagen will als Eisen ist Holz oder ein hölzernes Eisen.
Der Wunderakt — und das Wunder ist nur ein flüchtiger Akt — ist daher kein denkbarer, denn er hebt das Prinzip der Denkbarkeit auf, aber ebensowenig ein Objekt des Sinnes, ein Objekt wirklicher oder nur möglicher Erfahrung. Wasser ist wohl Gegenstand des Sinnes, auch Wein; ich *sehe* jetzt wohl Wasser, hernach Wein; aber *das Wunder* selbst, das, was dieses Wasser urplötzlich zum Wein macht, dies ist, weil kein Naturprozeß, ein reines Perfektum ohne vorhergehendes Imperfektum, ohne Modus, ohne Mittel und Weise, ist kein Gegenstand wirklicher oder nur möglicher Erfahrung. Das Wunder ist ein *Ding der Einbildung* — eben deswegen auch so *gemütlich,* denn die Phantasie ist die dem subjektiven Gemüte allein entsprechende Tätigkeit, weil sie alle Schranken, alle Gesetze, welche dem Gemüte wehetun, beseitigt und

so dem Menschen die unmittelbare, schlechthin unbeschränkte Befriedigung seiner subjektivsten Wünsche vergegenständlicht.* Gemütlichkeit ist die wesentliche Eigenschaft des Wunders. Wohl macht auch das Wunder einen erhabnen, erschütternden Eindruck, insofern, als es eine Macht ausdrückt, vor der nichts besteht – die Macht der Phantasie. Aber dieser Eindruck liegt nur in dem vorübergehenden Akt des Tuns – der bleibende, wesenhafte Eindruck ist der gemütliche. In dem Momente, wo der geliebte Tote aufgeweckt wird, erschrecken wohl die umstehenden Verwandten und Freunde über die außerordentliche, allmächtige Kraft, die Tote in Lebende verwandelt; aber in demselben ungeteilten Momente – denn die Wirkungen der Wundermacht sind absolut schnell –, wo er aufersteht, wo das Wunder vollbracht ist, da fallen auch schon die Verwandten dem Wiedererstandnen in die Arme und führen ihn unter Freudentränen nach Hause, um hier ein gemütliches Fest zu feiern. *Aus dem Gemüte entspringt das Wunder, auf das Gemüt geht es wieder zurück.* Selbst in der Darstellung verleugnet es nicht seinen Ursprung. Die adäquate Darstellung ist allein die gemütliche. Wer sollte in der Erzählung von der Erweckung des Lazarus, des größten Wunders, den gemütlichen, behaglichen Legendenton verkennen?** Gemütlich ist aber eben das Wunder, weil es, wie gesagt, ohne Arbeit, ohne Anstrengung die Wünsche des Menschen befriedigt. Arbeit ist gemütlos, ungläubig, rationalistisch; denn der Mensch macht hier sein Dasein abhängig von der Zwecktätigkeit, die selbst wieder lediglich durch den Begriff der *gegenständlichen Welt* vermittelt ist. Aber das Gemüt kümmert sich nichts um die

---

* Freilich ist diese Befriedigung – eine Bemerkung, die sich übrigens von selbst versteht – insofern beschränkt, als sie an die Religion, den Glauben an Gott gebunden ist. Aber diese Beschränkung ist in Wahrheit *keine* Beschränkung, denn Gott selbst ist das unbeschränkte, das absolut befriedigte, in sich gesättigte Wesen des menschlichen Gemütes.

** Die Legenden des Katholizismus – natürlich nur die bessern, wahrhaft gemütlichen – sind gleichsam nur das Echo von dem Grundton, der schon in dieser neutestamentlichen Erzählung herrscht. Das Wunder könnte man füglich auch definieren als den *religiösen Humor*. Besonders hat der Katholizismus das Wunder von dieser seiner humoristischen Seite ausgebildet.

objektive Welt; es geht nicht außer und über sich hinaus; es ist selig in sich. Das Element der Bildung, das nordische Prinzip der Selbstentäußerung geht dem Gemüte ab. Die Apostel und Evangelisten waren keine wissenschaftlich gebildeten Männer. Bildung überhaupt ist nichts andres als die Erhebung des Individuums über seine Subjektivität zur *objektiven, universalen Anschauung, zur Anschauung der Welt.* Die Apostel waren Volksmänner; das Volk lebt nur in sich, im Gemüte; darum siegte das Christentum über die Völker. Vox populi vox dei. Hätte das Christentum über einen Philosophen, einen Geschichtsschreiber, einen Dichter der klassischen Zeit gesiegt? Die Philosophen, die zum Christentum übergingen, waren schwache, schlechte Philosophen. Alle diejenigen, die noch klassischen Geist in sich hatten, waren feindselig oder doch gleichgültig gegen das Christentum. Der Untergang der Bildung war identisch mit dem Sieg des Christentums. Der klassische Geist, der Geist der Bildung ist der sich selbst durch Gesetze – freilich nicht willkürliche, endliche, sondern wahrhafte, an und für sich gültige Gesetze – beschränkende, durch die *Notwendigkeit,* die *Wahrheit der Natur der Dinge* Gefühl und Phantasie bestimmende, kurz, der *objektive* Geist. An die Stelle dieses Geistes trat mit dem Christentum das Prinzip der unbeschränkten, maßlosen, überschwenglichen, supranaturalistischen Subjektivität – ein in seinem innersten Wesen dem Prinzip der Wissenschaft, der Bildung entgegengesetztes Prinzip.* Mit dem Christentum verlor der Mensch den Sinn, die

* Bildung in dem Sinne, in dem sie hier genommen wird. *Weltbildung* wäre der richtige Ausdruck, wenn dieser nicht im Sprachgebrauch eine zu gemeine und oberflächliche Bedeutung erhalten hätte. – Höchst charakteristisch für das Christentum – ein populärer Beweis des Gesagten – ist es, daß nur die Sprache der Bibel, nicht die eines Sophokles oder Plato, also nur die *unbestimmte, gesetzlose* Sprache des Gemüts, nicht die Sprache der *Kunst* und *Philosophie* für die Sprache, die Offenbarung des göttlichen Geistes im Christentum galt und heute noch gilt. – Aber waren denn nicht viele Kirchenväter, wie z. B. Tertullian, Clemens A., Hieronymus, Origenes, sehr gelehrte Leute? Verdanken wir nicht ihnen sogar viele Kenntnisse des heidnischen Altertums? Wer wird dies leugnen? Aber ist der ein Freund und Beförderer des Pietismus, der die Traktätlein der Pietisten sammelt und zitiert, um sie zu prostituieren? Nur auf

Fähigkeit, sich in die Natur, das Universum hineinzudenken. Solange das *wahre, ungeheuchelte, unverfälschte, rücksichtslose* Christentum existierte, solange das Christentum eine *lebendige, praktische Wahrheit* war, so lange geschahen *wirkliche* Wunder, und sie geschahen notwendig, denn der Glaube an tote, historische, vergangne Wunder ist selbst ein toter Glaube, der *erste Ansatz zum Unglauben* oder vielmehr die erste und eben deswegen schüchterne, unwahre, unfreie Weise, wie der Unglaube an das Wunder sich Luft macht. Aber wo Wunder geschehen, da verfließen alle bestimmten Gestalten in den Nebel der Phantasie und des Gemüts; da ist die Welt, die Wirklichkeit nichts, da ist das *objektive,* wirkliche Wesen allein das wundertätige, gemütliche, d. i. *subjektive* Wesen.

Für den bloßen Gemütsmenschen ist unmittelbar, ohne daß er es will und weiß, die Einbildungskraft die höchste Tätigkeit, die ihn beherrschende; als die höchste, die Tätigkeit Gottes, die schöpferische Tätigkeit. Sein Gemüt ist ihm eine unmittelbare Wahrheit und Realität; so real ihm das Gemüt ist – und es ist ihm das Realste, Wesenhafteste; er kann nicht von seinem Gemüte abstrahieren, nicht darüber hinaus –, so real ist ihm die Einbildung. Die Phantasie oder Einbildungskraft (die hier nicht unterschieden werden, obwohl an sich verschieden), ist ihm nicht so wie uns Verstandesmenschen, die wir sie als die subjektive von der objektiven Anschauung unterscheiden, Gegenstand; sie ist *unmittelbar* mit ihm selbst, mit seinem Gemüte *identisch* und, als identisch mit *seinem Wesen,* seine *wesentliche,* gegenständliche, notwendige Anschauung selbst. Für uns ist wohl die Phantasie eine *willkürliche* Tätigkeit, aber wo der Mensch das Prinzip der Bildung, der Weltanschauung nicht in sich aufgenommen, wo er nur in seinem Gemüte lebt und webt, da ist die Phantasie eine unmittelbare, unwillkürliche Tätigkeit.

den wissenschaftlichen Sinn allein kommt es an. Aber diesen sollten sie auch ihrer Zeit und Bestimmung nach nicht haben. Richtig; aber sie konnten auch ihrem *Grundprinzip* nach keinen haben. – Wenn die Konzilien von den Geistlichen Kenntnisse verlangen, so verstehen sie darunter natürlich immer nur kirchliche oder theologische Kenntnisse.

Die Erklärung der Wunder aus Gemüt und Phantasie gilt vielen heutigentags freilich für oberflächlich. Aber man denke sich hinein in die Zeiten, wo noch lebendige, gegenwärtige Wunder geglaubt wurden, wo die Realität der Dinge außer uns noch kein geheiligter Glaubensartikel war, wo die Menschen so abgezogen von der Weltanschauung lebten, daß sie tagtäglich dem Untergang der Welt entgegensahen, wo sie nur lebten in der wonnetrunknen Aussicht und Hoffnung des Himmels, also in der Einbildung – denn mag der Himmel sein, was er will, für sie wenigstens existierte er, solange sie auf Erden waren, nur in der Einbildungskraft –, wo diese Einbildung *keine Einbildung,* sondern Wahrheit, ja die ewige, allein bestehende Wahrheit, nicht ein tatloses, müßiges *Trostmittel* nur, sondern ein *praktisches,* die *Handlungen bestimmendes Moralprinzip* war, welchem die Menschen mit Freuden das wirkliche Leben, die wirkliche Welt mit allen ihren Herrlichkeiten zum Opfer brachten – man denke sich da hinein, und man muß in der Tat selbst sehr oberflächlich sein, wenn man die psychologische Genesis für oberflächlich erklärt. Kein stichhaltiger Einwand ist es, daß diese Wunder im Angesicht ganzer Versammlungen geschehen sind oder geschehen sein sollen: Keiner war bei sich, alle erfüllt von überschwenglichen, supranaturalistischen Vorstellungen, Empfindungen; alle beseelte derselbe Glaube, dieselbe Hoffnung, dieselbe Phantasie. Wem sollte es aber unbekannt sein, daß es auch gemeinschaftliche oder gleichartige Träume, gemeinschaftliche oder gleichartige Visionen gibt, zumal bei gemütlichen, in und auf sich beschränkten, enge zusammenhaltenden Individuen? Doch dem sei, wie es wolle. Ist die Erklärung der Wunder aus Gemüt und Phantasie oberflächlich, so fällt die Schuld der Oberflächlichkeit nicht auf den Erklärer, sondern auf den Gegenstand selbst – auf das Wunder; denn das Wunder drückt, bei Lichte besehen, eben gar nichts weiter aus als die Zaubermacht der Phantasie, die ohne Widerspruch alle Wünsche des Herzens erfüllt.

DAS GEHEIMNIS DER AUFERSTEHUNG UND
ÜBERNATÜRLICHEN GEBURT

Die Qualität der Gemütlichkeit gilt nicht nur von den praktischen Wundern, wo von selbst diese Qualität in die Augen springt, da sie unmittelbar das Wohl, den Wunsch des menschlichen Individuums betreffen; sie gilt auch von den theoretischen oder eigentlich dogmatischen Wundern. So von dem Wunder der Auferstehung und übernatürlichen Geburt.

Der Mensch hat, wenigstens im Zustande des Wohlseins, den Wunsch, nicht zu sterben. Dieser Wunsch ist ursprünglich eins mit dem Selbsterhaltungstriebe. Was lebt, will sich behaupten, will leben, folglich nicht sterben. Dieser erst negative Wunsch wird in der spätern Reflexion und im Gemüte, unter dem Drucke des Lebens, besonders des bürgerlichen und politischen Lebens, zu einem positiven Wunsche, zum Wunsche eines Lebens, und zwar bessern Lebens, nach dem Tode. Aber in diesem Wunsche liegt zugleich der Wunsch nach Gewißheit dieser Hoffnung. Die Vernunft kann diese Hoffnung nicht erfüllen. Man hat daher gesagt: Alle Beweise für die Unsterblichkeit sind ungenügend, oder selbst, daß sie die Vernunft gar nicht aus sich erkennen, viel weniger beweisen könne. Und mit Recht: Die Vernunft gibt nur *allgemeine* Beweise; die *Gewißheit* meiner *persönlichen* Fortdauer kann sie mir nicht geben, und diese Gewißheit verlangt man eben. Aber zu solcher Gewißheit gehört eine unmittelbare, persönliche Versicherung, eine tatsächliche Bestätigung. Diese kann mir nur dadurch gegeben werden, daß ein Toter, von dessen Tode wir vorher versichert waren, wieder aus dem Grabe aufersteht, und zwar ein Toter, der kein gleichgültiger, sondern vielmehr das Vorbild der andern ist, so daß auch seine Auferstehung das Vorbild, die Garantie der Auferstehung der andern ist. Die Auferstehung Christi ist daher der *realisierte Wunsch* des Menschen nach *unmittelbarer Gewißheit* von seiner *persönlichen Fortdauer* nach dem Tode – die persönliche Unsterblichkeit als eine sinnliche, unbezweifelbare Tatsache.

Die Frage nach der Unsterblichkeit war bei den heidnischen Philosophen eine Frage, bei welcher das Interesse der Persönlichkeit außer dem Spiele blieb. Es handelte sich hier nur um die *Natur* der Seele, des Geistes, des Lebensprinzipes. Im Gedanken von der Unsterblichkeit des Lebensprinzipes liegt keineswegs der Gedanke, geschweige die Gewißheit der persönlichen Unsterblichkeit. Darum drücken sich die Alten so unbestimmt, so widersprechend, so zweifelhaft über diesen Gegenstand aus. Die Christen dagegen, in der zweifellosen Gewißheit, daß ihre persönlichen, gemütlichen Wünsche erfüllt werden, d. h. in der Gewißheit von dem göttlichen Wesen ihres Gemüts, ihrer Persönlichkeit, von der Wahrheit und Unantastbarkeit ihrer subjektiven Gefühle, machten, was bei den Alten die Bedeutung eines *theoretischen Problems* hatte, zu einer *unmittelbaren Tatsache,* eine *theoretische*, eine *an sich freie* Frage zu einer *bindenden Gewissenssache,* deren Leugnung dem Majestätsverbrechen des Atheismus gleichkam. Wer die Auferstehung leugnet, leugnet die Auferstehung Christi, wer Christi Auferstehung leugnet, leugnet Christus, wer aber Christus leugnet, leugnet Gott. So machte das »geistige« Christentum eine geistige Sache zu einer geistlosen Sache! Den Christen war die Unsterblichkeit der Vernunft, des Geistes viel zu abstrakt und negativ; den Christen lag nur die persönliche, gemütliche Unsterblichkeit am Herzen; aber die Bürgschaft dieser liegt nur in der fleischlichen Auferstehung. Die Auferstehung des Fleisches ist der höchste Triumph des Christentums über die erhabene, freilich abstrakte, Geistigkeit und Objektivität der Alten. Darum wollte auch die Auferstehung den Heiden durchaus nicht in den Kopf.
Aber wie die Auferstehung, das Ende der heiligen Geschichte – eine Geschichte, die aber nicht die Bedeutung einer Historie, sondern der Wahrheit selber hat – ein realisierter Wunsch, so ist es auch der Anfang derselben, die übernatürliche Geburt, obgleich diese sich nicht auf ein unmittelbar persönliches Interesse, sondern mehr nur auf ein partikuläres, subjektives Gefühl bezieht.

Je mehr sich der Mensch der Natur entfremdet, je subjektiver, d. i. über- oder widernatürlicher seine Anschauung wird, desto größere Scheu bekommt er vor der Natur oder wenigstens vor gewissen natürlichen Dingen und Prozessen, die seiner Phantasie mißfallen, ihn widerlich affizieren. Der freie, objektive Mensch findet allerdings auch Ekelhaftes und Widerliches in der Natur, aber er begreift es als eine natürliche, unvermeidliche Folge und überwindet in dieser Einsicht seine Gefühle als nur subjektive, unwahre Gefühle. Der subjektive, nur im Gemüte und in der Phantasie lebende Mensch dagegen fixiert, beanstandet diese Dinge mit einem ganz besondern Widerwillen. Er hat das Auge jenes unglücklichen Findlings, welcher auch an der schönsten Blume nur die kleinen »schwarzen Käferchen«, die auf ihr herumliefen, bemerkte und durch diese Wahrnehmung den Genuß an der Anschauung der Blume sich verbitterte. Der subjektive Mensch macht aber seine Gefühle zum Maßstab dessen, was *sein soll.* Was ihm nicht gefällt, was sein transzendentes, über- oder widernatürliches Gemüt beleidigt, das soll *nicht sein.* Kann auch das, was ihm wohlgefällt, nicht sein ohne das, was ihm mißfällt – der subjektive Mensch richtet sich nicht nach den langweiligen Gesetzen der Logik und Physik, sondern nach der Willkür der Phantasie – er läßt daher das Mißfällige an einer Sache weg, das Wohlgefällige aber hält er fest. So gefällt ihm wohl die reine, unbefleckte Jungfrau; aber wohlgefällt ihm auch die Mutter, jedoch nur die Mutter, die keine Beschwerden leidet, die Mutter, die schon das Kindlein auf den Armen trägt.

An und für sich ist die Jungfrauschaft im innersten Wesen seines Geistes, seines Glaubens sein höchster Begriff, das cornu copiae seiner supranaturalistischen Gefühle und Vorstellungen, sein personifiziertes Ehr- und Schamgefühl vor der gemeinen Natur.* Aber zugleich regt sich doch auch ein *natürliches*

---

* »Tantum denique abest incesti cupido, ut nonnullis *rubori* sit etiam pudica conjunctio« (M. Felicis *Oct.,* c. 31). Der Pater Gil war so außer-

Gefühl in seiner Brust, das barmherzige Gefühl der Mutterliebe. Was ist nun in dieser Herzensnot, in diesem Zwiespalt zwischen einem natürlichen und über- oder widernatürlichen Gefühl zu tun? Der Supranaturalist muß beides verbinden, in einem und demselben Subjekte zwei sich gegenseitig ausschließende Prädikate zusammenfassen.* Oh, welche Fülle gemütlicher, holdseliger, übersinnlich sinnlicher Gefühle liegt in dieser Verknüpfung!

Hier haben wir den Schlüssel zu dem Widerspruch im Katholizismus, daß zugleich die Ehe, zugleich die Ehelosigkeit heilig ist. Der *dogmatische Widerspruch der jungfräulichen Mutter* oder mütterlichen Jungfrau ist hier nur als ein *praktischer Widerspruch* verwirklicht. Aber gleichwohl ist diese wunderbare, der Natur und Vernunft widersprechende, dem Gemüte und der Phantasie aber im höchsten Grade entsprechende Verknüpfung der Jungferschaft und Mutterschaft kein Produkt des Katholizismus; sie liegt selbst schon in der zweideutigen Rolle, welche die Ehe in der Bibel, namentlich im Sinne des Apostels Paulus, spielt. Die Lehre von der übernatürlichen Zeugung und Empfängnis Christi ist eine *wesentliche* Lehre des Christentums, eine Lehre, die sein inneres dogmatisches Wesen ausspricht, die auf demselben Fundament wie alle übrigen Wunder und Glaubensartikel beruht. Sogut die Christen an dem Tode, den der Philosoph, der Naturforscher, der freie, objektive Mensch überhaupt, für eine natürliche Notwendigkeit erkennt, überhaupt an den Grenzen der Natur, welche dem Gemüte Schranken, der Vernunft aber vernünf-

ordentlich keusch, daß er kein Weib von Gesicht kannte, ja, er fürchtete sich sogar, nur sich selbst anzufassen, »*se quoque ipsum attingere quodammodo horrebat*«. Der Pater Coton hatte einen so feinen Geruch in diesem Punkte, daß er bei Annäherung von unkeuschen Personen einen unerträglichen Gestank wahrnahm (Bayle, *Dict.*, Art. Mariana, Rem. C). Aber das oberste, das göttliche Prinzip dieser hyperphysischen Delikatesse ist die Jungfrau Maria; daher sie bei den Katholiken heißt: *Virginum gloria, Virginitatis corona, Virginitatis typus et forma puritatis, Virginum vexillifera, Virginitatis magistra, Virginum prima, Virginitatis primiceria*.

* »Salve sancta parens, enixa puerpera Regem,
   Gaudia matris habens cum Virginitatis honore.«
                                        (*Theol. schol.*, Mezger, T. IV, p. 132)

tige Gesetze sind, Anstoß nahmen und sie daher durch die Macht der Wundertätigkeit beseitigten, so gut mußten sie auch an dem Naturprozeß der Zeugung Anstoß nehmen und ihn durch die Wundermacht negieren. Und wie die Auferstehung, so kommt auch die übernatürliche Geburt allen, nämlich Gläubigen, zugute; denn die Empfängnis der Maria, als unbefleckt durch das männliche Sperma, welches das eigentliche Kontagium der Erbsünde ist, war ja der erste Reinigungsakt der sünden-, d. i. naturbeschmutzten Menschheit. Nur weil der Theanthropos nicht angesteckt war von der Erbsünde, konnte er, der Reine, die Menschheit reinigen in den Augen Gottes, welchen der natürliche Zeugungsprozeß ein Greuel, weil er selbst nichts andres als das *übernatürliche Gemüt* ist.

Selbst die trocknen, so willkürlich kritischen protestantischen Orthodoxen betrachteten noch die Empfängnis der gottgebärenden Jungfrau als ein großes, verehrungs- und anstaunungswürdiges, heiliges, übervernünftiges Glaubensmysterium.* Aber bei den Protestanten, welche den Christen nur auf den Glauben reduzierten und beschränkten, im Leben aber Mensch sein ließen, hatte auch dieses Mysterium nur *dogmatische, nicht mehr praktische* Bedeutung. Sie ließen sich durch dieses Mysterium in ihrer Heiratslust nicht irremachen. Bei den Katholiken, überhaupt den alten unbedingten, unkritischen Christen war, was ein *Mysterium des Glaubens,* auch ein *Mysterium des Lebens, der Moral.*** Die katholische Moral ist christlich, mystisch, die protestantische Moral war schon von Anfang an *rationalistisch*. Die protestantische Moral ist und war eine fleischliche Vermischung des Christen mit dem Menschen – dem natürlichen, politischen, bürgerlichen, sozialen Menschen, oder wie ihr ihn sonst im Unterschiede vom christlichen nennen wollt –, die katholische Moral bewahrte auf ihrem Herzen das Geheimnis der unbefleckten Jungfräulichkeit. Die katholische Moral war die mater dolo-

---

* S. z. B. J. D. Winckler, *Philolog. Lactant. s.,* Brunsvigae 1754, p. 247-254.
** S. hierüber auch *Philos. und Christentum* von L. Feuerbach.

rosa, die protestantische eine wohlbeleibte, kindergesegnete Hausfrau. Der Protestantismus ist von Grund aus der Widerspruch zwischen *Glauben* und *Leben*. Nicht so der Katholizismus. Die übernatürlichen Glaubensprinzipien waren ihm zugleich *übernatürliche Moralprinzipien*. Eben deswegen, weil das Mysterium der virgo deipara bei den Protestanten nur noch in der Theorie oder vielmehr in der Dogmatik, aber nicht mehr in praxi galt, sagten sie, daß man sich nicht vorsichtig, nicht zurückhaltend genug darüber ausdrücken könne, daß man es durchaus nicht zu einem Objekt der *Spekulation* machen dürfe. Was man praktisch negiert, hat keinen wahren Grund und Bestand mehr im Menschen, ist nur noch ein Gespenst der Vorstellung. Deshalb verbirgt, entzieht man es dem Verstande. Gespenster vertragen nicht das Tageslicht.

Selbst auch die spätere, übrigens schon in einem Briefe an den Heiligen Bernhard, der sie aber verwirft, ausgesprochene Glaubensvorstellung, daß auch die Maria unbefleckt ohne Erbsünde empfangen worden sei, ist keineswegs eine »sonderbare Schulmeinung«, wie sie Ranke in seiner *Geschichte der Reformation* nennt. Sie ergab sich vielmehr aus einer natürlichen Folgerung und einer frommen, dankbaren Gesinnung gegen die Mutter Gottes. Was ein Wunder, was Gott gebiert, muß selbst wunderbaren, göttlichen Ursprungs und Wesens sein. Wie hätte Maria die Ehre haben können, vom Heiligen Geiste beschattet zu werden, wenn sie nicht vorher schon von Hause aus wäre purifiziert worden? Konnte der Heilige Geist in einem von der Erbsünde besudelten Leibe Wohnung nehmen? Wenn ihr das Prinzip des Christentums, die heil- und wundervolle Geburt des Heilands nicht sonderbar findet – oh, so findet doch auch die naiven, einfältigen, gutmütigen Folgerungen des Katholizismus nicht sonderbar.

DAS GEHEIMNIS DES CHRISTLICHEN CHRISTUS
ODER DES PERSÖNLICHEN GOTTES

Die Grunddogmen des Christentums sind realisierte Herzenswünsche – das Wesen des Christentums ist das Wesen des Gemüts. Es ist gemütlicher, zu leiden als zu handeln, gemütlicher, durch einen andern erlöst und befreit zu werden, als sich selbst zu befreien, gemütlicher, von einer Person als von der Kraft der Selbsttätigkeit sein Heil abhängig zu machen, gemütlicher, statt des Objekts des Strebens ein Objekt der Liebe zu setzen, gemütlicher, sich von Gott geliebt zu wissen, als sich selbst zu lieben mit der einfachen, natürlichen Selbstliebe, die allen Wesen eingeboren, gemütlicher, sich in den liebestrahlenden Augen eines andern persönlichen Wesens zu bespiegeln, als in den Hohlspiegel des eignen Selbsts oder in die kalte Tiefe des stillen Ozeans der Natur zu schauen, gemütlicher überhaupt, sich *von seinem eignen Gemüte als von einem andern,* aber doch *im Grunde demselbigen Wesen affizieren* zu lassen, als sich selbst durch die Vernunft zu bestimmen. Das Gemüt ist überhaupt der casus obliquus des Ich, das *Ich im Akkusativ.* Das Fichtesche Ich ist gemütlos, weil der Akkusativ dem Nominativ gleich ist, weil es ein Indeclinabile. Aber das Gemüt ist das *von sich selbst affizierte,* und zwar das *von sich als wie von einem andern Wesen affizierte Ich* – das *passive* Ich. Das Gemüt verwandelt das Aktivum im Menschen in ein Passivum und das Passivum in ein Aktivum. Das Denkende ist dem Gemüte das Gedachte, das Gedachte das Denkende. Das Gemüt ist träumerischer Natur; darum weiß es auch nichts Seligeres, nichts Tieferes als den Traum. Aber was ist der Traum? Die Umkehrung des wachen Bewußtseins. Im Traume ist das Handelnde das Leidende, das Leidende das Handelnde; im Traume nehme ich meine Selbstaffektionen als Affektionen von außen, die Gemütsbewegungen als Ereignisse, meine Vorstellungen und Empfindungen als Wesen außer mir wahr, leide ich, was ich außer dem tue. Der Traum bricht die Strahlen des Lichts doppelt – daher sein unbeschreiblicher Reiz. Es ist dasselbe Ich, dasselbe Wesen im Traume wie im Wachen; der Unterschied ist nur, daß im Wachen das Ich *sich selbst affiziert,* im Traume von sich selbst als wie von einem andern Wesen *affiziert wird. Ich denke mich* – ist gemütlos, rationalistisch; *ich bin gedacht von Gott* und denke mich nur als gedacht von Gott – ist gemütvoll, ist religiös. Das Gemüt ist der Traum mit offnen Augen; die Religion der Traum des wahren Bewußtseins; der Traum der Schlüssel zu den Geheimnissen der Religion.

Das höchste Gesetz des Gemüts ist die unmittelbare Einheit des Willens und der Tat, des Wunsches und der Wirklichkeit. Dieses Gesetz erfüllt der Erlöser. Wie das äußerliche Wunder im Gegensatz zur natürlichen Tätigkeit die physischen Bedürfnisse und Wünsche des Menschen unmittelbar realisiert, so befriedigt der Erlöser, der Versöhner, der Gottmensch im Gegensatze zur moralischen Selbsttätigkeit des natürlichen oder rationalistischen Menschen unmittelbar die innern moralischen Bedürfnisse und Wünsche, indem er den Menschen der Vermittlungtätigkeit seinerseits überhebt. Was du wünschest, ist bereits ein Perfektum. Du willst dir die Seligkeit erwerben, verdienen. Du kannst es nicht – d. h. in Wahrheit: *Du brauchst es nicht.* Es ist schon geschehen, was du erst machen willst. Du hast dich nur *passiv* zu verhalten, du brauchst nur zu glauben, nur zu genießen. Du willst dir Gott geneigt machen, seinen Zorn beschwichtigen, Frieden haben vor deinem Gewissen. Aber dieser Friede existiert schon; dieser Friede ist der Mittler, der Gottmensch – er ist dein beschwichtigtes Gewissen, er die Erfüllung des Gesetzes und damit die Erfüllung deines eignen Wunsches und Strebens.

Als der Erfüller des Gesetzes ist aber jetzt nicht mehr das Gesetz, sondern der *Erfüller* das Muster, die Richtschnur, das Gesetz deines Lebens. Wer das Gesetz erfüllt, annulliert das Gesetz. Das Gesetz hat nur Autorität, nur Gültigkeit der Gesetzwidrigkeit gegenüber. Wer aber das Gesetz vollkommen erfüllt, der sagt zum Gesetz: Was du willst, das will ich von selbst, und was du nur befiehlst, bekräftige ich durch die Tat;

mein Leben ist das wahre, das lebendige Gesetz. Der Erfüller des Gesetzes tritt daher notwendig an die Stelle des Gesetzes, und zwar als ein neues Gesetz, ein Gesetz, dessen Joch sanft und milde ist. Denn statt des nur kommandierenden Gesetzes stellt er *sich selbst* als *Beispiel*, als ein *Objekt der Liebe*, der Bewunderung und Nacheiferung hin – und wird dadurch zum *Erlöser* von der Sünde. Das Gesetz gibt mir nicht die Kraft, das Gesetz zu erfüllen; nein, es ist barbarisch; es befiehlt nur, ohne sich darum zu bekümmern, *ob* ich es auch erfüllen *kann* und *wie* ich es erfüllen *soll*; es überläßt mich rat- und hilflos nur *mir selbst*. Aber wer mir mit seinem Beispiel voranleuchtet, der greift mir unter die Arme, der teilt mir seine eigne Kraft mit. Das Gesetz leistet keinen Widerstand der Sünde, aber *Wunder* wirkt das Beispiel. Das Gesetz ist tot; aber das Beispiel animiert, begeistert, reißt den Menschen unwillkürlich mit sich fort. Das Gesetz spricht nur zum Verstande und setzt sich direkt den Trieben entgegen; das Beispiel dagegen schmiegt sich an einen mächtigen, sinnlichen Trieb – an den unwillkürlichen Nachahmungstrieb – an. Das Beispiel wirkt auf Gemüt und Phantasie. Kurz, das Beispiel hat magische, d. h. sinnliche Kräfte; denn die magische, d. i. unwillkürliche Anziehungskraft ist eine wesentliche Eigenschaft wie der Materie überhaupt, so der Sinnlichkeit insbesondre.

Die Alten sagten, wenn die Tugend sich sehen lassen könnte oder würde, so würde sie durch ihre Schönheit alle für sich gewinnen und begeistern. Die Christen waren so glücklich, auch diesen Wunsch erfüllt zu sehen. Die Heiden hatten ein ungeschriebenes, die Juden ein geschriebenes Gesetz, die Christen ein Exempel, ein Vorbild, ein sichtbares, persönlich lebendiges Gesetz, ein Fleisch gewordnes, ein menschliches Gesetz. Daher die Freudigkeit namentlich der ersten Christen – daher der Ruhm des Christentums, daß nur es allein die Kraft habe und gebe, der Sünde zu widerstehen. Und dieser Ruhm soll ihm nicht abgestritten werden. Nur ist zu bemerken, daß die Kraft des Tugendexempels nicht sowohl die

Macht der Tugend als vielmehr die *Macht des Beispiels* überhaupt ist, gleichwie die Macht der religiösen Musik nicht die Macht der Religion, sondern die Macht der Musik ist*, daß daher das Tugendbild wohl tugendhafte Handlungen zur Folge hat, aber ohne die Gesinnungen und Beweggründe der Tugend. Aber dieser einfache und wahre Sinn von der erlösenden und versöhnenden Macht des Beispiels im Unterschiede von der Macht des Gesetzes, auf welchen wir reduzierten den Gegensatz von Gesetz und Christus, ist keineswegs der volle, erschöpfende Sinn der religiösen oder dogmatischen Erlösung und Versöhnung. Hier reduziert sich alles auf die persönliche Kraft jenes wunderbaren Mittelwesens, welches weder Gott noch Mensch allein, sondern ein Mensch ist, der zugleich Gott, und ein Gott, der zugleich Mensch ist, und welches daher nur im Zusammenhang mit der Bedeutung des Wunders begriffen werden kann.** Das Wunder ist der realisierte Wunsch des Menschen, frei zu sein von den Bedingungen, Schranken, Gesetzen, an welche, der Vernunft und Natur nach, die Befriedigung der physischen Bedürfnisse geknüpft ist; der wunderbare Erlöser ist der realisierte Wunsch des Gemüts, frei zu sein von den *Gesetzen* der Moral, d. h. von den Bedingungen, an welche die Tugend auf dem *natürlichen Wege* gebunden ist, der realisierte Wunsch von den moralischen Übeln augenblicklich, unmittelbar, mit einem Zauberschlag, d. h. auf absolut subjektive, gemütliche Weise erlöst zu werden. Der höchste Selbstgenuß der Subjektivität, die höchste Selbstgewißheit des Menschen überhaupt ist, daß Gott *für ihn* handelt, *für ihn* leidet, *für ihn* sich opfert.

---

* Interessant ist in dieser Beziehung das Selbstbekenntnis Augustins. »Ita fluctuo inter periculum voluptatis et experimentum salubritatis: magisque adducor ... cantandi consuetudinem approbare in ecclesia, ut per oblectamenta aurium infirmior animus in affectum pietatis assurgat. Tamen cum mihi accidit, ut nos amplius *cantus,* quam *res quae canitur* moveat, poenaliter me peccare confiteor« (*Confess.,* I. X, c. 33).
** Die Theologen beschränkten zwar den Ausdruck μέσος, μεσότης, *medius, mediator* nur auf das munus und officium Christi. Aber gleichwohl ist in seiner Substanz die menschliche und göttliche Natur auf eine mystische, d. i. wunderbare Weise verknüpft. (S. hierüber im Anhang.)

Daß die Wunderkraft eins ist mit dem Begriffe des Mittelwesens, ist historisch selbst schon dadurch erwiesen, daß die Wunder des Alten Testaments, die Gesetzgebung, die Vorsehung, kurz alle die Elemente, welche das Wesen der Religion konstituieren, schon vor dem Christentum in die göttliche Weisheit, in den *Logos* verlegt wurden. Die Gottheit, an welche der Logos selbst wieder angeknüpft wurde, ist nur das Bewußtsein der Vernunft, eine abstrakte, metaphysische Idee, kein Wesen, keine Person; mit dem Logos erst *beginnt* die Religion. Dieser Logos schwebt bei Philo noch in der Luft zwischen Himmel und Erde, bald als ein Abstraktum, bald als ein Konkretum, d. h. Philo schwankt zwischen sich selbst als Philosoph und sich als religiösem Israeliten, zwischen dem positiven Element der Religion und der metaphysischen Idee, jedoch so, daß das abstrakte Element selbst bei ihm ein mehr oder weniger phantastisches ist. Im Christentum kam erst dieser Logos zu vollkommner Konsistenz, das Abstraktum wurde ein entschiednes Konkretum, d. h. die Religion konzentrierte sich jetzt ausschließlich auf *das* Element, *das* Objekt, welches ihre wesentliche Differenz begründet. Der Logos ist das personifizierte Wesen der Religion, der Logos daher das Wesen des Christentums. Die Kirche hat hierin einen sehr guten Takt bewiesen, daß sie so sehr auf die Wesenseinheit des Logos (Christus) mit Gott drang.* Die Unterordnung Christi unter Gott bei Paulus war nur ein Rest noch jüdisch-alexandrinischer Bildung, jedenfalls nur eine theoretische, ohne praktische Bedeutung in bezug auf das wesentliche Thema, den eigentlichen religiösen Text seines Lebens. Kurz, der Logos ist erst der Gott im Sinne der Religion, der offenbare, der wirkliche Gott. Wenn daher Gott als das Wesen des Gemüts bestimmt wurde, so hat dies erst im Logos seine volle Wahrheit.

Wie hätte er auch dieses vermittelnde Amt übernehmen können, wenn er nicht seiner Natur nach ein Mittelwesen wäre?
* »*Negas ergo Deum, si non omnia filio, quae Dei sunt,* deferuntur. Cum enim dixerit: omnia quae pater habet mea sunt, cur tu non omnia quae divinae naturae sunt etiam in filio confiteris?« (Ambrosius, *De Fide ad Gratianum*, I. III, c. 7).

Gott als Gott ist noch das verschloßne, verborgne Gemüt; das *aufgeschloßne, offne, sich gegenständliche Gemüt oder Herz* ist erst Christus – es versteht sich übrigens von selbst, daß auch hier wieder, denn das konstituiert eben das Wesen der Religion, dieses sich offenbare Herz als ein andres, selbständiges Wesen angeschaut wird; aber in Beziehung auf Gott als Gott, relativ, ist erst in Christus das Gemüt *vollkommen seiner selbst gewiß und versichert, außer allem Zweifel über die Wahrhaftigkeit und Göttlichkeit seines eignen Wesens*; denn Christus schlägt nichts dem Gemüte ab; er erfüllt alle seine Bitten. In Gott verschweigt noch das Gemüt, was ihm auf dem Herzen liegt; es seufzt nur; aber in Christus spricht es sich vollkommen aus; hier behält es nichts mehr für sich zurück. Der Seufzer ist der noch ängstliche Wunsch; er drückt sich mehr durch die Klage aus, daß das *nicht* ist, was er wünscht, als daß er offen, positiv heraussagt, was er will; im Seufzer zweifelt noch das Gemüt an der Rechtskräftigkeit seiner Wünsche. Aber in Christus ist alle Seelenangst verschwunden; er ist der in Siegesgesang über seine Erfüllung übergegangne Seufzer, die frohlockende Gewißheit des Gemüts von der Wahrheit und Wirklichkeit seiner in Gott verborgnen Wünsche; der tatsächliche Sieg über den Tod, über alle Gewalt der Welt und Natur, die nicht mehr nur gehoffte, die bereits vollbrachte Auferstehung[*]; er ist das Herz, das aller drückenden Schranken, aller Leiden frei und ledig ist, das *selige* Gemüt – die *sichtbare* Gottheit.

Gott zu sehen, dies ist der höchste Wunsch, der höchste Triumph des Herzens. Christus ist dieser erfüllte Wunsch, dieser Triumph. Gott, nur gedacht, nur als Denkwesen, d. i. Gott als Gott, ist immer nur ein *entferntes* Wesen, das Verhältnis zu ihm ein *abstraktes,* gleich dem Freundschaftsverhältnis, in welchem wir zu einem räumlich entfernten, persönlich uns unbekannten Menschen stehen. Sosehr auch seine Werke, die Beweise von Liebe, die er uns gibt, uns sein Wesen

---

[*] »*Quod est Christus, erimus Christiani,* si Christum fuerimus secuti« (C. Cyprianus, *De idolorum vanitate,* cap. 7).

vergegenwärtigen, es bleibt doch stets eine unausgefüllte Lükke, das Herz unbefriedigt; wir sehnen uns darnach, ihn zu sehen. Solange uns ein Wesen nicht von Angesicht zu Angesicht bekannt ist, sind wir doch immer noch im Zweifel, ob es wohl ist und so ist, wie wir es vorstellen; erst im Sehen liegt die letzte Zuversicht, die vollständige Beruhigung. Christus ist der *persönlich bekannte* Gott, Christus daher die selige Gewißheit, daß Gott *ist* und *so* ist, *wie* es das Gemüt will und bedarf, daß er ist. Gott als Gegenstand des Gebets ist wohl schon ein menschliches Wesen, indem er an menschlichem Elend teilnimmt, menschliche Wünsche erhört, aber er ist doch nicht als *wirklicher* Mensch dem religiösen Bewußtsein Gegenstand. Erst in Christus ist daher der letzte Wunsch der Religion realisiert, das Geheimnis des religiösen Gemütes aufgelöst – aufgelöst aber in der der Religion eigentümlichen Bildersprache –, denn was Gott im *Wesen* ist, das ist in Christus zur *Erscheinung* gekommen. Insofern kann man die christliche Religion die absolute nennen. Daß Gott, der *an sich* nichts andres als das Wesen des Menschen ist, auch *als solches* verwirklicht werde, *als Mensch* dem *Bewußtsein* Gegenstand sei, das ist das Ziel der Religion. Und dieses erreichte die christliche Religion in der Menschwerdung Gottes, die keineswegs ein vorübergehender Akt ist, denn Christus bleibt auch noch nach seiner Himmelfahrt Mensch, Mensch von Herzen und Mensch von Gestalt, nur daß jetzt sein Leib nicht mehr ein irdischer, dem Leiden unterworfner Körper ist.

Die Menschwerdungen Gottes bei den Orientalen, wie namentlich den Indern, haben keine so intensive Bedeutung als die christliche. Eben weil sie *oft* geschehen, werden sie gleichgültig, verlieren sie ihren Wert. *Die Menschheit Gottes ist seine Persönlichkeit. Gott ist ein persönliches Wesen heißt: Gott ist ein menschliches Wesen, Gott ist Mensch.* Die Persönlichkeit ist ein Abstraktum, das nur als *wirklicher Mensch* Realität hat.*

* Hieraus erhellt die Unwahrhaftigkeit und Eitelkeit der modernen Spekulation über die Persönlichkeit Gottes. Schämt ihr euch nicht eines

Der Sinn, der den Menschwerdungen Gottes zugrunde liegt, ist daher unendlich besser erreicht durch *eine* Menschwerdung, *eine* Persönlichkeit. Wo Gott in mehreren Personen nacheinander erscheint, da sind diese Persönlichkeiten verschwindende. Aber es handelt sich eben um eine *bleibende* Persönlichkeit, eine *ausschließende* Persönlichkeit. Wo viele Inkarnationen vorkommen, da ist Raum gegeben für noch unzählig viele andere; die Phantasie ist nicht beschränkt; da treten auch die bereits wirklichen in die Kategorie der nur möglichen oder vorstellbaren, in die Kategorie von Phantasien oder von bloßen Erscheinungen. Wo aber ausschließlich *eine* Persönlichkeit als die Inkarnation der Gottheit geglaubt und angeschaut wird, da imponiert diese sogleich mit der Macht einer *historischen Persönlichkeit*; die Phantasie ist abgetan, die Freiheit, noch andere sich vorzustellen, aufgegeben. Diese *eine* Persönlichkeit *nötigt* mir den Glauben an ihre Wirklichkeit auf. Der Charakter der wirklichen Persönlichkeit ist eben die Ausschließlichkeit – das Leibnizsche Prinzipium des Unterschieds, daß nichts Existierendes dem andern vollkommen gleich ist. Der Ton, der Nachdruck, mit dem die *eine* Persönlichkeit ausgesprochen wird, macht einen solchen Effekt auf das Gemüt, daß sie unmittelbar als eine wirkliche sich darstellt, aus einem Objekt der Phantasie zu einem Objekt der gemeinen historischen Anschauung wird.

Die *Sehnsucht* ist die *Notwendigkeit des Gemüts*; und das Gemüt sehnt sich nach einem persönlichen Gott. Aber diese Sehnsucht nach der Persönlichkeit Gottes ist nur eine wahre, ernste, tiefe, wenn sie die Sehnsucht nach *einer* Persönlichkeit ist, wenn sie sich mit *einer* begnügt. Mit der *Mehrheit* der Personen schwindet die *Wahrheit des Bedürfnisses*, wird die Persönlichkeit zu einem *Luxusartikel der Phantasie*. Was aber mit der *Gewalt der Notwendigkeit,* das wirkt mit der *Gewalt der Wirklichkeit* auf den Menschen. Was namentlich

persönlichen Gottes, so schämt euch auch nicht eines *fleischlichen Gottes.* Eine *abstrakte*, farblose Persönlichkeit, eine Persönlichkeit *ohne Fleisch und Blut,* ist ein hohles Gespenst.

dem Gemüt ein *notwendiges,* das ist ihm unmittelbar auch ein
wirkliches Wesen. Die Sehnsucht sagt: *Es muß ein persönlicher
Gott sein,* d. h. er kann *nicht nicht* sein, das befriedigte Gemüt: *Er ist.* Die *Bürgschaft* seiner Existenz liegt für das Gemüt in der *Notwendigkeit* seiner Existenz – die Notwendigkeit der Befriedigung in der *Gewalt* des Bedürfnisses. Die Not
kennt kein Gesetz außer sich. Die Not bricht Eisen. Das Gemüt kennt keine andere Notwendigkeit als die Gemütsnot-
wendigkeit, die Sehnsucht: Es perhorresziert die Notwendigkeit der Natur, die Notwendigkeit der Vernunft. Notwendig
ist also dem Gemüte ein subjektiver, gemütlicher, persönlicher
Gott; aber notwendig nur *eine* Persönlichkeit und diese *eine*
notwendig eine historische, wirkliche Persönlichkeit. Nur in
der Einheit der Persönlichkeit befriedigt, sammelt sich das
Gemüt. Die Mehrheit zerstreut.
Wie aber die Wahrheit der Persönlichkeit die Einheit, die
Wahrheit der Einheit die Wirklichkeit, so ist die Wahrheit
der wirklichen Persönlichkeit – das *Blut.* Der letzte, von dem
Verfasser des vierten Evangeliums mit besonderm Nachdruck
hervorgehobne Beweis, daß die sichtbare Person Gottes kein
Phantasma, sondern wirklicher Mensch gewesen, ist, daß Blut
aus seiner Seite am Kreuze geflossen. Wo der persönliche Gott
eine *wahre Herzensnot* ist, da muß er selbst Not leiden. Nur
in seinem Leiden liegt die Gewißheit seiner Wirklichkeit; nur
darauf der wesentliche Ein- und Nachdruck der Inkarnation.
Gott zu sehen genügt dem Gemüte nicht. Die Augen geben
noch keine hinlängliche Bürgschaft. Die Wahrheit der Gesichts-
vorstellung bekräftigt nur das Gefühl. Aber wie subjektiv das
Gefühl, so ist auch objektiv die Fühlbarkeit, Antastbarkeit,
Passibilität das letzte Kriterium der Wirklichkeit – das Leiden Christi daher *die höchste Wonne, die letzte Zuversicht,
der höchste Selbstgenuß, der höchste Trost des Gemütes*; denn
nur im *Blute* Christi ist der Durst nach einem persönlichen,
d. i. *menschlichen, teilnehmenden, empfindenden* Gotte gestillt.
»Darum wir es für einen schädlichen Irrtum halten, da Chri-

sto *nach seiner Menschheit* solche (nämlich göttliche) Majestät entzogen, dadurch den Christen ihr höchster Trost genommen, den sie in .. Verheißung von der Gegenwärtigkeit und Beiwohnung ihres Haupts, Königs und Hohenpriesters haben, der ihnen versprochen hat, daß nicht allein seine bloße Gottheit, welche gegen uns arme Sünder wie ein verzehrendes Feuer gegen dürre Stoppeln ist, sondern *er, er, der Mensch,* der mit ihnen geredet hat, der *alle Trübsal* in seiner angenommenen menschlichen Gestalt *versucht hat,* der dahero auch mit *uns,* als *mit Menschen und seinen Brüdern, ein Mitleiden* haben kann, der wolle bei uns sein in allen unsern Nöten, auch nach der Natur, *nach welcher er unser Bruder ist und wir Fleisch von seinem Fleische sind.*«[*]

Oberflächlich ist es, wenn man gesagt, das Christentum sei nicht die Religion von *einem* persönlichen Gott, sondern von drei Persönlichkeiten. Diese drei Persönlichkeiten haben allerdings in der Dogmatik Existenz; aber auch hier ist die Persönlichkeit des Heiligen Geistes nur ein willkürlicher Machtspruch, welcher durch die unpersönlichen Bestimmungen, wie z. B. die, daß der Heilige Geist die Gabe, das donum, des Vaters und Sohnes sei, widerlegt wird.[**] Schon der *Ausgang* des Heiligen Geistes stellt seiner Persönlichkeit ein schlechtes

---

[*] *Konkordienb., Erklär. Art. 8*
[**] Schon Faustus Socinus hat dies aufs trefflichste gezeigt. S. dessen *Defens. Animadv. in Assert. Theol.,* Coll. Posnan., *De trino et uno Deo,* Irenopoli 1656, cap. 11. Man lese in dieser Beziehung besonders die Schriften der christlichen Orthodoxen gegen die Heterodoxen, z. B. gegen die Socinianer. Neuere Theologen erklären bekanntlich auch die kirchliche Gottheit Christi für unbiblisch; aber gleichwohl ist diese unleugbar das charakteristische Prinzip des Christentums und, wenn sie auch nicht *so* in der Bibel schon steht wie in der Dogmatik, dennoch eine notwendige Konsequenz der Bibel. Was kann ein Wesen, welches die leibhafte Fülle der Gottheit, welches allwissend (Joh. 16, 30) und allmächtig ist (Tote erweckt, Wunder wirkt), welches allen Dingen und Wesen der Zeit und dem Range nach vorangeht, welches das Leben in sich selbst hat (wenn auch als gegeben), gleichwie der Vater das Leben in sich hat, was kann dieses Wesen, konsequent gefolgert, anderes als Gott sein? »Christus ist dem Willen nach mit dem Vater eins«; aber Willenseinheit setzt Wesenseinheit voraus. »Christus ist der Abgesandte, der Stellvertreter Gottes«; aber Gott kann sich nur durch ein göttliches Wesen vertreten lassen. Nur

Prognostikon, denn nur durch die Zeugung, nicht aber durch das unbestimmte Aus- und Hervorgehen oder durch die spiratio, wird ein persönliches Wesen hervorgebracht. Und selbst der Vater, als Repräsentant des rigorosen Begriffes der Gottheit, ist nur der Einbildung und Behauptung nach, aber nicht seinen Bestimmungen nach ein persönliches Wesen: Er ist ein abstrakter Begriff, ein rein rationalistisches Wesen. Die *plastische Persönlichkeit* ist nur Christus. Zur *Persönlichkeit* gehört *Gestalt*. Die Gestalt ist die Wirklichkeit der Persönlichkeit. Christus allein ist der *persönliche Gott* – er der wahre, *wirkliche* Gott der Christen, was nicht oft genug wiederholt werden kann. In ihm allein konzentriert sich die christliche Religion, das Wesen der Religion überhaupt. Nur er entspricht der Sehnsucht nach einem persönlichen Gott; nur *er* ist eine *mit dem Wesen des Gemüts identische Existenz*; nur auf ihn häufen sich *alle Freuden der Phantasie* und *alle Leiden des Gemüts*; nur in ihm erschöpft sich das Herz und erschöpft sich die Phantasie. Christus ist die *Identität von Herz und Phantasie*.

Dadurch unterscheidet sich das Christentum von andern Religionen, daß in diesen Herz und Phantasie auseinandergehen, im Christentum aber zusammenfallen. Die Phantasie vagiert hier nicht, sich selbst überlassen, herum; sie folgt dem Zuge des Herzens; sie beschreibt einen Kreis, dessen Mittelpunkt das Gemüt ist. Die Phantasie ist hier beschränkt durch Herzensbedürfnisse, realisiert nur die Wünsche des Gemüts, bezieht sich nur auf das eine, was not ist; kurz, sie hat, wenigstens im ganzen, eine praktische, konzentrische, keine ausschweifende, nur poetische Tendenz. Die Wunder des Christentums, empfangen im Schoße des notleidenden, bedürftigen Gemüts, keine Produkte nur der freien, willkürlichen Selbsttätigkeit, versetzen uns unmittelbar auf den Boden des gemeinen, wirklichen Lebens; sie wirken auf den Gemütsmenschen mit unwidersteh-

den, in welchem ich gleiche oder doch ähnliche Eigenschaften wie in mir finde, kann ich zu meinem Stellvertreter wählen, sonst blamiere ich mich selbst.

licher Gewalt, weil sie die Notwendigkeit des Gemüts für sich haben. Kurz, die Macht der Phantasie ist hier zugleich die Macht des Herzens, die Phantasie nur das *siegreiche, triumphierende Herz.* Bei den Orientalen, bei den Griechen schwelgte die Phantasie, unbekümmert um die Not des Herzens, im Genusse irdischer Pracht und Herrlichkeit; im Christentume stieg sie aus dem Palaste der Götter herab in die Wohnung der Armut, wo nur die Notwendigkeit des Bedürfnisses waltet, demütigte sie sich unter die Herrschaft des Herzens. Aber je mehr sie sich extensiv beschränkte, um so mehr gewann sie an intensiver Stärke. An der Not des Herzens scheiterte der Mutwille der olympischen Götter; aber allmächtig wirkt die Phantasie im Bunde mit dem Herzen. Und dieser Bund der Freiheit der Phantasie mit der Notwendigkeit des Herzens ist Christus. *Alle Dinge sind Christo untertan*; er ist der Herr der Welt, der mit ihr macht, was er nur will; aber diese über die Natur unbeschränkt gebietende Macht ist selbst wieder untertan *der Macht des Herzens*: Christus gebietet der tobenden Natur Stillschweigen, aber nur, um zu erhören die Seufzer der Notleidenden.*

DER UNTERSCHIED DES CHRISTENTUMS VOM HEIDENTUM

Christus ist die Allmacht der Subjektivität, das von allen Banden und Gesetzen der Natur erlöste Herz, das mit Ausschluß der Welt nur auf sich allein konzentrierte Gemüt, die Realität aller Herzenswünsche, die Himmelfahrt der Phantasie, das Auferstehungsfest des Herzens – *Christus daher der Unterschied des Christentums vom Heidentum.*
Im Christentum konzentrierte sich der Mensch nur auf sich selbst; erfaßte er sich als das allein berechtigte, allein wesenhafte Wesen, löste er sich vom *Zusammenhang des Weltganzen*

---

* Über den Unterschied von *Herz* und *Gemüt* im Anhange.

los, machte er sich zu einem selbstgenügsamen Ganzen, zu einem *absoluten, außer- und überweltlichen Wesen*. Eben dadurch, daß er sich nicht mehr als einen Teil der Welt ansah, den Zusammenhang mit ihr unterbrach, fühlte er sich als *unbeschränktes Wesen* – denn die Schranke der Subjektivität ist eben die Welt, die Objektivität –, hatte er keinen Grund mehr, die Wahrheit und Gültigkeit seiner subjektiven Wünsche und Gefühle zu bezweifeln. Die Heiden dagegen, nicht auf sich zurückgezogen, nicht in sich selbst vor der Natur sich verbergend, beschränkten ihre Subjektivität durch die Anschauung der Welt. Sosehr die Alten die Herrlichkeit der Intelligenz, der Vernunft feierten, so waren sie doch so *liberal*, so *objektiv*, auch das Andere des Geistes, die Materie leben, und zwar ewig leben zu lassen, im Theoretischen wie im Praktischen; die Christen bewährten ihre wie praktische, so theoretische *Intoleranz* auch darin, daß sie ihr ewiges subjektives Leben nur dadurch zu sichern glaubten, daß sie, wie z. B. in dem Glauben an den Untergang der Welt, den Gegensatz der Subjektivität, die Natur vernichteten. Die Alten waren frei von sich, aber ihre Freiheit war die Freiheit der Gleichgültigkeit gegen sich; die Christen frei von der Natur, aber ihre Freiheit war nicht die Freiheit der Vernunft, die wahre Freiheit – die wahre Freiheit ist nur die *durch die Weltanschauung sich beschränkende* –, sondern die Freiheit des Gemüts und der Phantasie, *die Freiheit des Wunders*. Die Alten entzückte der Kosmos so sehr, daß sie selbst sich darüber aus dem Auge verloren, sich im Ganzen verschwinden sahen; die Christen verachteten die Welt; was ist die Kreatur gegen den Kreator? Was Sonne, Mond und Erde gegen die menschliche Seele? Die Welt vergeht, aber der Mensch, und zwar der individuelle, persönliche Mensch, ist ewig. Wenn die Christen den Menschen aus aller Gemeinschaft mit der Natur losrissen und dadurch in das Extrem einer vornehmen Delikatesse verfielen, die schon die entfernte Vergleichung des Menschen mit dem Tiere als gottlose Verletzung der Menschenwürde bezeichnete, so verfielen dagegen die Heiden in das andere Extrem, in die

Gemeinheit, welche den Unterschied zwischen Tier und Mensch aufhebt oder gar, wie z. B. Celsus, der Gegner des Christentums, den Menschen unter die Tiere degradiert.

Die Heiden betrachteten aber den Menschen nicht nur im Zusammenhang mit dem Universum; sie betrachteten den Menschen, d. h. das Individuum, nur im Zusammenhang mit andern Menschen, in Verbindung mit einem Gemeinwesen. Sie unterschieden strenge das Individuum von der Gattung, das Individuum als Teil vom Ganzen des Menschengeschlechts, und subordinierten dem Ganzen das einzelne Wesen. Wie willst du klagen über den Verlust deiner Tochter?, schreibt Sulpicius an Cicero. Große, weltberühmte Städte und Reiche sind untergegangen, und du gebärdest dich so über den Tod eines homunculi, eines Menschleins. Wo ist deine Philosophie? Der Begriff des Menschen als Individuum war den Alten ein durch den Begriff der Gattung vermittelter, sekundärer Begriff. Dachten sie auch hoch von der Gattung, hoch von den Vorzügen der Menschheit, hoch und erhaben von der Intelligenz, so dachten sie doch gering vom Individuum. Das Christentum dagegen ließ die Gattung fahren, hatte nur das Individuum im Auge und Sinne. Das *Christentum,* freilich nicht das heutige Christentum, welches nur noch den Namen und einige allgemeine Sätze vom Christentum behalten hat, ist der *direkte Gegensatz des Heidentums* – es wird nur *wahrhaft* erfaßt, nicht verunstaltet durch willkürliche, spekulative Deutelei, wenn es *als Gegensatz* erfaßt wird; es ist *wahr, soweit sein Gegensatz falsch ist,* aber *falsch, soweit sein Gegensatz wahr ist.* Die Alten opferten das Individuum der Gattung auf; die Christen die Gattung dem Individuum. Oder: Das Heidentum dachte und erfaßte das Individuum *nur* als Teil im Unterschiede von dem Ganzen der Gattung, das Christentum dagegen *nur* in seiner unmittelbaren, unterschiedslosen Einheit mit der Gattung.

Dem Christentum war das Individuum Gegenstand einer *unmittelbaren* Vorsehung, d. h. ein *unmittelbarer Gegenstand des göttlichen Wesens.* Die Heiden glaubten eine Vorsehung des einzelnen nur vermittels der Gattung, des Gesetzes, der Weltordnung, also nur eine mittelbare, natürliche, nicht wunderbare Vorsehung*; die Christen aber ließen die Vermittlung fallen, setzten sich in unmittelbaren Konnex mit dem vorsehenden, allumfassenden, allgemeinen Wesen; d. h. sie identifizierten *unmittelbar* mit dem allgemeinen Wesen das einzelne Wesen.

Aber der Begriff der Gottheit fällt mit dem Begriff der Menschheit in eins zusammen. Alle göttlichen Bestimmungen, alle Bestimmungen, die Gott zu Gott machen, sind *Gattungsbestimmungen* – Bestimmungen, die in dem einzelnen, dem Individuum beschränkt sind, aber deren Schranken in dem Wesen der Gattung und selbst in ihrer Existenz – inwiefern sie nur in allen Menschen zusammengenommen ihre entsprechende Existenz hat – aufgehoben sind. Mein Wissen, mein Wille ist beschränkt; aber meine Schranke ist nicht die Schranke des andern, geschweige der Menschheit; was mir schwer, ist dem andern leicht; was einer Zeit unmöglich, unbegreiflich, ist der kommenden begreiflich und möglich. Mein Leben ist an eine beschränkte Zeit gebunden, das Leben der Menschheit nicht. Die *Geschichte der Menschheit* besteht in nichts anderm als

---

* Allerdings glaubten auch die heidnischen Philosophen, wie Plato, Sokrates, die Stoiker (s. z. B. J. Lipsius, *Physiol. Stoic.*, I. I, diss. XI), daß die göttliche Vorsehung sich nicht nur auf das Allgemeine, sondern auch das Einzelne, Individuelle erstrecke; aber sie identifizierten die Vorsehung mit der *Natur*, dem *Gesetz*, der *Notwendigkeit*. Allerdings glaubten auch die Stoiker, die spekulativen Orthodoxen des Heidentums, Wunder der Vorsehung (s. Cic., *De nat. Deor.*, I. II, u. *De Divanat.*, I. I); aber ihre Wunder hatten doch keine solche supranaturalistische Bedeutung wie bei den Christen, obwohl auch sie schon an die supranaturalistische Vorstellung: »Nihil est quod Deus efficere non possit« appellierten. Was überhaupt die übereinstimmenden Gedanken der Heiden und Christen betrifft, so verweise ich auf die (freilich meist sehr kritiklosen) Zusammenstellungen derselben in den Schriften älterer Theologen und Philosophen, z. B. Aug. Steuchi Eugub. etc. *De perenni philosophia*, I. X, Basil. 1542 (interessant besonders wegen des für jene Zeit so merkwürdigen Gedankens: »Hi (die heidnischen Philosophen) loquuntur *natura rationeque magistra*, quod *litterae sacrae* oraculo ... *pene miraculum* (sit) eos *ratione* vidisse, quod post nuntius coelestis revelavit«). Theoph. Galeus, *Philos. gener.*, Londini 1676, der mit orthodoxer Borniertheit

einer fortgehenden *Überwindung von Schranken* – Schranken, die immer der vorangegangnen Zeit für *Schranken der Menschheit* und darum für *absolute, unübersteigliche Schranken* galten. Die Zukunft enthüllt aber immer, daß die angeblichen Schranken der Gattung nur Schranken der Individuen waren. Die Geschichte der Wissenschaften, namentlich der Philosophie und Naturwissenschaft, liefert hiefür die interessantesten Belege. Es wäre höchst interessant und lehrreich, eine Geschichte der Wissenschaften lediglich aus diesem Gesichtspunkt zu schreiben, um den Wahn des Menschen, als könnte er etwas Höheres als seine Gattung denken, seine Substanz beschränkt denken und fühlen, in seiner ganzen Nichtigkeit zu zeigen. Unbeschränkt ist also die Gattung, beschränkt nur das Individuum.

Aber das Gefühl der Schranke ist ein peinliches; von dieser Pein befreit sich das Individuum in der Anschauung des vollkommnen Wesens; in dieser Anschauung besitzt es, was ihm außer dem fehlt. Gott ist nichts andres bei den Christen als die *Anschauung von der unmittelbaren Einheit der Gattung und Individualität,* des allgemeinen und individuellen Wesens. *Gott ist der Begriff der Gattung als eines Individuums,* der Begriff oder das Wesen der Gattung, welche als Gattung, als allgemeines Wesen, *als der Inbegriff aller Vollkommenheiten,* aller von den Schranken, die in das Bewußtsein und Gefühl des Individuums fallen, gereinigten Eigenschaften oder Realitäten, zugleich wieder ein individuelles, *persönliches* Wesen ist. Ipse suum esse est. Wesen und Existenz ist bei Gott identisch, d. h. eben nichts andres als: Er ist der Gattungsbegriff, das Gattungswesen unmittelbar zugleich als Existenz, als Individuum. Der höchste Gedanke von dem Standpunkt der Religion aus ist: Gott liebt nicht, er ist selbst die Liebe; er lebt nicht, er ist das Leben; er ist nicht gerecht, sondern die Gerechtigkeit selbst, nicht eine Person, sondern die Persönlich-

und Mißgunst alles aus der Bibel ableitet, Hugo Grotius, *Annotationes in N. T.,* der stets zu den Aussprüchen der Bibel die verwandten Aussprüche der Heiden gesellt.

keit selbst – das Abstraktum, die Idee unmittelbar als Konkretum.*

Eben wegen dieser unmittelbaren Einheit der Gattung und Individualität, dieser Konzentration aller Allgemeinheiten und Realitäten in *ein* persönliches Wesen ist Gott ein tief gemütliches, die Phantasie entzückendes Objekt, während die Idee der Menschheit eine gemütlose ist, weil die Menschheit nur als ein Abstraktum, als das Wirkliche aber, im Unterschied von diesem Abstraktum, die unzählig vielen einzelnen, beschränkten Individuen uns in unserer Vorstellung erscheinen.** In Gott dagegen befriedigt sich unmittelbar das Gemüt, weil hier *alles* in *eins* zusammengefaßt, alles mit *einem* Mal, d. h. weil hier die Gattung unmittelbar Existenz, d. i. Individualität ist. Gott ist *die* Liebe, *die* Gerechtigkeit als selbst Subjekt, das vollkommne, allgemeine Wesen als *ein* Wesen, die unendliche Extension der Gattung als ein kompendiarischer Inbegriff. Aber Gott ist nur die Anschauung des Menschen von seinem *eignen* Wesen, Gott sein wahres Wesen – die Christen unterscheiden sich also dadurch von den Heiden, daß sie das Individuum unmittelbar mit der Gattung identifizierten, daß bei ihnen das Individuum die Bedeutung der Gattung hat, das Individuum *für sich selbst* für das vollkommne Dasein der Gattung gilt – dadurch, daß sie das *menschliche Individuum vergötterten,* zum *absoluten Wesen* machten.

Charakteristisch besonders ist die Differenz des Christentums und Heidentums in betreff des Verhältnisses des Individuums zur Intelligenz, zum Verstande, zum Νοῦς. Die Christen *individualisierten* den Verstand, die Heiden machten ihn zu einem *universalen* Wesen. Den Heiden war der Verstand, die

---

* »Dicimur amare et Deus; dicimus nosse et Deus. Et multa in hunc modum. Sed Deus amat ut charitas, novit ut veritas etc.« (Bernhard, *De consider.*, I. V).
** Der Ausdruck: *Menschheit, Gattung* führt allerdings manche unangemessenen Vorstellungen mit sich, aber sie verdienen keine Berücksichtigung, da sie nur auf einer oberflächlichen Ansicht von dem so geheimnisvollen, unbegriffnen Wesen der Gattung beruhen.

Intelligenz das *Wesen* des Menschen, den Christen nur ein *Teil ihrer selbst*, den Heiden war darum nur die *Intelligenz*, die *Gattung*, den Christen das *Individuum unsterblich*, d. i. *göttlich*. Hieraus ergibt sich von selbst die weitere Differenz zwischen heidnischer und christlicher Philosophie.

Der unzweideutigste Ausdruck, das charakteristische Symbolum dieser unmittelbaren Identität der Gattung und Individualität im Christentum ist Christus, der reale Gott der Christen. Christus ist das Urbild, der existierende Begriff der Menschheit, der Inbegriff aller moralischen und göttlichen Vollkommenheiten, mit Ausschluß alles Negativen, reiner, himmlischer, sündloser Mensch, Gattungsmensch, der Adam Kadmon, aber nicht angeschaut als die Totalität der Gattung, der Menschheit, sondern unmittelbar als Individuum, als *eine* Person. Christus, d. h. der christliche, religiöse Christus ist daher nicht der Mittelpunkt, sondern das Ende der Geschichte. Dies geht ebenso aus dem Begriffe als der Historie hervor. Die Christen erwarteten das Ende der Welt, der Geschichte. Christus selbst prophezeit in der Bibel, allen Lügen und Sophismen unserer Exegeten zum Trotz, klar und deutlich das *nahe Weltende*. Die Geschichte beruht nur auf dem Unterschiede des Individuums von der Gattung. Wo dieser Unterschied aufhört, hört die Geschichte auf, geht der Verstand, der Sinn der Geschichte aus. Es bleibt dem Menschen nichts weiter übrig als die Anschauung und Aneignung dieses realisierten Ideals und der formelle, quantitative Ausbreitungstrieb – die Predigt, daß Gott erschienen und das Ende der Welt gekommen ist.

Deswegen, weil die unmittelbare Identität der Gattung und des Individuums über die Genzen der Vernunft und Natur hinausgeht, war es auch ganz natürlich und notwendig, dieses universale, ideale Individuum für ein überschwengliches, übernatürliches, himmlisches Wesen zu erklären. Verkehrt ist es daher, aus der Vernunft die unmittelbare Identität der Gattung und des Individuums deduzieren zu wollen; denn es ist nur die Phantasie, die diese Identität bewerkstelligt, die Phantasie, der nichts unmöglich – dieselbe Phantasie, die auch die Schöpferin der Wunder ist; denn das größte Wunder ist das Individuum, welches zugleich die Idee, die Gattung, die Menschheit in der Fülle ihrer Vollkommenheit und Unendlichkeit, d. h. der Gottheit, ist. Verkehrt ist es daher auch, den historisch dogmatischen Christus beizubehalten, aber die Wunder auf die Seite zu schieben. Wenn du das Prinzip festhältst, wie willst du seine notwendigen Konsequenzen verleugnen?

Die gänzliche Abwesenheit des Begriffes der Gattung im Christentum bekundet besonders die charakteristische Lehre desselben von der allgemeinen Sündhaftigkeit der Menschen. Es liegt nämlich dieser Lehre die Forderung zugrunde, daß das Individuum nicht ein Individuum sein soll, eine Forderung, die aber selbst wieder zu ihrem Fundament die Voraussetzung hat, daß das Individuum *für sich selbst* ein vollkommnes Wesen, für sich selbst die adäquate Darstellung oder Existenz der Gattung ist.* Es fehlt hier gänzlich die objektive Anschauung, das Bewußtsein, daß das Du zur Vollkommenheit des Ich gehört, daß die Menschen erst zusammen den Menschen ausmachen, die Menschen nur zusammen das sind und so sind, was und wie der Mensch sein soll und sein kann. Alle Menschen sind Sünder. Ich gebe es zu; aber sie sind nicht Sünder alle auf gleiche Weise; es findet vielmehr ein sehr großer, ja wesentlicher Unterschied statt. Der eine Mensch hat Neigung zur Lüge, der andere aber nicht: Er würde eher sein Leben lassen als sein Wort brechen oder lügen; der dritte hat Neigung zur Trinklust, der vierte zur Geschlechtslust, der fünfte aber hat alle diese Neigungen nicht – sei es nun durch die Gnade der Natur oder die Energie seines Charakters. Es *kompensieren* sich also auch im *Moralischen,* wie im Physischen und Intellektuellen, gegenseitig die Menschen, so daß sie, im ganzen zusammengenommen, so sind, wie sie sein sollen, den vollkommnen Menschen darstellen.

---

* Allerdings ist das Individuum etwas Absolutes, in der Sprache Leibniz', der Spiegel des Universums, des Unendlichen. Aber als existierendes

Darum bessert und hebt der Umgang unwillkürlich, ohne Verstellung ist der Mensch ein anderer im Umgang als allein für sich. Wunder wirkt namentlich die Liebe, und zwar die Geschlechterliebe. Mann und Weib berichtigen und ergänzen sich gegenseitig, um, so vereint, erst die Gattung, den vollkommnen Menschen darzustellen.* Ohne Gattung ist die Liebe undenkbar. Die Liebe ist nichts andres als das *Selbstgefühl der Gattung* innerhalb der Geschlechtsdifferenz. In der Liebe ist die *Realität der Gattung,* die sonst nur eine Vernunftsache, ein Gegenstand des Denkens ist, eine *Gefühlssache,* eine *Gefühlswahrheit,* denn in der Liebe spricht der Mensch seine Ungenügsamkeit an seiner Individualität für sich aus, postuliert er das Dasein des andern als ein Herzensbedürfnis, rechnet er den andern zu seinem eignen Wesen, erklärt er nur sein durch die Liebe mit ihm verbundnes Leben für wahres menschliches, dem Begriffe des Menschen, d. i. der Gattung entsprechendes Leben. Mangelhaft, unvollkommen, schwach, bedürftig ist das Individuum; aber stark, vollkommen, befriedigt, bedürfnislos, selbstgenügsam, *unendlich die Liebe,* weil in ihr das Selbstgefühl der Individualität das geheimnisvolle Selbstgefühl der Vollkommenheit der Gattung ist. Aber wie die Liebe, wirkt auch die Freundschaft, wo sie wenigstens intensiv ist, wie sie es bei den Alten war – daher wir auch nicht den Christen, sondern den Heiden den tiefen Ausspruch verdanken, daß der Freund der alter ego sei. Freunde kompensieren sich; Freundschaft ist ein Tugendmittel und mehr: Sie ist selbst Tugend, aber eine *gemeinschaftliche* Tugend. Nur zwischen Tugendhaften kann Freundschaft stattfinden, wie die Alten sagten. Aber doch kann nicht vollkommne Gleich-

ist das Individuum selbst wieder nur ein bestimmter, individueller, darum endlicher Spiegel des Unendlichen. Darum gibt es *viele* Individuen.
* Bei den Indern (Manu-Ges.) ist erst derjenige »ein vollständiger Mann, der aus drei vereinigten Personen, seinem Weibe, sich selbst und seinem Sohne besteht. Denn Mann und Weib und Vater und Sohn sind eins«. Auch der alttestamentliche, irdische Adam ist unvollständig ohne das Weib, sehnt sich nach ihm. Aber der neutestamentliche, der christliche, der himmlische, der auf den Untergang dieser Welt berechnete Adam hat keine geschlechtlichen Triebe und Funktionen mehr.

heit, es muß vielmehr Unterschied stattfinden, denn die Freundschaft beruht auf einem Ergänzungstriebe. Der Freund gibt sich durch den andern, was er selbst nicht besitzt. Die Freundschaft sühnt durch die Tugenden des einen die Fehler des andern. Der Freund *rechtfertigt* den Freund vor Gott. Er liebt in dem Freunde die seinen Fehlern entgegengesetzten Tugenden. So fehlerhaft auch ein Mensch für sich selbst sein mag: Er beweist doch darin schon einen guten Kern, wenn er tüchtige Menschen zu Freunden hat. Wenn ich auch selbst nicht vollkommen sein kann, so liebe ich doch wenigstens an andern die Tugend, die Vollkommenheit. Wenn daher einst der liebe Gott wegen meiner Sünden, Schwächen und Fehler mit mir rechten will, so schiebe ich als Fürsprecher, als Mittelspersonen die Tugenden meiner Freunde ein. Wie barbarisch, wie unvernünftig wäre der Gott, der mich verdammte wegen Sünden, welche ich wohl begangen, aber selbst in der Liebe zu meinen Freunden, die frei von diesen Sünden waren, verdammte.

Wenn nun aber schon die Freundschaft, die Liebe, die selbst nur subjektive Realisationen der Gattung sind, aus für sich unvollkommnen Wesen ein, wenigstens relativ, vollkommnes Ganzes machen, wieviel mehr verschwinden in der Gattung selbst, welche nur in der Gesamtheit der Menschheit ihr adäquates Dasein hat und eben darum nur ein Gegenstand der Vernunft ist, die Sünden und Fehler der einzelnen Menschen! Das Lamento über die Sünde kommt daher nur da an die Tagesordnung, wo das menschliche Individuum in seiner Individualität sich als *ein für sich selbst vollkommnes, komplettes, des andern nicht* zur Realisierung der Gattung, des vollkommenen Menschen, bedürftiges Wesen Gegenstand, wo *an die Stelle des Bewußtseins der Gattung das ausschließliche Selbstbewußtsein des Individuums* getreten ist, wo das Individuum sich nicht als einen *Teil* der Menschheit weiß, sondern sich mit der Gattung identifiziert und deswegen seine Sünden, seine Schranken, seine Schwächen zu allgemeinen Sünden, zu Sünden, Schranken und Schwächen der Menschheit selbst macht. Aber gleichwohl kann der Mensch das Bewußtsein der Gattung nicht verlieren, denn sein Selbstbewußtsein ist wesentlich an das Bewußtsein des andern gebunden. Wo darum dem Menschen nicht Gattung *als Gattung* Gegenstand ist, da wird ihm die Gattung *als Gott* Gegenstand. Den Mangel des Begriffs der Gattung ergänzt er durch den Begriff Gottes als *des* Wesens, welches frei ist von den Schranken und Mängeln, die das Individuum und, nach seiner Meinung, die das Individuum mit der Gattung identifiziert, die Gattung selbst drücken. Aber dieses von den Schranken der Individuen freie, unbeschränkte Wesen ist eben nichts andres als die Gattung, welche die Unendlichkeit ihres Wesens darin offenbart, daß sie sich in unbeschränkt vielen und verschiedenartigen Individuen verwirklicht. Wären alle Menschen *absolut gleich,* so wäre allerdings kein Unterschied zwischen der Gattung und dem Individuum. Aber dann wäre auch das Dasein vieler Menschen ein reiner Luxus. Ein einziger genügte hinlänglich dem Zweck der Gattung. Alle miteinander hätten an dem einen, der das Glück der Existenz genösse, ihren hinreichenden Ersatzmann.

Allerdings ist das Wesen der Menschen *eines,* aber dieses Wesen ist *unendlich*; sein wirkliches Dasein daher unendliche, sich gegenseitig ergänzende Verschiedenartigkeit, um den Reichtum des Wesens zu offenbaren. Die *Einheit im Wesen* ist *Mannigfaltigkeit im Dasein.* Zwischen mir und dem andern – aber der andere ist der Repräsentant der Gattung, auch wenn er nur *einer* ist, er ersetzt mir das Bedürfnis nach *vielen* andern, hat für mich *universelle* Bedeutung, ist der Deputierte der Menschheit, der in ihrem Namen zu mir Einsamem spricht, ich habe daher, auch nur mit *einem* verbunden, ein gemeinsames, menschliches Leben –, zwischen mir und dem andern findet daher ein wesentlicher, *qualitativer* Unterschied statt. Der andere ist mein Du – ob dies gleich wechselseitig ist –, mein *alter ego,* der mir *gegenständliche* Mensch, mein *aufgeschlossenes Innere* – das sich selbst sehende Auge. An dem andern habe ich erst das Bewußtsein der Menschheit.

Durch ihn erst erfahre, fühle ich, daß ich *Mensch* bin; in der Liebe zu ihm wird mir erst klar, daß er zu mir und ich zu ihm gehöre, daß wir beide nicht ohne einander sein können, daß nur die Gemeinsamkeit die Menschheit konstituiert. Aber ebenso findet auch *moralisch* ein *qualitativer,* ein *kritischer* Unterschied zwischen dem Ich und Du statt. Der andere ist mein *gegenständliches* Gewissen: Er macht mir meine Fehler zum Vorwurf, auch wenn er sie mir nicht ausdrücklich sagt: er ist mein personifiziertes Schamgefühl. Das Bewußtsein des Moralgesetzes, des Rechtes, der Schicklichkeit, der Wahrheit selbst ist nur an das Bewußtsein des andern gebunden. Wahr ist, worin der andere mit mir übereinstimmt – Übereinstimmung ist das erste Kriterium der Wahrheit, aber nur deswegen, weil die *Gattung* das *letzte Maß der Wahrheit* ist. Was ich nur denke nach dem Maße meiner Individualität, daran ist der andere nicht gebunden, das kann anders gedacht werden, das ist eine zufällige, nur subjektive Ansicht. Was ich aber denke im Maße der Gattung, das denke ich, wie es der Mensch *überhaupt* nur immer denken *kann* und folglich der einzelne denken *muß*, wenn er normal, gesetzmäßig und folglich wahr denken will. *Wahr ist, was mit dem Wesen der Gattung übereinstimmt,* falsch, was ihr widerspricht. Ein anderes Gesetz der Wahrheit gibt es nicht. Aber der andere ist mir gegenüber der Repräsentant der Gattung, der Stellvertreter der andern im Plural, ja, *sein* Urteil kann mir mehr gelten als das Urteil der zahllosen Menge. »Mache der Schwärmer sich Schüler, wie Sand am Meere; der Sand ist Sand; die Perle sei mein, du, o vernünftiger Freund!« Die Beistimmung des andern gilt mir daher für das Kriterium der Normalität, der Allgemeinheit, der Wahrheit meiner Gedanken. Ich kann mich nicht so von mir absondern, um vollkommen frei und interesselos mich beurteilen zu können; aber der andere hat ein unparteiisches Urteil; durch ihn berichtige, ergänze, erweitere ich mein eignes Urteil, meinen eignen Geschmack, meine eigne Erkenntnis. Kurz, es findet eine *qualitative, kritische Differenz* zwischen den Menschen statt. Aber das Christentum löscht diese qualitativen Unterschiede aus, es schlägt alle Menschen über einen Leisten, betrachtet sie wie ein und dasselbe Individuum, weil es keinen Unterschied zwischen der Gattung und dem Individuum kennt: *ein* und *dasselbe Heilmittel* für alle Menschen ohne Unterschied, *ein* und *dasselbe* Grund- und Erbübel in allen.

Eben deswegen, weil das Christentum aus überschwenglicher Subjektivität nichts weiß von der Gattung, in welcher allein die Lösung, die Rechtfertigung, die Versöhnung und Heilung der Sünden und Mängel der Individuen liegt, bedurfte es auch einer übernatürlichen, besondern, selbst wieder nur persönlichen, subjektiven Hilfe, um die Sünde zu überwinden. Wenn ich allein die Gattung bin, wenn außer mir keine anderen, qualitativ anderen Menschen existieren oder, was völlig eins ist, wenn kein Unterschied zwischen mir und den andern ist, wenn wir alle vollkommen gleich sind, wenn meine Sünden nicht neutralisiert und paralysiert werden durch die entgegengesetzten Eigenschaften anderer Menschen, so ist freilich meine Sünde ein himmelschreiender Schandfleck, ein empörender Greuel, der nur durch außerordentliche, außermenschliche, wunderbare Mittel getilgt werden kann. Glücklicherweise gibt es aber eine *natürliche* Versöhnung. Der *andere* ist *per se* der *Mittler* zwischen mir und der heiligen Idee der Gattung. Homo homini Deus est. Meine Sünde ist dadurch schon in ihre Schranke zurückgewiesen, in ihr Nichts verstoßen, daß sie eben nur meine, aber deswegen noch nicht auch die Sünde des andern ist.

DIE CHRISTLICHE BEDEUTUNG DES FREIEN
ZÖLIBATS UND MÖNCHTUMS

Der Begriff der Gattung und mit ihm die Bedeutung des Gattungslebens war mit dem Christentum verschwunden. Der früher ausgesprochne Satz, daß das Christentum das Prinzip der Bildung nicht in sich enthält, erhält dadurch eine neue

Bestätigung. Wo der Mensch die Gattung unmittelbar mit dem Individuum identifiziert und diese Identität als sein höchstes Wesen, als Gott setzt, wo ihm also die Idee der Menschheit nur als die Idee der Gottheit Gegenstand ist, da ist das Bedürfnis der *Bildung* verschwunden; der Mensch hat alles *in sich*, alles in seinem Gotte, folglich kein Bedürfnis, sich zu ergänzen durch den andern, den Repräsentanten der Gattung, durch die Anschauung der Welt überhaupt – ein Bedürfnis, auf welchem allein der Bildungstrieb beruht. Allein für sich erreicht der Mensch seinen Zweck – er erreicht ihn in Gott, *Gott ist selbst dieses erreichte Ziel, dieser realisierte höchste Zweck der Menschheit*; aber Gott ist jedem Individuum allein für sich gegenwärtig. Gott nur ist das Bedürfnis des Christen – den andern, die Menschengattung, die Welt bedarf er *nicht notwendig* dazu. Das *innere* Bedürfnis des andern fehlt. Gott vertritt mir eben die Gattung, den andern; ja, in der Abkehr von der Welt, in der Absonderung werde ich erst recht *gottesbedürftig*, empfinde ich erst recht lebendig die Gegenwart Gottes, empfinde ich erst, was Gott ist und was er mir sein soll. Wohl ist dem Religiösen auch Gemeinschaft, gemeinschaftliche Erbauung Bedürfnis, aber das Bedürfnis des andern ist an sich selbst doch immer etwas höchst Untergeordnetes. Das Seelenheil ist die Grundidee, die Hauptsache des Christentums, aber dieses Heil liegt nur in Gott, nur in der Konzentration auf ihn. Die Tätigkeit für andere ist eine geforderte, ist Bedingung des Heils, aber der Grund des Heils ist Gott, die unmittelbare Beziehung auf Gott. Und selbst die Tätigkeit für andere hat nur eine religiöse Bedeutung, hat nur die *Beziehung auf Gott zum Grund und Zweck*, ist im Wesen nur eine Tätigkeit für Gott – Verherrlichung seines Namens, Ausbreitung seines Ruhmes. Aber Gott ist die absolute Subjektivität, die *von der Welt abgeschiedene, überweltliche*, von der *Materie befreite*, von dem *Gattungsleben* und damit von der *Geschlechtsdifferenz abgesonderte Subjektivität.* – Die Scheidung von der Welt, von der Materie, von dem Gattungsleben ist daher das wesentliche Ziel des

Christen.* Und dieses Ziel realisierte sich auf *sinnliche Weise* im Mönchsleben.

Es ist Selbstbetrug, das Mönchtum nur aus dem Orient ableiten zu wollen. Wenigstens muß man, wenn diese Ableitung gelten soll, dann auch so gerecht sein und die dem Mönchtum entgegengesetzte Tendenz der Christenheit nicht aus dem Christentum, sondern aus dem Geiste, aus der Natur des Okzidents überhaupt ableiten. Aber wie erklärt sich dann die Begeisterung des Abendlandes für das Mönchsleben? Das Mönchtum muß vielmehr geradezu aus dem Christentum selbst abgeleitet werden: Es war eine *notwendige* Folge von dem *Glauben an den Himmel,* welchen das Christentum der Menschheit verhieß. Wo das himmlische Leben eine Wahrheit, da ist das irdische Leben eine Lüge – wo alles die Phantasie, die Wirklichkeit nichts. Wer ein ewiges himmlisches Leben glaubt, dem verliert dieses Leben seinen Wert. Oder vielmehr, es hat schon seinen Wert verloren: Der Glaube an das himmlische *Leben* ist eben der Glaube an die *Nichtigkeit* und *Wertlosigkeit dieses Lebens.* Das Jenseits kann ich mir nicht *vorstellen,* ohne mich nach ihm zu *sehnen,* ohne mit einem Blicke des Mitleids oder der Verachtung auf dieses erbärmliche Leben herabzuschauen. Das himmlische Leben kann kein Gegenstand, kein *Gesetz des Glaubens* sein, ohne zugleich ein *Gesetz der Moral* zu sein: Es muß meine Handlungen bestimmen**, wenn anders *mein Leben mit meinem Glauben übereinstimmen* soll: Ich *darf* mich nicht hängen an die vergänglichen Dinge dieser Erde. Ich darf nicht, aber ich *mag* auch nicht, denn was sind alle Dinge hienieden gegen die Herrlichkeit des himmlischen Lebens?***

---

* »Cui Deus portio est, *nihil debet curare, nisi Deum* . . . Deus enim est sine peccato. Et ideo qui peccatum fugit, ad imaginem est Dei . . . Melius fugit qui fugit illecebram saecularem . . . Fuga ergo mors est . . . Hoc est fugere hinc: *mori elementis hujus mundi, abscondere vitam in Deo*« (Ambrosius, *Liber de fuga seculi,* c. 2, 4, 7).
** »Eo *dirigendus* est *spiritus* quo *aliquando est iturus*« (*Meditat. sacrae,* Joh. Gerhardi, Med. 46).
*** »Affectanti coelestia, terrena non sapiunt. Aeternis inhianti, fastidio sunt transitoria« (Bernhard, *Epist. Ex persona Heliae monachi ad paren-*

Allerdings hängt die Qualität jenes Lebens von der Qualität, der moralischen Beschaffenheit dieses Lebens ab, aber die Moralität ist selbst bestimmt durch den Glauben an das ewige Leben. Und diese dem überirdischen Leben entsprechende Moralität ist nur die Abkehr von dieser Welt, die Negation dieses Lebens. Die sinnliche Bewährung dieser geistigen Abkehr aber ist das klösterliche Leben. Alles muß sich zuletzt äußerlich, sinnlich darstellen.* Was innere Gesinnung, muß sich praktisch realisieren. Das klösterliche, überhaupt asketische Leben ist das himmlische Leben, wie es sich hienieden bewährt und bewähren kann. Wenn meine Seele dem Himmel angehört, warum soll ich, ja, wie kann ich mit dem Leibe der Erde angehören? Die Seele animiert den Leib. Wenn aber die Seele im Himmel ist, so ist der Leib verlassen, tot – abgestorben also das Medium, das Verbindungsglied zwischen der Welt und der Seele. Der Tod, die Scheidung der Seele vom Leibe, wenigstens von diesem groben materiellen, sündhaften Leibe, ist der Eingang zum Himmel. Wenn aber der *Tod* die *Bedingung der Seligkeit und moralischen Vollkommenheit* ist, so ist notwendig die Abtötung, die *Mortifikation das einzige Gesetz der Moral.* Der *moralische Tod* ist die *notwendige Antizipation* des natürlichen Todes – die notwendige; denn es wäre die höchste Immoralität, dem sinnlichen Tod, der kein moralischer, sondern natürlicher, dem Menschen mit dem Tiere gemeiner Akt ist, den Erwerb des Himmels zu überlassen. Der Tod muß daher zu einem *moralischen Akt*, einem *Akt der Selbsttätigkeit* erhoben werden. »Ich *sterbe täglich*«, sagt der Apostel. Und diesen Spruch machte der Heilige Antonius, der Gründer des Mönchtums**, zum Thema seines Lebens.
Aber das Christentum, entgegnet man, hat nur eine *geistige*

tes). »Nihil nostra refert in hoc aevo, *nisi de eo quam celeriter excedere*« (Tertullian, *Apol. adv. Gentes,* c. 41).
* »Ille perfectus est qui mente et *corpore* a saeculo est elongatus« (*De modo bene vivendi ad Sororem,* S. VII, unter den unechten Schriften Bernhards).
** S. indes hierüber Hieronymus, *De vita Pauli primi Eremitae.*

Freiheit gewollt. Richtig; aber was ist die geistige Freiheit, die nicht in die Tat übergeht, die sich nicht sinnlich bewährt? Die sinnliche Freiheit ist allein die Wahrheit der geistigen Freiheit. Ein Mensch, der an den irdischen Schätzen das geistige Interesse wirklich verloren, der wirft sie auch bald zum Fenster hinaus, um vollkommen sein Herz zu entledigen. Was ich nicht mehr mit der *Gesinnung* habe, das ist mir zur *Last,* wenn ich es dennoch habe, denn ich habe es im *Widerspruch* mit meiner Gesinnung. Also weg damit! Was die Gesinnung entlassen, das halte auch die Hand nicht mehr fest. Nur die Gesinnung ist die Schwerkraft des Händedrucks; nur die Gesinnung heiligt den Besitz. Wer sein Weib so haben soll, als habe er es nicht, der tut besser, wenn er sich gar kein Weib nimmt. Haben, als habe man nicht, heißt haben *ohne die Gesinnung* des Habens, heißt in Wahrheit *nicht* haben. Und wer daher sagt, man solle ein Ding haben so, als habe man es nicht, der sagt nur auf eine *feine,* schlaue, schonende Weise: Man soll es gar nicht haben. Was ich aus dem Herzen fahren lasse, das ist nicht mehr *mein,* das ist vogelfrei. Der Heilige Antonius faßte den Entschluß, der Welt zu entsagen, als er einst den Spruch hörte: »Willst du vollkommen sein, so gehe hin, verkaufe, was du hast, und gib es den Armen, so wirst du einen *Schatz im Himmel* haben, und komm und folge mir nach.« Der Heilige Antonius gab die allein wahre Auslegung dieses Ausspruchs. Er ging hin und verkaufte seine Reichtümer und gab sie den Armen. Nur so *bewährte* er seine geistige Freiheit von den Schätzen dieser Welt.*

Solche Freiheit, solche Wahrheit widerspricht nun freilich dem heutigen Christentum, welchem zufolge der Herr nur eine geistige Freiheit gewollt, d. h. eine Freiheit, die durchaus keine *Opfer* erheischt, die bei *vollem Wanste* frei ist von den Begierden des Fleisches, bei *vollem Geldbeutel* frei von den

* Natürlich hatte das Christentum nur solche Kraft, als, wie Hieronymus an die Demetrias schreibt, »domini nostri adhuc *calebat cruor et fervebat recens* in credentibus fides«.

irdischen Sorgen. Deswegen sagte ja auch der Herr: »Mein Joch ist sanft und leicht.« Wie barbarisch, wie unsinnig wäre das Christentum, wenn es den Menschen zumutete, die Schätze dieser Welt aufzuopfern! Dann paßte ja das Christentum gar nicht *für diese Welt*. Aber das sei ferne! Das Christentum ist höchst praktisch und weltklug. Es überläßt die Freiheit von den Schätzen und Lüsten dieser Welt dem *natürlichen Tode* – die Selbsttötung der Mönche ist unchristlicher Selbstmord –, aber der Selbsttätigkeit den Erwerb und Genuß der irdischen Schätze. Die echten Christen zweifeln zwar nicht an der Wahrheit des himmlischen Lebens, Gott bewahre! Darin stimmen sie noch heute mit den alten Mönchen überein; aber sie erwarten dasselbe geduldig, ergeben in den Willen Gottes, d. h. *in den Willen der Selbstsucht,* der wohlbehaglichen *Genußsucht* dieser Welt.* Doch ich wende mich mit Ekel und Verachtung weg von dem modernen Christentum, wo die Braut Christi bereitwillig selbst der Polygamie huldigt, wenigstens der sukzessiven Polygamie, die sich aber nicht wesentlich in den Augen des wahren Christen von der gleichzeitigen unterscheidet, aber doch zugleich – o schändliche Heuchelei! – auf die ewige, allverbindende, unwidersprechliche, heilige Wahrheit des Wortes Gottes schwört, und kehre zurück mit heiliger Scheu zur verkannten Wahrheit der keuschen Klosterzelle, wo noch nicht die dem *Himmel* angetraute *Seele* mit einem *fremden Leibe sich vermischte!***

Das unweltliche, übernatürliche Leben ist wesentlich auch eheloses Leben. Das Zölibat – freilich nicht als Gesetz – liegt gleichfalls also im innersten Wesen des Christentums. Hinlänglich ist dies schon in der übernatürlichen Herkunft des Heilands ausgesprochen. In diesem Glauben *heiligten die Christen* die *unbefleckte Jungfräulichkeit als das heilbringende*

---

* Wie anders die alten Christen! »Difficile, imo *impossibile* est, *ut et praesentibus quis et futuris fruatur bonis*« (Hieronymus, *Epist. Juliano*). Aber freilich, sie waren *abstrakte* Christen. Und jetzt leben wir im Zeitalter der *Versöhnung!* Jawohl!

** Alle Ausdrücke sind erlaubt in der Schrift, wo sie bezeichnend, wo sie *notwendig* sind.

Prinzip, als das Prinzip der neuen, der christlichen Welt.
Komme man nicht mit solchen Stellen der Bibel wie etwa:
Mehret euch, oder: Was Gott zusammengefügt, soll der
Mensch nicht scheiden, um damit die Ehe zu sanktionieren!
Die erste Stelle bezieht sich, wie schon Tertullian und Hierony-
mus bemerkten, nur auf die menschenleere, nicht aber bereits
erfüllte Erde, nur auf den Anfang, nicht aber auf das mit der
unmittelbaren Erscheinung Gottes auf Erden eingetretne
Ende der Welt. Und auch die zweite bezieht sich nur auf das
Alte Testament. Juden stellten die Frage, ob es auch recht
sei, daß sich ein Mensch scheide von seinem Weibe; die
zweckmäßigste Abfertigung dieser Frage war obige Antwort.
Wer *einmal* eine Ehe schließt, der soll sie auch heilig halten.
Schon der Blick nach einer andern ist Ehebruch. Die Ehe ist
an und für sich schon eine Konzession gegen die Schwachheit
der Sinnlichkeit, ein Übel, das daher soviel als möglich beschränkt werden muß. Die Unauflöslichkeit der Ehe ist ein
Nimbus, ein Heiligenschein, welcher gerade das Gegenteil
von dem ausspricht, was die vom Scheine geblendeten und
perturbierten Köpfe dahinter suchen. Die Ehe ist an sich eine
Sünde, eine Schwachheit, die dir nur unter der Bedingung erlaubt und verziehen wird, daß du dich auf ein einziges – bedenke es wohl! – ein einziges Weib für immer beschränkst.
Kurz, die Ehe ist nur im *Alten,* aber nicht mehr im *Neuen*
Testament geheiligt: Das N. T. kennt ein höheres, ein *über-*
natürliches Prinzip, das Geheimnis der unbefleckten Jungfräulichkeit. »Wer es fassen mag, der fasse es.« »*Die Kinder*
dieser Welt freien und lassen sich freien, welche aber *würdig*
sein werden, jene Welt zu erlangen in der Auferstehung von
den Toten, die werden weder freien noch sich freien lassen.
Denn sie können hinfort nicht sterben, denn sie *sind den En-*
geln gleich und Gottes Kinder, dieweil sie Kinder sind der
Auferstehung.« Im Himmel freien sie also nicht; vom *Himme*l
ist das *Prinzip der Geschlechtsliebe als ein irdisches, weltliches*
ausgeschlossen. Aber das himmlische Leben ist das *wahre,* das
beständige, ewige Leben des Christen. Warum soll also ich,

der ich für den Himmel bestimmt bin, ein Band knüpfen, das in meiner wahren Bestimmung aufgelöst ist? Warum soll ich, der ich an sich, der Potenz nach ein himmlisches Wesen bin, nicht hier schon diese Möglichkeit verwirklichen?* Ja, die Ehe ist schon aus *meinem Sinne, meinem Herzen verbannt,* indem sie aus dem *Himmel,* dem wesentlichen Gegenstand meines Glaubens, Hoffens und Lebens verstoßen ist. Wie kann in meinem vom Himmel erfüllten Herzen noch ein irdisches Weib Platz haben? Wie kann ich mein Herz zwischen Gott und dem Menschen teilen? Die Liebe des Christen zu Gott ist nicht eine abstrakte oder allgemeine Liebe wie die Liebe zur Wahrheit, zur Gerechtigkeit, zur Wissenschaft; sie ist die Liebe zu einem *subjektiven, persönlichen Gott,* also *selbst eine subjektive, persönliche Liebe.* Ein wesentliches Attribut dieser Liebe ist es, daß sie eine *ausschließliche, eifersüchtige* Liebe ist, denn ihr Gegenstand ist ein *persönliches* und *zugleich* das *höchste* Wesen, dem *kein andres gleichkommt.* »Halte dich zu Jesus (aber Jesus Christus ist der Gott des Christen) im Leben und im Tode; verlaß dich auf seine Treue: Er allein kann dir helfen, wenn dich alles verläßt. Dein Geliebter hat die Eigenschaft, daß er keinen Andern neben sich dulden will: Er *allein* will dein Herz haben, allein in deiner Seele wie ein König auf seinem Throne herrschen.« Was kann dir die Welt ohne Jesus nützen? »Ohne Christus sein ist Höllenpein; mit Christus sein himmlische Süßigkeit.« »Ohne Freund kannst du nicht leben; aber wenn dir nicht Christi Freundschaft über alles geht, so wirst du über Maßen traurig und trostlos sein.« »Liebe alle *um Jesu willen,* aber Jesus *um seinetwillen.* Jesus Christus *allein* ist der *Liebenswerte.*« »Mein Gott, meine Liebe (mein Herz): *Ganz bist du mein und ganz bin ich dein.*« »Die Liebe ... hofft und vertraut immer auf Gott, auch wenn ihr Gott nicht gnädig ist (oder bitter schmeckt, non sapit); denn *ohne Schmerz* lebt

---

* »Praesumendum est hos qui *intra* Paradisum recipi volunt, tandem debere *cessare ab ea re, a qua* Paradisus *intactus* est« (Tertullian, *De exhort. cast.,* c. 13).

man nicht in der Liebe ...« »Um des Geliebten willen muß der Liebende alles, auch das Harte und Bittere gern sich gefallen lassen.« »Mein Gott und mein Alles ... In deiner *Gegenwart* ist mir alles süß, in deiner *Abwesenheit* alles widerlich ... Ohne dich kann mir nichts gefallen.« »Oh, wann wird endlich jene selige, jene ersehnte Stunde kommen, daß du mich ganz mit deiner Gegenwart erfüllst und mir alles in allem bist! Solange mir dies nicht vergönnt ist, ist meine Freude nur Stückwerk.« »Wo war es mir je wohl ohne dich? Oder wann in deiner Gegenwart wehe? Ich will lieber arm sein um deinetwillen als reich *ohne dich*. Ich will lieber mit dir auf der Erde ein Pilger als ohne dich Besitzer des Himmels sein. Wo *du* bist, ist der *Himmel*; Tod und Hölle, wo du nicht bist. Nur nach dir sehne ich mich.« »Du kannst nicht Gott dienen und zugleich am Vergänglichen deine Freude haben: Du mußt dich entfernen von allen Bekannten und Freunden und von allem zeitlichen Troste deinen Geist absondern. Die Gläubigen Christi sollen sich nach der Ermahnung des *Heiligen Apostels Petrus nur als Pilger und Fremdlinge dieser Welt* ansehen.«* Die Liebe zu Gott als einem persönlichen Wesen ist also eine *eigentliche, förmliche, persönliche, ausschließliche Liebe*. Wie kann ich also Gott, sage Gott, und zugleich ein sterbliches Weib lieben? Setze ich dadurch nicht Gott auf gleichen Fuß mit dem Weib? Nein!, einer Seele, die Gott *wahrhaft* liebt, ist die Liebe zum Weibe eine Unmöglichkeit – ein Ehebruch. Wer ein Weib hat, sagt der Apostel Paulus – den man nicht unrichtig den eigentlichen Stifter des Christentums genannt hat –, denket, was des Weibes ist, wer keines hat, denkt nur, was des Herrn ist. Der Verheiratete denkt daran, daß er dem Weibe gefalle, der Unverheiratete daran, daß er Gott gefalle.

---

* Thomas a Kempis, *De imit.* (I. II, c. 7, c. 8, I. III, c. 5, c. 34, c. 53, c. 59) »Felix illa conscientia et beata virginitas, in cujus corde *praeter amorem Christi ... nullus alius versatur amor*« (Hieronymus, *Demetriadi, virgini Deo consecratae*). Aber freilich, das ist wieder eine sehr *abstrakte* Liebe, die im Zeitalter der Versöhnung, wo Christus und Belial ein Herz und eine Seele sind, nicht mehr schmeckt. Oh, wie bitter ist die Wahrheit!

Der wahre Christ hat, wie kein Bedürfnis der Bildung, weil diese ein dem Gemüte widerliches, weltliches Prinzip ist, so auch kein Bedürfnis der (natürlichen) *Liebe.* Gott ersetzt ihm den Mangel, das Bedürfnis der Bildung, Gott desgleichen den Mangel, das Bedürfnis der Liebe, des Weibes, der Familie. Der Christ identifiziert unmittelbar mit dem Individuum die Gattung: Er streift daher die *Geschlechtsdifferenz* als einen lästigen, zufälligen Anhang von sich ab. Mann und Weib zusammen machen erst den wirklichen Menschen aus, Mann und Weib zusammen ist die Existenz der Gattung – denn ihre Verbindung ist die Quelle der Vielheit, die Quelle anderer Menschen. Der Mensch daher, der seine Mannheit nicht negiert, der sich fühlt als Mann und dieses Gefühl als ein natur- und gesetzmäßiges Gefühl anerkennt, der weiß und fühlt sich als ein *Teilwesen,* welches eines andern Teilwesens zur Hervorbringung des Ganzen, der wahren Menschheit, bedarf. Der Christ dagegen erfaßt sich in seiner überschwenglichen, transzendenten Subjektivität als ein *für sich selbst* vollkommnes Wesen. Aber dieser Anschauung war der Geschlechtstrieb entgegen; er stand mit seinem Ideal, seinem höchsten Wesen in Widerspruch; der Christ mußte daher diesen Trieb negieren.

Wohl empfand auch der Christ das Bedürfnis der Geschlechterliebe, aber nur als ein seiner himmlischen Bestimmung widersprechendes, nur natürliches – natürlich in dem gemeinen, verächtlichen Sinne, den dieses Wort im Christentum hat –, nicht als ein moralisches, inniges Bedürfnis, nicht als ein, um mich so auszudrücken, metaphysisches, d. i. wesentliches Bedürfnis, welches der Mensch aber nur da empfinden kann, wo er die Geschlechtsdifferenz nicht von sich absondert, sondern vielmehr zu seinem innern Wesen rechnet. Heilig ist darum nicht die Ehe im Christentume – wenigstens nur *scheinbar, illusorisch* –, denn das natürliche Prinzip der Ehe, die *Geschlechterliebe* – mag auch die bürgerliche Ehe unzählige Mal diesem Prinzip widersprechen – ist im Christentum ein *unheiliges, vom Himmel ausgeschlossenes.* Was aber der Mensch *von seinem Himmel ausschließt,* das *schließt er* von seinem *wahren Wesen* aus.* Der Himmel ist sein Schatzkästchen. Glaube nicht dem, was er auf der Erde etabliert, was er hier erlaubt und sanktioniert: Hier muß er sich akkommodieren; hier kommt ihm manches in die Quere, was nicht in sein System paßt; hier weicht er deinem Blick aus, denn er befindet sich unter fremden Wesen, die ihn schüchtern machen. Aber belausche ihn, wo er sein Inkognito abwirft und sich in seiner wahren Würde, seinem himmlischen Staate zeigt. Im Himmel *spricht* er, wie er *denkt*; dort vernimmst du seine *wahre* Meinung. Wo sein Himmel, ist sein Herz – der Himmel ist sein *offnes* Herz. Der Himmel ist nichts als der Begriff des Wahren, Guten, Gültigen, dessen, was *sein soll*, die Erde nichts als der Begriff des Unwahren, Ungültigen, dessen, was *nicht* sein soll. Der Christ schließt vom Himmel das Gattungsleben aus: Dort hört die Gattung auf, dort gibt es nur reine geschlechtslose Individuen, Geister, dort herrscht die *absolute* Subjektivität – also schließt der Christ von seinem wahren Leben das Gattungsleben aus; er negiert das Prinzip der Ehe als ein sündiges, ein zu negierendes, denn das sündlose, das positive Leben ist das himmlische.**

* Dies läßt sich auch so ausdrücken: Die Ehe hat im Christentum nur eine *moralische*, aber keine *religiöse* Bedeutung, *kein religiöses Prinzip und Vorbild*. Anders bei den Griechen, wo z. B. »Zeus und Here das große Urbild jeder Ehe« (Creuzer, *Symb.*), bei den alten Parsen, wo die Zeugung als »die Vermehrung des Menschengeschlechts, die *Verminderung* des *Arhimanischen Reichs*«, also eine *religiöse* Pflicht und Handlung ist (Zend-Avesta), bei den Indern, wo der Sohn der *wiedergeborne* Vater ist.
»So der Frau ihr Gemahl nahet, wird er *wiedergeboren* selbst
Von der, die Mutter durch ihn wird.« (Fr. Schlegel)
Bei den Indern darf kein Wiedergeborner in den Stand eines Sanyassi, das ist eines in Gott versunkenen Einsiedlers treten, wenn er nicht vorher drei Schulden bezahlt, unter andern die, daß er *rechtlicherweise einen Sohn gezeugt hat*. Bei den Christen dagegen, wenigstens den katholischen, war es ein wahres religiöses Freudenfest, wenn Verlobte oder schon Verheiratete – vorausgesetzt, daß es mit beiderseitiger Einwilligung geschah – den ehelichen Stand aufgaben, der religiösen Liebe die eheliche Liebe aufopferten.
** Insofern das religiöse Bewußtsein alles zuletzt wieder setzt, was es anfangs aufhebt, das jenseitige Leben daher zuletzt nichts andres ist als das wiederhergestellte diesseitige Leben, so muß konsequent auch das Ge-

Das ehelose, überhaupt asketische Leben ist der direkte Weg
zum himmlischen unsterblichen Leben, denn der Himmel ist
nichts andres als das übernatürliche, gattungsfreie, geschlechtslose, absolut subjektive Leben. Dem Glauben an die persönliche Unsterblichkeit liegt der Glaube zugrunde, daß die
Geschlechtsdifferenz nur ein äußerlicher Anflug der Individualität, daß *an sich* das Individuum ein geschlechtsloses,
für sich selbst vollständiges, *absolutes* Wesen ist. Wer aber
keinem Geschlecht angehört, gehört keiner Gattung an –
die Geschlechtsdifferenz ist die Nabelschnur, durch welche die
Individualität mit der Gattung zusammenhängt –, und wer
keiner Gattung angehört, der gehört nur sich selbst an, ist ein
schlechthin bedürfnisloses, göttliches, absolutes Wesen. Nur da
daher, wo die Gattung aus dem Bewußtsein verschwindet,
wird das himmlische Leben zur Gewißheit. Wer im *Bewußtsein der Gattung* und folglich *ihrer Realität* lebt, der lebt
auch im Bewußtsein der *Realität* der *Geschlechtsdifferenz.* Er
betrachtet dieselbe nicht als einen mechanisch eingesprengten,
zufälligen Stein des Anstoßes; er betrachtet sie als einen
innigen, einen chemischen Bestandteil seines Wesens. Er weiß
sich wohl als *Mensch,* aber zugleich in der Bestimmtheit der
Geschlechtsdifferenz, die nicht nur Mark und Bein durchdringt, sondern auch sein innerstes Selbst, die wesentliche
Art seines Denkens, Wollens, Empfindens bestimmt. Wer daher
im Bewußtsein der Gattung lebt, wer sein Gemüt und seine
Phantasie beschränkt, bestimmt durch die Anschauung des
wirklichen Lebens, des wirklichen Menschen, der kann sich
kein Leben denken, wo das Gattungsleben und damit die
Geschlechtsdifferenz aufgehoben ist: Er hält das geschlechts-

schlecht wiederhergestellt werden. »Erunt ... similes angelorum. Ergo
homines esse non desinent , .. ut apostolus apostolus sit et Maria Maria«
(Hieronymus, *Ad Theodoram viduam*). Aber wie der jenseitige Körper ein
unkörperlicher Körper, so ist notwendig das dortige Geschlecht ein *dif-
ferenzloses,* d. i. *geschlechtloses* Geschlecht.

lose Individuum, den himmlischen Geist für eine gemütliche Vorstellung der Phantasie.

Aber ebensowenig wie von der Geschlechtsdifferenz kann der reale Mensch von seiner sittlichen oder geistigen Bestimmtheit, die ja aufs innigste mit seiner natürlichen Bestimmtheit zusammenhängt, abstrahieren. Eben weil er in der Anschauung des Ganzen lebt, so lebt er in der Anschauung seiner nur als eines Teilwesens, das nur ist, was es ist, durch die Bestimmtheit, die es eben zum Teil des Ganzen oder zu einem relativen Ganzen macht. Jeder hält daher mit Recht sein Geschäft, seinen Stand, seine Kunst der Wissenschaft für die höchste, denn der Geist des Menschen ist nichts als die wesentliche Art seiner Tätigkeit. Wer etwas Tüchtiges in seinem Stande, seiner Kunst ist, wer, wie man im Leben sagt, seinen Posten ausfüllt, mit Leib und Leben seinem Berufe ergeben ist, der denkt sich auch seinen Beruf als den höchsten und schönsten. Wie sollte er in seinem Geiste verleugnen, in seinem Denken erniedrigen, was er durch die Tat zelebriert, indem er mit Freuden demselben seine Kräfte weiht? Was ich gering schätze, wie kann ich dem meine Zeit, meine Kräfte weihen? Muß ich dennoch, so ist meine Tätigkeit eine unglückliche, denn ich bin zerfallen mit mir selbst. Arbeiten ist Dienen. Wie kann ich aber einem Gegenstand dienen, mich ihm subjizieren, wenn er mir nicht im Geiste hoch steht? Kurz, die Beschäftigungen bestimmen das Urteil, die Denkart, die Gesinnung des Menschen. Und je höher die Art der Beschäftigung, desto mehr identifiziert sich der Mensch damit. Was überhaupt der Mensch zum wesentlichen Zweck seines Lebens macht, das erklärt er für seine Seele; denn es ist das Prinzip der Bewegung in ihm. Durch seine Zwecke, durch die Tätigkeit, in welcher er diese Zwecke realisiert, ist aber der Mensch zugleich, wie etwas für sich, so *etwas für andere*, für das Allgemeine, die Gattung. Wer daher in dem Bewußtsein der Gattung als einer Realität lebt, der hält sein Sein für andere, sein öffentliches, gemeinnütziges Sein für *das* Sein, welches eins ist mit dem Sein *seines* Wesens, für sein unsterbliches Sein. Er lebt mit ganzer Seele, mit ganzem Herzen für die Menschheit. Wie könnte er eine besondere Existenz für sich noch im Rückhalt haben, wie sich von der Menschheit scheiden? Wie sollte er im Tode verleugnen, was er im Leben bekräftigte? Aber sein Glaube im Leben war: *Nec sibi sed toti genitum se credere mundo.*

Das himmlische Leben oder – was wir hier nicht unterscheiden – die persönliche Unsterblichkeit ist eine charakteristische Lehre des Christentums. Allerdings findet sie sich zum Teil auch schon bei den heidnischen Philosophen, aber hier hat sie nur die Bedeutung einer *subjektiven Phantasie,* weil sie nicht mit ihrer Grundanschauung zusammenhing. Wie widersprechend äußern sich nicht z. B. die Stoiker über diesen Gegenstand! Erst bei den Christen fand die persönliche Unsterblichkeit *das* Prinzip, woraus sie sich mit Notwendigkeit als eine sich von selbst verstehende Wahrheit ergibt. Den Alten kam die Anschauung der Welt, der Natur, der Gattung stets in die Quere, sie unterschieden zwischen dem Lebensprinzip und dem lebenden Subjekt, zwischen der Seele, dem Geiste und *sich selbst,* während der Christ den Unterschied zwischen Seele und Person, Gattung und Individuum aufhob, unmittelbar *in sich* selbst daher setzte, was nur der Totalität der Gattung angehört. Aber die unmittelbare Einheit der *Gattung* und Individualität ist eben das höchste Prinzip, der Gott des Christentums – *das Individuum* hat in ihm die Bedeutung des *absoluten Wesens* – und die notwendig immanente Folge *dieses* Prinzips eben die persönliche Unsterblichkeit.

Oder vielmehr: Der Glaube an die *persönliche Unsterblichkeit* ist ganz *identisch* mit dem *Glauben an den persönlichen Gott* – d. h. *dasselbe,* was der Glaube an das himmlische, unsterbliche Leben der Person ausdrückt, dasselbe drückt Gott aus, wie er den Christen Gegenstand war –, das Wesen der *absoluten, uneingeschränkten Subjektivität.* Die uneingeschränkte Subjektivität ist Gott, aber die himmlische Subjektivität ist nichts andres als die uneingeschränkte, die von allen irdischen Beschwerden und Schranken erledigte Subjektivität – der Unterschied nur *der,* daß Gott der *geistige*

Himmel, der Himmel der *sinnliche* Gott ist, daß in Gott nur *in abstracto* gesetzt wird, was im Himmel mehr ein *Objekt der Phantasie* ist. Gott ist nur der *implizierte, involvierte* Himmel, der *wirkliche Himmel* der *explizierte Gott.* Gegenwärtig ist Gott das Himmelreich, in Zukunft der Himmel Gott. Gott ist die *Bürgschaft,* die, aber noch *abstrakte, Präsenz* und *Existenz* der *Zukunft* – der *antizipierte kompendiöse Himmel.* Unser eignes zukünftiges, aber von uns, wie wir gegenwärtig in dieser Welt, in diesem Leibe existieren, unterschiednes, nur ideal gegenständliches Wesen ist Gott – Gott ist der Gattungsbegriff, der sich dort erst realisieren, individualisieren wird. Gott *ist* die himmlische, reine, freie *Wesenheit,* die dort als himmlische, reine *Wesen* existieren wird, *die* Seligkeit, die dort in einer Fülle seliger Individuen sich entfaltet. Gott ist also nichts andres als der Begriff oder das Wesen des absoluten, des seligen, himmlischen Lebens, das aber hier selbst noch zusammengefaßt wird in eine ideale Persönlichkeit. Deutlich genug ist dies ausgesprochen in dem Glauben, daß das selige Leben die Einheit mit Gott ist. Hier sind wir unterschieden und getrennt von Gott, dort fällt die Scheidewand; hier sind wir Menschen, dort Götter; hier ist die Gottheit ein Monopol, dort ein Gemeingut; hier eine abstrakte Einheit, dort eine konkrete Vielheit.*

Was die Erkenntnis dieses Gegenstandes erschwert, ist nur die Phantasie, welche einerseits durch die Vorstellung der Persönlichkeit Gottes, anderseits durch die Vorstellung der vielen Persönlichkeiten, welche sie zugleich gewöhnlich in ein mit sinnlichen Farben ausgemaltes Reich verlegt, die Einheit des Begriffs auseinandertrennt. Aber in Wahrheit ist kein

---

* »Bene dicitur, quod tunc plene videbimus eum sicuti est, cum *similes ei erimus,* h. e. *erimus quod ipse est.* Quibus enim potestas data est filios Dei fieri, data est potestas, non quidem ut sint Deus, sed sint tamen *quod Deus est:* sint sancti, futuri *plene beati, quod Deus est.* Nec aliunde hic sancti, nec ibi futuri beati, quam ex Deo qui eorum et *sanctitas et beatitudo* est« (*De vita solitaria,* unter den unechten Schriften des H. Bernhard). »Finis autem bonae voluntatis beatitudo est: *vita aeterna ipse Deus*« (Augustin, bei Petrus Lomb., I. II, dist. 38, c. 1).

Unterschied zwischen dem *absoluten Leben,* welches *als Gott,* und dem *absoluten Leben,* welches *als der Himmel* gedacht wird, nur daß im Himmel in die Länge und Breite ausgedehnt wird, was in Gott in *einen* Punkt konzentriert ist. Der Glaube an die *Unsterblichkeit* des Menschen ist der Glaube an die *Göttlichkeit* des Menschen, und umgekehrt der Glaube an Gott der Glaube an die reine, von allen Schranken erlöste und folglich *eo ipso unsterbliche* Subjektivität. Die Unterschiede, die man setzt zwischen der unsterblichen Seele und Gott, sind entweder nur sophistische oder phantastische, wie wenn man z. B. die Seligkeit der Himmelsbewohner wieder in Schranken einschließt, in Grade einteilt, um einen Unterschied zwischen Gott und den himmlischen Wesen zu etablieren.

Die Identität der göttlichen und himmlischen Subjektivität erscheint selbst in den populären Beweisen der Unsterblichkeit. Wenn kein andres, besseres Leben ist, so ist Gott nicht gerecht und gut. Die Gerechtigkeit und Güte Gottes wird so abhängig gemacht von der Fortdauer der Individuen; aber ohne Gerechtigkeit und Güte ist Gott *nicht Gott* – die Gottheit, die *Existenz* Gottes wird daher abhängig gemacht von der *Existenz der Individuen.* Wenn ich nicht unsterblich bin, so glaube ich keinen Gott; wer die Unsterblichkeit leugnet, leugnet Gott. Aber das kann ich unmöglich glauben: So *gewiß* Gott *ist,* so *gewiß* ist meine Seligkeit. Gott ist eben die *Gewißheit* meiner Seligkeit. Das Interesse, daß *Gott ist,* ist eins mit dem Interesse, daß *ich bin,* ewig bin. Gott ist meine *geborgne,* meine *gewisse* Existenz: Er ist die Subjektivität der Subjekte, die Persönlichkeit der Personen. Wie sollte daher den Personen nicht zukommen, was der Persönlichkeit zukommt? In Gott mache ich eben *mein Futurum zu einem Präsens* oder vielmehr ein *Zeitwort* zu einem *Substantiv;* wie sollte sich eins vom andern trennen lassen? Gott ist die meinen Wünschen und Gefühlen entsprechende Existenz: Er ist der Gerechte, der Gütige, der meine Wünsche erfüllt. Die Natur, diese Welt ist eine meinen Wünschen, meinen Gefühlen widersprechende Existenz. Hier ist es nicht so, wie es *sein* soll – diese Welt vergeht –, Gott aber ist *das* Sein, welches *so* ist, wie es sein soll. Gott erfüllt meine Wünsche – dies ist nur populäre Personifikation des Satzes: Gott ist der Erfüller, d. i. die *Realität*, das *Erfülltsein meiner Wünsche.* Aber der Himmel ist eben das meinen Wünschen, meiner Sehnsucht adäquate Sein – also *kein Unterschied zwischen Gott und Himmel.* Gott ist die *Kraft,* durch die der Mensch seine ewige Glückseligkeit *realisiert* – Gott die absolute Persönlichkeit, in der alle einzelnen Personen die Gewißheit ihrer Absolutheit, ihrer Seligkeit und Unsterblichkeit haben – Gott die höchste, letzte Gewißheit der Subjektivität von ihrer absoluten Wahrheit und Wesenhaftigkeit.

Die Unsterblichkeitslehre ist die Schlußlehre der Religion – ihr Testament, worin sie ihren letzten Willen äußert. Hier spricht sie darum unverhohlen aus, was sie sonst verschweigt. Wenn es sich sonst um die Existenz eines *andern* Wesens handelt, so handelt es sich hier offenbar nur um die *eigne Existenz;* wenn außerdem der Mensch in der Religion sein Sein vom Sein Gottes abhängig macht, so macht er hier die Realität Gottes von seiner eignen Realität abhängig; was ihm sonst die primitive, unmittelbare Wahrheit, das ist ihm daher hier eine abgeleitete, sekundäre Wahrheit: *Wenn ich nicht ewig bin, so ist Gott nicht Gott,* wenn *keine Unsterblichkeit,* so ist *kein Gott.* Und diesen Schluß hat schon der Apostel gemacht. Wenn wir nicht auferstehen, so ist Christus nicht auferstanden und alles ist nichts. Edite, bibite. Allerdings kann man das scheinbar oder wirklich Anstößige, was in der populären Argumentation liegt, beseitigen, indem man die Schlußform vermeidet, aber nur dadurch, daß man die Unsterblichkeit zu einer *analytischen Wahrheit* macht, so daß eben der *Begriff Gottes,* als der absoluten Persönlichkeit oder Subjektivität, *per se schon der Begriff der Unsterblichkeit* ist. Gott ist die Bürgschaft meiner zukünftigen Existenz, weil er schon die Gewißheit und Realität meiner gegenwärtigen Existenz, mein Heil, mein Trost, mein Schirm vor den Gewalten der

Außenwelt ist; ich brauche also die Unsterblichkeit gar *nicht expreß* zu folgern, nicht als eine *aparte Wahrheit* herauszustellen; *habe ich Gott, so habe ich Unsterblichkeit.* So war es bei den tiefern christlichen Mystikern: Ihnen ging der Begriff der Unsterblichkeit in dem Begriff Gottes auf; Gott war ihnen ihr unsterbliches Leben − Gott selbst die subjektive Seligkeit, also das *für sie,* für ihr *Bewußtsein,* was er *an sich selbst,* d. i. im *Wesen* der Religion ist.

Somit ist bewiesen, daß Gott der Himmel ist, daß beide identisch sind. Leichter wäre der umgekehrte Beweis gewesen, nämlich daß der Himmel der eigentliche Gott der Menschen ist. Wie der Mensch seinen Himmel denkt, so denkt er seinen Gott; die Inhaltsbestimmtheit seines Himmels ist die Inhaltsbestimmtheit seines Gottes, nur daß im Himmel sinnlich ausgemalt, ausgeführt wird, was in Gott nur Entwurf, Konzept ist. Der Himmel ist daher der Schlüssel zu den innersten Geheimnissen der Religion. Wie der Himmel objektiv das aufgeschloßne Wesen der Gottheit, so ist er auch subjektiv die offenherzigste Aussprache der innersten Gedanken und Gesinnungen der Religion. Daher sind die Himmelreiche so verschieden als die Religionen und so viel unterschiedne Religionen, als wesentliche Menschenunterschiede sind. So unterschieden das ist, was für die Menschen die Bedeutung des Höchsten, des Guten, Wahren, Heiligen hat, so unterschieden ist der Himmel, so unterschieden der *Gott.* Auch die Christen selbst denken sich sehr verschiedenartig den Himmel.*

Nur die Pfiffigen unter ihnen denken und sagen gar nichts Bestimmtes über den Himmel oder das Jenseits überhaupt, weil es unbegreiflich sei und daher immer nur nach einem diesseitigen, nur für das Diesseits gültigen Maßstab gedacht werde. Alle Vorstellungen hienieden seien nur Bilder, mit

---

* Und ebenso verschiedenartig ihren Gott. So haben die frommen christlichen Deutschtümler einen »*deutschen Gott*« notwendig, also auch die frommen Spanier einen *spanischen* Gott, die Franzosen einen *französischen* Gott. In der Tat existiert auch so lange *Vielgötterei,* solange es viele Völker gibt. Der *reale Gott* eines Volks ist der point d'honneur seiner Nationalität.

denen sich der Mensch das seinem *Wesen* nach unbekannte, aber seiner *Existenz* nach gewisse Jenseits vergegenwärtige. Es ist hier ebenso wie mit Gott: Das *Dasein* Gottes sei gewiß – aber *was* er sei oder *wie* er sei, das sei unerforschlich. Aber wer so spricht, der hat sich das Jenseits schon aus dem Kopfe geschlagen; er hält es nur noch fest, entweder weil er über solche Dinge gar nicht denkt, oder weil es ihm nur noch ein Herzensbedürfnis ist; aber er schiebt es, zu sehr erfüllt mit realen Dingen, so weit als möglich sich aus dem Gesichte; er *negiert* mit seinem *Kopfe,* was er mit seinem *Herzen bejaht*; denn er negiert das Jenseits, indem er demselben seine *Beschaffenheiten* nimmt, durch die allein ein Gegenstand ein für den Menschen wirklicher und wirksamer ist. Die Qualität ist nicht vom Sein unterschieden – die Qualität ist nichts als das *wirkliche* Sein. Sein ohne Beschaffenheit ist eine Chimäre – ein Gespenst. Durch die Qualität wird mir erst das Sein gegeben; nicht erst das Sein und hintendrein die Qualität. Die Lehre von der Unerkennbarkeit und Unbestimmbarkeit Gottes wie die von der Unerforschlichkeit des Jenseits sind daher keine ursprünglich religiösen Lehren: Sie sind vielmehr Produkte der *Irreligiosität,* die aber selbst *noch in der Religion befangen* ist oder vielmehr hinter der Religion sich versteckt, und zwar eben deswegen, weil ursprünglich das *Sein Gottes* nur mit einer *bestimmten Vorstellung Gottes,* das *Sein des Jenseits* nur mit einer *bestimmten Vorstellung* desselben gegeben ist. So ist dem Christen nur die Existenz *seines* Paradieses, *des* Paradieses, welches die *Qualität der Christlichkeit* hat, nicht aber das Paradies der Mohammedaner oder das Elysium der Griechen eine *Gewißheit.* Die erste Gewißheit ist überall die Qualität; das Sein versteht sich von selbst, wenn einmal die Qualität gewiß ist. Im Neuen Testament kommen keine Beweise oder solche allgemeinen Sätze vor, worin es heißt: *Es ist* ein Gott, oder: *Es ist* ein himmlisches Leben; sondern es werden nur Beschaffenheiten aus dem Leben des Himmels angeführt: »Dort werden sie nicht freien.« Das ist natürlich, kann man entgegnen, weil schon das Sein vorausgesetzt ist.

Allein man trägt hier schon eine Distinktion der Reflexion in den ursprünglich nichts von dieser Distinktion wissenden religiösen Sinn hinein. Freilich ist das Sein vorausgesetzt, aber nur, weil die *Qualität schon das Sein ist,* weil das ungebrochne religiöse Gemüt nur in der Qualität lebt, gleichwie dem natürlichen Menschen nur in der Qualität, die er empfindet, das wirkliche Sein, das Ding *an sich* liegt. So ist in jener neutestamentlichen Stelle das jungfräuliche oder vielmehr geschlechtslose Leben als das wahre Leben vorausgesetzt, das jedoch notwendig zu einem zukünftigen wird, weil dieses wirkliche Leben dem Ideal des wahren Lebens widerspricht. Aber die Gewißheit dieses zukünftigen Lebens liegt nur in der *Gewißheit von der Beschaffenheit* dieser Zukunft als des wahren, höchsten, dem Ideal adäquaten Lebens.

Wo das jenseitige Leben *wirklich* geglaubt wird, wo es ein *gewisses* Leben, da ist es, *eben weil ein gewisses,* auch *bestimmtes.* Wenn ich nicht weiß, *was* und *wie* ich einst bin, wenn ein wesentlicher, absoluter Unterschied zwischen meiner Zukunft und Gegenwart ist, so weiß ich auch einst nicht, was und wie ich ehedem war, so ist die Einheit des Bewußtseins aufgehoben, ein andres Wesen dort an meine Stelle getreten, mein künftiges Sein in der Tat nicht vom Nichtsein unterschieden. Ist dagegen kein wesentlicher Unterschied, so ist auch das Jenseits ein von mir bestimmbarer und erkennbarer Gegenstand. Und so ist es auch wirklich: Ich bin das bleibende Subjekt in dem Wechsel der Beschaffenheiten, ich bin die Substanz, die Diesseits und Jenseits zur Einheit verbindet. Wie sollte mir also das Jenseits unklar sein? Im Gegenteil: Das Leben dieser Welt ist das dunkle, unbegreifliche Leben, das erst durch das Jenseits klar und licht wird; hier bin ich ein vermummtes, verwickeltes Wesen; dort fällt die Maske; dort bin ich, wie ich in Wahrheit bin. Die Behauptung daher, es sei wohl ein anderes, ein himmlisches Leben, aber *was* und *wie* es sei, das bleibe hier unerforschlich, ist nur eine Erfindung des *religiösen Skeptizismus,* der auf absolutem Mißverstand der Religion beruht, weil er sich gänzlich ihrem

Wesen entfremdet hat. Das, was die irreligiös-religiöse Reflexion nur zum bekannten Bilde einer unbekannten, aber dennoch gewissen Sache macht, das ist im Ursprung, im ursprünglichen, wahren Sinn der Religion nicht Bild, sondern die Sache, das Wesen selbst. Der Unglaube, der zugleich noch Glaube ist, setzt die Sache in Zweifel, aber er ist zu gedankenlos und feig, um sie direkt zu bezweifeln: Er setzt sie nur so in Zweifel, daß er das Bild oder die Vorstellung bezweifelt, d. h. das Bild nur für ein Bild erklärt. Aber die Unwahrheit und Nichtigkeit dieses Skeptizismus ist schon historisch konstatiert. Wo man einmal zweifelt an der Realität der Bilder der Unsterblichkeit, zweifelt, daß man *so* existieren könne, wie es der Glaube vorstellt, z. B. ohne materiellen, wirklichen Leib oder ohne Geschlechtsdifferenz, da zweifelt man auch bald an der jenseitigen Existenz überhaupt. Mit dem Bilde fällt die Sache – eben weil das Bild die Sache selbst ist.

Der Glaube an den Himmel oder überhaupt ein jenseitiges Leben beruht auf einem *Urteil*. Er spricht *Lob* und *Tadel* aus; er ist *kritischer* Natur; er macht eine Blumenlese aus der Flora dieser Welt. Und dieses kritische Florilegium ist eben der Himmel. Was der Mensch schön, gut, angenehm findet, das ist für ihn *das* Sein, welches allein sein *soll*; was er schlecht, garstig, unangenehm findet, das ist für ihn *das* Sein, welches *nicht* sein soll und daher, wenn und weil es dennoch ist, ein zum Untergang verdammtes, ein nichtiges ist. Wo das Leben nicht im Widerspruch gefunden wird mit einem Gefühl, einer Vorstellung, einer Idee und dieses Gefühl, diese Idee nicht für absolut wahr und berechtigt gilt, da entsteht nicht der Glaube an ein andres, himmlisches Leben. Das andere Leben ist nichts andres als das *Leben im Einklang mit dem Gefühl, mit der Idee,* welcher *dieses Leben widerspricht.* Das Jenseits hat keine andere Bedeutung, als diesen Zwiespalt aufzuheben, einen Zustand zu realisieren, der dem Gefühl entspricht, in dem der Mensch *mit sich im Einklang* ist. Ein unbekanntes Jenseits ist eine lächerliche Chimäre: Das

Jenseits ist nichts weiter als die *Realität einer bekannten Idee,* die Befriedigung eines bewußten Verlangens, die Erfüllung eines Wunsches*: Es ist nur die *Beseitigung der Schranken,* die hier der Realität der Idee im Wege stehen. Wo wäre der Trost, wo die Bedeutung des Jenseits, wenn ich in ihm in stockfinstere Nacht blicke? Nein, dort strahlt mir mit dem Glanze des gediegenen Metalls entgegen, was hier nur mit den trüben Farben des oxydierten Erzes glänzt. Das Jenseits hat keine andere Bedeutung, keinen andern Grund seines Daseins als den, zu sein die Scheidung des Metalls von seinen beigemengten fremden Bestandteilen, die Scheidung des Guten vom Schlechten, des Angenehmen vom Unangenehmen, des Lobenswürdigen vom Tadelnswerten. Das Jenseits ist die *Hochzeit,* wo der Mensch den Bund mit seiner Geliebten schließt. Längst kannte er seine Braut, längst sehnte er sich nach ihr; aber äußere Verhältnisse, die gefühllose Wirklichkeit stand seiner Verbindung mit ihr entgegen. Auf der Hochzeit wird seine Geliebte nicht ein anderes Wesen; wie könnte er sonst so heiß nach ihr sich sehnen? Sie wird nur die Seinige, sie wird jetzt nur aus einem Gegenstand der Sehnsucht ein Gegenstand des wirklichen Besitzes. Das Jenseits ist hienieden allerdings nur ein Bild, aber nicht ein Bild eines fernen, unbekannten Dings, sondern ein Porträt von dem Wesen, welches der Mensch vor allen andern bevorzugt, liebt. Was der Mensch liebt, das ist seine Seele. Die Asche geliebter Toten schloß der Heide in Urnen ein; bei den Christen ist das himmlische Jenseits das Mausoleum, in das er seine Seele verschließt.

Zur Erkenntnis eines Glaubens, überhaupt der Religion, ist es notwendig, selbst die untersten, rohsten Stufen der Religion zu beachten. Man muß die Religion nicht nur in einer *aufsteigenden Linie* betrachten, sondern in der *ganzen Breite ihrer Existenz* überschauen. Man muß die verschiedenen Religionen auch bei der absoluten Religion *gegenwärtig* haben,

---

* »Ibi nostra *spes* erit *res«* (Augustin, irgendwo).

nicht hinter ihr, in der Vergangenheit zurücklassen, um ebensowohl die absolute als die andern Religionen richtig würdigen und begreifen zu können. Die schrecklichsten Verirrungen, die wildesten Ausschweifungen des religiösen Bewußtseins lassen oft die tiefsten Blicke auch in die Geheimnisse der absoluten Religion werfen. Die scheinbar rohsten Vorstellungen sind oft nur die kindlichsten, unschuldigsten, wahrsten Vorstellungen. Dies gilt auch von den Vorstellungen des Jenseits. Der »Wilde«, dessen Bewußtsein nicht über die Grenzen seines Landes hinausgeht, der ganz mit ihm zusammengewachsen ist, nimmt auch sein Land in das Jenseits auf, und zwar so, daß er entweder die Natur läßt, wie sie ist, oder sie ausbessert und so die Beschwerden seines Lebens in der Vorstellung des Jenseits überwindet.* Es liegt in dieser Beschränktheit der unkultivierten Völker ein ergreifender Zug. Das Jenseits drückt hier nichts andres aus als das Heimweh. Der Tod trennt den Menschen von den Seinigen, von seinem Volke, seinem Lande. Aber der Mensch, der sein Bewußtsein nicht erweitert hat, kann es in dieser Trennung nicht aushalten; er muß wieder zurück in sein Heimatland. Die Neger in Westindien entleibten sich, um in ihrem Vaterlande wieder aufzuleben. Auch »nach Ossians Vorstellung schweben die Geister derer, die in einem fremden Lande sterben, nach ihrer *Heimat* zurück«.** Es ist diese Beschränktheit das direkte Gegenteil von dem phantastischen Spiritualismus, welcher den Menschen zu einem Vagabunden macht, der, gleichgültig selbst gegen die Erde, von einem Stern zum andern läuft. Und es liegt ihr allerdings eine reelle Wahrheit zugrunde. Der Mensch ist, was er ist, durch die Natur, soviel auch seiner Selbsttätigkeit angehört; aber auch seine Selbsttätigkeit hat in der Natur,

---

* Ältern Reisebeschreibungen zufolge denken sich jedoch manche Völker das künftige Leben nicht identisch mit dem gegenwärtigen oder besser, sondern sogar noch elender. – Parny (*Oeuv. chois.*, T. I, Melang.) erzählt von einem sterbenden Negersklaven, der sich die Einweihung zur Unsterblichkeit durch die Taufe mit den Worten verbat: »Je ne veux point d'une autre vie, car peut-être *y serais – je encore votre esclave.*«
** Ahlwardt, *Ossian,* Anm. zu Carthonn.

respektive seiner Natur, ihren Grund. Seid dankbar gegen die Natur! Der Mensch läßt sich nicht von ihr abtrennen. Der Germane, dessen Gottheit die Spontaneität ist, verdankt seinen Charakter ebensogut seiner Natur als der Orientale. Der Tadel der indischen Kunst, der indischen Religion und Philosophie ist ein Tadel der indischen Natur. Ihr beklagt euch über den Rezensenten, der eine Stelle in euren Werken aus dem Zusammenhang reißt, um sie dadurch dem Spotte preiszugeben. Warum tut ihr selbst, was ihr an andern tadelt? Warum reißt ihr die indische Religion aus dem Zusammenhang, in welchem sie ebenso vernünftig ist als eure absolute Religion?

Der Glaube an ein Jenseits, an ein Leben nach dem Tode, ist daher bei den »wilden« Völkern im wesentlichen nichts weiter als der direkte Glaube *an das Diesseits,* der unmittelbare, *ungebrochne* Glaube an *dieses* Leben. Dieses Leben hat für sie, selbst mit seinen Lokalbeschränktheiten, allen, absoluten Wert; sie können *nicht davon abstrahieren,* sich *keine Abbrechung* denken; d. h. sie glauben geradezu an die *Unendlichkeit,* die *Unaufhörlichkeit dieses Lebens.* Erst dadurch, daß der Glaube der Unsterblichkeit ein kritischer Glaube wird, daß man nämlich unterscheidet zwischen dem, was hier zurück- und dort übrigbleibt, hier vergehen, dort bestehen soll, erst dadurch gestaltet sich der Glaube an das Leben nach dem Tode zum Glauben an ein *anderes* Leben. Aber gleichwohl fällt auch diese Kritik, diese Unterscheidung schon in dieses Leben. So unterschieden die Christen zwischen dem *natürlichen* und *christlichen,* dem sinnlichen, weltlichen und geistlichen, heiligen Leben. Das himmlische, das andere Leben ist kein andres Leben als das hier schon von dem nur natürlichen Leben unterschiedne, aber hier zugleich noch mit demselben behaftete geistliche Leben. Was der Christ schon hier von sich ausschließt, wie das Geschlechtsleben, das ist auch vom andern Leben ausgeschlossen. Der Unterschied ist nur, daß er dort davon *frei* ist, wovon er hier frei zu sein *wünscht* und sich durch den Willen, die Andacht, die Kasteiung frei zu machen sucht. Darum ist dieses Leben für den Christen ein Leben der Qual und Pein, weil er hier noch mit seinem *Gegensatz* behaftet ist, mit den Lüsten des Fleisches, den Anfechtungen des Teufels zu kämpfen hat.

Der Glaube der kultivierten Völker unterscheidet sich also nur dadurch von dem Glauben der unkultivierten, wodurch sich überhaupt die Kultur von der Unkultur unterscheidet – dadurch, daß der Glaube der Kultur ein *unterscheidender, aussondernder, abstrakter* Glaube ist. Wo unterschieden wird, da wird geurteilt; wo aber geurteilt, da entsteht die Scheidung zwischen Positivem und Negativem. Der Glaube der wilden Völker ist ein Glaube ohne Urteil. Die Bildung dagegen urteilt: Dem gebildeten Menschen ist nur das gebildete Leben das wahre, dem Christen das christliche. Der rohe Naturmensch tritt ohne Anstand, so, wie er steht und geht, ins Jenseits ein: Das Jenseits ist seine natürliche Blöße. Der Gebildete dagegen nimmt an einem solchen ungezügelten Leben nach dem Tode Anstand, weil er schon hier das ungezügelte Naturleben beanstandet. Der Glaube an das jenseitige Leben ist daher nur der Glaube an das diesseitige *wahre* Leben: Die wesentliche Inhaltsbestimmtheit des Diesseits ist auch die wesentliche Inhaltsbestimmtheit des Jenseits; der Glaube an das Jenseits demnach kein Glaube an ein *anderes, unbekanntes* Leben, sondern an die Wahrheit, Unendlichkeit, folglich Unaufhörlichkeit *des* Lebens, das *schon hier* für das *authentische Leben* gilt.

Wie Gott nichts andres ist als das Wesen des Menschen, gereinigt von dem, was dem menschlichen Individuum, sei es nun im Gefühl oder Denken, als Schranke, als Übel erscheint, so ist das Jenseits nichts andres als das Diesseits, befreit von dem, was als Schranke, als Übel erscheint. So bestimmt und deutlich die Schranke als Schranke, das Übel als Übel von dem Individuum gewußt wird, ebenso bestimmt und deutlich wird von ihm das Jenseits, wo diese Schranken wegfallen, gewußt. Das Jenseits ist das Gefühl, die Vorstellung der Freiheit von *den* Schranken, die hier das Selbstgefühl, die Existenz des Individuums beeinträchtigen. Der Gang der Religion unterscheidet sich nur dadurch von dem Gang des natürlichen Menschen, daß sie den Weg, welchen dieser in gerader als der kürzesten Linie macht, in einer krummen, und zwar der Kreislinie beschreibt. Der natürliche Mensch bleibt in seiner Heimat, weil es ihm hier wohlgefällt, weil er vollkommen befriedigt ist; die Religion, die in einer Unzufriedenheit, einer Zwietracht anhebt, verläßt die Heimat, geht in die Ferne, aber nur, um in der Entfernung das Glück der Heimat um so lebhafter zu empfinden. Der Mensch trennt sich in der Religion von sich selbst, aber nur, *um immer wieder auf denselben Punkt zurückzukommen, von dem er ausgelaufen.* Der Mensch negiert sich, aber nur, um sich wieder zu setzen, und zwar jetzt in verherrlichter Gestalt; je mehr er sich in seinen Augen erniedrigt, desto höher steigt er in den Augen Gottes. Und er negiert sich, weil der *positive* Mensch, der *Positivus der Menschheit* Gott ist; er erniedrigt sich, weil Gott der erhöhte Mensch ist. Gott ist Mensch: Darum muß der Mensch von sich selbst so niedrig als möglich denken. Er braucht nichts für sich zu sein, weil das, was er ist, schon sein Gott ist. Gott ist sein Ich; darum muß er sich verleugnen. So negiert der Mensch auch das Diesseits, aber nur, um am Ende es *als Jenseits wieder zu setzen.** Das verlorne, aber wiedergefundne und in der Freude des Wiedersehens um so heller strahlende Diesseits ist das Jenseits. Der religiöse Mensch gibt die Freuden dieser Welt auf; aber nur, um dafür die himmlischen Freuden zu gewinnen, oder vielmehr, er gibt sie deswegen auf, weil er schon in dem wenigstens idealen Besitze der himmlischen Freuden ist. Die himmlischen Freuden sind allerdings andere Freuden als die irdischen, aber es

---

* Dort wird daher *alles* wiederhergestellt. »*Qui modo vivit, erit, nec me vel dente, vel ungue* Fraudatum revomet patefacti fossa sepulchri« (Aurelius Prud., *Apotheos. de resurr. carnis hum.*). Und dieser in euren Augen rohe, fleischliche und deswegen von euch desavouierte Glaube ist der allein konsequente, der allein redliche, der allein wahre Glaube. Zur Identität der Person gehört die Identität des Leibes.

sind doch immerhin Freuden; die Gattung, die Substanz haben sie gemein mit den irdischen; sie sind nur anderer, höherer Art. Die Religion kommt so, aber auf einem *Umweg*, zu dem Ziele, dem Ziele der Freude, worauf der natürliche Mensch in gerader Linie zueilt. Das *Wesen im Bilde* ist das *Wesen der Religion*. Die Religion opfert die Sache dem Bilde auf. Das Jenseits ist das Diesseits im Spiegel der Phantasie – das bezaubernde Bild, im Sinne der Religion das Urbild des Diesseits: dieses wirkliche Leben nur ein Schein, ein Schimmer jenes idealen bildlichen Lebens. Das Jenseits ist das im Bilde angeschaute, von aller groben Materie gereinigte – das verschönerte Diesseits oder, positiv ausgedrückt: das schöne Diesseits κατ᾽ ἐξοχήν.

Die Verschönerung, die Verbesserung setzt einen Tadel, ein Mißfallen voraus. Aber das Mißfallen ist nur ein oberflächliches. Ich spreche der Sache nicht Wert ab; nur so, wie sie ist, gefällt sie mir nicht; ich negiere nur die Beschaffenheiten, nicht die Substanz, sonst würde ich auf Vertilgung dringen. Ein Haus, das mir absolut mißfällt, lasse ich abtragen, aber nicht verschönern. Der Glaube an das Jenseits gibt die Welt auf, aber nicht *ihr Wesen*; nur so, wie sie ist, gefällt sie nicht. Die Freude gefällt dem Jenseitsgläubigen – wer sollte die Freude nicht als einen Positiv empfinden? –, aber es mißfällt ihm, daß hier auf die Freude entgegengesetzte Empfindungen folgen, daß sie *vergänglich* ist. Er setzt daher die Freude auch ins Jenseits, aber als ewige, ununterbrochne göttliche Freude – das Jenseits heißt darum das *Freudenreich* –, wie er hier schon die Freude in *Gott* setzt; denn *Gott* ist nichts als die ewige, *ununterbrochene Freude als Subjekt*. Die Individualität gefällt ihm, aber nur nicht die mit objektiven Trieben belastete; er nimmt daher die Individualität auch mit, aber die reine, die absolut subjektive. Das Licht gefällt; aber nicht die Schwere, weil sie als eine Schranke dem Individuum erscheint, nicht die Nacht, weil in ihr der Mensch der Natur gehorcht; dort ist Licht, aber keine Schwere, keine Nacht – reines, ungestörtes Licht.

Wie der Mensch in der Entfernung von sich, in Gott, immer wieder nur auf *sich selbst* zurückkommt, immer nur *sich um sich selbst dreht,* so kommt der Mensch auch in der Entfernung vom Diesseits immer wieder zuletzt nur auf dasselbe zurück. Je außer- und übermenschlicher Gott im Anfang erscheint, desto menschlicher zeigt er sich im Verlaufe oder Schlusse. Ebenso: Je übernatürlicher, im Anfang oder in der Ferne beschaut, das himmlische Leben aussieht, desto mehr stellt sich, am Ende oder in der Nähe betrachtet, die Identität des himmlischen mit dem natürlichen Leben heraus – eine Identität, die sich zuletzt bis auf das Fleisch, bis auf den Leib erstreckt. Zunächst handelt es sich um die Scheidung der *Seele* vom Leibe, wie in der Anschauung Gottes um die Scheidung des *Wesens* von dem Individuum – das Individuum stirbt einen *geistigen Tod,* der tote Leib, der zurückbleibt, ist das menschliche Individuum, die Seele, die sich davon geschieden, Gott. Aber die Scheidung der Seele vom Leibe, des Wesens vom Individuum, Gottes vom Menschen ist nicht von Bestand. Jede Trennung tut wehe. Die Seele sehnt sich wieder nach ihrem verlornen Teile, nach ihrem Leibe, wie Gott, die abgeschiedene Seele, sich wieder nach dem wirklichen Menschen sehnt. Wie Gott daher wieder Mensch wird, so kehrt die Seele wieder in ihren Leib zurück – und die *vollkommene Identität* des Dies- und Jenseits ist jetzt wiederhergestellt. Zwar ist dieser neue Leib ein lichtvoller, verklärter, wunderbarer Leib, aber – und das ist die Hauptsache – es ist ein *anderer* und *doch derselbe* Leib*, wie Gott ein *anderes* und doch *dasselbe* Wesen als das menschliche ist. Wir kommen hier wieder auf den Begriff des Wunders, welches Widersprechendes vereinigt. Der übernatürliche Körper ist ein Körper der Phantasie, aber eben deswegen ein dem Gemüte des Menschen adäquater, weil ihn nicht belästigender – ein rein subjektiver Körper.** Der Glaube an das Jen-

---

* »Ipsum (corpus) erit et non ipsum erit« (Augustinus, v. J. Ch. Doederlein, *Inst. Theol. Christ.,* Altdorf 1781, § 280).

** »Caro et sanguis regnum Dei non possidebunt. Non quod *carnis* illic

seits ist nichts anderes als der Glaube an die Wahrheit der Phantasie, wie der Glaube an Gott der Glaube an die Wahrheit und Unendlichkeit des menschlichen Gemütes. Oder: Wie der Glaube an Gott nur der Glaube an das *abstrakte* Wesen des Menschen ist, so der Glaube an das Jenseits nur der Glaube an das *abstrakte* Diesseits.

Aber der Inhalt des Jenseits ist die Seligkeit, die ewige Seligkeit der Individualität oder Subjektivität, die hier *durch die Natur* beschränkt und beeinträchtigt existiert. Der Glaube an das Jenseits ist daher der Glaube an die *Freiheit der Subjektivität von den Schranken der Natur* – also der Glaube an die Ewigkeit, Unendlichkeit, Absolutheit der Subjektivität, und zwar nicht in ihrem Gattungsbegriffe, der sich in immer neuen Individuen entfaltet, sondern dieser bereits existierenden Individuen – folglich der *Glaube des Menschen an sich selbst*. Aber der Glaube an das Himmelreich ist eins mit dem Glauben an Gott – es ist derselbe Inhalt in beiden –, Gott ist die reine, absolute, von allen Naturschranken erledigte Subjektivität: Er *ist* schlechtweg, was die menschlichen Individuen nur sein *sollen*, sein *werden* – *der Glaube an Gott* ist daher der *Glaube des Menschen an sein eignes Wesen, an die Unendlichkeit seiner selbst* – das göttliche Wesen das menschliche, und zwar subjektiv menschliche Wesen in seiner absoluten Freiheit und Unbeschränktheit.

Unsere wesentlichste Aufgabe ist hiermit erfüllt. Wir haben das außerweltliche, übernatürliche und übermenschliche Wesen reduziert auf die Bestandteile des menschlichen Wesens als seine Grundbestandteile. Wir sind im Schlusse wieder auf

---

substantia futura non sit, sed quod *carnalis omnis necessitudo* sit defutura« (Divus Bernhardus, *Tract. de diligendo Deo*). »Resurgent ergo sanctorum corpora *sine ullo vitio, sine ulla deformitate,* sicut sine *ulla corruptione, onere, difficultate* . . . una erit aetas omnium resurgentium, sc. *juvenilis*« (Petrus L., I. IV, dist. 44, c. 2). Der himmlische Leib ist daher insofern, nämlich als ein Leib ohne alle Beschwerlichkeit und Begierlichkeit, d. h. *alle Sinnlichkeit,* nicht der wiederhergestellte gegenwärtige, sondern ehemalige, ursprüngliche, adamitische Leib. Insofern ist die Auferstehung: ἡ εἰς τὸ ἀρχαῖον τῆς φύσεως ἡμῶν ἀποκατάστασις (S. Gregorius, De *anima et resurr.*, Lips. 1837, p. 142).

den Anfang zurückgekommen. Der Mensch ist der Anfang der Religion, der Mensch ist der Mittelpunkt der Religion, der Mensch ist das Ende der Religion.

Die Religion ist das von der Welt abgeschlossene Verhalten des Menschen zu seinem Wesen – das innere, das in sich selbst verborgene Leben des Menschen. Die positive, wahre Bedeutung und Lehre der Religion ist: Mensch, *gehe in dich! sei bei und in dir selbst zu Hause!* Sammle dich: *Bete!* Beten heißt sich sammeln, den zerstreuenden Dialog des Lebens in den ernsten Monolog der Selbstbesinnung übersetzen. Hierin stimmt die Philosophie mit der Religion überein; hierin, und nur hierin allein, liegt die sittliche Heilkraft und die theoretische Wahrheit der Religion.

ZWEITER TEIL

Die Religion in ihrem Widerspruch mit dem Wesen des Menschen

DER WESENTLICHE STANDPUNKT DER RELIGION

Die Religion ist das Verhalten des Menschen zu seinem eignen Wesen – darin liegt ihre Wahrheit –, aber zu seinem Wesen nicht als dem seinigen, sondern als einem andern, aparten, von ihm unterschiedenen, ja entgegengesetzten Wesen – darin liegt die Unwahrheit, darin die Schranke, darin das böse Wesen der Religion, darin die unheilschwangere Quelle des religiösen Fanatismus, darin das oberste, metaphysische Prinzip der blutigen Menschenopfer, kurz, darin die prima materia aller Greuel, aller schaudererregenden Szenen in dem Trauerspiel der Religionsgeschichte.

Und dieses Verhalten zu Gott als einem andern Wesen ist einerseits ein natürliches, unwillkürliches, unbewußtes, andererseits ein bewußtes, durch Reflexion vermitteltes. Das unbewußte Verhalten wurzelt im Ursprung der Religion selbst, beruht auf ihrem wesentlichen Standpunkt. Dieser Standpunkt ist der *praktische*. Der Zweck der Religion ist das Wohl, das Heil, die Seligkeit des Menschen; die Beziehung des Menschen auf Gott nichts anderes als die Beziehung desselben auf sein Heil: Gott ist das realisierte Seelenheil oder die unbeschränkte Macht, das Heil, die Seligkeit des Menschen zu verwirklichen.* Alle positiven religiösen Bestimmungen Gottes drücken diese Beziehung auf das Heil aus. Das Höchste und Innigste der Religion faßt sich in dem Gedanken

---

* »*Praeter salutem tuam nihil cogites;* solum quae Dei sunt cures« (Thomas a K., *De imit.*, I. I, c. 23). »*Contra salutem propriam* cogites nihil. Minus dixi: contra, *praeter* dixisse debueram« (Bernhardus, *De consid. ad Eugenium pontif. max.*, I. II). »Qui *Deum quaerit*, de *propria salute* sollicitus est« (Clemens Alex., *Cohort. ad gent.*).

zusammen: Gott ist die Liebe, die selbst um des Menschen willen Mensch wurde. Die christliche Religion namentlich unterscheidet sich darin von andern Religionen, daß keine so nachdrücklich wie sie das Heil des Menschen hervorgehoben. Darum nennt sie sich auch nicht Wahrheits- oder Gotteslehre, sondern Heilslehre. Aber dieses Heil ist nicht weltliches, irdisches Glück und Wohl. Im Gegenteil, die tiefsten, wahrsten Christen haben gesagt, daß irdisches Glück den Menschen von Gott abzieht, dagegen weltliches Unglück, Leiden, Krankheiten den Menschen zu Gott zurückführen und daher sich allein für den Christen schicken. Warum? Weil im Unglück der Mensch nur praktisch gesinnt ist, im Unglück er sich nur auf das *eine,* was not, bezieht, im Unglück Gott als *Bedürfnis* des Menschen empfunden wird.* Die Lust, die Freude expandiert den Menschen, das Unglück, der Schmerz kontrahiert und konzentriert ihn – im Schmerze verneint der Mensch die Realität der Welt; alle Dinge, welche die Phantasie des Künstlers und die Vernunft des Denkers bezaubern, verlieren ihren Reiz, ihre Macht für ihn; er versinkt in sich selbst, in sein Gemüt. Dieses in sich versunkne, auf sich nur konzentrierte, in sich nur sich beruhigende, die Welt verneinende, gegen die Welt, die Natur überhaupt idealistische, in Beziehung auf den Menschen realistische, nur auf sein notwendiges inneres Heilsbedürfnis bezogene Wesen oder Gemüt ist – *Gott.* Gott als Gott, Gott, wie er Gegenstand der Religion, und nur so, wie er dieser Gegenstand, ist er Gott, nämlich Gott im Sinne eines nomen proprium, nicht eines allgemeinen, metaphysischen Wesens, Gott ist *wesentlich* nur ein *Gegenstand* der Religion, nicht der Philosophie, des Gemütes, nicht der Vernunft, der Praxis, nicht der bedürfnislosen Theorie, der Herzensnot, nicht der Gedankenfreiheit, kurz ein Gegenstand, ein Wesen, welches nicht das Wesen des theoretischen, sondern des praktischen Standpunkts ausdrückt.
Die Religion knüpft an ihre Lehren Fluch und Segen, Ver-

---

* Wer übrigens nur aus dem Unglück die Realität der Religion beweist, beweist auch die *Realität des Aberglaubens.*

dammung und Seligkeit. Selig ist, wer glaubt, unselig, verloren, verdammt, wer nicht ihr glaubt. Sie appelliert also nicht an die Vernunft, sondern an das Gemüt, an den Glückseligkeitstrieb, an die Affekte der Furcht und Hoffnung. Sie steht nicht auf dem theoretischen Standpunkt; sonst müßte sie die Freiheit haben, ihre Lehren auszusprechen, ohne an sie praktische Folgen anzuknüpfen, ohne gewissermaßen zu ihrem Glauben zu nötigen; denn wenn es heißt: Ich bin verdammt, wenn ich nicht glaube, so ist das ein feiner Gewissenszwang zum Glauben; die Furcht vor der Hölle zwingt mich zu glauben. Selbst wenn mein Glaube auch seinem Ursprung nach ein freier sein sollte – die Furcht mischt sich doch immer mit ein; mein Gemüt ist immerhin befangen; der Zweifel, das Prinzip der theoretischen Freiheit, erscheint mir als Verbrechen. Der höchste Begriff, das höchste Wesen der Religion ist aber Gott, das höchste Verbrechen also der Zweifel an Gott oder gar der Zweifel, daß Gott ist. Was ich mir aber gar nicht zu bezweifeln getraue, nicht bezweifeln kann, ohne mich in meinem Gemüte beunruhigt zu fühlen, ohne mich einer Schuld zu zeihen, das ist auch keine Sache der Theorie, sondern eine Gewissenssache, kein Wesen der Vernunft, sondern des Gemüts.

Da nun aber der praktische Standpunkt allein der Standpunkt der Religion ist, da ihr folglich auch nur der praktische, vorsätzliche, nur nach seinen bewußten, sei es nun physischen oder moralischen Zwecken handelnde und die Welt nur in Beziehung auf diese Zwecke und Bedürfnisse, nicht an sich selbst betrachtende Mensch für den ganzen, wesentlichen Menschen gilt, so fällt ihr alles, was *hinter* dem praktischen Bewußtsein liegt, aber der wesentliche Gegenstand der Theorie ist – Theorie im ursprünglichsten und allgemeinsten Sinne, im Sinne der theoretischen Anschauung und Erfahrung, der Vernunft, der Wissenschaft überhaupt –, *außer den Menschen und die Natur* hinaus in ein besonderes, persönliches Wesen. Alles Gute, doch hauptsächlich nur solches, welches unwillkürlich den Menschen ergreift, welches sich nicht zusammenreimt mit Vorsatz und Absicht, welches über die Grenzen des praktischen Bewußtseins hinausgeht, kommt von *Gott*; alles Schlimme, Böse, Üble, doch hauptsächlich nur solches, welches ihn unwillkürlich mitten in seinen besten moralischen Vorsätzen überfällt oder mit furchtbarer Gewalt fortreißt, kommt vom *Teufel*. Zur Erkenntnis des Wesens der Religion gehört die Erkenntnis des Teufels, des Satans, der Dämonen.* Man kann diese Dinge nicht weglassen, ohne die Religion gewaltsam zu verstümmeln. Die Gnade und ihre Wirkungen sind der Gegensatz der Teufelswirkungen. Wie die unwillkürlichen, aus der Tiefe der Natur auflodernden sinnlichen Triebe, überhaupt alle ihr unerklärlichen Erscheinungen des moralischen und physischen Übels der Religion als Wirkungen des bösen Wesens erscheinen, so erscheinen ihr auch notwendig die unwillkürlichen Bewegungen der Begeisterung und Entzückung als Wirkungen des guten Wesens, Gottes, des Heiligen Geistes oder der Gnade. Daher die Willkür der Gnade – die Klage der Frommen, daß die Gnade sie bald beseligt, heimsucht, bald wieder verläßt, verstößt. Das Leben, das Wesen der Gnade ist das Leben, das Wesen des unwillkürlichen Gemüts. Das Gemüt ist der Paraklet der Christen. Die gemüt- und begeisterungslosen Momente sind die von der göttlichen Gnade verlassenen Lebensmomente.

In Beziehung auf das innere Leben kann man übrigens auch die Gnade definieren als *das religiöse Genie*; in Beziehung auf das äußere Leben aber als den *religiösen Zufall*. Der Mensch ist gut oder böse keineswegs nur durch sich selbst, durch eigene Kraft, durch seinen Willen, sondern zugleich durch jenen Komplex geheimer und offenbarer Determinationen, die wir, weil sie auf keiner innern Notwendigkeit beruhen, der Macht »*Seiner Majestät des Zufalls*«, wie Friedrich der Große zu

---

* Über die biblischen Vorstellungen vom Satan, seiner Macht und Wirkung s. Lützelbergers *Grundzüge der Paulinischen Glaubenslehre* und G. Ch. Knapps *Vorles. über d. christl. Glaubensl.*, § 62-65. Hieher gehören auch die dämonischen Krankheiten, die Teufelsbesetzungen. Auch diese Krankheiten sind in der Bibel, der göttlichen Offenbarung, begründet (s. Knapp, § 65, III. 2, 3).

sagen pflegte, zuschreiben.* Die göttliche Gnade ist die mystifizierte Macht des Zufalls. Hier haben wir wieder die Bestätigung von dem, was wir als das wesentliche *Gesetz* der Religion erkannten. Die Religion negiert, verwirft den Zufall, alles von Gott abhängig machend, alles aus ihm erklärend; aber sie negiert ihn nur *scheinbar*; sie versetzt ihn nur in die *göttliche Willkür*. Denn der göttliche Wille, welcher aus *unbegreiflichen Gründen*, d. h. offen und ehrlich herausgesagt, aus *grundloser absoluter Willkür*, gleichsam aus göttlicher Laune, die einen zum Bösen, zum Unglück, die andern zum Guten, zur Seligkeit bestimmt, prädestiniert, hat kein einziges positives Merkmal für sich, welches ihn von der Macht »Seiner Majestät des Zufalls« unterschiede. Das Geheimnis der Gnadenwahl ist also das Geheimnis oder die *Mystik des Zufalls*. Ich sage: die Mystik des Zufalls; denn in der Tat ist der Zufall ein Mysterium, obwohl überhudelt und ignoriert von unserer spekulativen Religions-Philosophie, welche über den *illusorischen Mysterien* des absoluten Wesens, d. h. der Theologie, die *wahren Mysterien* des Denkens und Lebens, so auch über dem Mysterium der göttlichen Gnade oder Wahlfreiheit das profane Mysterium des Zufalls vergessen hat.**

Doch wieder zurück zu unserem Gegenstande. Der Teufel ist das Negative, das Böse, das aus dem Wesen, nicht dem Willen kommt, Gott das Positive, das Gute, welches aus dem Wesen, nicht dem bewußten Willen kommt – der Teufel das unwillkürliche, unerklärliche Böse, Schlimme, Üble, Gott das unwillkürliche, unerklärliche Gute. Beide haben dieselbe Quelle –

---

* Schelling erklärt in seiner Schrift über die Freiheit dieses Rätsel durch eine in der Ewigkeit, d. h. vor diesem Leben vollbrachte Selbstbestimmung. Welche phantastische, illusorische Supposition! Aber gerade solche puerile, bodenlose Phantastik ist das innerste Geheimnis unserer modernen religiösen Spekulanten, das Geheimnis der »christlich-germanischen« Tiefe. Je schiefer, je tiefer.
** Man wird diese Enthüllung des Mysteriums der Gnadenwahl zweifelsohne verrucht, gottlos, teuflisch nennen. Ich habe nichts dagegen: *Ich bin lieber ein Teufel im Bunde mit der Wahrheit als ein Engel im Bunde mit der Lüge.*

nur die Qualität ist verschieden oder entgegengesetzt. Deshalb hing auch fast bis auf die neueste Zeit der Glaube an den Teufel aufs innigste zusammen mit dem Glauben an Gott, so daß die Leugnung des Teufels ebensogut für Atheismus galt als die Leugnung Gottes. Nicht ohne Grund; wenn man einmal anfängt, die Erscheinungen des Bösen, Üblen aus natürlichen Ursachen abzuleiten, so fängt man auch gleichzeitig an, die Erscheinungen des Guten, des Göttlichen aus der Natur der Dinge, nicht aus einem übernatürlichen Wesen abzuleiten, und kommt endlich dahin, entweder Gott ganz aufzuheben oder wenigstens einen andern als den Gott der Religion zu glauben oder, was das Gewöhnlichste ist, die Gottheit zu einem müßigen, tatlosen Wesen zu machen, dessen Sein gleich Nichtsein ist, indem es nicht mehr wirkend in das Leben eingreift, nur an die Spitze der Welt, an den Anfang als die erste Ursache, die prima causa, hingestellt wird. Gott *hat* die Welt erschaffen – dies ist das einzige, was hier von Gott noch übrig bleibt. Das *perfectum* ist hier notwendig; denn seitdem läuft die Welt wie eine Maschine ihren Gang fort. Der Zusatz: Er schafft immer, er schafft noch heute, ist nur der Zusatz einer äußerlichen Reflexion; das *perfectum* drückt hier adäquat den religiösen Sinn aus; denn der Geist der Religion ist ein vergangener, wo die Wirkung Gottes zu einem *fecit* oder *creavit* gemacht wird. Anders, wenn das wirklich religiöse Bewußtsein sagt: Das *fecit* ist heute noch ein *facit;* hier hat dies, obwohl auch ein Produkt der Reflexion, doch einen gesetzmäßigen Sinn, weil hier Gott überhaupt handelnd gedacht wird.

Die Religion wird überhaupt aufgehoben, wo sich zwischen Gott und den Menschen die Vorstellung der Welt, der sogenannten Mittelursachen einschleicht. Hier hat sich schon ein fremdes Wesen, das Prinzip der Verstandesbildung eingeschlichen – gebrochen ist der Friede, die Harmonie der Religion, welche nur im *unmittelbaren* Zusammenhang des Menschen mit Gott liegt. Die Mittelursache ist eine Kapitulation des ungläubigen Verstandes mit dem noch gläubigen Herzen.

Der Religion zufolge wirkt allerdings auch Gott vermittels anderer Dinge und Wesen auf den Menschen. Aber Gott ist doch *allein* die *Ursache,* allein das handelnde und wirksame Wesen. Was dir der andere tut, das tut dir im Sinne der Religion nicht der andere, sondern Gott. Der andere ist nur Schein, Mittel, Vehikel, nicht Ursache. Aber die Mittel*ursache* ist ein unseliges Mittelding zwischen einem selbständigen und unselbständigen Wesen: Gott gibt wohl den ersten Impuls; aber dann tritt ihre Selbsttätigkeit ein.*

Die Religion weiß überhaupt *aus sich selbst* nichts von dem Dasein der Mittelursachen; dieses ist ihr vielmehr der Stein des Anstoßes; denn das Reich der Mittelursachen, die Sinnenwelt, die Natur ist es gerade, welche den Menschen von Gott trennt.** Darum glaubt die Religion, daß einst diese Scheidewand fällt. Einst ist keine Natur, keine Materie, kein Leib, wenigstens kein solcher, der den Menschen von Gott trennt: Einst ist *nur Gott* und *die fromme Seele allein.* Die Religion hat nur aus der sinnlichen, natürlichen, also *un-* oder wenigstens *nicht*-religiösen Anschauung Kunde vom Dasein der *Mittelursachen,* d. h. der Dinge, die *zwischen Gott und dem Menschen* sind. Und wenn daher die Religion eine *mittelbare* Wirkung Gottes annimmt, so kommt dies nur daher, daß sich die empirische Anschauung geltend macht, welche die Religion aber dadurch sogleich niederschlägt, daß sie die Wirkungen

---

* Hieher gehört auch die geist- und wesenlose Lehre vom *concursus Dei,* wo Gott nicht nur den ersten Impuls gibt, sondern auch in der Handlung der *causa secunda* selbst *mit*wirkt. Übrigens ist diese Lehre nur eine besondere Erscheinung von dem widerspruchsvollen Dualismus zwischen Gott und Natur, der sich durch die Geschichte des Christentums hindurchzieht.

** »Dum sumus in hoc corpore, peregrinamur ab eo qui summe est« (Bernard, *Epist. 18,* in der Basler Ausgabe von 1552). Der Begriff des Jenseits ist daher nichts als der Begriff der wahren, vollendeten, von den diesseitigen Schranken und Hemmungen befreiten Religion, das Jenseits, wie schon oben gesagt, nichts als die wahre Meinung und Gesinnung, das offene Herz der Religion. Hier glauben wir; dort schauen wir; d. h. dort ist nichts außer Gott, nichts also zwischen Gott und der Seele, aber nur deswegen, weil nichts zwischen beiden *sein soll,* weil die unmittelbare Einheit Gottes und der Seele die wahre Meinung und Gesinnung der Religion ist.

der Natur zu Wirkungen Gottes macht. Gott allein ist ihr das wahrhaft Seiende, Wirkende, Tätige. Dieser religiösen Idee widerspricht aber der natürliche Verstand und Sinn, welcher den natürlichen Dingen *wirkliche Selbsttätigkeit* einräumt. Und diesen *Widerspruch* der sinnlichen mit ihrer, der religiösen, Anschauung löst die Religion eben dadurch, daß sie die unleugbare Wirksamkeit der Dinge zu einer Wirksamkeit Gottes vermittels dieser Dinge macht. Der positive Begriff ist hier der Begriff Gottes, der negative die Welt.

Dagegen da, wo die *Mittelursachen* in Aktivität gesetzt, sozusagen emanzipiert werden, da ist der umgekehrte Fall – die Natur das Positive, Gott ein negativer Begriff. Die Welt ist selbständig in ihrem Sein, ihrem Bestehen; nur ihrem Anfang nach noch abhängig. Gott ist hier nur ein hypothetisches, abgeleitetes, aus der Not eines beschränkten Verstandes, dem das Dasein der von ihm zu einer Maschine gemachten Welt ohne ein selbstbewegendes Prinzip unerklärlich ist, entsprungnes, kein ursprüngliches, *absolut* notwendiges Wesen mehr. Gott ist nicht um seinetwillen, sondern um der Welt willen da, nur darum da, um als die prima causa die Weltmaschine zu *erklären*. Der beschränkte Verstandesmensch nimmt einen Anstoß an dem ursprünglich selbständigen Dasein der Welt, weil er sie nur vom praktischen Standpunkt aus, nur in ihrer Gemeinheit, nur als Werkmaschine, nicht in ihrer Majestät und Herrlichkeit, nicht als Kosmos ansieht. Er stößt also seinen Kopf an der Welt an. Der Stoß erschüttert sein Gehirn – und in dieser Erschütterung hypostasiert er denn *außer sich* den eignen Anstoß als den Urstoß, der die Welt ins Dasein geschleudert, daß sie nun, wie die durch den mathematischen Stoß in Bewegung gesetzte Materie, ewig fortgeht, d. h. er denkt sich einen *mechanischen* Ursprung. Eine Maschine muß einen Anfang haben; es liegt dies in ihrem Begriffe; denn sie hat den Grund der Bewegung *nicht in sich*.

Alle Kosmogonie ist Tautologie – dies sehen wir auch an diesem Beispiel. In der Kosmogonie erklärt sich oder realisiert nur der Mensch den Begriff, den er von der Welt hat, sagt er *dasselbe,* was er außerdem von ihr aussagt. So hier: Ist die Welt eine Maschine, so versteht es sich von selbst, daß sie »*sich nicht selbst gemacht*« hat, daß sie vielmehr *gemacht* ist, d. h. einen *mechanischen Ursprung* hat. Hierin stimmt allerdings das religiöse Bewußtsein mit dem mechanischen überein, daß ihm auch die Welt ein bloßes Machwerk, ein Produkt des Willens ist; denn die Religion betrachtet die Dinge nicht vom theoretischen, sondern praktischen Standpunkt. Aber sie stimmen nur einen Augenblick, nur im Moment des Machens oder Schaffens miteinander überein – ist dieses schöpferische Nu verschwunden, so ist auch die Harmonie vorüber. Der Mechanikus braucht Gott nur zum Machen der Welt; ist sie gemacht, so kehrt sie sogleich dem lieben Gott den Rücken und freut sich von Herzen ihrer gottlosen Selbständigkeit. Aber die Religion macht die Welt nur, um sie immer *im Bewußtsein ihrer Nichtigkeit, ihrer Abhängigkeit von Gott* zu erhalten. Die Schöpfung ist bei dem Mechaniker der letzte dünne Faden, an dem die Religion mit ihm noch zusammenhängt; die Religion, welcher die Nichtigkeit der Welt eine *gegenwärtige Wahrheit* ist (denn alle Kraft und Tätigkeit ist ihr Gottes Kraft und Tätigkeit), ist bei ihm nur noch eine Reminiszenz aus der Jugend; er verlegt daher die Schöpfung der Welt, den *Akt der Religion,* das *Nichtsein der Welt* – denn im Anfange, vor der Erschaffung, war keine Welt, war nur Gott allein – in die Ferne, in die Vergangenheit, während die Selbständigkeit der Welt, die all sein Sinnen und Trachten absorbiert, mit der Macht der Gegenwart auf ihn wirkt. Der Mechaniker unterbricht und verkürzt die Tätigkeit Gottes durch die Tätigkeit der Welt. Gott hat bei ihm wohl noch ein *historisches* Recht, das aber seinem *Naturrecht* widerspricht, er beschränkt daher soviel als möglich dieses Gott noch zustehende Recht, um für seine natürlichen Ursachen und damit für seinen Verstand um so größern und freiern Spielraum zu gewinnen.

Es hat mit der Schöpfung im Sinne des Maschinisten dieselbe Bewandtnis wie mit den *Wundern,* die er sich auch gefallen lassen kann und wirklich gefallen läßt, weil sie einmal existieren, wenigstens in der religiösen Meinung. Aber – abgesehen davon, daß er sich die Wunder *natürlich,* d. h. *mechanisch* erklärt – er kann die Wunder nur verdauen, wenn und indem er sie in die *Vergangenheit* verlegt. Für die Gegenwart aber bittet er sich alles hübsch natürlich aus. Wenn man etwas aus der Vernunft, aus dem Sinne verloren, etwas nicht mehr glaubt aus freien Stücken, sondern nur glaubt, weil es geglaubt wird oder aus irgendeinem Grunde geglaubt werden muß, kurz, wenn ein Glaube ein innerlich vergangner ist, so verlegt man auch äußerlich den Gegenstand des Glaubens in die Vergangenheit. Dadurch macht sich der Unglaube Luft, aber läßt zugleich noch dem Glauben ein, wenigstens *historisches,* Recht. Die Vergangenheit ist hier das glückliche Auskunftsmittel zwischen *Glaube und Unglaube*: Ich glaube allerdings Wunder, aber nota bene *keine Wunder, die geschehen,* sondern *einst* geschehen sind, die gottlob! bereits lauter *plusquamperfecta* sind. So auch hier. Die Schöpfung ist eine *unmittelbare* Handlung oder Wirkung Gottes, ein Wunder, denn es war ja noch nichts außer Gott. In der Vorstellung der Schöpfung geht der Mensch über die Welt hinaus, abstrahiert von ihr; er stellt sie sich vor als *nichtseiend* im Momente der Erschaffung; er wischt sich also aus den Augen, was zwischen ihm und Gott in der Mitte steht, die Sinnenwelt; er setzt sich in unmittelbare Berührung mit Gott. Aber der Maschinist scheut diesen unmittelbaren Kontakt mit der Gottheit; er macht daher das *praesens,* wenn er sich anders so hoch versteigt, sogleich zu einem *perfectum*; er schiebt Jahrtausende zwischen seine natürliche oder materialistische Anschauung und den Gedanken einer unmittelbaren Wirkung Gottes ein.

Im Sinne der Religion dagegen ist Gott allein die Ursache aller positiven Wirkungen, Gott allein der letzte, aber auch einzige Grund, womit sie alle Fragen, welche die Theorie aufwirft, beantwortet oder vielmehr abweist; denn die Religion *bejaht* alle Fragen mit *Nein*: Sie gibt eine Antwort, die ebensoviel sagt wie keine, indem sie die verschiedensten Fragen immer mit der nämlichen Antwort erledigt, alle Wirkungen der Natur zu unmittelbaren Wirkungen Gottes, zu Wirkungen eines absichtlichen, persönlichen, außer- oder übernatürlichen Wesens macht. Gott ist der *den Mangel der Theorie ersetzende Begriff*. Er ist die Erklärung des Unerklärlichen, die nichts erklärt, weil sie alles ohne Unterschied erklären soll – er ist die Nacht der Theorie, die aber dadurch alles dem Gemüte klarmacht, daß in ihr das Maß der Finsternis, das unterscheidende Verstandeslicht, ausgeht; das Nichtwissen, das alle Zweifel löst, weil es alle *niederschlägt,* alles weiß, weil es nichts Bestimmtes weiß, weil alle Dinge, die dem Theoretiker imponieren, verschwinden, ihre Individualität verlieren, im Auge der göttlichen Macht nichts sind. Die Nacht ist die Mutter der Religion.

Der wesentliche Akt der Religion, in dem sie betätigt, was wir als ihr Wesen bezeichneten, ist das Gebet. *Das Gebet ist allmächtig.* Was der Fromme im Gebete ersehnt, erfüllt Gott. Er betet aber nicht um geistige Dinge nur*, die liegen ja so in der Macht des Menschen; er betet auch um Dinge, die außerihm liegen, in der Macht der Natur stehen, einer Macht, die er eben im Gebete überwinden will; er greift im Gebet zu einem *übernatürlichen* Mittel, um *an sich* natürliche Zwecke zu erreichen. Gott ist ihm nicht die causa remota, sondern die causa proxima, die unmittelbare, allernächste wirkende Ursache aller natürlichen Wirkungen. Alle sogenannten Mittelkräfte und Mittelursachen sind ihm im Gebete nichts. Wären sie ihm etwas, so würde daran die Macht, die Inbrunst des Gebetes scheitern. Sie sind ihm vielmehr gar nicht Gegenstand; sonst würde er ja nur auf vermitteltem Wege seinen Zweck zu erreichen suchen. Aber er will *unmittelbare* Hilfe. Er nimmt seine Zuflucht zum Gebete in der Gewißheit, daß er durchs Gebet mehr, unendlich mehr vermag als durch alle Anstrengung und Tätigkeit der Vernunft und Natur, daß das

---

* Nur der Unglaube an das Gebet hat das Gebet schlauerweise nur auf Geistiges eingeschränkt.

Gebet übermenschliche und übernatürliche Kräfte besitzt.* Aber im Gebet wendet er sich unmittelbar an Gott. Gott ist ihm also die *unmittelbare* Ursache, das erfüllte Gebet, die Macht, die das Gebet realisiert. Aber eine unmittelbare Wirkung Gottes ist ein Wunder – das Wunder liegt daher wesentlich in der Anschauung der Religion. Die Religion erklärt alles auf *wunderbare* Weise. Daß Wunder nicht immer geschehen, das versteht sich von selbst, wie, daß der Mensch nicht immer betet. Aber daß nicht immer Wunder geschehen, das liegt *außer* dem Wesen der Religion, nur in der empirischen oder sinnlichen Anschauung. *Wo aber die Religion beginnt, beginnt das Wunder. Jedes wahre Gebet ist ein Wunder,* ein Akt der *wundertätigen Kraft.* Das äußerliche Wunder selbst macht nur *sichtbar* die innerlichen Wunder, d. h. in ihm tritt nur in Zeit und Raum, darum als ein besonderes Faktum ein, was an und für sich in der Grundanschauung der Religion liegt, nämlich daß Gott überhaupt die übernatürliche, unmittelbare Ursache aller Dinge ist. Das faktische Wunder ist nur ein *affektvoller* Ausdruck der Religion – ein Moment der Begeisterung. Die Wunder ereignen sich nur in außerordentlichen Fällen, in solchen, wo das Gemüt *exaltiert* ist – daher gibt es auch *Wunder des Zorns.* Mit kaltem Blute wird kein Wunder verrichtet. Aber eben im Affekt offenbart sich das Innerste. Der Mensch betet auch nicht immer mit gleicher Wärme und Kraft. Solche Gebete sind deswegen erfolglos. Aber nur das affektvolle Gebet offenbart das Wesen des Gebetes. Gebetet wird, wo das Gebet an und für sich für eine heilige Macht, eine göttliche Kraft gilt. So ist es auch mit dem Wunder. Wunder geschehen – gleichviel, ob wenige oder viele –, wo eine *wunderbare Anschauung* die

---

* In der roh-sinnlichen Vorstellung ist daher das Gebet ein Zwangs- oder Zaubermittel. Diese Vorstellung ist aber eine unchristliche (obwohl sich auch bei vielen Christen die Behauptung findet, daß das Gebet Gott zwingt), denn im Christentum ist Gott an und für sich das selbstbefriedigte Gemüt, die nichts dem (natürlich religiösen) Gemüte abschlagende Allmacht der Güte. Der Vorstellung des Zwangs liegt aber ein gemütloser Gott zugrunde.

Grundlage ist. Das Wunder ist aber keine theoretische Anschauung von der Welt und Natur; das Wunder realisiert praktische Bedürfnisse, und zwar *im Widerspruch mit den Gesetzen, die dem Theoretiker imponieren*; im Wunder unterwirft der Mensch die Natur als eine *für sich selbst nichtige* Existenz der Realität *seiner Zwecke*; das Wunder ist der *superlativus* des geistlichen oder religiösen Utilismus; alle Dinge stehen im Wunder dem notleidenden Menschen zu Diensten. Also erhellt hieraus, daß die wesentliche Weltanschauung der Religion die Anschauung vom praktischen Standpunkt aus ist, daß Gott – denn das Wesen der Wundermacht ist eins mit dem Wesen Gottes – ein rein praktisches Objekt ist, aber ein solches, welches den Mangel und das Bedürfnis der theoretischen Anschauung ersetzt, kein Objekt des Denkens, des Erkennens, sowenig als das Wunder, welches nur dem Nicht-Denken seinen Ursprung verdankt. Stelle ich mich auf den Standpunkt des Denkens, des Forschens, der Theorie, wo ich die Dinge *in sich* reflektiere, in ihrer Beziehung auf sich betrachte, so verschwindet mir in nichts das wundertätige Wesen, in nichts das Wunder – versteht sich, das *religiöse* Wunder, welches *absolut verschieden* ist vom *natürlichen* Wunder, ob man gleich beide immer miteinander verwechselt, um die Vernunft zu betören, unter dem Scheine der Natürlichkeit das religiöse Wunder in das Reich der Vernünftigkeit und Wirklichkeit einzuführen.

Die Religion betrachtet also die Dinge nur von dem praktischen Standpunkt aus. Selbst der Mensch ist ihr nur als praktisches, moralisches Subjekt, darum nicht in seiner Gattung, nicht wie er im *Wesen* ist, sondern nur in seiner beschränkten, bedürftigen Individualität Gegenstand. Aber eben deswegen, weil sie abstrahiert von dem Standpunkt, von dem Wesen der Theorie, so bestimmt sich das ihr verborgene, nur dem theoretischen Auge gegenständliche, wahre, allgemeine Wesen der Natur und Menschheit zu einem *andern, wunderbaren, übernatürlichen Wesen – der Begriff der Gattung zum Begriffe Gottes*, der selbst wieder ein individuelles

Wesen ist, aber sich dadurch von den menschlichen Individuen unterscheidet, daß er die Eigenschaften derselben im Maße der Gattung besitzt. Notwendig setzt daher in der Religion der Mensch sein Wesen *außer sich*, sein Wesen als ein *andres Wesen* – notwendig, weil das Wesen der Theorie außer ihm liegt, weil all sein *bewußtes* Wesen aufgeht in die praktische Subjektivität. Gott ist sein *alter ego*, seine andere, verlorne Hälfte; in Gott *ergänzt* er *sich*; in Gott ist er erst *vollkommner* Mensch. Gott ist ihm ein *Bedürfnis*; es fehlt ihm etwas, ohne zu wissen, was ihm fehlt – Gott ist dieses *fehlende Etwas*, Gott ihm unentbehrlich; Gott *gehört* zu seinem *Wesen*. Die Welt ist der Religion nichts* – die Welt, die nichts andres ist als der Inbegriff der Wirklichkeit, in ihrer Herrlichkeit *offenbart* nur die *Theorie*; die *theoretischen* Freuden sind die schönsten intellektuellen Lebensfreuden, aber die Religion weiß nichts von den Freuden des Denkers, nichts von den Freuden des Naturforschers. Ihr fehlt die Anschauung des *Universums*, das Bewußtsein des *wirklichen* Unendlichen, das Bewußtsein der Gattung. Nur in Gott ergänzt sie den Mangel des Lebens, den Mangel eines wesenhaften Inhalts, den in unendlicher Fülle das wirkliche Leben den offnen Augen des schaulustigen Theoretikers darbietet. Gott ist ihr der Ersatz der *verlornen Welt* – Gott ist ihr die *reine* Anschauung, das *Leben der Theorie*.

Die praktische Anschauung ist eine *schmutzige*, vom Egoismus befleckte Anschauung. Ich verhalte mich hier zu einem Dinge nur um meinetwillen. Um seiner selbst willen schaue ich es nicht an; es ist mir vielmehr im Grunde ein verächtliches Ding, wie ein Weib, das nur um des sinnlichen Genusses willen Gegenstand ist. Die praktische Anschauung ist eine *nicht in sich befriedigte* Anschauung, denn ich verhalte mich hier zu einem mir nicht ebenbürtigen Gegenstand. Die theoretische Anschauung dagegen ist eine *freudenvolle, in sich befriedigte,*

---

* Man könnte dagegen die bekannte Stelle im ersten Kapitel des Römerbriefes anführen. Aber auf die Einwürfe der theologischen Bibelstellengelehrsamkeit ist es nicht der Mühe wert zu antworten.

selige Anschauung, denn ihr ist der Gegenstand ein Gegenstand der *Liebe* und *Bewunderung*, er strahlt im Lichte der freien Intelligenz wunderherrlich wie ein Diamant, durchsichtig wie ein Bergkristall; die Anschauung der Theorie ist eine *ästhetische* Anschauung, die praktische dagegen eine *unästhetische.* Die Religion ergänzt daher *in Gott den Mangel der ästhetischen Anschauung.* Nichtig ist ihr die Welt für sich selbst, die Bewunderung, die Anschauung derselben *Götzendienst,* denn die Welt ist ihr ein bloßes Gemächte.* Gott ist ihr daher die reine, unbeschmutzte, d. i. theoretische oder ästhetische Anschauung. Gott ist das Objekt, zu dem sich der religiöse Mensch *objektiv* verhält; in Gott ist ihm der *Gegenstand um seiner selbst willen* Gegenstand. Gott ist Selbstzweck; Gott hat also für die Religion in specie *die* Bedeutung, welche für die Theorie der Gegenstand überhaupt hat. Das *allgemeine Wesen der Theorie* ist der Religion ein *besonderes* Wesen. Allerdings bezieht sich in der Religion der Mensch in der Beziehung auf Gott wieder auf seine Bedürfnisse sowohl im höhern als niedern Sinne: »Gib uns unser tägliches Brot«; aber Gott kann nur alle Bedürfnisse des Menschen befriedigen, weil er selbst für sich kein Bedürfnis hat – die bedürfnislose Seligkeit ist.

DER WIDERSPRUCH IN DEM BEGRIFFE DER
EXISTENZ GOTTES

Die Anschauung des menschlichen Wesens als eines andern, für sich existierenden Wesens ist, als identisch mit dem Begriffe der Religion, ursprünglich eine unwillkürliche, kindliche, unbefangene. Aber wenn die Religion an Jahren und mit den Jahren an Verstande zunimmt, wenn innerhalb der Religion

---

* »Pulchras formas et varias, nitidos et amoenos colores amant oculi. Non teneant haec animam meam; *teneat eam Deus qui haec fecit,* bona quidem valde, sed *ipse* est *bonum meum, non haec«* (Augustin., *Confess.,* I. X, c. 34).

die Reflexion über die Religion erwacht, das Bewußtsein von der Identität des göttlichen Wesens mit dem menschlichen zu dämmern beginnt, so wird die ursprünglich unwillkürliche und harmlose Scheidung Gottes vom Menschen zu einer absichtlichen, ausstudierten Unterscheidung, welche keinen andern Zweck hat, als diese bereits in das Bewußtsein eingetretne Identität wieder aus dem Bewußtsein wegzuräumen.

Gott, das objektive Wesen der Religion, ist das sich selbst gegenständliche Wesen des Menschen. Die Religion ist das kindliche Wesen der Menschheit. Das Kind sieht sein Wesen, den Menschen, außer sich – als Kind ist der Mensch sich als ein andrer Mensch Gegenstand. Die Religion bejaht, heiligt, vergöttert, d. i. vergegenständlicht das menschliche Wesen. Dies ist das allgemeine Wesen der Religion. Die bestimmte Religion, den Unterschied der Religionen begründet nur, *was* vom menschlichen Wesen oder *wie* dieses Was erfaßt und vergegenständlicht wird, z. B. ob in unmittelbarer Einheit mit der Natur oder im Unterschiede von ihr. Je näher daher die Religion ihrem Ursprunge noch steht, je wahrhafter, je aufrichtiger sie ist, desto weniger verheimlicht sie dieses ihr Wesen. Das heißt: Im Ursprunge der Religion ist gar kein *qualitativer* oder *wesentlicher* Unterschied zwischen Gott und dem Menschen. Und an dieser Identität nimmt der religiöse Mensch keinen Anstoß; denn sein Verstand ist noch in Harmonie mit seiner Religion. So war Jehovah im alten Judentum nur ein der Existenz nach vom menschlichen Individuum unterschiednes Wesen, aber qualitativ, seinem innern Wesen nach war er völlig gleich dem Menschen, hatte er dieselben Leidenschaften, dieselben menschlichen, selbst körperlichen Eigenschaften. Erst im spätern Judentum trennte man aufs schärfste Jehovah vom Menschen und nahm seine Zuflucht zur *Allegorie,* um den Anthropopathismen einen *andern* Sinn unterzustellen, als sie ursprünglich hatten. So war es auch im Christentum. In den ältesten Urkunden desselben ist die Gottheit Christi noch nicht so entschieden ausgeprägt wie später. Bei Paulus namentlich ist Christus noch ein zwischen

Himmel und Erde, zwischen Gott und dem Menschen oder überhaupt den dem Höchsten untergeordneten Wesen schwebendes, unbestimmtes Wesen – der erste der Engel, der Erstgeschaffne, aber doch geschaffen; meinetwegen auch gezeugt, aber dann sind auch die Engel, auch die Menschen nicht geschaffen, sondern gezeugt, denn Gott ist auch ihr Vater. Christus ist daher hier noch ein familiäreres Wesen – wenngleich mehr nur ein phantastisches Wesen. Erst die Kirche identifizierte ihn ausdrücklich mit Gott, machte ihn zu dem ausschließlichen Sohn Gottes, bestimmte seinen Unterschied von den Menschen und Engeln und gab ihm so das *Monopol* eines ewigen, unkreatürlichen Wesens.

Merkwürdig, aber wohlbegründet ist es hierbei, daß, je mehr im Grunde und Wesen der Religion Gott ein menschenähnliches, richtiger: nicht vom Menschen unterschiednes Wesen ist, um so mehr von der Reflexion über die Religion, von der *Theologie,* der Unterschied Gottes vom Menschen hervorgehoben, die Identität *geleugnet* wird.* Da aber der Mensch nichts Höheres denken und fassen kann als das Wesen des Menschen, so bleibt ihm, um Gott vom Menschen recht zu distingieren, zu einem andern, entgegengesetzten, übermenschlichen Wesen zu machen, nichts übrig, als gerade das in Gott als eine gute, ja göttliche Eigenschaft zu setzen, was er im Menschen als eine schlechte Eigenschaft verwirft, so daß Gott aus einem menschlichen zu einem unmenschlichen Wesen, aus einem Vater der Liebe zu einem Tyrannen absoluter, selbstsüchtiger Willkür, kurz, aus einem guten ein böses Wesen wird. Merkwürdige Belege dieser Behauptung liefert die Geschichte der Theologie.

* »Inter creatorem et creaturam non potest *tanta similitudo* notari, quin inter eos *major sit dissimilitudo* notanda« (Later. Concil., can. 2. *Summa omn. Conc.,* B. Carranza, Antv. 1559, p. 326). – Der letzte Unterschied zwischen dem Menschen und Gott, dem endlichen und unendlichen Wesen überhaupt, zu welchem sich die religiös-spekulative Imagination emporschwingt, ist der Unterschied zwischen *Etwas* und *Nichts,* Ens und Non-Ens; denn nur im Nichts ist alle Gemeinschaft aufgehoben. Jedes bestimmte Prädikat drückt eine Gemeinschaftlichkeit mit andern Wesen aus.

Die dem Begriffe nach erste Weise, wie die Reflexion über die Religion, die Theologie, das göttliche Wesen zu einem andern Wesen macht, außer den Menschen hinaussetzt, ist die *Existenz* Gottes, welche zum Gegenstande eines förmlichen Beweises gemacht wird.

Die Beweise vom Dasein Gottes hat man für dem Wesen der Religion widersprechend erklärt. Sie sind es; aber nur der Beweisform nach. Die Religion stellt unmittelbar das innere Wesen des Menschen als ein gegenständliches, andres Wesen dar. Und der Beweis will nichts weiter als beweisen, daß die Religion recht hat. Das vollkommenste Wesen ist *das* Wesen, über welches kein höheres gedacht werden kann – Gott ist das Höchste, was der Mensch denkt und denken kann. Diese Prämisse des ontologischen Beweises – des interessantesten Beweises, weil er von innen ausgeht – spricht das innerste, geheimste Wesen der Religion aus. Das, was das Höchste für den Menschen ist, wovon er nicht mehr abstrahieren kann, was die positive Grenze seiner Vernunft, seines Gemüts, seiner Gesinnung ist, das ist ihm Gott – id quo nihil majus cogitari potest. Aber dieses höchste Wesen wäre nicht das höchste, wenn es nicht existierte; wir könnten uns dann ein höheres Wesen vorstellen, welches die Existenz vor ihm voraus hätte; aber zu dieser Fiktion gestattet uns schon von vornherein der Begriff des vollkommensten Wesens keinen Raum. Nichtsein ist Mangel, Sein Vollkommenheit, Glück, Seligkeit. Einem Wesen, dem der Mensch alles gibt, alles opfert, was ihm hoch und teuer, kann er auch nicht das Gut, das Glück der Existenz vorenthalten. Das dem religiösen Sinn Widersprechende liegt nur darin, daß die Existenz *abgesondert* gedacht wird und dadurch der *Schein* entsteht, als wäre Gott nur ein gedachtes, in der Vorstellung existierendes Wesen, ein Schein, der übrigens sogleich aufgehoben wird, denn der Beweis beweist eben, daß Gott ein vom Gedachtsein unterschiednes Sein, ein Sein außer dem Menschen, außer dem Denken, ein reales Sein, ein Sein für sich zukommt.

Der Beweis unterscheidet sich nur dadurch von der Religion,

daß er das *geheime Enthymema* der Religion in einen *förmlichen* Schluß faßt, expliziert und deswegen unterscheidet, was die Religion unmittelbar verbindet; denn was der Religion das Höchste, Gott, das denkt sie nicht als einen Gedanken, in abstracto, das ist ihr unmittelbar Wahrheit und Wirklichkeit. Daß aber die Religion selbst auch einen geheimen, unentfalteten Schluß macht, das gesteht sie in ihrer Polemik gegen andere Religionen ein. Ihr Heiden habt euch eben nichts Höheres als eure Götter vorstellen können, weil ihr in sündliche Neigungen versunken waret. Eure Götter beruhen auf einem Schlusse, dessen Prämissen eure sinnlichen Triebe, eure Leidenschaften sind. Ihr dachtet so: Das trefflichste Leben ist, unbeschränkt seinen Trieben zu leben, und weil euch dieses Leben das trefflichste, wahrste Leben war, so machtet ihr es zu euerm Gott. Euer Gott war euer sinnlicher Trieb; euer Himmel nur der freie Spielraum der im bürgerlichen, überhaupt wirklichen Leben beschränkten Leidenschaften. Aber in Beziehung auf sich natürlich ist sie sich keines Schlusses bewußt, denn der höchste Gedanke, dessen sie fähig, ist ihre Schranke, hat für sie die Kraft der Notwendigkeit, ist ihr kein Gedanke, keine Vorstellung, sondern unmittelbare Wirklichkeit.

Die Beweise vom Dasein Gottes haben zum Zweck, das Innere zu veräußern, vom Menschen auszuscheiden.* Durch die Existenz wird Gott ein *Ding an sich*: Gott ist nicht nur ein Wesen für uns, ein Wesen in unserm Glauben, unserm Gemüte, unserm Wesen, er ist auch ein Wesen *für sich*, ein Wesen *außer uns*.

Wodurch die Wahrheit der Religion am meisten begründet werden soll, dadurch gerade wird ihr wahres Wesen, die wahre Bedeutung, das Leben des Menschen im Verhältnis zu

---

* Zugleich aber auch den Zweck, das Wesen des Menschen zu bewahrheiten. Die verschiedenen Beweise sind nichts andres als verschiedene, höchst interessante Selbstbejahungsformen des menschlichen Wesens. So ist z. B. der physikotheologische Beweis die Selbstbejahung des zwecktätigen Verstandes. Jedes philosophische System ist in diesem Sinne ein Beweis vom Dasein Gottes.

seinem Wesen zu sein, ihr genommen. Indem sie des Menschen Wesen zu einem andern, dem Menschen entgegengesetzten Wesen macht, setzt sie sich mit dem Menschen, mit der Vernunft, mit der Ethik, *mit sich selbst* in Widerspruch. Alle ihre Lehren verkehren sich in ihr Gegenteil, alle ihre Begriffe werden sich selbst aufhebende Widersprüche. Ein solcher Begriff ist vor allem der Begriff der *Existenz* Gottes. Gott soll nicht bloß Glaube, Gefühl, Gedanke, nicht bloß Gemüt, Intelligenz sein; er soll nicht nur ein geglaubtes, gefühltes, gedachtes, sondern ein vom gefühlten, gedachten, d. i. innerlichen Sein unterschiednes, reales Sein haben. Aber ein vom Gedachtsein unterschiednes Sein ist kein andres als *sinnliches* Sein.

Der Begriff der Sinnlichkeit liegt übrigens schon in dem charakteristischen Ausdruck des *Außerunsseins*. Die sophistische Theologie wird freilich das Wort: *außer uns* nicht in *eigentlichem* Sinne nehmen und dafür den unbestimmten Ausdruck des Von-uns-unabhängig-und-unterschieden-Seins setzen. Allein wenn dieses Außerunssein nur uneigentlich ist, so ist auch die Existenz Gottes eine uneigentliche. Und doch handelt es sich ja eben nur um eine Existenz im eigentlichsten Verstande und ist der bestimmte, reale, nicht ausweichende Ausdruck für Unterschiedensein allein Außerunssein.

Reales, sinnliches Sein ist solches, welches nicht abhängt von meinem Mich-selbst-Affizieren, von meiner Tätigkeit, sondern von welchem ich unwillkürlich affiziert werde, welches ist, wenn ich auch gar nicht bin, es gar nicht denke, fühle. Das Sein Gottes müßte also örtliches, überhaupt *qualitativ*, *sinnlich* bestimmtes Sein sein. Aber Gott wird nicht gesehen, nicht gehört, nicht sinnlich empfunden. Er ist *für mich gar nicht*, wenn ich *nicht für ihn* bin. Wenn ich keinen Gott glaube, so ist kein Gott für mich. Wenn ich nicht göttlich gesinnt und gestimmt bin, wenn ich mich nicht erhebe über das sinnliche Leben, so ist er mir gar nicht Gegenstand. Er ist also nur, indem er gefühlt, gedacht, geglaubt wird – der Zusatz: *für mich* ist unnötig. Also ist sein Sein ein reales, das doch zugleich kein reales – ein geistiges Sein, hilft man sich. Aber geistiges Sein ist eben nur Gedachtsein, Gefühltsein, Geglaubtsein. Also ist sein Sein ein Mittelding zwischen sinnlichem Sein und Gedachtsein, ein Mittelding voll Widerspruch. Oder: Es ist ein sinnliches Sein, dem aber alle *Bestimmungen* der Sinnlichkeit abgehen – also ein *unsinnliches sinnliches* Sein, ein Sein, welches dem Begriffe der Sinnlichkeit widerspricht, oder nur eine vage *Existenz überhaupt*, die im *Grunde* eine sinnliche ist, aber, um diesen Grund nicht zur Erscheinung kommen zu lassen, aller Prädikate einer realen sinnlichen Existenz beraubt wird. Aber eine solche Existenz überhaupt *widerspricht sich.* Zur Existenz gehört volle, bestimmte Realität.

Eine notwendige Folge dieses Widerspruchs ist der *Atheismus.* Die Existenz Gottes hat das *Wesen* einer empirischen Existenz, ohne doch die *Wahrzeichen* derselben zu haben; sie ist *an sich* eine Erfahrungssache und doch in der Wirklichkeit kein Gegenstand der Erfahrung. Sie fordert den Menschen selbst auf, sie in der Wirklichkeit aufzusuchen; sie schwängert ihn mit sinnlichen Vorstellungen und Prätensionen; werden diese daher nicht befriedigt, findet er vielmehr die Erfahrung im Widerspruch mit diesen Vorstellungen, so ist er vollkommen berechtigt, diese Existenz zu leugnen.

Kant hat bekanntlich in seiner Kritik der Beweise vom Dasein Gottes behauptet, daß sich das Dasein Gottes nicht aus der Vernunft beweisen lasse. Kant verdiente deswegen keinen solchen Tadel, als er von Hegel erfuhr. Der Begriff der Existenz Gottes in jenen Beweisen ist ein durchaus *empirischer.* Aber aus einem Begriffe a priori kann ich nicht die empirische Existenz ableiten. Nur insofern verdient Kant Tadel, als er damit etwas Besonderes aussagen wollte. Es versteht sich dies von selbst. Die Vernunft kann nicht ein Objekt von sich zum Objekt der Sinne machen. Ich kann nicht im Denken das, was ich denke, zugleich außer mir als ein sinnliches Ding darstellen. Der Beweis vom Dasein Gottes geht über die Grenzen der Vernunft, richtig; aber in demselben Sinne, in welchem

Sehen, Hören, Riechen über die Grenze der Vernunft geht. Töricht ist es, der Vernunft darüber einen Vorwurf zu machen, daß sie nicht eine Forderung befriedigt, die nur an die Sinne gestellt werden kann. Dasein, empirisches Dasein geben mir nur die Sinne. Und das Dasein hat bei der Frage von der Existenz Gottes nicht die Bedeutung der *innern Realität,* der Wahrheit, sondern die Bedeutung einer förmlichen, äußerlichen Existenz. Darum hat auch volle Wahrheit die Behauptung, daß der Glaube, daß Gott sei oder nicht sei, keine Folgen für die inneren, moralischen Gesinnungen habe. Wohl begeistert der Gedanke: Es ist ein Gott; aber hier bedeutet das *Ist* die innere Realität; hier ist die Existenz ein Moment der Begeisterung, ein Akt der Erhebung. Aber sowie die Existenz zu einer prosaischen, empirischen Wahrheit geworden, so ist auch die Begeisterung erloschen.

Die Existenz ist an und für sich eine indifferente Sache; darum keineswegs notwendig, daß der Atheist, indem er leugnet, daß Gott ist, auch die Wahrheit, die Gerechtigkeit, die Güte, die Weisheit verwirft. Diese Prädikate haben eine innere Realität; sie dringen durch ihren Gehalt dem Menschen ihre Anerkennung auf, erweisen sich ihm unmittelbar durch sich selbst als wahr; sie *bezeugen* sich selbst die Güte, die Gerechtigkeit. Die Weisheit ist dadurch keine Chimäre, daß die Existenz Gottes eine Chimäre ist, noch dadurch eine Wahrheit, daß diese eine Wahrheit ist. Der Begriff Gottes ist abhängig von dem Begriffe der Gerechtigkeit, Güte usw.; ein Gott, der nicht gerecht, nicht gütig, ist kein Gott, aber nicht umgekehrt. Die Gerechtigkeit, überhaupt jede Bestimmung, welche die Göttlichkeit Gottes ausmacht, wird durch sich selbst erkannt und bestimmt, Gott aber durch die Gerechtigkeit; nur in dem Falle, daß ich Gott und Gerechtigkeit schon identifiziert habe, Gott unmittelbar als die Realität der Idee der Gerechtigkeit denke, bestimme ich Gott durch sich selbst.

Die Religion wird daher, inwiefern sie sich auf die Existenz Gottes als eine empirische Wahrheit gründet, zu einer für die innere Gesinnung gleichgültigen Angelegenheit. Ja, wie notwendig in dem Kultus der Religion die Zeremonie, der Gebrauch, das Sakrament *für sich selbst,* ohne den Geist, die Gesinnung, zur *Sache* selbst wird, so wird endlich auch der Glaube nur an die Existenz Gottes, abgesehen von der innern Qualität, von dem geistigen Inhalt, zur Hauptsache der Religion. Wenn du nur glaubst an Gott, glaubst überhaupt, daß Gott ist, so bist du schon gerettet. Ob du dir unter diesem Gott ein wirklich göttliches Wesen oder ein Ungeheuer, einen Nero oder Caligula denkst, ein Bild deiner Leidenschaft, deiner Rach- und Ruhmsucht, das ist eins – die Hauptsache ist, daß du *kein Atheist* bist. Die Geschichte der Religion hat diese Folgerung, die wir hier aus dem Begriffe der Existenz ziehen, hinlänglich bewiesen. Hätte sich nicht die Existenz Gottes *für sich selbst* als religiöse Wahrheit in den Gemütern befestigt, so würde man nie zu jenen schändlichen, unsinnigen, greuelvollen Vorstellungen von Gott gekommen sein, welche die Geschichte der Religion brandmarken. Die Existenz Gottes war eine gemeine, empirische und doch zugleich heilige Sache – was Wunder, wenn auf diesem Grunde auch nur die gemeinsten, rohsten, unheiligsten Vorstellungen und Gesinnungen aufkeimten.

Die Moralität befestigt sich an einen ihr äußerlichen Grund, an die *Existenz* Gottes. Der Atheismus galt und gilt noch jetzt für die Negation aller Moralprinzipien, aller sittlichen Gründe und Bande: *Wenn Gott nicht ist, so hebt sich aller Unterschied zwischen gut und böse, Tugend und Laster auf.* Der Unterschied liegt also nur an der Existenz Gottes, die Realität der Tugend *nicht in ihr selbst,* sondern außer ihr. Allerdings wird also an die Existenz Gottes die Realität der Tugend angeknüpft, aber nicht aus tugendhafter Gesinnung, nicht aus Überzeugung von dem innern Wert und Gehalt der Tugend. Im Gegenteil, der Glaube an Gott als die notwendige Bedingung der Tugend ist der Glaube an die *Nichtigkeit* der Tugend *für sich selbst.*

Es ist übrigens bemerkenswert, daß der Begriff der empirischen Existenz Gottes sich erst in neuerer Zeit, wo überhaupt der

Empirismus und Materialismus in Flor kam, vollkommen ausgebildet hat. Allerdings ist auch schon im ursprünglichen, einfältigen, religiösen Sinne Gott eine *empirische*, selbst an einem Orte *befindliche Existenz*. Aber sie hat doch hier nicht eine so nackte prosaische Bedeutung; die *Einbildungskraft identifiziert* wieder den äußerlichen Gott mit dem Gemüte des Menschen. Die Einbildungskraft ist überhaupt der wahre Ort einer abwesenden, den *Sinnen nicht gegenwärtigen,* aber gleichwohl dem *Wesen nach sinnlichen* Existenz. Nur die Phantasie löst den Widerspruch zwischen einer zugleich sinnlichen, zugleich unsinnlichen Existenz; nur die Phantasie bewahrt vor dem Atheismus. In der Einbildungskraft hat die Existenz *sinnliche Wirkungen* – die Existenz betätigt sich als eine Macht; die Einbildungskraft gesellt zu dem *Wesen* der sinnlichen Existenz auch die *Erscheinungen* derselben. Wo die Existenz Gottes eine lebendige Wahrheit, eine Sache der Einbildungskraft ist, da werden auch *Gotteserscheinungen* geglaubt. Wo dagegen das Feuer der religiösen Einbildungskraft erlischt, wo die mit einer an sich sinnlichen Existenz notwendig verbundnen sinnlichen Wirkungen oder Erscheinungen wegfallen, da wird die Existenz zu einer *toten,* sich selbst widersprechenden Existenz, die rettungslos der Negation des Atheismus anheimfällt.

Der Glaube an die Existenz Gottes ist der Glaube an eine besondere, von der Existenz des Menschen und der Natur unterschiedne Existenz. Eine besondere Existenz kann sich nur auf *besondere* Weise konstatieren. Dieser Glaube ist daher nur dann ein wahrer, lebendiger, wenn *besondere* Wirkungen, unmittelbare Gotteserscheinungen, *Wunder* geglaubt werden. Nur da, wo der *Glaube an Gott* sich *identifiziert* mit dem *Glauben an die Welt,* der Glaube an Gott kein *besonderer* Glaube mehr ist, wo das allgemeine Wesen der Welt den ganzen Menschen einnimmt, verschwindet natürlich auch der Glaube an besondere Wirkungen und Erscheinungen Gottes. Der Glaube an Gott hat sich gebrochen, ist gestrandet an dem Glauben an die Welt, an die natürlichen als die allein wirklichen Wirkungen. Wie hier der Glaube an Wunder nur noch der Glaube an historische, vergangne Wunder, so ist auch die Existenz Gottes hier nur noch eine historische, an sich selber *atheistische* Vorstellung.

DER WIDERSPRUCH IN DER OFFENBARUNG
GOTTES

Mit dem Begriff der Existenz hängt der Begriff der Offenbarung zusammen. Die Selbstbezeugung der Existenz, das authentische Zeugnis, daß Gott existiert, ist die Offenbarung. Die nur *subjektiven* Beweise vom Dasein Gottes sind die rationellen Beweise; der *objektive,* der allein wahre Beweis von seinem Dasein ist seine Offenbarung. Gott spricht zu dem Menschen – die Offenbarung ist das *Wort* Gottes –, er gibt einen Laut von sich, einen Ton, der das Gemüt ergreift und ihm die frohe Gewißheit gibt, daß Gott wirklich ist. Das Wort ist das Evangelium des Lebens – das Kriterium von Sein und Nichtsein. Der Offenbarungsglaube ist der Kulminationspunkt des religiösen Objektivismus. Die subjektive Gewißheit von der Existenz Gottes wird hier zu einer unbezweifelbaren äußern, historischen Tatsache. Die Existenz Gottes ist an sich selbst schon als Existenz ein äußerliches, empirisches Sein, aber doch nur noch ein gedachtes, vorgestelltes, darum bezweifelbares Sein – daher die Behauptung, daß alle Beweise keine befriedigende Gewißheit geben –, dieses gedachte, vorgestellte Sein als wirkliches Sein, *als Tatsache* ist die *Offenbarung.* Gott hat sich geoffenbart, *sich selbst demonstriert.* Wer kann also noch zweifeln? Die Gewißheit der Existenz liegt mir in der Gewißheit der Offenbarung. Ein Gott, der nur ist, ohne sich zu offenbaren, der nur *durch mich selbst* für mich ist, ein solcher Gott ist nur ein abstrakter, vorgestellter, subjektiver Gott: Nur ein Gott, der mich *durch sich selbst* in Kenntnis von sich setzt, ist ein wirklich existierender, sich *als seiend betätigender,* objektiver Gott. Der Glaube an

die Offenbarung ist die unmittelbare Gewißheit des religiösen Gemüts, daß *das ist, was es glaubt, was es wünscht, was es
vorstellt.* Die Religion ist ein Traum, in dem unsere eigenen
Vorstellungen als Wesen außer uns erscheinen. Das religiöse
Gemüt *unterscheidet nicht* zwischen subjektiv und objektiv –
es zweifelt nicht; die Sinne hat es nur, *nicht um anderes* zu
sehen, sondern um *seine Vorstellungen außer sich als Wesen*
zu erblicken. Dem religiösen Gemüt ist eine an sich theoretische Sache eine praktische, eine Gewissenssache – eine Tatsache. Tatsache ist, was aus einem *Vernunftgegenstand* zu
einer *Gewissenssache* gemacht wird, Tatsache ist, was man
nicht bekritteln, nicht antasten darf, ohne sich eines Frevels*
schuldig zu machen, Tatsache ist, was man nolens volens
glauben muß, Tatsache ist sinnliche Gewalt, kein Grund, Tatsache paßt auf die Vernunft wie die Faust aufs Auge. Oh, ihr
armseligen deutschen Religions-Philosophen, die ihr uns die
Tatsachen des religiösen Bewußtseins an den Kopf werft, um
unsre Vernunft zu betäuben und uns zu Knechten eures kin-
dischen Aberglaubens zu machen, seht ihr denn nicht, daß die
Tatsachen ebenso relativ, so verschieden, so subjektiv sind als
die Vorstellungen der Religionen? Waren die Götter des
Olymps nicht auch einst Tatsachen, sich selbst bezeugende
Existenzen?** Galten nicht auch die lächerlichsten Mirakel-

---

* Die Negation einer Tatsache hat keine unverfängliche, an sich indifferente, sondern eine schlimme moralische Bedeutung – die Bedeutung des
Leugnens. Darin, daß das Christentum seine Lehren und Glaubensartikel
zu sinnlichen, d. h. *unleugbaren, unantastbaren* Tatsachen machte, durch
sinnliche Tatsachen also die Vernunft *überwältigte,* den Geist gefangen-
nahm, darin haben wir auch den wahren, den letzten, primitiven Erklärungsgrund, *warum* und *wie* sich im Christentum, und zwar nicht nur im
katholischen, sondern auch protestantischen, in aller Förmlichkeit und
Feierlichkeit der Grundsatz aussprechen und geltend machen konnte, daß
die Ketzerei, d. h. die Negation einer Glaubensvorstellung oder Tatsache,
ein Strafobjekt der weltlichen Obrigkeit, d. h. ein *Verbrechen* sei. Die
sinnliche Tatsache in der Theorie wird in der Praxis zur sinnlichen Gewalt. Das Christentum steht hierin weit unter dem Mohammedanismus,
welcher nicht das *Verbrechen* der Ketzerei kennt.
** »*Praesentiam saepe divi suam declarant*« (Cicero, De nat. D., I. II).
Ciceros Schriften *De nat. D.* und *De divinatione* sind besonders auch deswegen so interessant, weil hier für die Realität der heidnischen Glaubens-

geschichten der Heiden für Fakta? Waren nicht auch die Engel, auch die Dämonen historische Personen? Sind sie nicht wirklich erschienen? Hat nicht einst der Esel Bileams wirklich geredet? Wurde nicht selbst von aufgeklärten Gelehrten noch des vorigen Jahrhunderts der sprechende Esel ebensogut als ein wirkliches Wunder geglaubt als das Wunder der Inkarnation oder sonst ein anderes Wunder? Oh, ihr großen, tiefsinnigen Philosophen, studiert doch vor allem die Sprache des Esels Bileams! Sie klingt nur dem Unwissenden so fremdartig, aber ich bürge euch dafür, daß ihr bei näherm Studium in dieser Sprache selbst eure *Muttersprache* erkennen und finden werdet, daß *dieser Esel* schon vor Jahrtausenden die *tiefsten Geheimnisse eurer spekulativen Weisheit ausgeplaudert* hat. Tatsache, meine Herren, ist, um es euch nochmals zu wiederholen, eine Vorstellung, an deren Wahrheit man nicht zweifelt, weil ihr Gegenstand kein Objekt der Theorie, sondern des Gemüts ist, welches wünscht, daß *ist,* was es wünscht, was es glaubt; Tatsache ist, was zu leugnen verboten ist, wenn auch nicht äußerlich, doch innerlich; Tatsache ist jede Möglichkeit, die für Wirklichkeit gilt, jede Vorstellung, die für ihre Zeit, da, wo sie eben Tatsache ist, ein Bedürfnis ausdrückt und eben damit eine nicht überschreitbare Schranke des Geistes ist; Tatsache ist jeder realisierte Wunsch, kurz, Tatsache ist alles, was nicht bezweifelt wird aus dem einfachen Grunde, weil es nicht bezweifelt wird, nicht bezweifelt werden soll.

Das religiöse Gemüt ist, seiner bisher entwickelten Natur zufolge, in der unmittelbaren Gewißheit, daß alle seine unwillkürlichen Selbstaffektionen Eindrücke von außen, Erscheinungen eines andern Wesens sind. Das religiöse Gemüt macht sich zu dem *leidenden,* Gott zu dem *handelnden* Wesen. Gott ist seine *entäußerte Aktivität,* die es nur insofern sich wieder aneignet, also indirekt, daß es sich zum *Objekt* dieser Aktivi-

gegenstände im Grunde dieselben Argumente geltend gemacht werden, welche noch heute die Theologen und Positivisten überhaupt für die Realität der christlichen Glaubensgegenstände anführen.

tät macht. Gott ist die Aktivität; aber was ihn zur *Tätigkeit bestimmt*, was seine Tätigkeit, die zuvörderst nur Allvermögen, potentia ist, zur *wirklichen* Tätigkeit macht, das eigentliche Motiv, der Grund ist nicht *er* – er braucht nichts für sich, er ist bedürfnislos –, sondern der *Mensch*, das religiöse Subjekt oder Gemüt. Das Gott zur Tätigkeit Bestimmende ist der Mensch; aber zugleich wird wieder der Mensch bestimmt von Gott, er macht sich zum Passivum; er empfängt von Gott bestimmte Offenbarungen, bestimmte Beweise seiner Existenz. Es wird also in der Offenbarung der Mensch *von sich, als dem Bestimmungsgrund Gottes, als dem Gott Bestimmenden, bestimmt,* d. h. die *Offenbarung ist nur die Selbstbestimmung des Menschen,* nur daß er zwischen sich, den Bestimmten, und sich, den Bestimmenden, ein Objekt – Gott, ein anderes Wesen – einschiebt. Der Mensch *vermittelt durch Gott sein eignes Wesen mit sich – Gott ist das Band, das vinculum substantiale zwischen dem Wesen, der Gattung und dem Individuum.*

Der Offenbarungsglaube enthüllt am deutlichsten die charakteristische Illusion des religiösen Bewußtseins. Die allgemeine Prämisse dieses Glaubens ist: Der Mensch kann nichts aus sich selbst von Gott wissen: all sein Wissen ist nur eitel, irdisch, menschlich. Gott aber ist ein übermenschliches Wesen: Gott erkennt nur sich selbst. Wir wissen also nichts von Gott, außer, was er uns geoffenbart. Nur der von Gott mitgeteilte Inhalt ist *göttlicher, übermenschlicher, übernatürlicher* Inhalt. Mittels der Offenbarung erkennen wir also Gott durch sich selbst; denn die Offenbarung ist ja das Wort Gottes, der von sich selbst ausgesprochene Gott. In dem Offenbarungsglauben *negiert* sich daher der Mensch, er geht *außer* und *über sich hinaus*; er *setzt die Offenbarung* dem menschlichen Wissen und Meinen *entgegen*; in ihr erschließt sich ein verborgenes Wissen, die Fülle aller übersinnlichen Geheimnisse; hier muß die Vernunft schweigen; hier hat sich der Mensch nur gläubig, nur passiv zu verhalten. Aber gleichwohl ist die göttliche Offenbarung eine von der *menschlichen Natur bestimmte*

Offenbarung. Gott spricht nicht zu Tieren oder Engeln, sondern zu Menschen – also eine *menschliche Sprache mit menschlichen Vorstellungen*. Der Mensch ist der Gegenstand Gottes, ehe er sich dem Menschen äußerlich mitteilt; er *denkt* an den Menschen; er *bestimmt sich nach seiner Natur, nach seinen Bedürfnissen*. Gott ist wohl frei im Willen; er kann offenbaren oder nicht; aber nicht frei im Verstande; er kann dem Menschen nicht offenbaren, was er nur immer will, sondern was für den Menschen paßt, was seiner Natur, wie sie nun einmal ist, gemäß ist, wenn er sich anders einmal offenbaren will; er offenbart, was er offenbaren *muß,* wenn seine Offenbarung eine Offenbarung für den Menschen, nicht für irgendein anderes Wesen sein soll. Was also Gott denkt für den Menschen, das denkt er als *von der Idee des Menschen bestimmt*, das ist *entsprungen aus der Reflexion über die menschliche Natur*. Gott *versetzt sich* in den Menschen und denkt so *von sich,* wie dieses andere Wesen von ihm *denken kann und soll*; er denkt sich nicht mit seinem, sondern mit *menschlichem Denkvermögen*. Gott ist in dem Entwurf seiner Offenbarung nicht *von sich,* sondern von der *Fassungskraft des Menschen* abhängig. Was *aus Gott in den Menschen* kommt, das kommt nur *aus dem Menschen in Gott* an den Menschen, d. h. nur aus dem Wesen des Menschen an den erscheinenden Menschen, aus der Gattung an das Individuum. Also ist zwischen der göttlichen Offenbarung und der sogenannten menschlichen Vernunft oder Natur *kein anderer als ein illusorischer Unterschied* – auch der *Inhalt der göttlichen Offenbarung* ist *menschlichen Ursprungs*, denn nicht aus Gott als Gott, sondern aus dem *von der menschlichen Vernunft, dem menschlichen Bedürfnis bestimmten* Gott, d. h. geradezu aus der menschlichen Vernunft, aus menschlichem Bedürfnis ist derselbe entsprungen. So geht auch in der Offenbarung der Mensch *nur von sich fort, um auf einem Umweg wieder auf sich zurückzukommen*! So bestätigt sich auch an diesem Gegenstand aufs schlagendste, daß das *Geheimnis der Theologie* nichts andres als die *Anthropologie* ist!

Übrigens gesteht das religiöse Bewußtsein selbst in Beziehung auf vergangne Zeiten die Menschlichkeit des geoffenbarten Inhalts ein. Dem religiösen Bewußtsein einer spätern Zeit genügt nicht mehr ein Jehovah, der von Kopf bis zu Fuß Mensch ist, ungescheut seine Menschheit zur Schau trägt. Das waren nur Vorstellungen, in welchen sich Gott der damaligen Fassungsgabe der Menschen akkommodierte, d. h. nur menschliche Vorstellungen. Aber in Beziehung auf seinen gegenwärtigen Inhalt, weil es in ihn versenkt ist, läßt es dies nicht gelten. Gleichwohl ist jede Offenbarung nur eine *Offenbarung der Natur* des Menschen an den *existierenden Menschen*. In der Offenbarung wird dem Menschen seine verborgene Natur aufgeschlossen, Gegenstand. Er wird von seinem Wesen bestimmt, affiziert als von einem andern Wesen. Er empfängt aus den Händen Gottes, was ihm sein eignes unbekanntes Wesen als eine Notwendigkeit unter gewissen Zeitbedingungen aufdrängt. Die Vernunft, die Gattung wirkt auf den praktischen Menschen nur unter der Vorstellung eines persönlichen Wesens. Die Gesetze der Ethik haben für ihn nur Kraft als *Gebote eines göttlichen Willens,* welcher zugleich die Macht hat, zu *strafen,* und den Blick, welchem nichts entgeht. Was ihm sein eignes Wesen, seine Vernunft, sein Gewissen sagt, verbindet ihn nicht, weil der praktische Mensch der subjektive ist, der also im Gewissen, in der Vernunft, inwiefern er sie als die seinige weiß, keine allgemeine, objektive Macht erblickt; er muß daher das Wesen, welches ihm moralische Gesetze gibt, *von sich ausscheiden* und als ein eignes, *persönliches Wesen sich entgegensetzen.*

Der Offenbarungsglaube ist ein *kindlicher* Glaube und nur so lange *respektabel,* solange er *kindlich* ist. Das Kind wird aber von außen bestimmt. Und die Offenbarung hat eben den Zweck, durch Hilfe Gottes zu bewirken, was der Mensch nicht durch sich selbst erreichen kann. Deshalb hat man die Offenbarung die Erziehung des Menschengeschlechts genannt. Dies ist richtig; nur muß man die Offenbarung nicht außer die Natur des Menschen hinauslegen. Sosehr der Mensch von innen dazu getrieben wird, in Form von Erzählungen und Fabeln moralische und philosophische Lehren darzustellen, so notwendig stellt er als Offenbarung dar, was ihm von innen gegeben wird. Der Fabeldichter hat einen Zweck – den Zweck, die Menschen gut und gescheit zu machen; er wählt absichtlich die Form der Fabel als die zweckmäßigste, anschaulichste Methode; aber zugleich ist er selbst durch seine Liebe zur Fabel, durch seine eigne innere Natur zu dieser Lehrweise gedrungen. So ist es auch mit der Offenbarung, an deren Spitze ein Individuum steht. Dieses hat einen Zweck, aber zugleich lebt es selbst in den Vorstellungen, vermittels welcher es diesen Zweck realisiert. Der Mensch *veranschaulicht unwillkürlich* durch die *Einbildungskraft sein innres Wesen*; er stellt es *außer sich* dar. Dieses *veranschaulichte*, durch die *unwiderstehliche Macht* der Einbildungskraft auf ihn wirkende Wesen der Gattung, des Menschen, als *Gesetz* seines Denkens und Handelns – ist *Gott*.

Hierin liegen die wohltätigen moralischen Wirkungen des Offenbarungsglaubens auf den Menschen. Aber wie die Natur »*ohne* Bewußtsein Werke hervorbringt, die aussehen, als wären sie *mit* Bewußtsein hervorgebracht«, so erzeugt die Offenbarung moralische Handlungen, aber ohne daß sie *aus Moralität* hervorgehen – moralische Handlungen, aber keine moralischen Gesinnungen. Die moralischen Gebote werden wohl gehalten, aber sie sind dadurch schon der innern Gesinnung, dem Herzen entfremdet, daß sie als Gebote eines äußerlichen Gesetzgebers vorgestellt werden, daß sie in die Kategorie willkürlicher, polizeilicher Gebote treten. Was getan wird, geschieht, nicht weil es gut und recht ist, so zu handeln, sondern weil es von Gott *befohlen* ist. Der Inhalt *an sich selbst* ist gleichgültig; was nur immer Gott befiehlt, ist recht.* Stimmen diese Gebote mit der Vernunft, mit der

---

* »Quod *crudeliter* ab hominibus *sine Dei jussu* fieret aut factum est, id *debuit ab Hebraeis fieri*, quia a Deo, vitae et necis summo arbitro, jussi bellum ita gerebant« (J. Clericus, *Comm. in Mos.*, Num. c. 31, 7). »Multa gessit Samson, quae *vix possent defendi*, nisi *Dei*, a quo homines pendent, instrumentum fuisse censeatur« (ders., *Comm. in Iudicum*, c. 14, 19).

Ethik überein, so ist es ein Glück, aber zufällig für den Begriff der Offenbarung. Die Zeremonialgesetze der Juden waren auch *geoffenbarte, göttliche* und doch *an sich selbst* zufällige, willkürliche Gesetze. Die Juden erhielten sogar von Jehovah das Gnadengebot, zu *stehlen*; freilich in einem besondern Fall.

Der Offenbarungsglaube erstickt aber nicht nur den moralischen Sinn und Geschmack, die Ästhetik der Tugend; er vergiftet, ja tötet auch den göttlichsten Sinn im Menschen – den *Wahrheitssinn*, das *Wahrheitsgefühl*. Die Offenbarung Gottes ist eine bestimmte, zeitliche Offenbarung: Gott hat sich geoffenbart ein für allemal anno soundsoviel, und zwar nicht dem ewigen Menschen, den Menschen aller Zeiten und Orte, der Vernunft, der Gattung, sondern bestimmten, *beschränkten* Individuen. Als eine örtlich und zeitlich bestimmte muß die Offenbarung schriftlich fixiert werden, damit auch andern der Genuß derselben zugute komme. Der Glaube an die Offenbarung ist daher zugleich, wenigstens für Spätere, der Glaube an eine schriftliche Offenbarung; die *notwendige* Folge und Wirkung aber eines Glaubens, in welchem ein *historisches,* ein notwendig unter *allen Bedingungen der Zeitlichkeit und Endlichkeit* verfaßtes Buch die Bedeutung eines ewigen, absolut, allgemein gültigen Wortes hat – *Aberglaube* und *Sophistik*.

Der Glaube an eine schriftliche Offenbarung ist nämlich nur da noch ein *wirklicher, wahrer, ungeheuchelter* und insofern auch *respektabler* Glaube, wo geglaubt wird, daß *alles,* was in der Heiligen Schrift steht, bedeutungsvoll, wahr, heilig, göttlich ist. Wo dagegen unterschieden wird zwischen Menschlichem und Göttlichem, relativ und absolut Gültigem, Historischem und Ewigem, wo nicht *alles* ohne Unterschied, schlechterdings unbedingt wahr ist, was in der Heiligen Schrift steht, da wird das *Urteil des Unglaubens,* daß die Bibel kein *göttliches Buch* ist, schon in die Bibel hineingetragen, da wird ihr, indirekt wenigstens, d. h. auf eine verschlagne, unredliche Weise, der Charakter einer göttlichen Offenbarung abgesprochen. Einheit, Unbedingtheit, Ausnahmslosigkeit, *unmittelbare* Zuverlässigkeit ist allein der Charakter der Göttlichkeit. Ein Buch, das nur die *Notwendigkeit der Unterscheidung*, die *Notwendigkeit der Kritik* auferlegt, um das Göttliche vom Menschlichen, das Ewige vom Zeitlichen zu scheiden, ist kein göttliches, kein zuverlässiges, kein untrügliches Buch mehr, ist verstoßen in die Klasse der profanen Bücher; denn jedes profane Buch hat dieselbe Eigenschaft, daß es neben oder im Menschlichen Göttliches, neben oder im Individuellen Allgemeines und Ewiges enthält. Ein wahrhaft gutes oder vielmehr göttliches Buch ist aber nur ein solches, wo nicht einiges gut, anderes schlecht, einiges ewig, anderes zeitlich, sondern wo alles wie aus einem Gusse, alles ewig, alles wahr und gut ist. Was ist aber das für eine Offenbarung, wo ich erst den Apostel Paulus, dann den Petrus, dann den Jakobus, dann den Johannes, dann den Matthäus, dann den Markus, dann den Lukas anhören muß, bis ich endlich einmal an eine Stelle komme, wo meine gottesbedürftige Seele ausrufen kann: εὕρηκα; hier spricht der Heilige Geist selbst; hier ist etwas für mich, etwas für alle Zeiten und Menschen. Wie wahr dachte dagegen der alte Glaube, wenn er die Inspiration selbst bis auf das Wort, selbst bis auf den Buchstaben ausdehnte! Das Wort ist dem Gedanken nicht gleichgültig. Der bestimmte Gedanke kann nur durch ein bestimmtes Wort gegeben werden. Ein anderes Wort, ein anderer Buchstabe – ein anderer Sinn. Aberglaube ist allerdings solcher Glaube; aber dieser *Aberglaube* ist nur der *wahre, unverstellte, offne, seiner Konsequenzen sich nicht schämende Glaube.* Wenn Gott die Haare auf dem Haupte des Menschen zählt, wenn kein Sperling ohne seinen Willen vom Dache fällt, wie sollte er sein Wort, das Wort, an dem die ewige Seligkeit des Menschen hängt, dem Unverstand und der Willkür der Skribenten überlassen, warum sollte er ihnen nicht seine Gedanken, um sie vor jeder Entstellung zu bewahren, in die Feder diktieren? »Aber wenn der Mensch ein bloßes Organ des Heiligen Geistes wäre, so würde ja damit die menschliche Freiheit aufgehoben!«* Oh, welch ein erbärmlicher Grund! Ist denn die menschliche Freiheit mehr wert als die göttliche Wahrheit? Oder besteht die menschliche Freiheit nur in der Entstellung der göttlichen Wahrheit?

So notwendig aber mit dem Glauben an eine bestimmte historische Offenbarung als die absolute Wahrheit Aberglaube, so notwendig ist mit ihm die *Sophistik* verbunden. Die Bibel widerspricht der Moral, widerspricht der Vernunft, widerspricht sich selbst unzählige Male; aber sie ist das Wort Gottes, die ewige Wahrheit, und »die Wahrheit kann und darf sich nicht widersprechen«.** Wie kommt der Offenbarungsgläubige aus diesem Widerspruch zwischen der Idee der Offenbarung als göttlicher, harmonischer Wahrheit und der vermeintlichen wirklichen Offenbarung heraus? Nur durch Selbsttäuschungen, nur durch die albernsten Scheingründe, nur durch die schlechtesten, wahrheitslosesten Sophismen. Die *christliche Sophistik* ist ein *Produkt des christlichen Glaubens*, insbesondre des Glaubens an die Bibel als die göttliche Offenbarung.

Die Wahrheit, die absolute Wahrheit ist objektiv in der Bibel, subjektiv im Glauben gegeben, denn zu dem, was Gott selbst spricht, kann ich mich nur gläubig, hingebend, annehmend verhalten. Dem Verstande, der Vernunft bleibt hier nur ein formelles, untergeordnetes Geschäft; sie hat eine *falsche,* ihrem Wesen *widersprechende* Stellung. Der Verstand *für sich selbst* ist hier gleichgültig gegen das Wahre, gleichgültig gegen den Unterschied von wahr und falsch; er hat kein Kriterium

---

* Sehr richtig bemerkten schon die Jansenisten gegen die Jesuiten: »Vouloir reconnoitre dans l'Ecriture quelque chose de la foiblesse et de l'esprit naturel de l'homme, c'est donner la liberté à chacum d'en faire le discernement et de rejetter ce qui lui plaira de l'Ecriture, comme venant plûtot de la foiblesse de l'homme que de l'esprit de Dieu« (Bayle, *Dict.*, Art. Adam (Jean) Rem. E.).

** »Nec in scriptura divina *fas sit sentire aliquid contrarietatis*« (Petrus L. I. II, dist. II, c. I). Gleiche Gedanken bei den Kirchenvätern. – Zu bemerken ist noch, daß, wie der *katholische Jesuitismus* hauptsächlich die *Moral,* so der *protestantische Jesuitismus* hauptsächlich die *Bibel,* die *Exegese* zum Tummelplatz seiner Sophistik hat.

in sich selbst; was in der Offenbarung steht, ist *wahr*, wenn es auch direkt *dem Verstande widerspricht*; er ist dem *Zufall* der allerschlechtesten Empirie *widerstandslos* preisgegeben: Was ich nur immer *finde* in der göttlichen Offenbarung, muß ich *glauben* und mein Verstand, wenn's nottut, *verteidigen*; der Verstand ist der canis domini; er muß sich alles *Mögliche ohne Unterschied* – die Unterscheidung wäre *Zweifel*, wäre *Frevel* – aufbürden lassen als Wahrheit; es bleibt ihm folglich nichts übrig als ein *zufälliges*, indifferentes, d. i. *wahrheitsloses, sophistisches* Denken, ein *ränkevolles, intrigantes* Denken – ein Denken, das nur auf die grundlosesten Distinktionen und Ausflüchte, die schmählichsten Pfiffe und Kniffe sinnt. Je mehr aber schon der Zeit nach der Mensch sich der Offenbarung entfremdet, je mehr der Verstand zur Selbständigkeit heranreift, desto greller tritt auch notwendig der Widerspruch zwischen dem Verstande und Offenbarungsglauben hervor. Der Gläubige kann dann nur noch im *bewußten* Widerspruch *mit sich selbst, mit der Wahrheit, mit dem Verstande,* nur durch *freche Willkür*, nur durch *schamlose Lügen* – nur durch die *Sünde* gegen den Heiligen Geist die Heiligkeit und Göttlichkeit der Offenbarung bewahrheiten.

DER WIDERSPRUCH IN DEM WESEN GOTTES

Das oberste Prinzip, der *Zentralpunkt* der *christlichen Sophistik* ist der *Begriff Gottes*. Gott ist das menschliche Wesen, und doch *soll* er ein *andres, übermenschliches* Wesen sein. Gott ist das allgemeine, reine Wesen, die Idee des Wesens schlechtweg, und doch soll er persönliches, individuelles Wesen sein; oder: Gott ist Person, und doch soll er Gott, allgemeines, d. h. kein *persönliches* Wesen sein. Gott *ist*; seine Existenz ist gewiß, gewisser als die unsrige; er hat ein abgesondertes, von uns und von den Dingen unterschiednes, d. i. individuelles Sein, und doch soll sein Sein ein geistiges, d. h. ein nicht *als ein besondres* wahrnehmbares Sein sein. Im *soll* wird immer geleugnet, was im *ist* behauptet wird. Der Grundbegriff ist ein Widerspruch, der nur durch Sophismen verdeckt wird. Ein Gott, der sich nicht um uns kümmert, unsere Gebete nicht erhört, uns nicht sieht und liebt, ist kein Gott; es wird also die *Menschlichkeit* zum wesentlichen Prädikat Gottes gemacht; aber zugleich heißt es wieder: Ein Gott, der nicht für sich existiert, außer dem Menschen, über dem Menschen, als ein *andres* Wesen, ist ein Phantom; es wird also die *Un-* und *Außermenschlichkeit* zum wesentlichen Prädikat der Gottheit gemacht. Ein Gott, der nicht ist *wie wir*, nicht Bewußtsein, nicht Einsicht, d. h. nicht *persönlichen Verstand, persönliches Bewußtsein* hat, wie etwa die Substanz des Spinoza, ist *kein* Gott. Die *wesentliche Identität* mit uns ist die Hauptbedingung der Gottheit; der Begriff der Gottheit wird *abhängig* gemacht von dem Begriffe der Persönlichkeit, des Bewußtseins, quo nihil majus cogitari potest. Aber ein Gott, so heißt es zugleich wieder, der nicht *wesentlich von uns unterschieden,* ist kein Gott.

Der Charakter der Religion ist die unmittelbare, unwillkürliche, unbewußte Anschauung des menschlichen Wesens als eines andern Wesens. Dieses gegenständlich angeschaute Wesen aber zum Objekt der Reflexion, der *Theologie* gemacht, so wird es zu einer *unerschöpflichen Fundgrube von Lügen, Täuschungen, Blendwerken, Widersprüchen und Sophismen.*

Ein besonders charakteristischer Kunstgriff und Vorteil der christlichen Sophistik ist die *Unerforschlichkeit,* die *Unbegreiflichkeit* des göttlichen Wesens. Das Geheimnis dieser Unbegreiflichkeit ist nun aber, wie sich zeigen wird, nichts weiter, als daß eine bekannte Eigenschaft zu einer unbekannten, eine natürliche Qualität zu einer über-, d. h. unnatürlichen Qualität gemacht und eben dadurch der *Schein,* die *Illusion* erzeugt wird, daß das göttliche Wesen ein andres als das menschliche und eo ipso ein unbegreifliches sei.

Im ursprünglichen Sinne der Religion hat die Unbegreiflichkeit Gottes nur die Bedeutung eines affektvollen Ausdrucks. So rufen auch wir im Affekt bei einer überraschenden Erscheinung aus: Es ist unglaublich, es geht über alle Begriffe, ob wir gleich später, wenn wir zur Besinnung gekommen, den Gegenstand unsrer Verwunderung nichts weniger als unbegreiflich finden. Die religiöse Unbegreiflichkeit ist nicht das geistlose Punctum, welches die Reflexion so oft setzt, als ihr der Verstand ausgeht, sondern ein pathetisches Ausrufungszeichen von dem Eindruck, welchen die Phantasie auf das Gemüt macht. Die Phantasie ist das ursprüngliche Organ und Wesen der Religion. Im ursprünglichen Sinne der Religion ist zwischen Gott und Mensch einerseits nur ein Unterschied der *Existenz* nach, inwiefern Gott als selbständiges Wesen dem Menschen gegenübersteht, andererseits nur ein *quantitativer*, d. h. ein Unterschied *der Phantasie nach*, denn die Unterschiede der Phantasie sind nur quantitative. Die Unendlichkeit Gottes in der Religion ist *quantitative* Unendlichkeit. Gott ist und hat alles, was der Mensch, aber in unendlich vergrößertem Maßstabe – daher der entzückende Eindruck, den die religiösen Vorstellungen auf das Gemüt machen. *Gottes Wesen* ist das *explizierte, objektive* oder vergegenständlichte *Wesen der Phantasie.** Gott ist ein *sinnliches Wesen*, aber befreit von den *Schranken der Sinnlichkeit* – das *unbeschränkte sinnliche Wesen*. Aber was ist die Phantasie? – die schrankenlose, die *unbeschränkte Sinnlichkeit*. Gott ist die ewige Existenz, d. h. die immerwährende, die Existenz *zu allen Zeiten*: Gott ist die allgegenwärtige Existenz, d. h. die Existenz *an allen Orten*: Gott ist das *allwissende* Wesen, d. h. das Wesen, *dem alles einzelne, alles Sinnliche*, ohne Unterschied, ohne Zeit und Ortsbeschränkung Gegenstand ist.

Ewigkeit und Allgegenwart sind sinnliche Eigenschaften, denn es wird in ihnen nicht die Existenz in der Zeit und im Raume, es wird nur die ausschließliche Beschränkung auf eine *bestimmte Zeit*, auf einen *bestimmten Ort* negiert. Ebenso ist

---

* Dies zeigt sich besonders auch in dem Superlativ und in der Präposition: über, ὑπερ, die den göttlichen Prädikaten vorgesetzt werden und von jeher – wie z. B. bei den Neuplatonikern, den Christen unter den heidnischen Philosophen – eine Hauptrolle in der Theologie spielten.

die Allwissenheit eine sinnliche Eigenschaft, sinnliches Wissen. Die Religion nimmt keinen Anstand, Gott selbst die edleren Sinne beizulegen. Gott *sieht* und *hört* alles. Aber die göttliche Allwissenheit ist ein *sinnliches Wissen,* von dem die Eigenschaft, die wesentliche *Bestimmtheit* des wirklichen sinnlichen Wissens *negiert* ist. Meine Sinne stellen mir die sinnlichen Gegenstände nur *außer-* und *nacheinander* vor; aber Gott stellt *alles Sinnliche* auf einmal vor, alles Räumliche auf unräumliche, alles Zeitliche auf unzeitliche, alles Sinnliche auf unsinnliche Weise.* Das heißt: Ich erweitere meinen sinnlichen Horizont durch die Phantasie; ich vergegenwärtige mir in der konfusen Vorstellung der Allheit alle, auch die örtlich abwesenden Dinge und setze nun diese über den beschränkt sinnlichen Standpunkt mich erhebende, wohltätig affizierende Vorstellung als eine göttliche Wesenheit. Ich fühle als eine Schranke mein nur an den örtlichen Standpunkt, an die sinnliche Erfahrung gebundnes Wissen; was ich als Schranke fühle, hebe ich in der Phantasie auf, die meinen Gefühlen freien Spielraum gewährt. Diese Negation durch die Phantasie ist die Position der Allwissenheit als einer göttlichen Macht und Wesenheit. Aber gleichwohl ist zwischen der Allwissenheit und meinem Wissen nur ein quantitativer Unterschied; die *Qualität* des Wissens ist dieselbe. Ich könnte ja auch in der Tat gar nicht die Allwissenheit von einem Gegenstande oder Wesen außer mir prädizieren, wenn sie *wesentlich* von meinem Wissen unterschieden, wenn sie nicht eine *Vorstellungsart* von mir selbst wäre, nicht in *meinem Vorstellungsvermögen* existierte. Das Sinnliche ist so gut Gegenstand und Inhalt der göttlichen Allwissenheit als meines Wissens. Die Phantasie beseitigt nur die Schranke der Quantität, nicht der Qualität. Unser Wissen ist beschränkt heißt: Wir wissen nur einiges, weniges, nicht alles.

---

* »Scit itaque Deus, *quanta sit multitudo pulicum, culicum, muscarum et piscium* et quot nascantur, quotve moriantur, sed non scit hoc per momenta singula, imo simul et semel omnia« (Petrus L., I. I, dist. 39, c. 3).

Die wohltätige Wirkung der Religion beruht auf dieser *Erweiterung* des sinnlichen Bewußtseins. In der Religion ist der Mensch im *Freien,* sub divo, im sinnlichen Bewußtsein in seiner engen, beschränkten Wohnung. Die Religion bezieht sich wesentlich, ursprünglich – und nur in seinem Ursprung ist etwas heilig, wahr, rein und gut – nur auf das *unmittelbar sinnliche* Bewußtsein; sie ist die Beseitigung der sinnlichen Schranken. Abgeschloßne, beschränkte Menschen und Völker bewahren die Religion in ihrem ursprünglichen Sinne, weil sie selbst im Ursprung, an der Quelle der Religion stehenbleiben. Je beschränkter der Gesichtskreis des Menschen, je weniger er weiß von Geschichte, Natur, Philosophie, desto inniger hängt er an seiner Religion.

Darum hat auch der Religiöse kein Bedürfnis der Bildung in sich. Warum hatten die Hebräer keine Kunst, keine Wissenschaft wie die Griechen? Weil sie kein Bedürfnis danach hatten. Und warum hatten sie kein Bedürfnis? Jehovah ersetzte ihnen dieses Bedürfnis. In der göttlichen Allwissenheit erhebt sich der Mensch über die Schranken seines Wissens, in der göttlichen Allgegenwart über die Schranken seines Lokalstandpunkts, in der göttlichen Ewigkeit über die Schranken seiner Zeit. Der religiöse Mensch ist glücklich in seiner Phantasie; er hat alles in nuce immer beisammen; sein Bündel ist immer geschnürt. Jehovah begleitet mich überall; ich brauche nicht aus mir herauszugehen; ich habe in meinem Gotte den *Inbegriff aller Schätze* und *Kostbarkeiten, aller Wissens-* und *Denkwürdigkeiten.* Die Bildung aber ist abhängig von außen, hat mancherlei Bedürfnisse, denn sie *überwindet die Schranken des sinnlichen Bewußtseins und Lebens durch reelle Tätigkeit,* nicht durch die Zaubermacht der religiösen Phantasie. Daher hat auch die *christliche Religion,* wie schon öfter erwähnt wurde, *in ihrem Wesen kein Prinzip der Kultur, der Bildung in sich,* denn sie überwindet die Schranken und Beschwerden des irdischen Lebens nur *durch die Phantasie,* nur *in Gott, im Himmel.* Wer aber alles in Gott hat, himmlische Seligkeit schon in der Phantasie genießt, wie sollte der jene Not, jene Penia empfinden, die der Trieb zu aller Kultur ist? Die Kultur hat keinen andern Zweck, als einen *irdischen Himmel* zu realisieren; aber der *religiöse Himmel* wird auch nur durch *religiöse* Tätigkeit *realisiert* oder erworben.*

Der ursprünglich nur quantitative Unterschied zwischen dem göttlichen und menschlichen Wesen wird nun aber von der Reflexion zu einem *qualitativen* Unterschiede ausgebildet und dadurch, was ursprünglich nur ein Gemütsaffekt, ein unmittelbarer Ausdruck der Bewunderung, der Entzückung, ein Eindruck der Phantasie auf das Gemüt ist, als eine *objektive Beschaffenheit*, als wirkliche Unbegreiflichkeit fixiert. Die beliebteste Ausdrucksweise der Reflexion in dieser Beziehung ist, daß wir von Gott wohl das *Daß*, aber nimmermehr das *Wie* begreifen. Daß z. B. Gott das Prädikat des Schöpfers wesentlich zukommt, daß er die Welt, und zwar nicht aus einer vorhandenen Materie, sondern durch seine Allmacht aus nichts geschaffen, das ist klar, gewiß, ja unbezweifelbar gewiß; aber *wie* dies möglich, das natürlich geht über unsern beschränkten Verstand. Das heißt: Der *Gattungsbegriff* ist klar, gewiß, aber der *Artbegriff* ist unklar, ungewiß.

Der *Begriff der Tätigkeit*, des Machens, Schaffens, ist an und für sich ein *göttlicher Begriff*; er wird daher unbedenklich auf Gott angewendet. Im Tun fühlt sich der Mensch frei, unbeschränkt, glücklich, im Leiden beschränkt, gedrückt, unglücklich. *Tätigkeit* ist *positives Selbstgefühl*. Positiv überhaupt ist, was im Menschen von einer *Freude* begleitet ist – Gott daher, wie wir schon oben sagten, der Begriff der *reinen, unbeschränkten Freude*. Es gelingt uns nur, was wir gern tun. Alles überwindet die Freudigkeit. Eine freudige Tätigkeit ist aber eine solche, die mit unserem Wesen übereinstimmt, die wir nicht als Schranke, folglich nicht als Zwang empfinden. Die

---

* Über die *Lüge* des modernen Christentums, welches ein himmlisches Leben glaubt, aber diesen Glauben durch die Tat widerlegt, siehe *Christentum und Philosophie* von L. F.

glücklichste, seligste Tätigkeit ist jedoch die produzierende. Lesen ist köstlich, lesen ist passive Tätigkeit, aber Lesenswürdiges schaffen ist noch köstlicher. Geben ist seliger als nehmen, heißt es auch hier. Der Gattungsbegriff der hervorbringenden Tätigkeit wird also auf Gott angewendet, d. h. in Wahrheit als göttliche Tätigkeit und Wesenheit realisiert, vergegenständlicht. Es wird aber abgesondert jede *besondere Bestimmung*, jede *Art* der Tätigkeit − nur die Grundbestimmung, die aber wesentlich menschliche Grundbestimmung: die Hervorbringung *außer sich*, bleibt. Gott hat nicht etwas hervorgebracht, dieses oder jenes, Besonderes, wie der Mensch, sondern alles, seine Tätigkeit ist *schlechthin universale, unbeschränkte*. Es *versteht sich* daher *von selbst*, es ist eine notwendige Folge, daß die *Art, wie* Gott dies alles hervorgebracht, unbegreiflich ist, weil diese Tätigkeit keine Art der Tätigkeit ist, weil die *Frage nach dem Wie hier eine ungereimte* ist, eine Frage, die durch den *Grundbegriff der unbeschränkten Tätigkeit* an und für sich *abgewiesen* ist. Jede *besondere Tätigkeit* bringt auf *besondere Weise* ihre Wirkungen hervor, weil hier die Tätigkeit selbst eine bestimmte Weise der Tätigkeit ist; es entsteht hier *notwendig* die Frage: Wie brachte sie dies hervor? Die Antwort auf die Frage aber: *Wie hat Gott die Welt gemacht?* fällt notwendig *negativ* aus, weil die die Welt schaffende Tätigkeit selbst *jede bestimmte* Tätigkeit, die allein diese Frage privilegierte, jede an einen *bestimmten Inhalt,* d. h. eine *Materie* gebundene Tätigkeitsweise, *von sich negiert.* Es wird in dieser Frage zwischen das Subjekt, die hervorbringende Tätigkeit, und das Objekt, das Hervorgebrachte, ein nicht hieher gehöriges, ein ausgeschloßnes Mittelding: der Begriff der *Besonderheit,* unrechtmäßigerweise eingeschaltet. Die Tätigkeit bezieht sich nur auf das *Kollektivum alles,* Welt: Gott hat *alles* hervorgebracht, aber *nicht etwas* − das unbestimmte Ganze, das All, wie es die Phantasie zusammenfaßt, aber nicht das Bestimmte, Besondere, wie es in seiner Besonderheit den Sinnen, in seiner Totalität als Universum der Vernunft Gegenstand ist. Alles Etwas entsteht auf natürlichem Wege – es ist ein Bestimmtes und hat als solches, was nur eine Tautologie ist, einen bestimmten Grund, eine bestimmte Ursache. Nicht Gott hat den Diamant hervorgebracht, sondern der Kohlenstoff; dieses Salz verdankt seinen Ursprung nur der Verbindung dieser bestimmten Säure mit einer bestimmten Basis, nicht Gott. Gott hat nur *alles zusammen ohne Unterschied* hervorgebracht.

Gott hat freilich in der religiösen Vorstellung alles *einzelne* geschaffen, weil es schon in *allem* mitbegriffen ist, aber nur indirekt; denn er hat das einzelne nicht auf einzelne, das Bestimmte nicht auf bestimmte Weise hervorgebracht, sonst wäre er ja ein bestimmtes Wesen. Unbegreiflich ist es nun freilich, wie aus dieser allgemeinen, unbestimmten Tätigkeit das Besondere, Bestimmte hervorgegangen; aber nur, weil ich hier das Objekt der sinnlichen, natürlichen Anschauung, das Besondere einschwärze, weil ich der göttlichen Tätigkeit ein *andres* Objekt als das ihr gebührende unterstelle. Die Religion hat keine physikalische Anschauung von der Welt; sie interessiert sich nicht für eine natürliche Erklärung, die immer nur mit der Entstehung gegeben werden kann. Aber die Entstehung ist ein theoretischer, naturphilosophischer Begriff. Die heidnischen Philosophen beschäftigten sich mit der Entstehung der Dinge. Aber das christlich religiöse Bewußtsein abhorrierte diesen Begriff als einen heidnischen, irreligiösen und substituierte den *praktischen* oder *subjektiv* menschlichen *Begriff der Erschaffung,* der nichts ist als ein Verbot, die Dinge sich auf natürlichem Wege entstanden zu denken, ein Interdikt aller Physik und Naturphilosophie. Das religiöse Bewußtsein knüpft unmittelbar an Gott die Welt an; es leitet alles aus Gott ab, weil ihm nichts in seiner Besonderheit und Wirklichkeit, nichts als ein Objekt der Theorie Gegenstand ist. *Alles* kommt aus Gott – das ist genug, das befriedigt vollkommen das religiöse Bewußtsein. Die Frage, *wie* Gott erschaffen, ist ein *indirekter Zweifel, daß* Gott die Welt geschaffen. Mit dieser Frage kam der Mensch auf den Atheismus, Materialismus, Naturalismus. Wer so fragt, dem ist schon die Welt Gegenstand als Objekt der Theorie, der Physik, d. h. in ihrer Wirklichkeit, in der Bestimmtheit ihres Inhalts. Dieser Inhalt widerspricht aber der Vorstellung der unbestimmten, immateriellen, stofflosen Tätigkeit. Und dieser Widerspruch führt zur Negation der Grundvorstellung.

Die Schöpfung der Allmacht ist nur da an ihrem Platze, nur da eine Wahrheit, wo alle Ereignisse und Phänomene der Welt aus Gott abgeleitet werden. Sie wird, wie schon erwähnt, zu einer Mythe aus vergangner Zeit, wo sich die Physik ins Mittel schlägt, wo die bestimmten Gründe, das Wie der Erscheinungen der Mensch zum Gegenstand seiner Forschung macht. Dem religiösen Bewußtsein ist daher auch die Schöpfung nichts Unbegreifliches, d. h. Unbefriedigendes, höchstens nur in den Momenten der Irreligiosität, des Zweifels, wo es sich von Gott ab- und den Dingen zuwendet, wohl aber der Reflexion, der Theologie, die mit dem einen Auge in den Himmel, mit dem andern in die Welt schielt. Soviel in der Ursache ist, soviel ist in der Wirkung. Eine Flöte bringt nur Flötentöne, aber keine Fagott- und Trompetentöne hervor. Wenn du einen Fagott-Ton hörst, aber außer der Flöte von keinem andern Blasinstrument je etwas gehört und gesehen hast, so wird es dir freilich unbegreiflich sein, wie aus der Flöte ein solcher Ton hervorkommen kann. So ist es auch hier – nur ist das Gleichnis insofern unpassend, als die Flöte selbst ein bestimmtes Instrument ist. Aber stelle dir vor, wenn es möglich, ein schlechthin universales Instrument, welches alle Instrumente in sich vereinigte, ohne selbst ein *bestimmtes* zu sein, so wirst du einsehen, daß es ein törichter Widerspruch ist, einen bestimmten Ton, der nur einem bestimmten Instrument angehört, von einem Instrument zu verlangen, wovon du eben das Charakteristische aller bestimmten Instrumente wegläßt.

Es liegt aber zugleich dieser Unbegreiflichkeit der Zweck zugrunde, die göttliche Tätigkeit der menschlichen zu entfremden, die Ähnlichkeit, Gleichförmigkeit oder vielmehr wesentliche Identität derselben mit der menschlichen zu beseitigen, um sie zu einer *wesentlich andern* Tätigkeit zu machen. Dieser Unterschied zwischen der göttlichen und menschlichen Tätigkeit ist das *Nichts*. Gott macht – er macht außer sich etwas, *wie* der Mensch. Machen ist ein echt-, ein grundmenschlicher Begriff. Die Natur zeugt, bringt hervor, der Mensch *macht*. Machen ist ein Tun, das ich unterlassen kann, ein absichtliches, vorsätzliches, äußerliches Tun – ein Tun, bei dem nicht unmittelbar mein eigenstes innerstes Wesen beteiligt ist, ich nicht zugleich leidend, angegriffen bin. Eine nicht gleichgültige Tätigkeit dagegen ist eine mit meinem Wesen identische, mir notwendige, wie die geistige Produktion, die mir ein inneres Bedürfnis ist und eben deswegen mich aufs tiefste ergreift, pathologisch affiziert. Geistige Werke werden nicht gemacht – das Machen ist nur die äußerlichste Tätigkeit daran –, sie *entstehen* in uns.* Machen aber ist eine indifferente, darum freie, d. i. willkürliche Tätigkeit. Bis soweit ist also Gott ganz mit dem Menschen einverstanden, gar nicht von ihm unterschieden, daß er macht; im Gegenteil, es wird ein besonderer Nachdruck darauf gelegt, daß sein Machen frei, willkürlich, ja *beliebig* ist. Gott hat es beliebt, gefallen, eine Welt zu erschaffen. So vergöttlicht hier der Mensch das Wohlgefallen an seinem eignen Gefallen, seiner eignen Beliebigkeit und grundlosen Willkürlichkeit. Die grundmenschliche Bestimmung der göttlichen Tätigkeit wird durch die Vorstellung der Beliebigkeit selbst zu einer *gemein*menschlichen – Gott aus einem Spiegel des menschlichen Wesens zu einem Spiegel der menschlichen Eitelkeit und Selbstgefälligkeit.

Aber nun löst sich auf einmal die Harmonie in Disharmonie

---

* In neurer Zeit hat man daher auch wirklich die Tätigkeit des Genies zur weltschöpferischen Tätigkeit gemacht und dadurch der religionsphilosophischen Imagination ein neues Feld geöffnet. – Ein interessanter Gegenstand der Kritik wäre die Weise, wie von jeher die religiöse Spekulation die Freiheit oder vielmehr Willkürlichkeit, d. i. Unnotwendigkeit der Schöpfung, die dem Verstande widerspricht, mit der Notwendigkeit derselben, d. h. mit dem Verstande, zu vermitteln suchte. Aber diese Kritik liegt außer unserm Zwecke. Wir kritisieren die Spekulation nun durch die Kritik der Religion, beschränken uns nur auf das Ursprüngliche, Fundamentale. Die Kritik der Spekulation ergibt sich durch bloße Folgerung.

auf; der bisher *mit sich einige* Mensch *entzweit* sich: – Gott macht *aus nichts*: er *schafft*; Machen aus nichts ist Schaffen – dies ist der Unterschied. Die *positive* Bestimmung ist eine menschliche: Aber indem die *Bestimmtheit* dieser Grundbestimmung sogleich wieder negiert wird, macht sie die Reflexion zu einer *nicht*-menschlichen. Mit dieser Negation geht aber der Begriff, der Verstand aus; es bleibt nur eine negative, inhaltslose Vorstellung übrig, weil schon die Denkbarkeit, die Vorstellbarkeit erschöpft ist, d. h. der Unterschied zwischen der göttlichen und menschlichen Bestimmung ist in Wahrheit ein Nichts, ein nihil negativum des Verstandes. Das naive Selbstbekenntnis dieses Verstandesnichts ist das *Nichts als Objekt*.

Gott ist Liebe, aber nicht menschliche Liebe, Verstand, aber nicht menschlicher, nein, ein *wesentlich andrer* Verstand. Aber worin besteht dieser Unterschied? Ich kann mir keinen Verstand denken oder vorstellen außer in der Bestimmtheit, in welcher er sich in uns betätigt; ich kann den Verstand nicht entzweiteilen oder gar vierteilen, so daß ich mehrere Verstände bekäme, ein Verstandesgesetz hat für mich absolute, ausnahmslose Gültigkeit; ich kann nur *einen und selben* Verstand denken. Ich kann allerdings und muß sogar den Verstand an sich denken, d. h. frei von den Schranken meiner Individualität; aber hier löse ich ihn nur ab von an sich fremdartigen Beschränkungen; ich lasse nicht die *wesentliche Bestimmtheit* weg. Die religiöse Reflexion dagegen negiert gerade *die* Bestimmtheit, welche etwas zu dem macht, *was es ist*. Nur das, worin der göttliche Verstand identisch ist mit dem menschlichen, nur das ist *etwas*, ist *Verstand*, ein realer Begriff; das aber, was ihn zu einem andern, ja wesentlich andern machen soll, ist *objektiv* nichts, *subjektiv* eine bloße *Einbildung*.

Ein andres pikantes Beispiel ist das *unerforschliche Geheimnis* der *Zeugung* des Sohnes Gottes. Die Zeugung Gottes ist natürlich eine *andere* als die gemeine natürliche, jawohl, eine *übernatürliche* Zeugung, d. h. in Wahrheit eine nur illusorische, *imaginäre* – eine Zeugung, welcher *die* Bestimmtheit, durch welche die Zeugung *Zeugung* ist, abgeht, denn es fehlt die Geschlechtsdifferenz – eine Zeugung also, welcher die *Natur und Vernunft widerspricht,* aber eben deswegen, weil sie ein *Widerspruch* ist, weil sie nichts *Bestimmtes* ausspricht, *nichts zu denken* gibt, der Phantasie einen um so größern Spielraum läßt und dadurch auf das Gemüt den Eindruck der *Tiefe* macht. Gott ist *Vater* und *Sohn* – Gott, denke nur!, *Gott.* Der Affekt *bemeistert* sich des Gedankens; das Gefühl der Identität mit Gott setzt den Menschen vor Entzückung außer sich – das *Fernste* wird mit dem *Nächsten,* das *andre* mit dem *Eigensten,* das Höchste mit dem Niedrigsten, das *Übernatürliche* mit dem *Natürlichen* bezeichnet, d. h. das Übernatürliche *als das Natürliche,* das Göttliche *als das Menschliche* gesetzt, geleugnet, daß das Göttliche *etwas andres* ist als das Menschliche. Aber *diese Identität* des Göttlichen und Menschlichen wird sogleich wieder *geleugnet:* Was Gott mit dem Menschen gemein hat, das soll in Gott etwas ganz andres *bedeuten* als im Menschen – so wird das Eigene wieder zum Fremden, das Bekannte zum Unbekannten, das Nächste zum Fernsten. Gott zeugt *nicht* wie die Natur, ist *nicht* Vater, *nicht* Sohn wie wir – nun *wie denn?* Ja, das ist eben das Unbegreifliche, das unaussprechlich Tiefe der göttlichen Zeugung. So setzt die Religion das Natürliche, das Menschliche, was sie negiert, immer zuletzt wieder in Gott, aber *im Widerspruch* mit dem Wesen des Menschen, mit dem Wesen der Natur, weil es in Gott etwas andres *sein soll,* aber in Wahrheit doch *nichts* andres ist.

Bei allen andern Bestimmungen des göttlichen Wesens ist nun aber dieses Nichts des Unterschieds ein verborgnes, in der Schöpfung hingegen ein *offenbares, ausgesprochnes, gegenständliches* Nichts – darum das *offizielle, notorische Nichts der Theologie in ihrem Unterschiede von der Anthropologie.*

Die Grundbestimmung aber, wodurch der Mensch sein eignes ausgeschiednes Wesen zu einem fremden, unbegreiflichen Wesen macht, ist der Begriff, die Vorstellung der *Selbständig-*

keit, der *Individualität* oder – was nur ein abstrakterer Ausdruck ist – der *Persönlichkeit*. Der Begriff der Existenz realisiert sich erst in dem Begriffe der Offenbarung, der Begriff der Offenbarung aber, als der Selbstbezeugung Gottes, erst in dem Begriffe der Persönlichkeit. Gott ist *persönliches Wesen* – dies ist der Machtspruch, der mit einem Schlage das Ideale in Reales, das Subjektive in Objektives verzaubert. Alle Prädikate, alle Bestimmungen des göttlichen Wesens sind grundmenschliche; aber als Bestimmungen eines persönlichen, also andern, vom Menschen unterschieden und unabhängig existierenden Wesens *scheinen* sie unmittelbar auch *wirklich andere* Bestimmungen zu sein, aber so, daß doch zugleich noch immer die *wesentliche Identität* zugrunde liegen bleibt. Damit entsteht für die Reflexion der Begriff der sogenannten *Anthropomorphismen*. Die Anthropomorphismen sind Ähnlichkeiten zwischen Gott und dem Menschen. Die Bestimmungen des göttlichen und menschlichen Wesens sind *nicht dieselben,* aber sie *ähneln sich gegenseitig*.

Daher ist auch die Persönlichkeit das *Antidotum* gegen den *Pantheismus*; d. h. durch die *Vorstellung der Persönlichkeit* schlägt sich die religiöse Reflexion die *Identität* des göttlichen und menschlichen Wesens *aus dem Kopfe*. Der rohe, aber immerhin bezeichnende Ausdruck des Pantheismus ist: Der Mensch ist ein Ausfluß oder *Teil* des göttlichen Wesens; der religiöse dagegen: Der Mensch ist ein *Bild* Gottes, oder auch: ein Gott *verwandtes* Wesen; denn der Mensch stammt der Religion zufolge nicht aus der Natur, sondern ist göttlichen Geschlechts, göttlicher Abkunft. Verwandtschaft ist aber ein unbestimmter, ausweichender Ausdruck. Es gibt Grade der Verwandtschaft – nahe und ferne Verwandtschaft. Was für eine Verwandtschaft ist gemeint? Für das Verhältnis des Menschen zu Gott im Sinne der Religion paßt jedoch nur ein einziges Verwandtschaftsverhältnis – das nächste, innigste, heiligste, das sich nur immer vorstellen läßt –, das Verhältnis des Kindes zum Vater. Gott und Mensch unterscheiden sich demnach also: Gott ist der Vater des Menschen, der Mensch der Sohn, das Kind Gottes. Hier ist zugleich die Selbständigkeit Gottes und die Abhängigkeit des Menschen, und zwar unmittelbar als ein Gegenstand des Gefühls, gesetzt, während im Pantheismus der Teil ebenso selbständig erscheint als das Ganze, welches als ein aus seinen Teilen Zusammengesetztes vorgestellt wird. Aber gleichwohl ist dieser Unterschied nur ein *Schein*. Der Vater ist nicht Vater ohne Kind; beide zusammen bilden ein gemeinschaftliches Wesen. In der Liebe gibt eben der Mensch seine Selbständigkeit auf, sich zu einem *Teile* herabsetzend – eine Selbsterniedrigung, eine Selbstdemütigung, die nur dadurch sich ausgleicht, daß der andere sich gleichfalls zu einem Teile herabsetzt, daß sich beide einer höhern Macht – der Macht des Familiengeistes, der Liebe unterwerfen. Es findet daher hier dasselbe Verhältnis zwischen Gott und Mensch statt wie im Pantheismus, nur daß es sich hier als ein persönliches, patriarchalisches, dort als ein unpersönliches, allgemeines darstellt, nur daß im Pantheismus *logisch,* darum *bestimmt, direkt* ausgesprochen, was in der Religion durch die *Phantasie* umgangen wird. Die Zusammengehörigkeit oder vielmehr Identität Gottes und des Menschen wird nämlich hier dadurch verschleiert, daß man beide als Personen oder Individuen und Gott zugleich, *abgesehen von seiner Vaterschaft,* als ein selbständiges Wesen vorstellt – eine Selbständigkeit, die aber auch nur Schein ist, denn wer, wie der religiöse Gott, von Herzensgrund aus Vater ist, hat in seinem Kinde selbst sein Leben und Wesen.

Das gegenseitige innige Abhängigkeitsverhältnis von Gott als Vater und Mensch als Kind kann man nicht durch diese Distinktion auflockern, daß nur Christus der natürliche Sohn, die Menschen aber die Adoptivsöhne Gottes seien, daß also nur Gott zu Christo als dem eingebornen Sohne, keineswegs aber zu den Menschen in einem wesentlichen Abhängigkeitsverhältnis stehe. Denn diese Unterscheidung ist auch nur eine theologische, d. h. illusorische. Gott adoptiert nur *Menschen,* keine Tiere. Der Grund der Adoption liegt in der menschlichen Natur. Der von der göttlichen Gnade adoptierte Mensch ist nur der seiner göttlichen Natur und Würde sich bewußte Mensch. Überdem ist ja der eingeborne Sohn selbst nichts andres als der Begriff der Menschheit, als der von sich selbst *präokkupierte* Mensch, der sich vor sich selbst und vor der Welt in Gott verbergende Mensch. Der Logos ist der geheime, verschwiegene Mensch, der Mensch der offenbare, der ausgesprochne Logos. Der Logos ist nur der avant-propos des Menschen. Was vom Logos, gilt also vom Wesen des Menschen. Aber zwischen Gott und dem eingebornen Sohne ist kein reeller Unterschied – wer den Sohn kennt, kennt den Vater –, also auch nicht zwischen Gott und Mensch.

Dieselbe Bewandtnis hat es nun auch mit der *Ebenbildlichkeit* Gottes. Das Bild ist hier kein totes, sondern lebendiges Wesen. Der Mensch ist ein Bild Gottes heißt nichts weiter als: Der Mensch ist ein Gott *ähnliches* Wesen. Die Ähnlichkeit zwischen lebendigen Wesen beruht auf Naturverwandtschaft. Die Ebenbildlichkeit reduziert sich also auf die Verwandtschaft. Der Mensch ist Gott ähnlich, weil das Kind Gottes. Die Ähnlichkeit ist nur die in die Sinne fallende Verwandtschaft, aus jener schließen wir überall auf diese.

Die Ähnlichkeit ist nun aber ebenso eine täuschende, illusorische, ausweichende Vorstellung als die Verwandtschaft. Nur die Vorstellung der Persönlichkeit ist es, welche die Naturidentität beseitigt. Die Ähnlichkeit ist *die* Identität, welche es *nicht Wort haben will, daß sie Identität ist,* welche sich hinter ein trübendes Medium, hinter den Nebel der Phantasie versteckt. Beseitige ich diesen Nebel, diesen Dunst, so komme ich auf die *nackte Identität.* Je ähnlicher sich Wesen sind, desto weniger unterscheiden sie sich; kenne ich den einen, so kenne ich den andern. Die Ähnlichkeit hat allerdings ihre Grade. Aber auch die Ähnlichkeit zwischen Gott und Mensch hat ihre Grade. Der Gute, Fromme ist Gott ähnlicher als der Mensch, welcher nur die Natur des Menschen überhaupt zum Grunde seiner Ähnlichkeit hat. Es läßt sich also auch hier der höchste Grad der Ähnlichkeit annehmen, sollte dieser auch nicht hienieden, sondern erst im Jenseits erreicht werden.

Aber was einst der Mensch wird, das gehört auch jetzt schon zu ihm, wenigstens der Möglichkeit nach. Der höchste Grad der Ähnlichkeit ist nun aber, wo zwei Individuen oder Wesen *dasselbe* sagen und ausdrücken, so daß weiter kein Unterschied stattfindet, als daß es eben *zwei* Individuen sind. Die wesentlichen Qualitäten, *die,* durch welche wir Dinge unterscheiden, sind in beiden dieselben. Ich kann sie daher nicht durch den Gedanken, durch die Vernunft – für diese sind alle Anhaltspunkte verschwunden –, ich kann sie nur durch die sinnliche Vorstellung oder Anschauung unterscheiden. Würden mir meine Augen nicht sagen: Es sind wirklich zwei der Existenz nach verschiedne Wesen – meine Vernunft würde beide für ein und dasselbe Wesen nehmen. Darum verwechseln sie selbst auch meine Augen miteinander. Verwechselbar ist, was nur für den Sinn, nicht für die Vernunft, oder nur dem Dasein, nicht dem Wesen nach verschieden ist. Sich völlig ähnliche Personen haben daher einen außerordentlichen Reiz wie für sich selbst, so für die Phantasie. Die Ähnlichkeit gibt zu allerlei Mystifikationen und Illusionen Anlaß, weil sie selbst nur eine Illusion ist; denn mein Auge spottet meiner Vernunft, für die sich der Begriff einer selbständigen Existenz stets an den Begriff eines bestimmten Unterschieds anknüpft.

Die Religion ist das Licht des Geistes, welches sich in dem Medium der Phantasie und des Gemüts entzweibricht, *dasselbe* Wesen als ein *gedoppeltes* veranschaulicht. Die Ähnlichkeit ist die *Identität der Vernunft,* welche auf dem Gebiete der Wirklichkeit durch die unmittelbar sinnliche Vorstellung, auf dem Gebiete der Religion aber durch die Vorstellung der Einbildungskraft geteilt, *unterbrochen* wird, kurz, die durch die *Vorstellung der Individualität oder Persönlichkeit entzweite Vernunftidentität.* Ich kann keinen wirklichen Unterschied zwischen Vater und Kind, Urbild und Ebenbild, Gott und Mensch entdecken, wenn ich nicht die Vorstellung der Persönlichkeit zwischen einschiebe. Die Ähnlichkeit ist die *äußerliche* Identität, *die* Identität, die durch die Vernunft, den

Wahrheitssinn *bejaht,* durch die Einbildung *verneint* wird, *die* Identität, welche einen *Schein des Unterschieds* bestehen läßt – eine *Scheinvorstellung,* die nicht geradezu Ja, nicht geradezu Nein sagt.

Gott ist Person – das heißt: Gott ist nur nur ein gefühltes, vorgestelltes, geliebtes, gedachtes, er ist selbst ein liebendes, denkendes, und zwar sich selbst liebendes, sich selbst denkendes Wesen. Die Persönlichkeit Gottes ist die entäußerte, vergegenständlichte Persönlichkeit des Menschen. Vermittels der Persönlichkeit macht der Mensch seine eignen Selbstbestimmungen und Gemütsbewegungen zu göttlichen Bestimmungen, wie wenn er z. B. seine Gewissensfurcht in den Zorn Gottes, seinen Frieden vor dem Gewissen in göttliches Wohlgefallen verwandelt.
Auf diesem Prozesse der Selbstentäußerung, Selbstvergegenständlichung beruht auch im Grunde die neuere, *Hegelsche* spekulative Lehre, welche das Bewußtsein des Menschen von Gott zum Selbstbewußtsein Gottes macht, nur mit dem Unterschiede, daß hier dieser Prozeß ein selbstbewußter ist und daher zugleich, in einem und demselben Momente, das entäußerte Wesen in den Menschen wieder zurückgenommen wird. Gott wird nicht nur von uns gedacht – er denkt sich selbst. Dieses sein Gedachtwerden ist, der Spekulation zufolge, das Sich-Denken Gottes; sie identifiziert die beiden Seiten. Die Spekulation ist hier bei weitem tiefer als die Religion, denn das Gedachtsein Gottes ist nicht wie das eines äußerlichen Gegenstandes. Gott ist ein inneres, geistiges Wesen, das Denken, das Bewußtsein ein innerer, geistiger Akt, das Gedachtwerden Gottes daher die *Bejahung dessen, was* Gott ist, das Wesen Gottes *als Akt betätigt.* Daß Gott gedacht, gewußt wird, ist wesentlich, daß dieser Baum gedacht wird, ist dem Baume zufällig, unwesentlich. Gott ist ein unentbehrlicher Gedanke, *eine Notwendigkeit des Denkens.* Wie ist es nun aber möglich, daß diese Notwendigkeit nur eine subjektive, nicht zugleich objektive ausdrücken soll? Wie möglich,

daß Gott, wenn er für uns *sein,* uns *Gegenstand* sein soll, notwendig gedacht werden muß, wenn Gott an sich selbst, wie ein Klotz, gleichgültig dagegen ist, ob er gedacht, gewußt wird oder nicht? Nein, es ist nicht möglich. Wir sind genötigt, das Gedachtwerden Gottes zum Sich-selbst-Denken Gottes zu machen.

Der religiöse Objektivismus hat zwei Passiva, zweierlei Gedachtwerden. Einmal wird Gott von uns gedacht, das andre Mal von sich selbst. Gott denkt sich, unabhängig davon, daß er von uns gedacht wird – er hat ein von unserm Bewußtsein unterschiednes, unabhängiges Selbstbewußtsein. Es ist dies allerdings auch konsequent, wenn Gott einmal als wirkliche Persönlichkeit vorgestellt wird; denn die wirkliche, menschliche Person denkt sich und wird gedacht von einer andern; mein Denken von ihr ist ihr ein gleichgültiges, äußerliches. Es ist dies der höchste Punkt des religiösen Anthropopathismus. Um Gott von allem Menschlichen frei und selbständig zu machen, macht man aus ihm lieber geradezu eine menschliche Persönlichkeit, indem man sein Denken in ihm *einschließt,* das Gedachtwerden von ihm *ausschließt,* als in ein *andres* Wesen fallend. Diese Gleichgültigkeit gegen uns, gegen unser Denken ist das Zeugnis seiner *selbständigen,* d. i. *äußerlichen, persönlichen* Existenz. Die Religion macht allerdings auch das Gedachtwerden Gottes zum Selbstdenken Gottes; aber weil dieser Prozeß *hinter* ihrem Bewußtsein vorgeht, indem Gott *unmittelbar* vorausgesetzt ist als ein für sich existierendes, persönliches Wesen, so fällt in ihr *Bewußtsein* nur die Gleichgültigkeit der beiden Seiten. Die Spekulation aber identifiziert, was die Religion entzweit.

Da der Spekulation zufolge das Gedachtwerden Gottes mit seinem Selbstdenken zusammenfällt, so fällt in der Wahrheit beides in *ein und dasselbe Wesen.* Gott wird uns hier vindiziert, zurückgegeben als unser eignes Wesen: Er wird von uns gedacht, von uns gewußt, und dieses Denken, dieses Wissen ist sein eignes Wissen und Denken, unsre subjektive Tätigkeit objektive Tätigkeit, unser Wesen also Gottes Wesen. Es wird hier also *eingestanden,* was die Religion *verschweigt,* durch die Phantasie umgeht, aber *so,* daß dieses Eingeständnis der Spekulation selbst noch nur ein *indirektes, unklares, unvollkommnes* ist, denn es wird zugleich noch Gott im religiösen Sinne festgehalten, Gott als ein objektives, von uns unterschiednes Wesen gesetzt. Es ist daher außerordentlich schwer, diesen Gedanken der Spekulation zu fassen, weil das göttliche und das menschliche Wesen doch noch als *zwei Wesen* vorgestellt werden und das Bewußtsein des einen das Selbstbewußtsein des andern sein soll, während doch das Selbstbewußtsein die innigste, einfachste Identität eines Wesens mit sich selbst ausdrückt, so daß also hier das Unteilbare an zwei verteilt erscheint.

Sollte diese Auffassung auch nur ein »Mißverstand« sein, was sie in Wahrheit aber nicht ist, so liegt doch der Grund hiervon keineswegs in dem Mißverstehenden allein. Die Schwierigkeit des Verständnisses liegt vielmehr in der Unklarheit der Sache selbst, die Möglichkeit unangemessener Vorstellungen ist nicht beseitigt; es fehlt die *einfache Sprache der Wahrheit,* es liegt die *Duplizität* des religiösen Bewußtseins zugrunde; es ist nicht die Identität des menschlichen Wesens *mit sich selbst,* sondern die Identität des göttlichen *und* menschlichen Wesens ausgesprochen.* Ist aber in der Tat das göttliche und menschliche Wesen identisch, wozu noch

---

* Hierher gehört auch der religiöse Mystizismus, dessen Reiz auf Gemüt und Phantasie eben darin liegt, daß er in der *innigsten Wesenseinheit zweier Wesen* lebt und webt. Hegel zitiert selbst in seiner Religionsphilosophie den schönen mystischen Ausspruch: »Das Auge, mit dem mich Gott sieht, ist das Auge, mit dem ich ihn sehe, *mein* Auge und *sein* Auge ist eins.« H. hat daher nicht vermittels des Rationalismus, sondern des Mystizismus, nicht auf rationelle, sondern mystische Weise den Gegensatz des göttlichen und menschlichen Wesens aufgelöst. Das Wissen von Gott ist nach H. ein *gemeinschaftlicher* Akt. »Daß der Mensch von Gott weiß, ist nach der wesentlichen Gemeinschaft ein *gemeinschaftliches* Wissen.« Die Einheit des Göttlichen und Menschlichen ist daher bei H. immer noch eine dualistische, zwiespältige, zweideutige, keine wahre, wie überhaupt die Einheit des Endlichen und Unendlichen, des Natürlichen und Geistigen, des Sinnlichen und Übersinnlichen, und zwar deswegen, weil bei ihm noch die alte Feindschaft gegen das Natürliche, Sinnliche zugrunde liegt, was schon darin deutlich genug ausgesprochen ist, daß die Natur nach ihm ein

zwei? Der gerade, einfache, wahre, sachgemäße Ausdruck ist: *Das göttliche Wesen ist gar nichts andres als das menschliche Wesen selbst.* Der indirekte, verkehrte, mystische, aber deswegen »*tiefe*« Ausdruck – alles Natürliche unnatürlich, alles Einfache verkehrt und widersprechend ausgedrückt ist tief, ist spekulativ im modernen Sinn –, der mystische Ausdruck ist die *Identität von zweien, das Und* – dieses *Und* daher die Akme der religiösen Spekulation, indem damit einerseits die Religion, wenigstens bis zu einem gewissen Grade, andererseits die Spekulation zufriedengestellt, beruhigt wird. *Zwei* ist der *Schein* der Religion, der übriggeblieben und die Augen der Spekulation verblendet, die Kopula dagegen die Befriedigung des Gedankens, der in dem Göttlichen das Menschliche erkennt. Der Wahrheit nach ist aber diese Identität, wie gesagt, nur der *verschrobene* Ausdruck der Identität des menschlichen Wesens *mit sich selbst,* welcher zufolge der Mensch nichts als Gott setzen kann, was nicht menschlichen Wesens ist.

Aller Identität, die nicht wahrhafte Identität, Identität mit sich selbst ist, liegt noch die Trennung in zwei zugrunde, indem sie zugleich aufgehoben wird oder aufgehoben werden soll. Jede Einheit solcher Art ist ein *Widerspruch* mit sich selbst und mit dem Verstande – eine *Halbheit* – eine *Phantasie.* Dies bestätigt vor allem das unselige Zwittergeschöpf der Schellingschen Identitätsphilosophie. Wenn wirklich Geist und Natur identisch sind, so ist die Wahrheit dieser Identität die *Identität der Natur mit sich selber.* Wir brauchen nichts

Abfall von der Idee, der dissolute, der liederliche Begriff, der Begriff in der Irre, der verlorne Sohn des Neuen Testamentes ist. Was insbesondere aber den Zwiespalt des göttlichen und menschlichen Wesens anbelangt, so konnte H. schon deswegen denselben nicht auf wahrhafte Weise auflösen, weil er, aus Präokkupation für die Orthodoxie, das höchste Mysterium, das Rätsel der Spekulation in dem dogmatischen *Gottmenschen* vollkommen aufgelöst fand. Aber in dem Gottmenschen ist ebensowohl die Einheit als die Unvereinbarkeit, der Zwiespalt, der Widerspruch des göttlichen und menschlichen Wesens ausgesprochen. S. hierüber im Anhang. Hegels Philosophie, insbesondere Religionsphilosophie, ist ein Kampf der Spekulation und Religion, in welchem bald die Religion von der Spekulation, bald die Spekulation von der Religion überwältigt wird.

weiter mehr als Natur: Es gibt dann nicht mehr eine Natur-
und Geistesphilosophie, sondern alles ist Naturlehre. So nur
bekommen wir ein System der Identität – wahrer Identität
im Gegensatze zu der scheinbaren, träumerischen Identitäts-
lehre der Schellingschen Philosophie, gleichwie wir nur dann
ein *wahres* System der Identität des göttlichen und menschlichen Wesens bekommen, wenn wir nicht mehr eine besondre,
von der Psychologie oder Anthropologie unterschiedne Religionsphilosophie oder Theologie haben, sondern die Anthropologie selbst als Theologie erkennen.

Die Religion realisiert oder verobjektiviert aber nicht nur
das menschliche oder göttliche Wesen überhaupt als persönliches Wesen; sie realisiert auch die Grundbestimmungen oder
Grundunterschiede desselben wieder als Personen. Die Trinität ist daher ursprünglich nichts andres als der Inbegriff der
wesentlichen Grundunterschiede, welche der Mensch im
Wesen des Menschen wahrnimmt. Je nachdem dieses erfaßt
wird, je nachdem sind auch die Grundbestimmungen, worauf
die Trinität gegründet wird, verschieden. So hat man in
neuerer Zeit hauptsächlich die Trinität nur auf den Akt des
Bewußtseins reduziert. Gott denkt sich; was Gott denkt, ist
zwar auch Gedanke, aber als Gedanke Gottes zugleich Wesen.
Das Wesentliche für uns ist aber hier nur dies, daß Gedanken-
unterschiede oder auch wirkliche Unterschiede des einen und
selben menschlichen Wesens als *Substanzen,* als *göttliche Personen* hypostasiert werden. Und darin, daß diese unterschiednen Bestimmungen in Gott Hypostasen, Subjekte, Wesen sind,
soll eben der *Unterschied* liegen zwischen diesen Bestimmungen, *wie sie in Gott,* und eben diesen Bestimmungen, *wie sie
im Menschen* existieren, infolge des ausgesprochenen Gesetzes,
daß nur in der Vorstellung der Persönlichkeit die menschliche
Persönlichkeit ihre eignen Bestimmungen sich alieniert und
alteriert. Die Persönlichkeit existiert aber nur in der Einbildungskraft; die Grundbestimmungen sind daher auch hier nur
für die Einbildung Hypostasen, Personen, für die Vernunft,

für das Denken nur Relationen oder nur Bestimmungen. Die Trinität ist der Widerspruch von Polytheismus und Monotheismus, von Phantasie und Vernunft, Einbildung und Realität. Die Phantasie ist die Dreiheit, die Vernunft die Einheit der Personen. Der Vernunft nach sind die *Unterschiedenen* nur *Unterschiede,* der Phantasie nach die *Unterschiede Unterschiedene,* welche daher die Einheit des göttlichen Wesens aufheben. Für die Vernunft sind die göttlichen Personen Phantome, für die Einbildung Realitäten. Die Trinität macht dem Menschen die Zumutung, das Gegenteil von dem zu denken, was man sich einbildet, und das Gegenteil von dem sich einzubilden, was man denkt – Phantome als Realitäten zu denken.*

Es sind drei Personen, aber sie sind nicht *wesentlich* unterschieden. Tres personae, aber una essentia. Soweit geht es natürlich zu. Wir denken uns drei und selbst mehrere Personen, die im Wesen identisch sind. So wir Menschen unterscheiden uns voneinander durch persönliche Unterschiede, aber in der Hauptsache, im Wesen, in der Menschheit sind wir eins. Und diese Identifikation macht nicht nur der spekulierende Verstand, sondern selbst das *Gefühl.* Dieses Individuum da ist Mensch wie wir; punctum satis; in diesem Gefühle verschwinden alle andern Unterschiede – ob reich oder arm, gescheit oder dumm, schuldig oder unschuldig. Das Gefühl des Mitleids, der Teilnahme ist daher ein substantielles, wesenhaftes, ein spekulatives Gefühl. Aber die drei oder

---

* Es ist sonderbar, wie die spekulative Religionsphilosophie gegen den göttlichen Verstand die Trinität in Schutz nimmt und doch mit der Beseitigung der persönlichen Substanzen und mit der Erklärung, daß das Verhältnis von Vater und Sohn nur ein dem organischen Leben entnommenes unangemessenes *Bild* sei, der Trinität die *Seele,* das *Herz* aus dem Leibe reißt. Wahrlich, wenn man die Kunstgriffe *kabbalistischer Willkür,* welche die spekulativen Religionsphilosophen zugunsten der absoluten Religion anwenden, auch den endlichen Religionen zugute lassen kommen dürfte oder wollte, so wäre es nicht schwierig, auch schon *aus den Hörnern des ägyptischen Apis die Pandorabüchse der christlichen Dogmatik herauszudrechseln.* Man bedürfte hierzu nichts weiter als die ominöse, zur Rechtfertigung jedes Unsinns geschickte Trennung von Verstand und spekulativer Vernunft.

mehreren menschlichen Personen *existieren* außereinander, haben eine getrennte Existenz, auch wenn sie die Einheit des Wesens noch außerdem durch die innige Liebe verwirklichen, bestätigen sollten. Sie konstituieren durch die Liebe eine moralische Person, aber haben, jede für sich, eine physikalische Existenz. Wenn sie auch gegenseitig noch so sehr voneinander erfüllt sind, sich nicht entbehren können, so haben sie doch immer ein *formelles Fürsichsein.* Fürsichsein und Außerandernsein ist identisch, wesentliches Merkmal einer Person, einer Substanz. Anders bei Gott, und notwendig anders, denn es ist *dasselbe* in ihm, was im Menschen, aber *als ein andres,* mit dem Postulat: *Es soll ein andres sein.* Die drei Personen in Gott haben keine Existenz *außereinander;* sonst würden uns im Himmel der christlichen Dogmatik mit aller Herzlichkeit und Offenheit zwar nicht, wie im Olymp, viele, aber doch wenigstens drei göttliche Personen in individueller Gestalt, *drei Götter* entgegenkommen. Die Götter des Olymps waren *wirkliche* Personen, denn sie existierten außereinander, sie hatten das Wahrzeichen der Realität der Persönlichkeit in ihrer Individualität, stimmten aber im Wesen, in der Gottheit überein; sie hatten verschiedne persönliche Attribute, aber waren jeder einzeln *ein* Gott; in der Gottheit gleich, als existierende Subjekte verschieden: sie waren *wahrhafte* göttliche Personen. Die drei christlichen Personen dagegen sind nur *vorgestellte, eingebildete, vorgeheuchelte* Personen – allerdings *andere* Personen als die wirklichen Personen, eben weil sie nur eingebildete, nur Schemen von Persönlichkeiten sind, zugleich aber dennoch wirkliche Personen sein *wollen* und *sollen.* Das wesentliche Merkmal persönlicher Realität, das *polytheistische* Element, ist ausgeschlossen, negiert als ungöttlich. Aber eben durch diese Negation wird ihre Persönlichkeit nur zu einem Scheine der Einbildung. Nur in der *Wahrheit des Plurals* liegt die *Wahrheit der Personen.* Die drei christlichen Personen sind aber nicht tres dii, drei Götter – sie *sollen* es wenigstens nicht sein –, sondern unus deus. Die drei Personen endigen nicht, wie zu erwarten, in einem Plural, sondern Singular; sie sind nicht nur unum, eins – solches sind auch die Götter des Polytheismus –, sondern nur einer, unus. Die Unität, Einheit, hat hier nicht die Bedeutung des Wesens nur, sondern zugleich der *Existenz*; die Einheit ist die Existentialform Gottes. Drei ist eins: der Plural ein Singular. Gott ist ein aus drei Personen bestehendes persönliches Wesen.*

Die drei Personen sind also nur Phantome in den Augen der Vernunft, denn die Bedingungen oder Bestimmungen, durch welche sich ihre Persönlichkeit realisieren müßte, sind durch das Gebot des *Monotheismus* aufgehoben. Die Einheit leugnet die Persönlichkeit; die Selbständigkeit der Personen geht unter in der Selbständigkeit der Einheit; sie sind *bloße Relationen*. Der Sohn ist nicht ohne den Vater, der Vater nicht ohne den Sohn, der Heilige Geist, der überhaupt die Symmetrie stört, drückt nichts aus als die Beziehung beider aufeinander, die aber hier im offenbarsten, auch dem Blindgläubigen augenfälligen Widerspruch mit der Bestimmung, eine bloße Beziehung zu sein, selbst wieder zu einer selbständigen Person gemacht wird. Die göttlichen Personen unterscheiden sich aber nur dadurch voneinander, wodurch sie sich gegenseitig aufeinander beziehen. Das Wesentliche des Vaters als Person ist, daß er Vater, des Sohnes, daß er Sohn ist. Was der Vater noch außer seiner Vaterschaft ist, das betrifft nicht seine Persönlichkeit; darin ist er Gott und als Gott identisch mit dem Sohne als Gott. Darum heißt es: Gottvater, Gottsohn, Gott H. Geist, Gott ist in allen dreien gleich, dasselbe. »Ein *anderer* ist der Vater, ein *anderer* der Sohn, ein *anderer* der Heilige Geist, aber nichts *anderes,* sondern das, was der Vater, ist auch der Sohn und der H. Geist«, d. h. es sind verschiedene Personen, aber ohne Verschiedenheit des Wesens. Die Persönlichkeit geht also lediglich in das Ver-

---

* Die Einheit hat nicht die Bedeutung des Genus, nicht des unum, sondern des unus (s. Augustin und Petrus Lomb., I. I, dist. 19, c. 7, 8, 9). »*Hi ergo tres,* qui unum sunt propter ineffabilem conjunctionem deitatis, qua ineffabiliter copulantur, *unus Deus est*« (Petrus L., l. c. c. 6).

hältnis der Vaterschaft auf, d. h. der Begriff der Person ist hier nur ein relativer Begriff, der Begriff einer Relation. Der Mensch als Vater ist gerade darin, daß er Vater ist, unselbständig, wesentlich in bezug auf den Sohn; er *ist nicht ohne* den Sohn Vater; durch die Vaterschaft setzt sich der Mensch zu einem relativen, unselbständigen, unpersönlichen Wesen herab. Es ist vor allem nötig, sich nicht täuschen zu lassen durch diese Verhältnisse, wie sie in der Wirklichkeit, im Menschen existieren. Der menschliche Vater ist außer seiner Vaterschaft noch selbständiges, persönliches Wesen; er hat wenigstens ein formelles Fürsichsein, eine Existenz außer seinem Sohne; er ist nicht *nur* Vater, mit Ausschluß aller andern Prädikate eines wirklichen persönlichen Wesens. Die Vaterschaft ist ein Verhältnis, das der schlechte Mensch sogar zu einer ganz äußerlichen, sein persönliches Wesen nicht tangierenden Relation machen kann. Aber im Gottvater ist kein Unterschied zwischen dem Gottvater und dem Gottsohn als Gott; nur die abstrakte Vaterschaft konstituiert seine Persönlichkeit, seinen Unterschied von dem Sohne, dessen Persönlichkeit gleichfalls nur die abstrakte Sohnschaft begründet.

Aber zugleich sollen diese Relationen, wie gesagt, nicht bloße Relationen, Unselbständigkeiten, sondern wirkliche Personen, Wesen, Substanzen sein. Es wird also wieder die Wahrheit des Plurals, die Wahrheit des Polytheismus bejaht* und die Wahrheit des Monotheismus verneint. Die Forderung der Realität der Personen ist die Forderung der Irrealität der Einheit und, umgekehrt, die Forderung der Realität der Einheit die Forderung der Irrealität der Personen. So löst denn auch in dem heiligen Mysterium der Trinität sich alles auf in Täuschungen, Phantasmen, Widersprüche und Sophismen.

---

* »Quia ergo pater Deus et filius Deus et spiritus s. Deus, *cur non dicuntur tres Dii*? Ecce proposuit hanc propositionem (Augustinus) attende quid respondeat ... Si autem dicerem: *tres Deos,* contradiceret scriptura dicens: Audi Israel: *deus tuus unus* est. Ecce absolutio quaestionis: quare potius dicamus *tres personas quam tres Deos,* quia scil. *illud non contradicit scriptura*« (Petrus L., I. I, dist. 23, c. 3). Wie sehr stützte sich doch auch der Katholizismus auf die Heilige Schrift!

Wie das objektive Wesen der Religion, das Wesen Gottes – so löst sich auch, aus leicht begreiflichen Gründen, das subjektive Wesen derselben in lauter Widersprüche auf.

Die subjektiven Wesensmomente der Religion sind einerseits *Glaube* und *Liebe*, andererseits, inwiefern sie sich in einem Kultus äußerlich darstellt, die Sakramente der *Taufe* und des *Abendmahls*. Das Sakrament des Glaubens ist die Taufe, das Sakrament der Liebe das Abendmahl. Strenggenommen gibt es nur zwei Sakramente, wie zwei subjektive Wesensmomente der Religion: Glaube und Liebe; denn die Hoffnung ist nur der Glaube in bezug auf die Zukunft; sie wird daher mit demselben logischen Unrecht als der Heilige Geist zu einem besondern Wesen gemacht.

Die Identität der Sakramente mit dem entwickelten spezifischen Wesen der Religion stellt sich nun, abgesehen von andern Beziehungen, sogleich dadurch heraus, daß die Basis derselben *natürliche* Dinge oder Stoffe sind, welchen aber eine ihrer Natur widersprechende Bedeutung und Wirkung eingeräumt wird. So ist das Subjekt oder die Materie der Taufe das Wasser, gemeines, natürliches Wasser, gleichwie überhaupt die Materie der Religion unser eignes natürliches Wesen ist. Aber wie unser eignes Wesen die Religion uns entfremdet und entwendet, so ist auch das Wasser der Taufe zugleich wieder ein ganz *anderes* Wasser als das gemeine, denn es hat keine physische, sondern hyperphysische Kraft und Bedeutung: Es ist das lavacrum regenerationis, reinigt den Menschen vom Schmutze der Erbsünde, treibt den angebornen Teufel aus, versöhnt mit Gott. Es ist also ein natürliches Wasser eigentlich nur zum Schein, in Wahrheit übernatürliches. Mit andern Worten: Das Taufwasser hat übernatürliche Wirkungen – was aber übernatürlich wirkt, ist selbst übernatürlichen Wesens – nur in der Vorstellung, in der Imagination.

Aber dennoch soll zugleich wieder der Taufstoff natürliches Wasser sein. Die Taufe hat keine Gültigkeit und Wirksamkeit, wenn sie nicht mit Wasser vollbracht wird. Die *natürliche Qualität* hat also doch auch *für sich selbst* Wert und Bedeutung, weil nur mit dem Wasser, nicht mit einem andern Stoffe sich die übernatürliche Wirkung der Taufe auf übernatürliche Weise verbindet. Gott könnte an sich vermöge seiner Allmacht die nämliche Wirkung an jedes beliebige Ding knüpfen. Aber er tut es nicht; er akkommodiert sich der natürlichen Qualität; er wählt einen seiner Wirkung entsprechenden, *ähnlichen Stoff*. Ganz wird also das Natürliche nicht zurückgesetzt; es bleibt vielmehr immer noch eine gewisse Analogie, ein *Schein* von Natürlichkeit übrig. Der *Wein* repräsentiert das *Blut,* das *Brot* das *Fleisch.** Auch das Wunder richtet sich nach Ähnlichkeiten; es verwandelt Wasser in Wein oder Blut, eine Spezies in eine andere, unter Beibehaltung des unbestimmten Gattungsbegriffs der Flüssigkeit. So also auch hier. Das Wasser ist die reinste, klarste sichtbare Flüssigkeit: vermöge dieser seiner Naturbeschaffenheit das Bild von dem fleckenlosen Wesen des göttlichen Geistes. Kurz, das Wasser hat zugleich *für sich selbst,* als Wasser, Bedeutung; es wird ob seiner *natürlichen Qualität* geheiligt, zum Organ oder Vehikel des Heiligen Geistes erkoren. Insofern liegt der Taufe ein schöner, tiefer Natursinn zugrunde. Indes dieser schöne Sinn geht sogleich wieder verloren, indem das Wasser eine transzendente Wirkung hat – eine Wirkung, die es nur durch die übernatürliche Kraft des Heiligen Geistes, nicht durch sich selbst hat. Die natürliche Qualität wird insofern wieder gleichgültig: Wer aus Wein Wasser macht, kann willkürlich mit jedem Stoffe die Wirkungen des Taufwassers verbinden. Die Taufe kann daher nicht ohne den Begriff des Wunders gefaßt werden. Die Taufe ist selbst ein Wunder. Dieselbe Kraft, welche die Wunder gewirkt und durch sie, als tatsächliche Beweise der Gottheit Christi, die Juden und Heiden in Christen umgewandelt, dieselbe Kraft hat die Taufe eingesetzt und wirkt in ihr. Mit Wundern hat das Christentum

---

* »Sacramentum ejus rei *similitudinem* gerit, cujus *signum* est« (Petrus Lomb., I. IV, dist. 1, c. 1).

angefangen, mit Wundern setzt es sich fort. Will man die Wunderkraft der Taufe leugnen, so muß man auch die Wunder überhaupt leugnen. Das wunderwirkende Taufwasser hat seine natürliche Quelle in dem Wasser, welches an der Hochzeit zu Kanaa in Wein verwandelt wurde.

Der Glaube, der durch Wunder bewirkt wird, hängt nicht ab von mir, von meiner Selbsttätigkeit, von der Freiheit der Überzeugungs- und Urteilskraft. Ein Wunder, das vor meinen Augen geschieht, *muß* ich glauben, wenn ich nicht absolut verstockt bin. Das Wunder *nötigt* mir auf den Glauben an die Gottheit des Wundertäters.* Allerdings setzt es in gewissen Fällen Glauben voraus, nämlich da, wo es als Belohnung erscheint, außer dem aber nicht sowohl wirklichen Glauben als vielmehr nur gläubigen Sinn, Disposition, Bereitwilligkeit, Hingebung, im Gegensatz zu dem unglaublich verstockten und böswilligen Sinn der Pharisäer. Das Wunder soll ja beweisen, daß der Wundertäter wirklich der ist, für den er sich ausgibt. Erst der auf das Wunder gestützte Glaube ist bewiesener, begründeter, objektiver Glaube. Der Glaube, den das Wunder voraussetzt, ist nur der Glaube an einen Messias, einen Christus *überhaupt,* aber den Glauben, daß *dieser* Mensch hier der Christus ist, diesen Glauben – und dieser ist die Hauptsache – bewirkt erst das Wunder. Übrigens ist auch die Voraussetzung selbst dieses unbestimmten Glaubens keineswegs notwendig. Unzählige wurden erst durch die Wunder gläubig; das Wunder war also die Ursache ihres Glaubens. Wenn daher die Wunder dem Christentum nicht widersprechen – und wie sollten sie ihm widersprechen? –, so widerspricht demselben auch nicht die wunderbare Wirkung der Taufe. Im Gegenteil, es ist notwendig, der Taufe eine *supranaturalistische* Bedeutung zu geben, wenn man ihr eine *christliche* Bedeutung geben will. Paulus wurde durch eine

* In Beziehung auf den Wundertäter ist allerdings der Glaube (die Zuversicht zu Gottes Beistand) die causa efficiens des Wunders (s. z. B. Matth. 17, 20; Apstgesch. 6, 8). Aber in Beziehung auf den Zuschauer des Wunders – und davon handelt es sich hier – ist das Wunder die causa efficiens des Glaubens.

plötzliche wunderbare Erscheinung, wie er noch voll des Christenhasses war, bekehrt. Das Christentum kam gewaltsam über ihn. Man kann sich nicht mit der Ausflucht helfen, daß bei einem andern diese Erscheinung nicht denselben Erfolg würde gehabt haben, daß also die Wirkung derselben doch dem Paulus selbst zugerechnet werden müsse. Denn wären andere derselben Erscheinung gewürdigt worden, so würden sie sicherlich ebenso christlich geworden sein als Paulus. Allmächtig ist ja die göttliche Gnade. Die Ungläubigkeit und Unbekehrbarkeit der Pharisäer ist kein Gegengrund; denn eben ihnen entzog sich die Gnade. Der Messias mußte notwendig, einem göttlichen Dekret zufolge, verraten, mißhandelt, gekreuzigt werden. Also mußten Individuen sein, die ihn mißhandelten, die ihn kreuzigten; also mußte schon im voraus die göttliche Gnade diesen Individuen sich entzogen haben. Freilich wird sie sich ihnen nicht ganz und gar entzogen haben, aber nur, um ihre Schuld zu vergrößern, keineswegs mit dem ernstlichen Willen, sie zu bekehren. Wie wäre es möglich gewesen, dem Willen Gottes, vorausgesetzt natürlich, daß es wirklich sein Wille, nicht bloße Velleität war, zu widerstehen? Paulus selbst stellt seine Bekehrung und Umwandlung als ein von seiner Seite völlig verdienstloses Werk der göttlichen Gnade hin. Ganz richtig. Der göttlichen Gnade *nicht* widerstehen, d. h. die göttliche Gnade aufnehmen, auf sich wirken lassen – das ist ja selbst schon etwas Gutes, folglich eine Wirkung der Gnade des Heiligen Geistes. Nichts ist verkehrter, als das Wunder mit der Lehr- und Denkfreiheit, die Gnade mit der Willensfreiheit vermitteln zu wollen. Die Religion scheidet das Wesen des Menschen vom Menschen. Die Tätigkeit Gottes ist die entäußerte Selbsttätigkeit des Menschen. Gott handelt statt des Menschen: Der Mensch verhält sich nur passiv, weil er sein Selbst außer sich, in Gott setzt.
Es ist die größte Inkonsequenz, wenn man die Erfahrung, daß die Menschen durch die heilige Taufe nicht geheiligt, nicht umgewandelt werden, als ein Argument gegen den Glauben an eine wunderbare Wirkung der Taufe anführt, wie dies von

rationalistisch-orthodoxen Theologen geschehen ist*; denn auch die Wunder, auch die objektive Kraft des Gebetes, überhaupt alle übernatürlichen Wahrheiten der Religion widersprechen der Erfahrung. Wer sich auf die Erfahrung beruft, der verzichte auf den Glauben. Wo die Erfahrung eine Instanz ist, da ist der religiöse Glaube und Sinn bereits verschwunden. Die objektive Kraft des Gebets leugnet der Ungläubige nur deswegen, weil sie der Erfahrung widerspricht, der Atheist geht noch weiter, er leugnet selbst die Existenz Gottes, weil er sie in der Erfahrung nicht findet. Die innere Erfahrung ist ihm kein Anstoß; denn was du in dir selbst erfährst von einem andern Wesen, das beweist nur, daß etwas in dir ist, was nicht du selbst bist, was unabhängig von deinem persönlichen Willen und Bewußtsein auf dich wirkt, ohne daß du weißt, was dieses geheimnisvolle Etwas ist. Aber der Glaube ist stärker als die Erfahrung. Die wider ihn sprechenden Instanzen stören den Glauben nicht in seinem Glauben; er ist selig in sich; der hat nur Augen *für sich,* allem andern außer ihm verschlossen.

Allerdings fordert die Religion auch auf dem Standpunkt ihres mystischen Materialismus immer zugleich das Moment der Subjektivität, so auch bei den Sakramenten, aber hierin eben offenbart sich ihr *Widerspruch mit sich selbst.* Und dieser Widerspruch tritt besonders grell in dem Sakrament des Abendmahls hervor; denn die Taufe kommt ja auch schon den Kindern zugute, ob man gleich auch selbst bei ihr, als Bedingung ihrer Wirksamkeit, das Moment der Subjektivität geltend gemacht, aber sonderbarerweise in den Glauben anderer, in den Glauben der Eltern oder deren Stellvertreter, verlegt hat. Der Gegenstand des Sakramentes des Abendmahls ist nämlich der *Leib* Christi selbst. Aber gleichwohl wird der Glaube, die Gesinnung des Menschen dazu erfordert, daß die

---

* Freilich trotzte auch schon den ältern, unbedingt gläubigen Theologen die Erfahrung das Geständnis ab, daß die Wirkungen der Taufe wenigstens in diesem Leben sehr beschränkt seien. »Baptismus non aufert omnes poenalitates hujus vitae« (Mezger, *Theol. schol.,* T. IV, p. 251). S. auch Petrus L., I. IV, dist. 4, c. 4, I. II, dist. 32, c. 1.

entsprechende Wirkung dieses Leibes stattfindet. Habe ich nicht die entsprechende Gesinnung, so wirkt dieser Leib nicht anders auf mich als ein gewöhnlicher Brotteig. Es ist ein *Objekt* da; es *ist* der Leib Gottes selbst; aber die Wirkung ist keine *objektive*, keine *leibliche*, sondern geistige, d. i. *subjektive*, nur von mir selbst abhängige. Wir haben hier wieder nur in einem sinnfälligen Beispiele, was wir überhaupt im Wesen der Religion fanden. Das Objekt oder Subjekt in der religiösen Syntax ist immer ein wirkliches menschliches oder natürliches Subjekt oder Prädikat; aber die nähere Bestimmung, das *wesentliche Prädikat* dieses Prädikats wird negiert. Das Subjekt ist ein sinnliches, das Prädikat aber ein *nicht* sinnliches, d. h. diesem Subjekte *widersprechendes*.

Derselbe Fall ist auch hier. Es ist ein wirklicher Leib da; aber es fehlen ihm die notwendigen *Prädikate der Wirklichkeit*. Einen wirklichen Leib unterscheide ich von einem eingebildeten Leibe nur dadurch, daß jener leibliche Wirkungen, unwillkürliche Wirkungen auf mich macht. Wenn also das Brot der wirkliche Leib Gottes wäre, so müßte der Genuß desselben unmittelbar, unwillkürlich heilige Wirkungen in mir hervorbringen; ich brauchte keine besondere Vorbereitung zu treffen, keine heilige Gesinnung mitzubringen. Wenn ich einen Apfel esse, so bringt mir der Apfel von selbst den Geschmack des Apfels bei. Ich brauche nichts weiter als höchstens einen nicht überladnen Magen, um den Apfel als Apfel zu empfinden. Die Katholiken fordern von seiten des Körpers Nüchternheit als Bedingung des Genusses des Abendmahls. Dies ist genug. Mit meinen Lippen ergreife ich den Leib, mit meinen Zähnen zermalme ich ihn, mit meiner Speiseröhre bringe ich ihn in den Magen; ich assimiliere mir ihn nicht geistig, sondern leiblich. Warum sollen also seine Wirkungen nicht körperlich sein? Warum soll dieser Leib, der leiblichen, aber zugleich himmlischen, übernatürlichen Wesens ist, nicht auch körperliche und doch zugleich heilige, übernatürliche Wirkungen in mir hervorbringen? Wenn meine Gesinnung, mein Glaube erst den Leib zu einem mich heiligenden Leib macht, das trockne Brot in pneumatisch animalische Substanz transsubstantiiert, wozu brauche ich noch ein äußerliches Objekt? Ich selbst bringe ja die Wirkung des Leibes auf mich, also die Realität desselben hervor; ich werde *von mir selbst affiziert.* Wo ist die objektive Kraft und Wahrheit? Wer unwürdig das Abendmahl genießt, der hat nichts weiter als den physischen Genuß von Brot und Wein. Wer nichts mitbringt, nimmt nichts mit fort. Die spezifische Differenz dieses Brotes von gemeinem, natürlichen beruht daher nur auf dem Unterschiede der Gesinnung beim Tische des Herrn von der Gesinnung bei irgendeinem andern Tische. »Welcher unwürdig isset und trinket, der isset und trinket ihm selber das Gericht, daß er nicht *unterscheidet* den Leib des Herrn.«* Diese Gesinnung hängt aber selbst wieder nur ab von der Bedeutung, die ich diesem Brote gebe. Hat es für mich die Bedeutung, daß es *nicht* Brot, sondern der Leib Christi selbst ist, so hat es auch nicht die Wirkung von gemeinem Brote. In der *Bedeutung* liegt die *Wirkung.* Ich esse nicht, um mich zu sättigen; ich verzehre deswegen nur ein geringes Quantum. So wird also schon hinsichtlich der Quantität, die bei jedem andern materiellen Genusse eine wesentliche Rolle spielt, die Bedeutung gemeinen Brotes äußerlich beseitigt.

Aber diese Bedeutung existiert nur in der *Phantasie*; den Sinnen nach bleibt der Wein Wein, das Brot Brot. Die Scholastiker halfen sich darum mit der köstlichen Distinktion von Substanz und Akzidenzen. Alle Akzidenzen, welche die Natur von Wein und Brot konstituieren, sind noch da; nur das, was diese Akzidenzen ausmacht, das Subjekt, die Substanz fehlt, ist verwandelt in Fleisch und Blut. Aber alle Eigenschaften *zusammen,* diese Einheit ist die Substanz selbst. Was ist Wein und Brot, wenn ich ihnen die Eigenschaften nehme, die sie zu dem machen, was sie sind? Nichts. Fleisch und Blut haben daher keine *objektive* Existenz: Sonst müßten sie ja auch den *ungläubigen Sinnen* Gegenstand sein. Im Gegenteil: Die allein gültigen Zeugen einer objektiven Exi-

* I. Korinther 11, 29

stenz – der Geschmack, der Geruch, das Gefühl, das Auge – reden einstimmig nur der Realität von Wein und Brot das Wort. Wein und Brot sind in der traurigen Wirklichkeit natürliche, in der Einbildung aber göttliche Substanzen.

Der Glaube ist die *Macht der Einbildungskraft*, welche das Wirkliche zum Unwirklichen, das Unwirkliche zum Wirklichen macht – der direkte Widerspruch gegen die *Wahrheit der Sinne, die Wahrheit der Vernunft*. Der Glaube verneint, was die objektive Vernunft bejaht, und bejaht, was sie verneint.[*] Das Geheimnis des Abendmahls ist das Geheimnis des Glaubens[**] – daher der Genuß desselben der höchste, entzückendste, wonnetrunkenste Moment des gläubigen Gemüts. Die Negation der objektiven, ungemütlichen Wahrheit, der Wahrheit der Wirklichkeit, der gegenständlichen Welt und Vernunft – eine Negation, welche das Wesen des Glaubens ausmacht – erreicht im Abendmahl ihren höchsten Gipfel, weil hier der Glaube ein *unmittelbar gegenwärtiges, evidentes, unbezweifelbares Objekt negiert*, behauptend: *Es ist nicht, was es* laut des Zeugnisses der Vernunft und Sinne *ist*; behauptend: Es ist nur Schein, daß es Brot, in Wahrheit ist es Fleisch. Der Satz der Scholastiker: Es ist den Akzidenzen nach Brot, der Substanz nach Fleisch, ist nämlich nur der abstrakte, erklärende Gedankenausdruck von dem, was der

[*] *Videtur* enim species vini et panis, et substantia panis et vini *non creditur*. Creditur autem substantia corporis et sanguinis Christi et tamen species non cernitur« (Divus Bernardus, ed. Bas. 1552, p. 189-191).
[**] Auch noch in anderer, hier nicht entwickelter, aber anmerkungsweise zu erwähnender Beziehung, nämlich folgender. In der Religion, im Glauben ist der Mensch sich als das *Objekt*, d. i. der *Zweck* Gottes Gegenstand. Der Mensch bezweckt sich selbst in und durch Gott. Gott ist das Mittel der menschlichen Existenz und Seligkeit. Diese religiöse Wahrheit, gesetzt als Gegenstand des Kultus, als sinnliches Objekt, ist das Abendmahl. Im Abendmahl ißt, verzehrt der Mensch Gott – den Schöpfer des Himmels und der Erde – als eine leibliche Speise, erklärt er durch die Tat des »mündlichen Essens und Trinkens« Gott für ein bloßes Mittel des Menschen. Hier ist der Mensch als der *Gott* Gottes gesetzt – das Abendmahl daher der höchste Selbstgenuß der menschlichen Subjektivität. Auch der Protestant verwandelt hier zwar nicht dem Worte, aber der Wahrheit nach Gott in ein äußerliches Ding, indem er ihn sich als ein Objekt des sinnlichen Genusses subjiziert.

Glaube annimmt und aussagt, und hat daher keinen andern Sinn als: Dem Sinnenschein oder der gemeinen Anschauung nach ist es Brot, der Wahrheit nach aber Fleisch. Wo daher einmal die Einbildungskraft des Glaubens eine solche Gewalt über die Sinne und Vernunft sich angemaßt hat, daß sie die evidenteste Sinnenwahrheit leugnet, da ist es auch kein Wunder, wenn sich die Gläubigen selbst bis zu dem Grade exaltieren konnten, daß sie wirklich statt Wein Blut fließen sahen. Solche Beispiele hat der Katholizismus aufzuweisen. Es gehört wenig dazu, außer sich, sinnlich wahrzunehmen, was man im Glauben, in der Einbildung als wirklich annimmt.

Solange der Glaube an das Mysterium der coena domini als eine heilige, ja die heiligste, höchste Wahrheit die Menschheit beherrschte, so lange war auch das herrschende Prinzip der Menschheit die Einbildungskraft. Alle Kriterien der Wirklichkeit und Unwirklichkeit, der Unvernunft und Vernunft waren verschwunden – alles, was man sich nur immer einbilden konnte, galt für reale Möglichkeit. Die Religion heiligte jeden Widerspruch mit der Vernunft, mit der Natur der Dinge. Spottet nicht über die albernen Quästionen der Scholastiker! Sie waren notwendige Konsequenzen des Glaubens. Was nur Gemütssache ist, sollte Vernunftsache sein, was dem Verstande widerspricht, sollte ihm nicht widersprechen. Das war der Grundwiderspruch der Scholastik, woraus sich alle andern Widersprüche von selbst ergaben. Aber gelten nicht heute noch die Glaubensdinge für reale Dinge?

Und es ist von keiner besondern Erheblichkeit, ob ich die protestantische oder katholische Abendmahlslehre glaube. Der Unterschied ist nur der, daß sich im Protestantismus erst auf der Zunge, im Actus des Genusses Fleisch und Blut auf eine völlig wunderbare Weise mit Wort und Wein verbinden, im Katholizismus aber schon vor dem Genuß durch die Macht des Priesters, der jedoch hier nur im *Namen des Allmächtigen* handelt*, Brot und Wein wirklich in Fleisch und Blut ver-

---

* »*Creator vini* est qui vinum provehit in sanguinem Christi (Bernhard). Non suis sermonibus sacerdos, sed utitur sermonibus Christi. Ergo sermo

wandelt werden. Der Protestant weicht nur klugerweise einer bestimmten Erklärung aus: Er gibt sich nur keine *sinnfällige Blöße* wie die fromme unkritische Einfalt des Katholizismus, dessen Gott, als ein äußerliches Objekt, selbst von einer Maus aufgezehrt werden kann; er beherbergt seinen Gott bei sich, da, wo er ihm nicht mehr entrissen werden kann, und sichert ihn dadurch ebenso vor der Macht des Zufalls als des Spottes; verzehrt aber dessen ungeachtet ebensogut wie der Katholik im Brote und Weine wirkliches Fleisch und Blut. Wie wenig unterschieden sich namentlich anfänglich die Protestanten von den Katholiken in der Abendmahlslehre! So entstand zu Anspach ein Streit über die Frage: »Ob der Leib Christi auch in den Magen komme, wie andre Speisen verdaut werde und also auch durch den natürlichen Gang wieder ausgeworfen werde?«

Aber obgleich die Einbildungskraft des Glaubens die objektive Existenz zu einem bloßen Scheine, die gemütliche, imaginäre Existenz zur Wahrheit und Wirklichkeit macht, so ist doch an sich oder der Wahrheit nach das wirklich Gegenständliche nur der natürliche Stoff. Selbst der göttliche Leib in der Büchse des katholischen Priesters ist an sich nur *im Glauben* göttlicher Leib, dies äußerliche Ding, in das er das göttliche Wesen verwandelt, nur ein *Glaubensding*; denn der Leib ist ja auch hier nicht als Leib sichtbar, fühlbar, schmeckbar. Das heißt: Das Brot ist nur der Bedeutung nach Fleisch. Zwar hat für den Glauben diese Bedeutung den Sinn des wirklichen Seins – wie denn überhaupt in der Ekstase der Inbrunst das Bedeutende zum Bedeuteten selbst wird –, es soll nicht Fleisch bedeuten, sondern sein. Aber dieses Sein ist ja eben kein fleischliches; es ist selbst nur geglaubtes, vorgestelltes, eingebildetes Sein, d. h. es hat selbst nur den Wert, die Qualität einer Bedeutung. Ein Ding, das für mich eine besondere Bedeutung hat, ist ein andres in meiner Vorstellung als in der Wirklichkeit. Das Bedeutende ist nicht selbst das, was

Christi conficit hoc sacramentum. Quis sermo Christi? Nempe is quo facta sunt omnia« (Ambrosius, *De sacram.*, I. IV, c. 4).

damit bedeutet wird. Was es ist, fällt in den Sinn, was es bedeutet, nur in meine Gesinnung, Vorstellung, Phantasie, ist nur für mich, nicht für den andern, nicht objektiv da. So auch hier. Wenn darum Zwingli gesagt, das Abendmahl habe nur subjektive Bedeutung, so hat er dasselbe gesagt, was die andern; nur zerstörte er die *Illusion der religiösen Einbildungskraft*; denn das *Ist* im Abendmahl ist selbst nur eine Einbildung, aber *mit* der Einbildung, daß es keine Einbildung ist. Zwingli hat nur einfach, nackt, prosaisch, rationalistisch, darum beleidigend ausgesprochen, was die andern *mystisch, indirekt* aussagten, indem sie eingestanden*, daß nur von der würdigen Gesinnung die Wirkung des Abendmahls abhängt, d. h. daß nur für den Brot und Wein das Fleisch und Blut des Herrn, der Herr selbst *sind*, für welchen sie die übernatürliche Bedeutung des göttlichen Leibes haben, denn nur davon hängt die würdige Gesinnung, der religiöse Affekt ab.

Wenn aber das Abendmahl nichts *wirkt*, folglich nichts *ist* — denn nur was wirkt, ist — ohne die Gesinnung, ohne den Glauben, so liegt in diesen allein die Realität desselben; die ganze Begebenheit geht im Gemüte vor sich. Wirkt auch die Vorstellung, daß ich hier den wirklichen Leib des Heilands empfange, auf das religiöse Gemüt, so stammt doch selbst wieder diese Vorstellung aus dem Gemüte; sie bewirkt nur fromme Gesinnungen, wenn und weil sie selbst schon eine *fromme* Vorstellung ist. So wird also auch hier das religiöse Subjekt *von sich selbst als wie von einem andern Wesen vermittels der Vorstellung eines eingebildeten Objekts affiziert*. Ich könnte daher recht gut auch ohne Vermittlung von Wein und Brot, ohne alle kirchliche Zeremonie in mir selbst, in der Einbildung die Handlung des Abendmahls vollbringen. Es gibt unzählige fromme Gedichte, deren einziger Stoff das Blut Christi ist. Hier haben wir daher eine echt poetische

---

* Selbst auch die Katholiken. »Hujus sacramenti *effectus,* quem in anima operatur *dignesumentis,* est adunatio hominis ad Christum« (Concil. Florent. de S. Euchar.).

Abendmahlsfeier. In der lebhaften Vorstellung des leidenden, blutenden Heilands identifiziert sich das Gemüt mit ihm; hier trinkt die fromme Seele in poetischer Begeisterung das reine, mit keinem *widersprechenden sinnlichen* Stoff vermischte Blut; hier ist zwischen der Vorstellung des Blutes und dem Blute selbst kein störender Gegenstand vorhanden.

Aber obgleich das Abendmahl, überhaupt das Sakrament, gar nichts ist ohne die Gesinnung, ohne den Glauben, so stellt doch die Religion das Sakrament zugleich als etwas *für sich selbst Reales,* Äußerliches, vom menschlichen Wesen Unterschiedenes dar, so daß im religiösen *Bewußtsein* die *wahre* Sache: der Glaube, die Gesinnung, nur zu einer *Nebensache,* zu einer *Bedingung,* die vermeintliche, die *imaginäre* Sache aber zur *Hauptsache* wird. Und die notwendigen immanenten Folgen und Wirkungen dieses religiösen Materialismus, dieser Subordination des Menschlichen unter das vermeintliche Göttliche, des Subjektiven unter das vermeintliche Objektive, der Wahrheit unter die Imagination, der Moralität unter die Religion – die notwendigen Folgen sind *Superstition* und *Immoralität*; Superstition, weil mit einem Dinge eine Wirkung verknüpft wird, die nicht in der Natur desselben liegt, weil ein Ding nicht sein soll, was es der Wahrheit nach ist, weil eine bloße Einbildung für objektive Realität gilt; Immoralität, weil sich notwendig im Gemüte die Heiligkeit der Handlung als solcher von der Moralität separiert, der Genuß des Sakraments, auch unabhängig von der Gesinnung, zu einem heiligen und heilbringenden Akt wird. So gestaltet sich wenigstens *die* Sache in der Praxis, die nichts von der Sophistik der Theologie weiß. Wodurch sich überhaupt die Religion in Widerspruch mit der Vernunft setzt, dadurch setzt sie sich auch immer in Widerspruch mit dem sittlichen Sinne. Nur mit dem Wahrheitssinn ist auch der Sinn für das Gute gegeben. Verstandesschlechtigkeit ist immer auch Herzensschlechtigkeit. Wer seinen Verstand betrügt und belügt, der hat auch kein wahrhaftiges, kein ehrliches Herz. Sophistik verdirbt den ganzen Menschen. Aber Sophistik ist die Abendmahlslehre. Mit der Wahrheit der Gesinnung wird die Unwahrheit der leibhaften Gegenwart Gottes und hinwiederum mit der Wahrheit der objektiven Existenz die Unwahrheit der Gesinnung ausgesprochen.

DER WIDERSPRUCH VON GLAUBE UND LIEBE

Die Sakramente versinnlichen den *Widerspruch von Idealismus und Materialismus,* von *Subjektivismus und Objektivismus,* welchen das innerste Wesen der Religion konstituiert. Aber die Sakramente sind nichts ohne Glaube und Liebe. Der Widerspruch in den Sakramenten führt uns daher zurück auf den *Widerspruch von Glaube und Liebe.*

Die Religion ist das Verhalten des Menschen zum eignen Wesen als einem *andern,* aber zugleich wieder *philanthropischen, humanen,* d. i. wesentlich menschlichen Wesen. Die Religion scheidet das Wesen des Menschen vom Menschen, um es wieder mit ihm zu identifizieren. Das *geheime* Wesen der Religion ist die *Identität* des göttlichen Wesens mit dem menschlichen – die Form der Religion aber oder das offenbare, *bewußte* Wesen derselben der *Unterschied.* Gott ist das menschliche Wesen: Er wird aber *gewußt als ein andres* Wesen. Die Liebe ist es nun, welche den Grund, das verborgne Wesen der Religion offenbart, der Glaube aber, der die bewußte Form konstituiert. Die Liebe identifiziert den Menschen mit Gott, Gott mit dem Menschen, darum den Menschen mit dem Menschen; der Glaube trennt Gott vom Menschen, darum den Menschen von dem Menschen; denn Gott ist nichts andres als der mystische Gattungsbegriff der Menschheit, die Trennung Gottes vom Menschen daher die Trennung des Menschen vom Menschen, die Auflösung des gemeinschaftlichen Bandes. Durch den Glauben setzt sich die Religion mit der Sittlichkeit, der Vernunft, dem einfachen Wahrheitssinn des Menschen in Widerspruch; durch die Liebe aber setzt sie sich wieder diesem Widerspruch entgegen. Der Glaube isoliert

Gott, er macht ihn zu einem *besondern, andern* Wesen; die Liebe universalisiert; sie macht Gott zu einem *gemeinen* Wesen, dessen Liebe eins ist mit der Liebe zum Menschen. Der Glaube entzweit den Menschen im *Innern, mit sich selbst,* folglich auch im Äußern; die Liebe aber ist es, welche die Wunden heilt, die der Glaube in das Herz des Menschen schlägt. Der Glaube macht den Glauben an seinen Gott zu einem *Gesetz*; die Liebe ist *Freiheit,* sie verdammt selbst den Atheisten nicht, weil sie selbst atheistisch ist, selbst, wenn auch nicht immer theoretisch, doch praktisch die Existenz eines besondern, dem Menschen entgegengesetzten Gottes leugnet. Die Liebe hat Gott *in sich,* der Glaube *außer sich*; er entfremdet Gott den Menschen, er macht ihn zu einem *äußerlichen Objekt.*

Der Glaube geht in seiner ihm wesentlich eingebornen Äußerlichkeit bis zum äußerlichen Faktum, bis zum historischen Glauben fort. Es liegt daher insofern im Wesen des Glaubens selbst, daß er zu einem ganz *äußerlichen Bekenntnis* werden kann, mit dem bloßen Glauben als solchem superstitiöse, magische Wirkungen verknüpft werden.* Die Teufel *glauben* auch, daß Gott ist, ohne aufzuhören, Teufel zu sein. Man hat daher unterschieden zwischen Gott-glauben und An-Gott-Glauben. Aber in diesem An-Gott-Glauben ist schon die Assimilationskraft der Liebe mit eingemischt, die keineswegs in dem Begriffe des Glaubens als solchen, und inwiefern er sich auf äußerliche Dinge bezieht, liegt. Die dem Glauben immanenten, aus ihm selbst stammenden Unterschiede oder Urteile sind allein die Unterschiede von *rechtem, echtem* und *unrechtem, falschem* Glauben oder überhaupt von *Glaube* und *Unglaube.* Der Glaube scheidet: Das ist wahr, das falsch. Und *sich* nur vindiziert er die Wahrheit. Der Glaube hat eine *bestimmte, besondere* Wahrheit, die daher notwendig mit *Negation* verbunden ist, zu seinem Inhalte. Der Glaube ist seiner Natur nach *exklusiv. Eines* nur ist Wahrheit, *einer* nur

---

* Daher hat der bloße Name *Christi* schon Wunderkräfte.

ist Gott, einer nur, dem das Monopol des Gottessohnes angehört; alles andere ist nichts, Irrtum, Wahn. Jehovah *allein* ist der wahre Gott; alle andern Götter sind *nichtige Götzen.*

Der Glaube hat etwas *Besonderes für sich* im Sinne; er stützt sich auf eine *besondere* Offenbarung Gottes; er ist zu seinem Besitztum nicht auf *gemeinem* Weg gekommen, auf *dem* Wege, der allen Menschen ohne Unterschied offensteht. Was allen offensteht, ist etwas Gemeines, was eben deswegen kein besondres *Glaubensobjekt* bildet. Daß Gott der Schöpfer ist, konnten alle Menschen schon aus der Natur erkennen, aber was dieser Gott in Person für sich selbst ist, das ist eine besondere Gnadensache, Inhalt eines besondern Glaubens. Aber eben deswegen, weil nur auf besondere Weise geoffenbart, ist auch der Gegenstand dieses Glaubens selbst ein *besonderes* Wesen. Der Gott der Christen ist wohl auch der Gott der Heiden, aber es ist doch ein gewaltiger Unterschied, gerade ein solcher Unterschied wie zwischen mir, wie ich dem Freunde, und mir, wie ich einem Fremden, der mich aus der Ferne nur kennt, Gegenstand bin. Gott, wie er den Christen Gegenstand, ist ein ganz anderer, als wie er den Heiden Gegenstand ist. Die Christen kennen Gott von Person, von Angesicht zu Angesicht. Die Heiden wissen nur – und das ist schon fast zu viel eingeräumt –, »*was*« Gott ist, aber nicht, »*wer*« Gott ist, weswegen die Heiden auch in Götzendienst verfielen. Die Identität der Heiden und Christen von Gott ist daher eine ganz vage; was die Heiden mit den Christen, und umgekehrt, gemein haben – wenn wir anders so liberal sein wollen, etwas Gemeinsames zu statuieren –, dies ist nicht das *spezifisch christliche,* nicht das, was den Glauben konstituiert. Worin die Christen *Christen* sind, darin sind sie eben von den Heiden distinguiert. Sie sind es aber durch ihre besondre Gotteserkenntnis; ihr *Unterscheidungsmerkmal* ist also *Gott.* Die Besonderheit ist das Salz, welches dem gemeinen Wesen erst Geschmack beibringt. Was ein Wesen *insbesondre* ist, das erst ist es. Nur wer mich *in specie* kennt, kennt mich. Der *spezielle* Gott also, der Gott, wie er insbesondre den Christen Gegenstand, der *persönliche* Gott, der erst ist Gott. Und dieser ist den Heiden, den Ungläubigen überhaupt, unbekannt, nicht für sie. Er soll allerdings auch für die Heiden werden, aber *mittelbar,* erst dadurch, daß sie aufhören, Heiden zu sein, daß sie selbst Christen werden. Der Glaube *partikularisiert* und *borniert* den Menschen; er nimmt ihm die *Freiheit* und *Fähigkeit,* das *andre,* das von ihm *Unterschiedne* nach Gebühren zu schätzen. Der Glaube ist *in sich selbst befangen.* Der philosophische, überhaupt wissenschaftliche Dogmatiker beschränkt sich allerdings auch mit der Bestimmtheit seines Systems. Aber die theoretische Beschränktheit hat, so unfrei, so kurzsichtig und engherzig sie auch ist, doch noch einen freieren Charakter, weil an und für sich das Gebiet der Theorie ein freies ist, wo hier die Sache nur, der Grund, die Vernunft entscheidet. Aber der Glaube macht wesentlich seine Sache zu einer *Gewissens-sache* und einer Sache des *Interesses,* des *Glückseligkeitstriebes,* denn sein Objekt ist selbst ein besonderes, persönliches, auf *Anerkennung dringendes* und von dieser *Anerkennung* die *Seligkeit* abhängig machendes Wesen.

Der Glaube gibt dem Menschen ein *besonderes Ehr- und Selbstgefühl.* Der gläubige findet sich ausgezeichnet vor andern Menschen, erhoben über den *natürlichen* Menschen; er weiß sich als eine *Person von Distinktion* im Besitze besonderer Rechte. Die Gläubigen sind Aristokraten, die Ungläubigen Plebejer. Gott ist *dieser personifizierte Unterschied und Vorzug* des Gläubigen vor dem Ungläubigen.* Aber weil der Glaube das eigne Wesen als ein *andres* Wesen vorstellt, so schiebt der Gläubige seine Ehre nicht *unmittelbar in sich,* sondern in diese andere Person. Das Bewußtsein *seines Vorzugs* ist das Bewußtsein *dieser Person,* das Gefühl *seiner selbst* hat er in dieser andern Persönlichkeit.** Wie der Die-

---

* Celsus macht den Christen den Vorwurf, daß sie sich rühmten: »*Est Deus et post illum nos*« (Origenes, *Adv. Cels.,* ed. Hoeschelius, Aug. Vind. 1605, p. 182).
** »Puer natus est *nobis:* non judaeis; *nobis* non manichaeis, *nobis* non

293

ner in der Würde seines Herrn sich selbst fühlt, ja sich mehr zu sein dünkt als ein freier selbständiger Mann von niedrigerem Stande als sein Herr, so auch der Gläubige.* Er spricht sich alle Verdienste ab, um bloß seinem Herrn die Ehre des Verdienstes zu lassen, aber nur, weil dieses Verdienst ihm selbst zugute kommt, weil er in der Ehre des Herrn *sein eignes Ehrgefühl* befriedigt. Der Glaube ist hochmütig, aber er unterscheidet sich von dem natürlichen Hochmut dadurch, daß er das Gefühl seines Vorzugs, seinen Stolz in eine *andere Person* überträgt, die ihn bevorzugt, eine andere Person, die aber sein eignes *geborgnes* Selbst, sein personifizierter und befriedigter Glückseligkeitstrieb ist, denn diese Persönlichkeit hat keine andern Bestimmungen als die, daß sie der Wohltäter, der Erlöser, der Heiland ist, also Bestimmungen, in denen der Gläubige sich nur *auf sich, auf sein eignes ewiges Heil* bezieht. Kurz, wir haben hier das charakteristische Prinzip der Religion, daß sie das natürliche Activum in ein Passivum verwandelt. Der Heide erhebt sich, der Christ fühlt sich erhoben. Der Christ verwandelt in eine Sache des Gefühls, der Rezeptivität, was dem Heiden eine Sache der Spontaneität ist. Die Demut des Gläubigen ist ein umgekehrter Hochmut – ein Hochmut, der aber nicht den *Schein* der äußern Kennzeichen des Hochmuts hat. Er fühlt sich ausgezeichnet; aber diese Auszeichnung ist nicht Resultat seiner Tätigkeit, sondern Sache der Gnade; er ist ausgezeichnet worden: Er kann nichts dafür. Er macht sich überhaupt nicht zum Zweck seiner eignen Tätigkeit, sondern zum Zweck, zum Gegenstand Gottes.

Der Glaube ist wesentlich *bestimmter* Glaube. Gott *in dieser Bestimmtheit* nur ist der *wahre Gott. Dieser* Jesus ist Christus, der wahre, einzige Prophet, der eingeborne Sohn Gottes. Und

marcionitis. Propheta dicit: Nobis h. e. credentibus, non incredulis« (Ambrosius, *De fide ad Grat.*, I. III, c. 4).
* Ein ehemaliger Adjutant des russischen Generals Münnich sagte: »Da ich *sein Adjutant war, fühlte ich mich größer als nun, wo ich kommandiere.*«

dieses Bestimmte *mußt* du glauben, wenn du deine Seligkeit nicht verscherzen willst. Der Glaube ist *gebieterisch.* Es ist daher notwendig, es liegt im *Wesen des Glaubens,* daß er als *Dogma* fixiert wird. Das Dogma *spricht nur aus,* was der Glaube ursprünglich schon auf der Zunge oder doch im *Sinne* hatte. Daß, wenn einmal auch nur ein Grunddogma fixiert ist, sich daran speziellere Fragen anknüpfen, die dann wieder dogmatisch entschieden werden müssen, daß sich hieraus eine lästige Vielheit von Dogmen ergibt, dies ist freilich eine Fatalität, hebt aber nicht die Notwendigkeit auf, daß sich der Glaube in Dogmen fixiere, damit jeder *bestimmt weiß, was* er glauben *soll* und *wie* er seine Seligkeit sich erwerben *kann.*

Was man heutigen Tages selbst vom Standpunkt des gläubigen Christentums aus verwirft, bemitleidet als Verirrung, als Mißverstand oder gar belacht, das ist lautere Folge des innern Wesens des Glaubens. Der Glaube ist *seiner Natur nach unfrei, befangen,* denn es handelt sich im Glauben wie um die *eigne Seligkeit,* so um die *Ehre* Gottes selbst. Aber wie wir ängstlich sind, ob wir einem Höherstehenden die gebührende Ehre erweisen, so auch der Glaube. Den Apostel Paulus erfüllt nichts als der Ruhm, die *Ehre,* das *Verdienst* Christi. *Dogmatische, ausschließliche, skrupulöse Bestimmtheit* liegt im Wesen des Glaubens. In Speisen und andern dem Glauben indifferenten Dingen ist der Glaube allerdings liberal, aber keineswegs in bezug auf *Glaubensgegenstände.* Wer nicht *für* Christus, ist *wider* Christus; was *nicht* christlich, ist *antichristlich.* Aber *was* ist christlich? Dieses muß absolut bestimmt, dies kann nicht freigestellt werden. Ist der Glaubensinhalt gar niedergelegt in Büchern, die von *verschiedenen* Verfassern stammen, niedergelegt in der Form zufälliger, sich widersprechender gelegentlicher Äußerungen, so ist die dogmatische Begrenzung und Bestimmung selbst eine *äußerliche Notwendigkeit.* Nur der kirchlichen Dogmatik verdankt das Christentum seinen Fortbestand.

Es ist nur die *Charakterlosigkeit,* der *gläubige Unglaube* der neuern Zeit, der sich hinter die Bibel versteckt und die biblischen Aussprüche den dogmatischen Bestimmungen entgegengesetzt, um durch die *Willkür der Exegese* von den Schranken der Dogmatik sich frei zu machen. Aber der Glaube ist schon verschwunden, gleichgültig geworden, wenn die *Glaubensbestimmungen als Schranken* empfunden werden. Es ist nur die *religiöse Indifferenz* unter dem *Scheine der Religiosität*, welche die ihrer Natur und ihrem Ursprung nach unbestimmte Bibel zum Maß des Glaubens macht und unter dem Vorwande, nur das *Wesentliche* zu glauben, *nichts* glaubt, was den Namen des Glaubens verdient, z. B. an die Stelle des bestimmten, charaktervollen Gottessohnes der Kirche das vage, hohle Negativ eines sündlosen Menschen setzt, eines Menschen, der wie kein andrer sich den Namen des Gottessohnes vindizieren dürfe. Daß es aber wirklich nur der religiöse Indifferentismus ist, der sich hinter die Bibel versteckt, dies erhellt daraus, daß man selbst das, was in der Bibel steht, aber dem jetzigen Standpunkt der Bildung *widerspricht*, als *nicht obligierend* betrachtet oder gar leugnet, ja sogar Handlungen, die *christlich* sind, *notwendig* aus dem Glauben folgen, wie die Absonderung der Gläubigen von den Ungläubigen, jetzt als *unchristliche* bezeichnet.

Die Kirche hat mit *vollem Rechte Anders-* oder überhaupt *Ungläubige** verdammt, denn dieses *Verdammen* liegt im *Wesen* des Glaubens. Der Glaube erscheint zunächst nur als unbefangne Absonderung der Gläubigen von den Ungläubigen; aber diese Sonderung ist eine höchst *kritische Scheidung.* Der Gläubige hat Gott *für sich,* der Ungläubige *gegen sich* – nur als *möglicher* Gläubiger hat er nicht Gott gegen sich, aber als wirklicher Ungläubiger –, darin liegt eben der Grund der Forderung, den Stand des Unglaubens zu verlassen. Was aber *Gott gegen sich hat, ist nichtig, verstoßen, verdammt.* Denn was Gott gegen sich hat, ist selbst wider Gott. *Glauben* ist gleichbedeutend mit *Gutsein, Nicht-Glauben* mit *Bösesein.* Der Glaube, beschränkt und befangen, schiebt alles in die Gesin-

---

* Dem Glauben, wo er noch *Feuer im Leibe, Charakter* hat, ist immer der *Anders*gläubige gleich dem Ungläubigen, dem Atheisten.

nung. Der Ungläubige ist ihm aus *Verstocktheit*, aus *Bosheit* ungläubig*, ein Feind Christi. Der Glaube assimiliert sich daher nur die Gläubigen, aber die Ungläubigen verstößt er. Er ist *gut* gegen die Gläubigen, aber *böse* gegen die Ungläubigen. *Im Glauben liegt ein böses Prinzip.*

Es ist nur der Egoismus, die Eitelkeit, die Selbstgefälligkeit der Christen, daß sie in andern Religionen die Splitter, aber nicht die Balken in ihrem eignen Glauben erblicken. Nur die Art der religiösen Glaubensdifferenz ist anders bei den Christen als bei andern Völkern. Es sind nur klimatische Unterschiede oder die Unterschiede der Volkstemperamente, die den Unterschied begründen. Ein an sich kriegerisches oder überhaupt feurig sinnliches Volk wird natürlich seinen religiösen Unterschied auch durch sinnliche Taten, durch Waffengewalt betätigen. Aber die Natur des Glaubens als solchen ist überall dieselbe. *Wesentlich verurteilt, verdammt der Glaube.* Allen Segen, alles Gute häuft er auf sich, auf *seinen Gott,* wie der Liebhaber auf seine Geliebte, allen Fluch, alles Ungemach und Übel wirft er auf den Unglauben. Gesegnet, gottwohlgefällig, ewiger Seligkeit teilhaftig ist der Gläubige; verflucht, von Gott verstoßen und vom Menschen verworfen der Ungläubige; denn *was Gott verwirft, darf der Mensch nicht annehmen,* nicht schonen; dies wäre eine *Kritik* des göttlichen Urteils. Die Türken vertilgen die Ungläubigen mit Feuer und Schwert, die Christen mit den *Flammen der Hölle.* Aber die Flammen des Jenseits schlagen auch schon in das Diesseits herein, um die Nacht der ungläubigen Welt zu erleuchten. Wie der Gläubige schon hienieden die Freuden des Himmels antizipiert, so müssen auch hier schon zum Vorgeschmack der Hölle die Feuer des Höllenpfuhls lodern, wenigstens in den *Momenten der höchsten Glaubensbegeisterung.* Das Christentum gebietet allerdings keine Ketzerverfolgungen, noch weniger Bekehrung mit Waffengewalt. Aber insofern der Glaube verdammt, erzeugt er notwendig *feindselige*

---

* Schon im N. T. ist mit dem *Unglauben* der Begriff des *Ungehorsams* verknüpft.

Gesinnungen, *die* Gesinnungen, aus welchen die Ketzerverfolgung *entspringt. Den Menschen zu lieben, der nicht glaubt an Christus, ist eine Sünde gegen Christus,* heißt den *Feind Christi lieben.*[*] Was Gott, was Christus nicht liebt, das darf der Mensch nicht lieben; seine Liebe wäre ein Widerspruch gegen den göttlichen Willen, also Sünde. Gott liebt zwar alle Menschen, aber nur *wenn* und *weil* sie Christen sind oder wenigstens sein können und sein wollen. *Christ sein* heißt *von Gott geliebt sein,* nicht Christ sein von Gott gehaßt werden, ein Gegenstand des göttlichen *Zorns* sein. *Der Christ darf also nur den Christen lieben,* den andern nur als *möglichen* Christen; er *darf nur lieben,* was der *Glaube heiligt, segnet.* Der Glaube ist die *Taufe* der *Liebe.* Die Liebe zum Menschen als Menschen ist nur die *natürliche.* Die *christliche* Liebe ist die *übernatürliche,* verklärte, geheiligte Liebe; aber die *christliche* liebt auch nur Christliches. Der Satz: »*Liebet eure Feinde*« bezieht sich nur auf *Privatfeindschaften* unter Christen, aber nicht auf die *öffentlichen* Feinde, die *Feinde Gottes,* die *Feinde des Glaubens,* die *Ungläubigen.* Wer den Menschen liebt, der Christus leugnet, Christus nicht glaubt, *verleugnet* seinen Herrn und Gott: *Der Glaube hebt die naturgemäßen Bande der Menschheit auf;* er setzt an die Stelle der *allgemeinen,* natürlichen Einheit eine partikuläre.

Wende man nicht dagegen ein, daß es in der Bibel heißt: »Richtet nicht, auf daß ihr nicht gerichtet werdet«, daß der Glaube also Gott wie das Gericht, so das Verdammungsurteil überlasse. Auch dieser und andere ähnliche Sprüche gelten nur im *christlichen Privatrecht,* aber *nicht* im *christlichen Staatsrecht,* gehören nur der *Moral,* nicht der *Dogmatik* an. Es ist schon Glaubensindifferenz, solche moralischen Aussprüche auf das Gebiet der Dogmatik zu ziehen. Der Glaube gibt nicht Pardon. Er würde sich selbst aufgeben, wenn er milde von seinem Gegensatz urteilte. Die *Unterscheidung*

---

[*] »Si quis spiritum Dei habet, illius versiculi recordetur: *Nonne qui oderunt te, Domine, oderam?* (Psalt. 139, 21)« (Bernhardus, *Epist.* 193 ad magist. Yvonem Cardin.).

zwischen dem *Ungläubigen* und *Menschen* ist eine *Frucht moderner Humanität.* Dem Glauben geht *der Mensch im Glauben* auf; der wesentliche Unterschied des Menschen vom Tiere beruht für ihn nur auf dem religiösen Glauben. Nur der Glaube begreift in sich alle Tugenden, die den Menschen gottwohlgefällig machen. Gott aber ist das Maß, sein Wohlgefallen die höchste Norm. Der Gläubige ist also allein der legitime, normale Mensch, der Mensch, wie er sein soll, der Mensch, den Gott *anerkennt.* Wo die *Unterscheidung zwischen Mensch und Glaube* gemacht wird, da hat sich der *Mensch schon vom Glauben abgetrennt*; da gilt der Mensch schon *für sich selbst,* unabhängig vom Glauben. Der Glaube ist daher nur dort ein *wahrer, ungeheuchelter,* wo die *Glaubensdifferenz* in aller Schärfe wirkt. Wird die Differenz des Glaubens abgestumpft, so wird natürlich auch der Glaube selbst indifferent, charakterlos. Nur in *an sich* indifferenten Dingen ist der Glaube liberal. Der Liberalismus des Apostels Paulus hat zur Voraussetzung die Annahme des Grundartikels des Glaubens. Wo alles auf den Grundartikel des Glaubens ankommt, entsteht der Unterschied zwischen Wesentlichem und Unwesentlichem. Im Gebiet des Unwesentlichen gibt es kein Gesetz, da seid ihr frei. Aber natürlich nur unter *der* Bedingung, daß ihr dem Glauben sein Recht ungeschmälert laßt, gewährt euch der Glaube Rechte, Freiheiten.

Es wäre daher ganz falsch, sich so zu helfen, daß man sagte, der Glaube überlasse das Gericht Gott. Er überläßt ihm nur das moralische Gericht und nur das Gericht über den erheuchelten oder aufrichtigen Glauben der Christen. Welche zur Linken, welche zur Rechten Gottes stehen werden, das weiß der Glaube. Nur in Rücksicht der *Personen* weiß er es nicht; aber daß nur die Gläubigen überhaupt Erben des ewigen Reichs sind, das ist außer Zweifel. Aber auch davon abgesehen: Der zwischen den *Gläubigen* und *Ungläubigen unterscheidende,* der verdammende und belohnende *Gott* ist nichts andres als der *Glaube selbst. Was Gott verdammt, verdammt der Glaube,* und umgekehrt. Der Glaube ist ein sein

Gegenteil schonungslos verzehrendes Feuer.* Dieses *Feuer des Glaubens,* als *objektives* Wesen angeschaut, ist der *Zorn* Gottes oder, was eins ist, die *Hölle,* denn die Hölle hat offenbar ihren Grund im Zorn Gottes. Aber diese Hölle hat der Glaube *in sich selbst,* in seinem Verdammungsurteil. Die Flammen der Hölle sind nur die Funken von dem vertilgenden, zornglühenden Blick, den der Glaube auf die Ungläubigen wirft.

Der Glaube ist also *wesentlich parteiisch.* Wer nicht *für* Christus ist, der ist *wider* Christus. *Für mich* oder *wider mich.* Der Glaube kennt nur *Feinde* oder *Freunde,* keine Unparteilichkeit; er ist nur für sich eingenommen. Der Glaube ist wesentlich *intolerant* – *wesentlich,* weil mit dem Glauben immer notwendig der *Wahn* verbunden ist, daß *seine Sache* die *Sache Gottes* sei, *seine Ehre* die *Ehre Gottes.* Der Gott des Glaubens ist an sich nichts andres als das *objektive Wesen des Glaubens,* der Glaube, der sich *Gegenstand* ist. Es identifiziert sich daher auch im *religiösen Gemüte* und *Bewußtsein* die Sache des Glaubens mit der Sache Gottes. Gott selbst ist beteiligt; das *Interesse der Gläubigen* ist *das innerste Interesse Gottes selbst.* »Wer euch *antastet*«, heißt es beim Propheten Sacharja, »der tastet *seinen* (des Herrn) *Augapfel* an.«** Was den Glauben verletzt, verletzt Gott, was den Glauben negiert, negiert Gott selbst.

Der Glaube kennt keinen andern Unterschied als den zwischen *Gottes-* und *Götzendienst.* Der Glaube allein gibt Gott die Ehre; der Unglaube entzieht Gott, was ihm gebührt. Der Unglaube ist eine Injurie gegen Gott, ein Majestätsverbrechen. Die Heiden beten Dämonen an; ihre Götter sind *Teufel.* »Ich sage, daß die Heiden, was sie opfern, das opfern sie den *Teufeln* und *nicht Gott.* Nun will ich nicht, daß ihr in der

---

* So verfluchte der Apostel Paulus »den Zauberer Elymas«, weil er dem Glauben widerstand, zur Blindheit (Apostelgesch. 13, 8-11).
** »Tenerrimam partem humani corporis nominavit, ut apertissime intelligeremus, eum (Deum) tam parva Sanctorum suorum contumelia laedi, quam parvi verberis tactu humani visus acies laeditur« (Salvianus, l. 8, *De gubern. Dei*).

Teufel Gemeinschaft sein sollt.«* Der Teufel ist aber die Negation Gottes; er haßt Gott, will, daß kein Gott sei. So ist der Glaube blind gegen das Gute und Wahre, das auch dem Götzendienst zugrunde liegt; so erblickt er in allem, was nicht seinem Gotte, d. i. *ihm selbst* huldigt, Götzendienst und im Götzendienst nur *Teufelswerk*. Der Glaube muß daher auch der *Gesinnung* nach nur *negativ sein* gegen diese *Negation Gottes*: Er ist also wesentlich *intolerant* gegen sein Gegenteil, überhaupt gegen das, was nicht mit ihm stimmt. Seine Toleranz wäre Intoleranz gegen Gott, der das Recht zu unbedingter Alleinherrschaft hat. Es soll nichts bestehen, nichts existieren, was nicht Gott, nicht den Glauben anerkennt. »Daß in dem Namen Jesu sich beugen sollen alle derer Knie, die im Himmel und auf Erden und unter der Sonne sind, und alle Zungen bekennen sollen, daß Jesus Christus der Herr sei zur Ehre Gottes des Vaters.«** Darum postuliert der Glaube ein Jenseits, eine Welt, wo der *Glaube keinen Gegensatz mehr* hat oder dieser Gegensatz wenigstens nur noch dazu existiert, um das Selbstgefühl des obsiegenden Glaubens zu verherrlichen. *Die Hölle versüßt die Freuden der seligen Gläubigen.* »Hervortreten werden sie, die Auserwählten, um zu schauen die Qualen der Gottlosen, und bei diesem Anblick werden sie nicht von Schmerz ergriffen; im Gegenteil, indem sie die unaussprechlichen Leiden der Gottlosen sehen, danken sie freudetrunken Gott für ihre Errettung.«***

* I. Korinther 10, 20
** Philipper 2, 10, 11. »In *morte pagani* Christianus gloriatur, quia *Christus glorificatur*« (Divus Bernardus, *Sermo exhort. ad Milites Templi*).
*** Petrus L., l. IV, dist. 50, c. 4. Dieser Satz ist aber keineswegs ein Ausspruch des Petrus L. selbst. Petrus L. ist viel zu bescheiden, schüchtern und abhängig von den Autoritäten des Christentums, als daß er so eine Behauptung auf seine eigne Faust hin wagte. Nein! Dieser Satz ist ein allgemeiner Ausspruch, ein charakteristischer Ausdruck der *christlichen*, der *gläubigen* Liebe. – Die Lehre einiger Kirchenväter, wie z. B. des Origenes, des Gregors von Nyssa, daß die Strafen der Verdammten einst enden würden, stammt nicht aus der *christlichen* oder *kirchlichen* Lehre, sondern aus dem Platonismus. Ausdrücklich wurde daher auch die Lehre von der Endlichkeit der Höllenstrafen nicht nur von der katholischen, sondern auch protestantischen Kirche (*Augsb. Confess., Art.* 17) verworfen.

Der Glaube ist das Gegenteil der Liebe. Die Liebe erkennt auch in der Sünde noch die Tugend, im Irrtum die Wahrheit. Nur seit der Zeit, wo an die Stelle der Macht des Glaubens die Macht der naturwahren Einheit der Menschheit, die Macht der Vernunft, der Humanität getreten, erblickt man auch im Polytheismus, im Götzendienst überhaupt, Wahrheit oder sucht man wenigstens durch positive Gründe zu erklären, was der in sich selbst befangene Glaube nur aus dem Teufel ableitet. Darum ist die *Liebe nur identisch mit der Vernunft,* aber nicht mit dem Glauben. Denn wie die Vernunft, so ist die Liebe freier, universeller, der Glaube aber engherziger, beschränkter Natur. Nur wo Vernunft, da herrscht allgemeine Liebe. Die Vernunft ist selbst nichts andres als die *universale* Liebe. Der Glaube hat die Hölle erfunden, nicht die Liebe, nicht die Vernunft. Der Liebe ist die Hölle ein Greuel, der Vernunft ein Unsinn. Es wäre erbärmlich, in der Hölle nur eine Verirrung des Glaubens, einen falschen Glauben erblikken zu wollen. Die Hölle steht auch schon in der Bibel. Der Glaube ist überhaupt überall sich selbst gleich, wenigstens der positiv-religiöse Glaube, der Glaube in *dem* Sinne, in welchem er hier genommen wird und genommen werden muß, wenn man nicht die Elemente der Vernunft, der Bildung mit dem Glauben vermischen will – eine Vermischung, in welcher freilich der Charakter des Glaubens unkenntlich wird.

Wenn also der Glaube nicht dem Christentum widerspricht, so widersprechen ihm auch nicht *die* Gesinnungen, die aus dem Glauben, nicht *die* Handlungen, die aus diesen Gesinnungen sich ergeben. Der Glaube verdammt: Alle Handlungen, alle Gesinnungen, welche der Liebe, der Humanität, der Vernunft widersprechen, entsprechen dem Glauben. Alle Greuel der *christlichen Religionsgeschichte,* von denen unsere Gläubigen sagen, daß sie *nicht aus* dem Christentum gekommen, sind, *weil aus dem Glauben,* aus dem Christentum entsprungen. Es ist dieses ihr Leugnen sogar eine notwendige Folge des Glaubens; denn der Glaube *vindiziert sich* nur das Gute, alles Böse aber schiebt er auf den Unglauben oder nicht rechten

Glauben oder auf den Menschen überhaupt. Aber gerade darin, daß der Glaube leugnet, daß das Böse im Christentum *seine* Schuld sei, haben wir den schlagenden Beweis, daß er wirklich der Urheber davon ist, weil der Beweis von seiner Beschränktheit, Parteilichkeit und Intoleranz, vermöge welcher er nur gut ist gegen sich, gegen seine Anhänger, aber böse, ungerecht gegen alles andere. Das Gute, was von Christen geschehen, hat dem Glauben zufolge nicht der Mensch, sondern der Christ, der Glaube; aber das *Böse* der Christen hat nicht der Christ, sondern der *Mensch* getan. Die bösen Glaubenshandlungen der Christenheit entsprechen also dem Wesen des Glaubens – des Glaubens, wie er sich selbst schon in der ältesten und heiligsten Urkunde des Christentums, der Bibel, ausgesprochen. »So jemand euch Evangelium anders predigt, denn das ihr empfangen habt, der sei verflucht, ἀνάθεμα ἔστω« (Galater 1, 9).* »Ziehet nicht am fremden Joche mit den Ungläubigen, denn was hat die Gerechtigkeit für Genieß mit der Ungerechtigkeit? Was hat das Licht für Gemeinschaft mit der Finsternis? Wie stimmet Christus mit Belial? Oder *was für ein Teil hat der Gläubige mit dem Ungläubigen*? Was hat der Tempel Gottes für eine Gleiche mit den Götzen? *Ihr* aber seid der Tempel des lebendigen Gottes, wie denn Gott spricht: Ich will in ihnen wohnen und wandeln und will ihr Gott sein, und sie sollen mein Volk sein. Darum gehet aus von ihnen und sondert euch ab, spricht der Herr, und rühret kein Unreines an: So will ich euch annehmen« (2. Korinther 6, 14-17). »Wenn nun der Herr Jesus wird geoffenbart werden vom Himmel samt den Engeln seiner Kraft und mit Feuerflammen, Rache zu geben über die, so Gott nicht erkennen, und über die, so nicht gehorsam sind dem *Evangelio unsers Herrn Jesu Christi,* welche werden Pein leiden, das *ewige Verderben* von dem Angesicht des Herrn und von seiner herrlichen Macht, wenn er kommen wird, daß er herrlich erscheine mit seinen Heiligen und wunderbar mit *allen*

---

* »Fugite, abhorrete hunc doctorem.« Aber warum soll ich ihn fliehen? Weil der Zorn, d. h. der Fluch Gottes auf seinem Haupte ruht.

Gläubigen« (2. Thessalonicher 1, 7-10). »*Ohne Glauben* ist es unmöglich, Gott gefallen« (Hebräer 11, 6). »Also hat Gott die Welt geliebet, daß er seinen eingebornen Sohn gab, auf daß alle, die *an ihn glauben,* nicht verloren werden, sondern das ewige Leben haben« (Johannes 3, 16). »Ein jeglicher Geist, der da bekennet, daß *Jesus Christus ist in das Fleisch gekommen,* der ist *von Gott,* und ein jeglicher Geist, der da nicht bekennet, daß Jesus Christus ist in das Fleisch gekommen, der ist *nicht von Gott.* Und das ist der Geist des *Widerchrists*« (1. Johannes 4, 2. 3). »Wer ist ein *Lügner,* ohne der da leugnet, daß Jesus der Christ sei. Das ist der *Widerchrist,* der den Vater und den Sohn leugnet« (1. Johannes 2, 22). »Wer übertritt und bleibet nicht in der Lehre Christi, der hat *keinen Gott;* wer in der Lehre Christi bleibet, der hat beide, den Vater und den Sohn. So jemand zu euch kommt und bringet diese Lehre nicht, den nehmet nicht zu Hause und grüßet ihn auch nicht. Denn wer ihn grüßet, macht sich teilhaftig seiner bösen Werke« (2. Joh. 9-11). So spricht der Apostel der Liebe. Aber die Liebe, die er feiert, ist nur die *christliche Bruderliebe.* »Gott ist der Heiland aller Menschen, *sonderlich* aber der Gläubigen« (1. Timoth. 4, 10). Ein verhängnisvolles *Sonderlich!* »Lasset uns Gutes tun an jedermann, *allermeist* aber an den *Glaubensgenossen!*« (Galater 6, 10). Ein gleichfalls sehr verhängnisvolles *Allermeist!* »Einen ketzerischen Menschen meide, wenn er einmal und abermal ermahnet ist, und wisse, daß ein solcher verkehrt ist und sündigt, als der *sich selbst verurteilet hat*« (Titus 3, 10. 11).*
»Wer an den Sohn glaubet, der hat das ewige Leben. Wer dem Sohne nicht glaubet, der wird das Leben nicht sehen, sondern der *Zorn Gottes* bleibet über ihm« (Johannes 3, 36). »Und wer der Kleinen einen ärgert, die *an mich glauben,* dem wäre

---

* Notwendig ergibt sich hieraus eine Gesinnung, wie sie z. B. Cyprian ausspricht. »Si vero ubique haeretici nihil aliud quam *adversarii* et *antichristi* nominantur, si *vitandi* et *perversi* et *a semet ipsis damnati* pronuntiantur; quale est ut videantur *damnandi a nobis non esse, quos constat apostolica contestatione a semet ipsis damnatos esse*« (Epistol. 74, edit. Gersdorf).

es besser, daß ihm ein Mühlstein an seinen Hals gehänget würde und er in das Meer geworfen würde« (Markus 9, 42); Matthäi 18, 6). »*Wer da glaubet und getauft wird, der wird selig werden, wer aber nicht glaubet, der wird verdammet werden*« (Markus 16, 16). Der Unterschied zwischen dem Glauben, wie er sich in der Bibel bereits ausgesprochen, und dem Glauben, wie er sich in der spätern Zeit geltend gemacht, ist nur der Unterschied zwischen dem Keime und der Pflanze. Im Keime kann ich freilich nicht so deutlich sehen, was in der reifen Pflanze mir in die Augen fällt. Und doch lag die Pflanze schon im Keime. Aber was in die Augen fällt, das natürlich wollen die Sophisten nicht mehr anerkennen. Sie halten sich nur an den Unterschied zwischen der explizierten und implizierten Existenz; die Identität schlagen sie sich aus dem Sinne.

Der Glaube geht notwendig in *Haß*, der Haß in *Verfolgung* über, wo die Macht des Glaubens *keinen Widerstand* findet, sich nicht bricht an einer dem Glauben fremden Macht, an der Macht der Liebe, der Humanität, des Rechtsgefühls. Der Glaube für sich selbst erhebt sich notwendig über die *Gesetze der natürlichen Moral*. Die Glaubenslehre ist die *Lehre der Pflichten gegen Gott – die höchste Pflicht der Glaube*. Soviel höher Gott als der Mensch, soviel höher stehen die Pflichten gegen Gott als gegen den Menschen. Und notwendig treten die Pflichten gegen Gott in Kollision mit den *gemeinmenschlichen* Pflichten. Gott wird nicht nur geglaubt, vorgestellt als das gemeinsame Wesen, der Vater der Menschen, die Liebe – solcher Glaube ist Glaube der Liebe –, er wird auch vorgestellt als *persönliches* Wesen, als Wesen *für sich*. Sogut sich daher Gott als ein Wesen *für sich* vom Wesen des Menschen *absondert*, so gut *sondern sich auch die Pflichten gegen Gott ab von den Pflichten gegen den Menschen* – separiert sich im Gemüte der Glaube von der Moral, der Liebe.* Erwi-

---

* Der Glaube ist zwar nicht »ohne gute Werke«, ja, es ist so unmöglich nach Luthers Ausspruch, Werke vom Glauben zu scheiden, als unmöglich, Brennen und Leuchten vom Feuer zu scheiden. Aber gleichwohl – und das

dere man nicht, daß der Glaube an Gott der Glaube an die Liebe, das Gute selbst, der Glaube also schon ein Ausdruck des sittlich guten Gemüts ist. Im Begriffe der Persönlichkeit verschwinden die ethischen Bestimmungen; sie werden zur *Nebensache*, zu bloßen Akzidenzen. Die *Hauptsache* ist das Subjekt, das göttliche Ich. Die Liebe zu Gott selbst ist, weil Liebe zu einem persönlichen Wesen, keine moralische, sondern *persönliche* Liebe. Unzählige fromme Lieder atmen nur Liebe zum Herrn, aber in dieser Liebe zeigt sich kein Funke einer erhabnen sittlichen Idee oder Gesinnung.

Der Glaube ist sich das Höchste, weil sein Objekt eine göttliche Persönlichkeit. Er macht daher *von sich* die ewige Seligkeit abhängig, nicht von der Erfüllung der *gemeinen* menschlichen Pflichten. Was aber die ewige Seligkeit zur Folge hat, das bestimmt sich im Sinne des Menschen notwendig zur *Hauptsache*. Wie daher innerlich dem Glauben die Ethik subordiniert wird, so kann, so muß sie auch äußerlich, praktisch ihm untergeordnet, ja aufgeopfert werden. Es ist notwendig, daß es Handlungen gibt, in denen der Glaube *im Unterschiede* oder vielmehr *im Widerspruch mit der Moral* zur Erscheinung kommt – Handlungen, die *moralisch schlecht*, aber *dem Glauben nach löblich* sind, weil sie nur das Beste des Glaubens bezwecken. Alles Heil liegt am Glauben; alles daher wieder an dem *Heil des Glaubens*. Ist der Glaube gefährdet, so ist die ewige Seligkeit und die Ehre Gottes gefährdet. Alles privilegiert daher der Glaube, wenn es nur die Beförderung des Glaubens zum Zwecke hat; denn er ist ja, strenggenommen, das einzige subjektive Gute im Menschen,

ist die Hauptsache – gehören die *guten Werke nicht in den Artikel von der Rechtfertigung vor Gott*, d. h. man wird gerecht vor Gott und »selig ohne die Werke, allein durch *den Glauben*«. Der Glaube wird also doch *ausdrücklich* von den guten Werken *unterschieden*: Nur der Glaube *gilt* vor Gott, nicht das gute Werk; nur der Glaube ursachet die Seligkeit, nicht die Tugend; nur der Glaube hat also *substantielle*, die Tugend nur *akzidentelle* Bedeutung, d. h. nur der Glaube hat *religiöse Bedeutung, göttliche Autorität*, nicht die Moral. – Bekanntlich behaupteten einige sogar, daß die guten Werke nicht nur nicht nötig, sondern auch sogar »*schädlich zur Seligkeit*« seien. Ganz richtig.

wie Gott selbst das einzige gute und positive Wesen, das erste, das *höchste* Gebot daher: *Glaube!*

Eben deswegen, weil kein natürlicher, innerer Zusammenhang zwischen dem Glauben und der moralischen Gesinnung stattfindet, es vielmehr im *Wesen des Glaubens an sich* liegt, daß er *indifferent* ist gegen die moralischen Pflichten*, daß er *die Liebe* des Menschen der *Ehre* Gottes aufopfert, *eben deswegen* wird gefordert, daß der Glaube gute Werke im Gefolge haben, daß er durch die Liebe sich betätigen soll. Dergegen die Liebe indifferente oder lieblose Glaube widerspricht der Vernunft, dem moralischen Gefühl, dem natürlichen Rechtssinn des Menschen, als welchem sich die Liebe unmittelbar als Gesetz und Wahrheit aufdringt. Der Glaube wird daher im Widerspruch mit seinem Wesen *an sich* durch die Moral beschränkt. Ein Glaube, der nichts Gutes wirkt, sich nicht durch die Liebe betätigt, ist kein wahrer, kein lebendiger. Aber diese *Beschränkung* stammt *nicht aus dem Glauben selbst.* Es ist die vom Glauben unabhängige Macht der Liebe, die ihm Gesetze gibt; denn es wird hier die *moralische Beschaffenheit* zum Kriterium der Echtheit des Glaubens, die *Wahrheit des Glaubens* von der *Wahrheit der Ethik abhängig* gemacht – ein Verhältnis, das aber dem Glauben widerspricht.

Wohl mag der Glaube den Menschen selig machen; aber soviel ist gewiß: Er flößt ihm keine wirklich sittlichen Gesinnungen ein. Bessert er den Menschen, hat er moralische Gesinnung zur Folge, so kommt das nur aus der innern, vom religiösen Glauben unabhängigen Überzeugung von der unumstößlichen Realität der Moral. Nur die Moral ist es, die dem Gläubigen ins Gewissen ruft: Dein Glaube ist nichts,

---

* »Placetta de Fide II. Il ne faut pas chercher dans *la nature de choses mêmes* la veritable cause de l'inseparabilité de la foi et de la pieté. Il faut, si je ne me trompe, la chercher uniquement dans *la volonté de Dieu* ... Bene facit et nobiscum sentit, cum illam conjunctionem (d. h. der sanctitas oder virtus mit dem Glauben) a benefica Dei voluntate et dispositione repetit; nec id novum est ejus inventum, sed cum antiquioribus Theologis nostris commune« (J. A. Ernesti, *Vindiciae arbitrii divini,* Opusc. theol., p. 297). »Si quis dixerit .. qui *fidem sine charitate* habet, Christianum non esse, anathema sit« (Concil. Trid.).

wenn er dich nicht gut macht, keineswegs aber der Glaube. Wohl kann, nicht ist es zu leugnen, die Gewißheit ewiger Seligkeit, der Vergebung der Sünden, der Begnadigung und Erlösung von allen Strafen, den Menschen geneigt machen, Gutes zu tun. Der Mensch, der dieses Glaubens ist, hat alles; er ist selig; er wird gleichgültig gegen die Güter dieser Welt; kein Neid, keine Habsucht, kein Ehrgeiz, kein sinnliches Verlangen kann ihn fesseln; alles Irdische schwindet im Hinblick auf die himmlische Gnade und die ewige überirdische Seligkeit. Aber die guten Werke kommen bei ihm nicht aus den Gesinnungen der Tugend selbst. Nicht die Liebe selbst, nicht der Gegenstand der Liebe, der *Mensch,* die *Basis aller Moral,* ist die Triebfeder seiner guten Handlungen. Nein! Er tut Gutes nicht um des Guten, nicht um des Menschen, sondern um Gottes willen – aus Dankbarkeit gegen Gott, der alles für ihn getan und für den er daher auch seinerseits wieder alles tun muß, was nur immer in seinem Vermögen steht. Er unterläßt die Sünde, weil sie Gott, seinen Heiland, seinen Wohltäter, beleidigt.* Der Begriff der Tugend ist hier der Begriff des vergeltenden Opfers. Gott hat sich für den Menschen geopfert; dafür muß sich jetzt wieder der Mensch Gott opfern. Je größer das Opfer, desto besser die Handlung. Je mehr etwas dem Menschen, der Natur widerspricht, je größer die Negation, desto größer auch die Tugend. Diesen nur negativen Begriff des Guten hat besonders der Katholizismus verwirklicht und ausgebildet. Sein höchster moralischer Begriff ist der des Opfers – daher die hohe Bedeutung der Verneinung der Geschlechtsliebe – der castitas. Die Keuschheit ist die charakteristische Tugend des katholischen Glaubens – deswegen, weil sie keine Basis in der Natur hat –, die überschwenglichste, transzendenteste, phantastischste Tu-

---

* »Wie kann ich dir dann deine Liebestaten im Werk erstatten? Doch ist noch etwas, das dir angenehme, wenn ich des Fleisches Lüste dämpf und zähme, daß sie aufs neu mein Herz nicht entzünden mit neuen Sünden.« »Will sich die Sünde regen, so bin ich nicht verlegen, der Blick auf Jesu Kreuze ertötet ihre Reize.« (Gesangbuch der evangel. Brüdergemeinen).

gend, die Tugend des supranaturalistischen Glaubens* – dem Glauben die höchste Tugend, aber *an sich* keine Tugend. Der Glaube macht demnach zur Tugend, was an sich, seinem Inhalt nach keine Tugend ist; er hat also keinen Tugendsinn; er muß notwendig die *wahre* Tugend herabsetzen, weil er eine bloße *Scheintugend* so erhöht, weil ihn kein andrer Begriff als der der Negation, des Widerspruchs mit der Natur des Menschen leitet.

Aber obgleich die der Liebe widersprechenden Handlungen der christlichen Religionsgeschichte dem Christentum *entsprechen* und daher die Gegner des Christentums recht haben, wenn sie demselben die Greueltaten der Christen schuld geben, so *widersprechen* sie doch auch zugleich wieder dem Christentum, weil das Christentum nicht nur eine Religion des Glaubens, sondern auch der *Liebe* ist, nicht nur zum Glauben, sondern auch zur Liebe uns verpflichtet. Die Handlungen der Lieblosigkeit**, des Ketzerhasses entsprechen und widersprechen zugleich dem Christentum? Wie ist das möglich? Allerdings. Das Christentum sanktioniert zugleich *die* Handlungen, die *aus der Liebe,* und *die* Handlungen, die *aus dem Glauben ohne Liebe* kommen. Hätte das Christentum *nur die Liebe zum Gesetze gemacht,* so hätten die Anhänger desselben recht, man könnte ihm die Greueltaten der christlichen Religionsgeschichte nicht als Schuld anrechnen; hätte es *nur* den *Glauben* zum Gesetz gemacht, so wären die Vorwürfe der Ungläubigen *unbedingt, ohne Einschränkung* wahr. Das Christentum hat die Liebe *nicht freigegeben,* sich nicht zu der

---

* Auch der Protestantismus anerkannte noch diese Tugend und setzte die Ehelosigkeit, als eine höhere Gabe, über die Ehe. Nur hat sie für ihn keine *praktische Bedeutung* mehr, weil der natürliche Mensch zu schwach sei für diese himmlische Tugend, d. h. in Wahrheit, weil die *christliche* Moral die schwache Seite des Protestantismus ist, weil in ihm der natürliche Mensch den christlichen, wenigstens auf dem Gebiete der Moral, übermannt hatte. – Es versteht sich von selbst, daß die christliche Keuschheit eine ganz andere ist als die heidnische, etwa römische pudicitia. Hier wurde z. B. das Weib beschränkt, »ut non solum virginitatem illibatam, sed etiam oscula ad virum sincera perferret« (Val. Maximus, l. VI, c. 1. § 4).
** Man entschuldige durch den Gegensatz dieses matte Wort.

Höhe erhoben, die *Liebe absolut zu fassen*. Und es hat diese Freiheit nicht gehabt, nicht haben können, weil es Religion ist – die Liebe daher der *Herrschaft des Glaubens* unterworfen. Die *Liebe* ist nur die *exoterische*, der *Glaube die esoterische Lehre des Christentums* – die *Liebe* nur die *Moral*, der *Glaube* aber die *Religion* der christlichen Religion.

Gott ist die Liebe. Dieser Satz ist der höchste des Christentums. Aber der *Widerspruch des Glaubens und der Liebe* ist schon in diesem Satze enthalten. Die Liebe ist nur ein Prädikat, Gott das Subjekt. Was ist aber dieses Subjekt *im Unterschiede* von der Liebe? Und ich muß doch *notwendig* so fragen, so unterscheiden. Die Notwendigkeit der Unterscheidung wäre nur aufgehoben, wenn es umgekehrt hieße: *Die Liebe ist Gott, die Liebe das absolute Wesen*. So bekäme die Liebe die Stellung der Substanz. In dem Satze »Gott ist die Liebe« ist das Subjekt das *Dunkel*, hinter welches der Glaube sich versteckt, das Prädikat das *Licht*, das erst das an sich dunkle Subjekt erhellt. *Im Prädikat betätige ich die Liebe, im Subjekt den Glauben*. Die Liebe füllt nicht allein meinen Geist aus: Ich lasse einen Platz *für meine Lieblosigkeit offen*, indem ich Gott als *Subjekt* denke *im Unterschied vom Prädikat*. Der Begriff eines *persönlichen, für sich seienden* Wesens ist nichts weniger als identisch mit dem Begriffe der Liebe; es ist vielmehr auch *etwas außer und ohne die Liebe*. Es ist daher notwendig, daß ich bald den Gedanken der Liebe verliere, bald wieder den Gedanken des Subjekts, bald der *Gottheit der Liebe* die *Persönlichkeit Gottes*, bald wieder der *Persönlichkeit Gottes* die *Liebe* aufopfere. Die Geschichte des Christentums hat diesen Widerspruch hinlänglich konstatiert. Der Katholizismus besonders feierte die Liebe als die wesentliche Gottheit so begeistert, daß ihm in dieser Liebe ganz die Persönlichkeit Gottes verschwand. Aber zugleich opferte er wieder in einer und derselben Seele der *Majestät des Glaubens* die Liebe auf. Der Glaube hält sich an die *Selbständigkeit* Gottes; die Liebe hebt sie auf. Gott ist die Liebe heißt: Gott ist *nichts für sich*; wer liebt, gibt seine egoistische Selbständigkeit auf; er macht, was er liebt, zum Unentbehrlichen, Wesentlichen seiner Existenz. Der Begriff der Liebe ist der der Identität. Aber zugleich taucht doch wieder, während ich in die Tiefe der Liebe das Selbst versenke, der Gedanke des Subjekts auf und stört die Harmonie des göttlichen und menschlichen Wesens, welche die Liebe gestiftet. Der Glaube tritt mit seinen Prätensionen auf und räumt der Liebe nur soviel ein, als überhaupt einem Prädikat im gewöhnlichen Sinne zukommt. Er läßt die Liebe sich nicht frei entfalten; er macht sie zu einem Abstraktum, sich zum *Konkretum,* zur *Sache,* zum *Fundament.* Die Liebe des Glaubens ist nur eine rhetorische Figur, eine poetische Fiktion des Glaubens – der *betrunkne,* der *sich selbst betäubende* Glaube. Kommt der Glaube wieder *zu sich,* so ist auch die Liebe dahin.

Notwendig mußte sich dieser *theoretische Widerspruch* auch *praktisch* betätigen. Notwendig; denn die Liebe ist im Christentum *befleckt* durch den Glauben, sie ist nicht frei, nicht wahrhaft erfaßt. Eine Liebe, die durch den *Glauben beschränkt,* ist eine *unwahre* Liebe.* Die Liebe kennt kein Gesetz als sich selbst. Sie ist göttlich *durch sich selbst;* sie bedarf nicht der Weihe des Glaubens; sie kann nur *durch sich selbst begründet* werden. Die Liebe, die durch den Glauben gebunden, ist eine *engherzige, falsche,* dem Begriffe der Liebe, d. h. *sich selbst widersprechende* Liebe, eine *scheinheilige* Liebe, denn sie birgt den Haß des Glaubens in sich; sie ist nur gut, solange der Glaube nicht verletzt wird. In diesem *Widerspruch mit sich selbst* verfällt sie daher, um den *Schein der Liebe* zu behalten, auf die teuflischsten Sophismen, wie Augustin in seiner Apologie der Ketzerverfolgungen. Die Liebe ist *beschränkt durch den Glauben;* sie findet daher auch die *Handlungen der Lieblosigkeit,* die der Glaube gestattet, *nicht im Widerspruch mit sich;* sie legt die *Handlungen des*

---

* Die einzige dem Wesen der Liebe nicht widersprechende Beschränkung ist die Selbstbeschränkung der Liebe durch die *Vernunft,* die *Intelligenz.* Liebe, die die Strenge, das *Gesetz* der Intelligenz verschmäht, ist theoretisch eine falsche, praktisch eine verderbliche Liebe.

Hasses, die um des Glaubens willen geschehen, als *Handlungen der Liebe* aus. Und sie verfällt *notwendig* auf solche Widersprüche, weil es schon *an und für sich ein Widerspruch* ist, daß die Liebe durch den Glauben beschränkt ist. Duldet sie *einmal diese Schranke,* so hat sie ihr *eignes Urteil, ihr eingebornes Maß und Kriterium,* ihre *Selbständigkeit* aufgegeben; sie ist den *Einflüsterungen des Glaubens* widerstandlos preisgegeben.

Hier haben wir wieder ein Exempel, daß vieles, was nicht dem Buchstaben nach in der Bibel steht, dem *Prinzip* nach doch in ihr liegt. Wir finden dieselben Widersprüche in der Bibel, die wir im Augustin, im Katholizismus überhaupt finden, nur daß sie hier bestimmt ausgesprochen werden, eine *augenfällige,* darum *empörende* Existenz bekommen. Die Bibel verdammt durch den Glauben, begnadigt durch die Liebe. Aber sie kennt nur eine auf den Glauben gegründete Liebe. Also auch hier schon eine Liebe, die verflucht, eine unzuverlässige Liebe, eine Liebe, die mir keine Garantie gibt, daß sie sich nicht *als Lieblosigkeit* bewährt; denn anerkenne ich nicht die Glaubensartikel, so bin ich *außer das Gebiet und Reich der Liebe* gefallen, ein Gegenstand des Fluchs, der Hölle, des *Zornes* Gottes, dem die Existenz der Ungläubigen ein Ärger, ein Dorn im Auge ist. Die christliche Liebe hat nicht *die Hölle überwunden,* weil sie *nicht den Glauben überwunden. Die Liebe ist an sich ungläubig, der Glaube aber lieblos.* Ungläubig aber ist deswegen die Liebe, weil sie nichts Göttlicheres kennt als *sich selbst,* weil sie nur *an sich selbst* als die absolute Wahrheit glaubt.

Die christliche Liebe ist schon dadurch eine *besondere,* daß sie *christliche* ist, sich christliche nennt. Aber *Universalität* liegt im *Wesen* der Liebe. Solange die christliche Liebe die Christlichkeit nicht aufgibt, nicht die Liebe schlechtweg zum obersten Gesetze macht, so lange ist sie eine Liebe, die den Wahrheitssinn beleidigt, denn die Liebe ist es eben, die den Unterschied zwischen Christentum und sogenanntem Heidentum aufhebt – eine Liebe, die durch ihre Partikularität mit dem Wesen der

Liebe in Widerspruch tritt, eine abnorme, lieblose Liebe, die daher längst auch mit Recht ein Gegenstand der Ironie geworden ist. Die wahre Liebe ist *sich selbst genug*; sie bedarf keiner besondern Titel, keiner Autorität. Die Liebe ist das *universale Gesetz der Intelligenz und Natur* – sie ist nichts andres als die Realisation der Einheit der Gattung auf dem Wege der Gesinnung. Soll diese Liebe auf den Namen einer Person gegründet werden, so ist dies nicht möglich als dadurch, daß mit dieser Person *superstitiöse* Begriffe verbunden werden, seien sie nun *religiöser* oder *spekulativer* Art. Aber mit der Superstition ist immer Partikularismus, mit dem Partikularismus Fanatismus verbunden. Die Liebe kann sich nur gründen auf die Einheit der Gattung, der Intelligenz, auf die Natur der Menschheit; nur dann ist sie eine *gründliche,* im Prinzip geschützte, *garantierte, freie* Liebe, denn sie stützt sich auf den *Ursprung* der Liebe, aus dem selbst die Liebe Christi stammte. Die Liebe Christi war selbst eine *abgeleitete* Liebe. Er liebte uns nicht aus sich, kraft eigner Vollmacht, sondern kraft der Natur der Menschheit. Stützt sich die Liebe auf seine Person, so ist diese Liebe eine *besondere,* die nur *so weit geht, als die Anerkennung dieser Person* geht, eine Liebe, die sich nicht auf den eignen Grund und Boden der Liebe stützt. Sollen wir deswegen uns lieben, weil Christus uns geliebt? Solche Liebe wäre *affektierte,* nachgeäffte Liebe. Können wir nur wahrhaft lieben, wenn wir Christus lieben? Aber ist Christus die Ursache der Liebe? Oder ist er nicht vielmehr der Apostel der Liebe? nicht der Grund seiner Liebe die Einheit der Menschennatur? Soll ich Christus mehr lieben als die Menschheit? Aber solche Liebe, ist sie nicht eine chimärische Liebe? Kann ich über den Begriff der Gattung hinaus? Höheres lieben als die Menschheit? Was Christus adelte, war die Liebe; was er war, hat er von ihr nur zu Lehen bekommen; er war nicht *Proprietär* der Liebe, wie er dies in allen superstitiösen Vorstellungen ist. Der Begriff der Liebe ist ein selbständiger Begriff, den ich nicht erst aus dem Leben Christi abstrahiere; im Gegenteil, ich anerkenne dieses

Leben nur, *weil* und *wenn* ich es übereinstimmend finde mit dem Gesetze, dem Begriffe der Liebe.

Historisch ist dies schon dadurch erwiesen, daß die Idee der Liebe keineswegs nur mit dem Christentum und durch dasselbe in das Bewußtsein der Menschheit erst kam, keineswegs eine nur christliche ist. Sinnvoll gehen der Erscheinung dieser Idee die Greuel des römischen Reichs zur Seite. Das Reich der Politik, das die Menschheit auf eine ihrem Begriffe widersprechende Weise vereinte, mußte in sich zerfallen. Die politische Einheit ist eine *gewaltsame*. Roms Despotismus mußte sich nach innen wenden, sich selbst zerstören. Aber eben durch dieses Elend der Politik zog sich der Mensch ganz aus der herzzerdrückenden Schlinge der Politik heraus. An die Stelle Roms trat der Begriff der Menschheit, damit an die Stelle des Begriffs der Herrschaft der Begriff der Liebe. Selbst die Juden hatten in dem Humanitätsprinzip der griechischen Bildung ihren gehässigen religiösen Separatismus gemildert. Philo feiert die Liebe als die höchste Tugend. Es lag im Begriffe der Menschheit selbst, daß die nationellen Differenzen gelöst wurden. Der denkende Geist hatte schon frühe die zivilistischen und politischen Trennungen des Menschen vom Menschen überwunden. Aristoteles unterscheidet wohl den Menschen vom Sklaven und setzt den Sklaven als Menschen auf gleichen Fuß mit dem Herrn, indem er selbst Freundschaft zwischen beiden schließt. Sklaven waren selbst Philosophen. Epiktet, der Sklave, war Stoiker; Antonin, der Kaiser, war es auch. So einte die Philosophie die Menschen. Die Stoiker* lehrten, der Mensch sei nicht um seinetwillen, sondern um der *andern willen*, d. h. zur Liebe geboren – ein Ausspruch, der unendlich mehr sagt als das rühmlichst bekannte, die Feindesliebe gebietende Wort des Kaisers Antonin. Das praktische Prinzip der Stoiker ist insofern das Prinzip der Liebe. Die Welt ist ihnen eine gemeinsame Stadt, die Menschen Mitbürger. Seneca

---

* Auch die Peripatetiker; aber sie gründeten die Liebe, auch die gegen alle Menschen, nicht auf ein *besonderes, religiöses,* sondern ein *natürliches* Prinzip.

namentlich feiert in den erhabensten Aussprüchen die Liebe, die Clementia, die Humanität besonders gegen die Sklaven. So war der politische Rigorismus, die patriotische Engherzigkeit und Borniertheit verschwunden.

Eine *besondere* Erscheinung dieser menschheitlichen Bestrebungen – die *volkstümliche,* populäre, darum religiöse Erscheinung dieses neuen Prinzips war das Christentum. Was anderwärts auf dem Wege der Bildung sich geltend machte, das sprach sich hier als religiöses Gemüt, als Glaubenssache aus. Darum machte das Christentum selbst wieder eine *allgemeine* Einheit zu einer *besondern,* die Liebe zur Sache des Glaubens, aber setzte sie eben dadurch in Widerspruch mit der allgemeinen Liebe. Die Einheit wurde nicht bis auf ihren Ursprung zurückgeführt. Die Nationaldifferenzen verschwanden; dafür tritt aber jetzt die *Glaubensdifferenz,* der *Gegensatz von christlich und unchristlich,* heftiger als ein nationeller Gegensatz, häßlicher auch, in der Geschichte auf.

Alle auf eine partikuläre Erscheinung gegründete Liebe widerspricht, wie gesagt, dem Wesen der Liebe, als welche keine Schranken duldet, jede Partikularität überwindet. Wir sollen den Menschen um des Menschen willen lieben. Der Mensch ist dadurch Gegenstand der Liebe, daß er *Selbstzweck,* daß er ein *vernunft-* und *liebefähiges* Wesen ist. Dies ist das Gesetz der Gattung, das Gesetz der Intelligenz. Die Liebe soll eine *unmittelbare* Liebe sein, ja, sie ist nur, als *unmittelbare,* Liebe. Schiebe ich aber zwischen den andern und mich, der ich eben in der *Liebe* die *Gattung realisiere,* die Vorstellung einer Individualität ein, in welcher die Gattung schon realisiert sein soll, so hebe ich das Wesen der Liebe auf, störe die Einheit durch die Vorstellung eines Dritten außer uns; denn der andere ist mir dann nur um der Ähnlichkeit oder Gemeinschaft willen, die er mit diesem Urbild hat, *nicht um seinetwillen,* d. h. *um seines Wesens willen* Gegenstand der Liebe. Es kommen hier alle Widersprüche wieder zum Vorschein, die wir in der Persönlichkeit Gottes haben, wo der Begriff der Persönlichkeit notwendig *für sich selbst, ohne die Qualität,* welche sie zu einer liebens- und verehrungswürdigen Persönlichkeit macht, im Bewußtsein und Gemüt sich befestigt. Die Liebe ist die *subjektive* Realität der Gattung, wie die Vernunft die *objektive* Realität derselben. *In der Liebe, in der Vernunft* verschwindet das *Bedürfnis* einer *Mittelsperson.* Christus ist selbst nichts als ein Bild, unter welchem sich dem *Volksbewußtsein* die *Einheit der Gattung* aufdrang und darstellte. Christus liebte die Menschen: Er wollte sie alle ohne Unterschied des Geschlechts, Alters, Standes, der Nationalität beglücken, vereinen. Christus ist die Liebe der Menschheit zu sich selbst als ein Bild – der entwickelten Natur der Religion zufolge – oder als eine Person – eine Person, die aber nur die Bedeutung eines Bildes hat, nur eine ideale ist. Darum wird als Kennzeichen der Jünger die Liebe ausgesprochen. Die Liebe ist aber, wie gesagt, nichts andres als die Betätigung, die Realisation der Einheit der Gattung durch die Gesinnung. Die Gattung ist kein Abstraktum; sie existiert im Gefühle, in der Gesinnung, in der Energie der Liebe. Die Gattung ist es, die mir Liebe einflößt. Ein liebevolles Herz ist das Herz der Gattung. Also ist Christus als das *Bewußtsein der Liebe* das *Bewußtsein der Gattung.* Alle sollen wir *eins* in Christus sein. Christus ist das Bewußtsein unserer Identität. Wer also den Menschen um des Menschen willen liebt, wer sich zur Liebe der Gattung erhebt, zur universalen, dem Wesen der Gattung adäquaten Liebe*, der ist Christ, der ist Christus selbst. Er tut, was Christus tat, was Christus zu Christus machte. Wo also das Bewußtsein der Gattung als Gattung entsteht, da verschwindet Christus, ohne daß sein wahres Wesen vergeht; denn er war ja der Stellvertreter des Bewußtseins der Gattung, das Bild, unter welchem die Gattung dem Volke das Bewußtsein der Gattung als das *Gesetz* seines Lebens beibrachte.

---

* Die *handelnde* Liebe ist und muß natürlich immer eine *besondere, beschränkte,* d. h. auf das Nächste gerichtete sein. Aber sie ist doch ihrer *Natur* nach eine *universale,* indem sie den Menschen um des Menschen willen, den Menschen im Namen der Gattung liebt. Die christliche Liebe dagegen ist *ihrer Natur* nach exklusiv.

SCHLUSSANWENDUNG

In dem entwickelten Widerspruch zwischen Glaube und Liebe haben wir den praktischen, handgreiflichen Nötigungsgrund, über das Christentum, über das eigentümliche Wesen der Religion überhaupt uns zu erheben. Wir haben bewiesen, daß der *Inhalt* und *Gegenstand* der Religion ein durchaus *menschlicher* ist, und zwar menschlicher in dem doppelten Sinne dieses Wortes, in welchem es eben sowohl etwas Positives als Negatives bedeutet, daß die Religion nicht nur die Mächte des menschlichen Wesens, sondern selbst auch die Schwachheiten, die subjektivsten Wünsche des menschlichen Herzens, wie z. B. in den Wundern, unbedingt bejaht – bewiesen, daß auch die *göttliche Weisheit menschliche Weisheit,* daß das *Geheimnis der Theologie* die *Anthropologie,* des absoluten Geistes der sogenannte endliche subjektive Geist ist. Aber die Religion hat nicht das Bewußtsein von der Menschlichkeit ihres Inhalts; sie setzt sich vielmehr dem Menschlichen entgegen, oder wenigstens sie *gesteht nicht ein,* daß ihr Inhalt menschlicher ist. Der notwendige Wendepunkt der Geschichte ist daher dieses *offne Bekenntnis und Eingeständnis,* daß das Bewußtsein Gottes nichts andres ist als das Bewußtsein der Gattung, daß der Mensch sich nur über die Schranken seiner Individualität erheben kann und soll, aber nicht über die Gesetze, die *positiven Wesensbestimmungen seiner Gattung,* daß der Mensch kein andres Wesen als *absolutes Wesen* denken, ahnen, vorstellen, fühlen, glauben, wollen, lieben und verehren kann als *das Wesen der menschlichen Natur.**
Unser Verhältnis zur Religion ist daher kein *nur negatives,* sondern ein *kritisches;* wir scheiden nur das *Wahre* vom

---

* Mit Einschluß der *Natur,* denn wie der Mensch *zum Wesen* der Natur – dies gilt gegen den *gemeinen Materialismus* –, so gehört auch die Natur zum *Wesen* des Menschen – dies gilt gegen den *subjektiven Idealismus,* der auch das Geheimnis unsrer »absoluten« Philosophie, wenigstens in Beziehung auf die Natur, ist. Nur durch die Verbindung des Menschen mit der Natur können wir den supranaturalistischen Egoismus des Christentums überwinden.

Falschen – obgleich allerdings die von der Falschheit ausgeschiedene Wahrheit immer eine *neue,* von der alten *wesentlich unterschiedne* Wahrheit ist. Die Religion ist das erste Selbstbewußtsein des Menschen. Heilig sind die Religionen, eben weil sie die Überlieferungen des ersten Bewußtseins sind. Aber was der Religion das erste ist, Gott, das ist an sich, der Wahrheit nach das zweite, denn er ist nur das sich *gegenständliche* Wesen des Menschen, und was ihr das zweite ist, der Mensch, das muß daher *als das erste gesetzt* und *ausgesprochen* werden. Die Liebe zum Menschen darf keine abgeleitete sein; sie muß zur *ursprünglichen* werden. Dann allein wird die Liebe eine *wahre, heilige, zuverlässige* Macht. Hinter die religiöse Liebe kann sich, wie bewiesen, auch der Haß sicher verbergen. Ist das Wesen des Menschen das *höchste Wesen* des Menschen, so muß auch praktisch das *höchste* und *erste Gesetz* die *Liebe des Menschen zum Menschen sein. Homo homini deus est* – dies ist der oberste praktische Grundsatz, dies der Wendepunkt der Weltgeschichte. Die Verhältnisse des Kindes zu den Eltern, des Gatten zum Gatten, des Bruders zum Bruder, des Freundes zum Freunde, überhaupt des Menschen zum Menschen, kurz, die *moralischen* Verhältnisse sind per se *wahrhaft religiöse Verhältnisse. Das Leben ist* überhaupt in seinen *wesentlichen, substantiellen* Verhältnissen *durchaus göttlicher Natur.* Seine religiöse Weihe empfängt es nicht erst durch den Segen des Priesters. Die Religion will durch ihre *an sich* äußerliche Zutat einen Gegenstand heiligen; sie spricht dadurch *sich allein* als die heilige Macht aus; sie kennt außer sich nur irdische, ungöttliche Verhältnisse; darum eben tritt sie hinzu, um sie erst zu heiligen, zu weihen.

Aber die Ehe – natürlich als freier Bund der Liebe – ist *durch sich selbst,* durch die *Natur* der Verbindung, die hier geschlossen wird, *heilig.* Nur *die* Ehe ist eine *religiöse,* die eine *wahre* ist, die dem *Wesen* der Ehe, der Liebe entspricht. Und so ist es mit allen sittlichen Verhältnissen. Sie sind nur da *moralische,* sie werden nur da mit sittlichem Sinne gepflogen, wo sie *durch sich selbst als religiöse* gelten. Wahrhafte Freundschaft ist nur da, wo die *Grenzen* der Freundschaft mit religiöser Gewissenhaftigkeit bewahrt werden, mit derselben Gewissenhaftigkeit, mit welcher der Gläubige die Dignität seines Gottes wahrt. *Heilig* ist und sei dir die Freundschaft, heilig das Eigentum, heilig die Ehe, heilig das Wohl jedes Menschen, aber heilig *an und für sich* selbst.

Im Christentum werden die moralischen Gesetze als Gebote Gottes gefaßt; es wird die Moralität selbst zum Kriterium der Religiosität gemacht; aber die Ethik hat dennoch untergeordnete Bedeutung, hat nicht für sich selbst die Bedeutung der Religion. Diese fällt nur in den Glauben. Über der Moral schwebt Gott als ein vom Menschen unterschiedenes Wesen, dem das Beste angehört, während dem Menschen nur der Abfall zukommt. Alle Gesinnungen, die dem *Leben,* dem *Menschen* zugewendet werden sollen, alle seine besten Kräfte vergeudet der Mensch an das bedürfnislose Wesen. Die *wirkliche* Ursache wird zum selbstlosen Mittel, eine nur vorgestellte, imaginäre Ursache zur wahren, wirklichen Ursache. Der Mensch *dankt Gott* für die Wohltaten, die ihm der andere *selbst mit Opfern* dargebracht. Der Dank, den er seinem Wohltäter ausspricht, ist nur ein scheinbarer, er gilt nicht ihm, sondern Gott. Er ist dankbar gegen Gott, aber undankbar gegen den Menschen. So geht die sittliche Gesinnung in der Religion unter! So opfert der Mensch den Menschen Gott auf! Die blutigen Menschenopfer sind in der Tat nur rohsinnliche Ausdrücke von den Geheimnissen der Religion. Wo blutige Menschenopfer Gott dargebracht werden, da gelten diese Opfer für die höchsten, das sinnliche Leben für das höchste Gut. Deswegen opfert man das Leben Gott auf, und zwar in außerordentlichen Fällen; man glaubt, damit ihm die größte Ehre zu erweisen. Wenn das Christentum nicht mehr, *wenigstens in unserer Zeit,* blutige Opfer seinem Gott darbringt, so kommt das nur daher, daß das sinnliche Leben nicht mehr für das höchste Gut gilt. Man opfert dafür Gott die *Seele,* die *Gesinnung,* weil diese für höher gilt. Aber das Gemeinsame ist, daß der Mensch in der Religion eine Verbindlichkeit gegen den Menschen – wie die, das Leben des andern zu respektieren, dankbar zu sein – einer religiösen Verbindlichkeit, das Verhältnis zum Menschen dem Verhältnis zu Gott aufopfert. Die Christen haben durch den Begriff der Bedürfnislosigkeit Gottes, die nur ein Gegenstand der reinen Anbetung sei, allerdings viele wüste Vorstellungen beseitigt. Aber diese Bedürfnislosigkeit ist nur ein metaphysischer Begriff, der keineswegs die differentia specifica der Religion begründet. Das Bedürfnis der Anbetung, nur auf eine Seite, auf die subjektive, verlegt, läßt, wie jede Einseitigkeit, das religiöse Gemüt kalt; es muß also, wenn auch nicht mit ausdrücklichen Worten, doch der Tat nach eine dem subjektiven Bedürfnis entsprechende Bestimmung in Gott gesetzt werden, um Gegenseitigkeit herzustellen. Alle positiven Bestimmungen der Religion beruhen auf Gegenseitigkeit.* Der religiöse Mensch denkt an Gott, weil Gott an ihn denkt, er liebt Gott, weil Gott ihn zuerst geliebt hat usw. Gott ist eifersüchtig auf den Menschen – *die Religion eifersüchtig auf die Moral***; sie saugt ihr die besten Kräfte aus; sie gibt dem Menschen, was des Menschen ist, aber Gott, was Gottes ist. Und Gottes ist die wahre, *seelenvolle Gesinnung, das Herz.*

* »*Wer mich ehrt, den will ich auch ehren,* wer aber mich verachtet, der soll wieder verachtet werden« (I. Samuel 2, 30). »Jam se o bone pater, vermis vilissimus et odio dignissimus sempiterno, tamen confidit amari, quoniam se sentit amare, imo quia *se amari praesentit, non redamare* confunditur . . . Nemo itaque *se amari diffidat, qui jam amat*« (Bernardus, *Ad Thomam,* Epist. 107). Ein sehr schöner und wichtiger Ausspruch. Wenn ich nicht für Gott bin, ist Gott nicht für mich; wenn ich nicht liebe, bin ich nicht geliebt. Das Passivum ist das seiner selbst gewisse Activum, das Objekt das seiner selbst gewisse Subjekt. Lieben heißt Mensch sein, Geliebtwerden heißt Gott sein. Ich bin geliebt, sagt Gott, ich liebe, der Mensch. Erst später kehrt sich dies um und verwandelt sich das Passivum in das Activum und umgekehrt.

** »Der Herr sprach zu Gideon: Des Volks ist zu viel, das mit dir ist, daß ich sollte Midian in ihre Hände geben; Israel möchte sich *rühmen wider mich* und sagen: Meine Hand hat mich erlöset«, d. h. »ne Israel sibi tribuat, quae mihi debentur« (Richter, 7,2). »So spricht der Herr: *Verflucht ist der Mann, der sich auf Menschen verläßt.* Gesegnet aber ist der Mann, der sich auf den Herrn verläßt und der Herr seine Zuversicht ist« (Jeremia 17, 5. 7).

Wenn wir in Zeiten, wo die Religion heilig war, die Ehe, das Eigentum, die Staatsgesetze respektiert finden, so hat dies nicht in der Religion seinen Grund, sondern in dem ursprünglich, natürlich sittlichen und rechtlichen Bewußtsein, dem die *rechtlichen Verhältnisse* als solche für heilig gelten. Wem das Recht nicht *durch sich selbst* heilig ist, dem wird es nun und nimmermehr durch die Religion heilig. Das Eigentum ist nicht dadurch heilig geworden, daß es als ein göttliches Institut vorgestellt wurde, sondern weil es durch sich selbst, für sich selbst für heilig galt, wurde es als ein göttliches Institut betrachtet. Die Liebe ist nicht dadurch heilig, daß sie ein Prädikat Gottes, sondern sie ist ein Prädikat Gottes, weil sie durch und für sich selbst göttlich ist. Die Heiden verehren nicht das Licht, nicht die Quelle, weil sie eine Gabe Gottes ist, sondern weil sie sich durch sich selbst dem Menschen als etwas Wohltätiges erweist, weil sie den Leidenden erquickt; ob dieser trefflichen Qualität erweisen sie ihr göttliche Ehre. Der Unterschied aber zwischen den Heiden und Christen ist nur, daß diese moralische oder geistige, jene natürliche Gegenstände anbeteten.

Wo die *Moral* auf die *Theologie,* das *Recht* auf *göttliche Einsetzung* gegründet wird, da kann man die *unmoralischsten, unrechtlichsten, schändlichsten* Dinge *rechtfertigen* und *begründen.* Ich kann die Moral durch die Theologie nur begründen, wenn ich selbst schon *durch die Moral* das göttliche Wesen bestimme. Widrigenfalls habe ich kein *Kriterium* des Moralischen und Unmoralischen, sondern eine *unmoralische, willkürliche* Basis, woraus ich alles Mögliche ableiten kann. Ich muß also die Moral, wenn ich sie durch Gott begründen will, schon *in Gott* setzen, d. h. ich kann die Moral, das Recht, kurz alle substantiellen Verhältnisse nur *durch sich selbst begründen* und begründe sie nur *wahrhaft,* so wie es die Wahrheit gebietet, wenn ich sie durch sich selbst begründe. Etwas in Gott setzen oder aus Gott ableiten, das heißt nichts weiter als etwas der prüfenden Vernunft entziehen, *ohne Rechenschaft* abzulegen, als etwas Unbezweifelbares, Unverletzliches, Heiliges hinstellen. Selbstverblendung, wo nicht selbst böse, hinterlistige Absicht, liegt darum allen Begründungen der Moral, des Rechts durch die Theologie zugrunde. Wo es *Ernst* mit dem Recht ist, bedürfen wir keiner Anfeuerung und Unterstützung von oben her. Wir brauchen keine *christlichen* Könige; wir brauchen nur *Könige*, die *Könige* sind, großgesinnt, gerecht und weise.* Das Richtige, Wahre, Gute hat überall seinen *Heiligungsgrund in sich selbst, in seiner Qualität.* Wo es *Ernst* mit der Ethik ist, da gilt sie eben an und für sich selbst für eine göttliche Macht. Für das Volk mag sich allerdings der Bestand der ethischen und rechtlichen Verhältnisse an den Bestand der positiven Religion knüpfen, aber nur dann, wenn die religiösen Bestimmungen, die Bestimmungen Gottes, selbst sittliche Bestimmungen sind. So kommen wir immer wieder auf die Begründung des Rechts, der Ethik durch sich selbst. Hat die Moral keinen Grund in sich selbst, so gibt es auch keine innere Notwendigkeit zur Moral; die Moral ist dann der bodenlosen Willkür der Religion preisgegeben.

Es handelt sich also im Verhältnis der selbstbewußten Vernunft zur Religion nur um die Vernichtung einer *Illusion* – einer Illusion aber, die keineswegs indifferent ist, sondern vielmehr *grundverderblich* auf die Menschheit wirkt, den Menschen, wie um die Kraft des wirklichen Lebens, so um den Wahrheits- und Tugendsinn bringt; denn selbst die Liebe, an sich die innerste, wahrste Gesinnung, wird durch die Religiosität zu einer nur *scheinbaren, illusorischen,* indem die religiöse Liebe den Menschen nur um Gotteswillen, also nur scheinbar den Menschen, in Wahrheit nur Gott liebt.

Und wir dürfen nur die religiösen Verhältnisse umkehren, das, was die Religion als Mittel setzt, immer als Zweck fassen, was ihr das Untergeordnete, die Nebensache, die Bedingung ist, zur Hauptsache, zur Ursache erheben, so haben wir

---

* Es ist der größte Widerspruch mit dem Christentum, das Königtum aus dem Christentum abzuleiten. Der wahre Christ singt vielmehr mit Asmus: »Ich danke Gott, daß ich *nicht* König worden bin.«

die Illusion zerstört und das ungetrübte Licht der Wahrheit vor unsern Augen. Die Sakramente der Taufe und des Abendmahls, die wesentlichen, charakteristischen Symbole der christlichen Religion, mögen uns diese Wahrheit bestätigen und veranschaulichen.

Das Wasser der Taufe ist der Religion nur das Mittel, durch welches sich der Heilige Geist dem Menschen mitteilt. Durch diese Bestimmung setzt sie sich aber mit der Vernunft, mit der Wahrheit der Natur der Dinge in Widerspruch. Einerseits liegt etwas an der objektiven, natürlichen Qualität des Wassers, andererseits wieder nicht, ist es ein bloßes willkürliches Mittel der göttlichen Gnade und Allmacht. Von diesen und andern unerträglichen Widersprüchen befreien wir uns, eine wahre Bedeutung geben wir der Taufe nur dadurch, daß wir sie betrachten als ein Zeichen von der *Bedeutung des Wassers* selbst. Die Taufe soll uns darstellen die wunderbare, aber natürliche Wirkung des Wassers auf den Menschen. Das Wasser hat in der Tat nicht nur physische, sondern eben deswegen auch moralische und intellektuelle Wirkungen auf den Menschen. Das Wasser reinigt den Menschen nicht nur vom Schmutze des Leibes, sondern im Wasser fallen ihm auch die Schuppen von den Augen: Er sieht, er denkt klarer; er fühlt sich freier; das Wasser löscht die Glut unreiner Begierden. Wie viele Heilige nahmen zu der natürlichen Qualität des Wassers ihre Zuflucht, um die Anfechtungen des Teufels zu überwinden! Was die Gnade versagte, gewährte die Natur. Das Wasser gehört nicht nur in die Diätetik, sondern auch in die *Pädagogik*. Sich zu reinigen, sich zu baden ist selbst die erste, obwohl unterste Tugend.* Im Schauer des Wassers er-

* Offenbar ist auch die christliche Wassertaufe nur ein Überbleibsel der alten Naturreligionen, wo, wie in der parsischen, das Wasser ein religiöses Reinigungsmittel war (s. Rhode, *Die heilige Sage* etc., p. 305, 426 u. f.; Nork, *Mythen der alten Perser*). Hier hatte jedoch die Wassertaufe einen viel wahreren und folglich tieferen Sinn als bei den Christen, weil sie sich auf die natürliche Kraft und Bedeutung des Wassers stützte. Aber freilich, für diese einfachen Naturanschauungen der alten Religionen hat unser spekulativer wie theologischer Supranaturalismus keinen Sinn und Verstand. – Wenn daher die Perser, die Inder, auch noch die Hebräer,

lischt die Brunst der Selbstsucht. Das Wasser ist das nächste und erste Mittel, sich mit der Natur zu befreunden. Das Wasserbad ist gleichsam ein chemischer Prozeß, in welchem sich unsre Ichheit in dem objektiven Wesen der Natur auflöst. Der aus dem Wasser emportauchende Mensch ist ein neuer, *wiedergeborner Mensch*. Die Lehre, daß die Moral nichts ohne Gnadenmittel vermöge, hat einen guten Sinn, wenn wir an die Stelle der imaginären übernatürlichen Gnadenmittel *natürliche Mittel* setzen. Die Moral vermag nichts ohne die Natur. Die Ethik muß sich an die einfachsten Naturmittel anknüpfen. Die *tiefsten Geheimnisse* liegen in dem *Gemeinen*, dem *Alltäglichen*, was die supranaturalistische Religion und Spekulation ignorieren, die *wirklichen* Geheimnisse imaginären, illusorischen Geheimnissen, so hier die wirkliche Wunderkraft des Wassers einer eingebildeten Wunderkraft aufopfernd. Das Wasser ist das einfachste Gnaden- oder Arzneimittel gegen die Krankheiten der Seele wie des Leibes. Aber das Wasser wirkt nur, wenn es oft, wenn es regelmäßig gebraucht wird. Die Taufe als ein einmaliger Akt ist entweder ein ganz nutzloses und bedeutungsloses oder, wenn mit ihr reale Wirkungen verknüpft werden, ein abergläubisches Institut. Ein vernünftiges, ehrwürdiges Institut ist sie dagegen, wenn in ihr die moralische und physische Heilkraft des Wassers, der Natur überhaupt, versinnlicht und gefeiert wird.

Aber das Sakrament des Wassers bedarf einer Ergänzung. Das Wasser als ein universales Lebenselement erinnert uns an unsern Ursprung aus der Natur, welchen wir mit den Pflanzen und Tieren gemein haben. In der Wassertaufe beugen wir uns unter die Macht der reinen Naturkraft; das Wasser ist der Stoff der natürlichen Gleichheit und Freiheit, der Spiegel des goldnen Zeitalters. Aber wir Menschen unterscheiden uns

körperliche Reinlichkeit zu einer *religiösen Pflicht* machten, so waren sie hierin weit vernünftiger als die christlichen Heiligen, welche in der *körperlichen Unreinlichkeit* das supranaturalistische Prinzip ihrer Religion veranschaulichten und bewährten. Die Übernatürlichkeit in der Theorie wird in der Praxis zur Widernatürlichkeit. Die *Übernatürlichkeit* ist nur ein *Euphemismus* für *Widernatürlichkeit*.

auch von der Pflanzen- und Tierwelt, die wir nebst dem unorganischen Reiche unter den gemeinsamen Namen der Natur befassen – unterscheiden uns von der Natur. Wir müssen daher auch *unsre Distinktion,* unsre spezifische Differenz feiern. Die Symbole dieses unsers Unterschieds sind *Wein* und *Brot.* Wein und Brot sind ihrer Materie nach Natur-, ihrer Form nach Menschenprodukte. Wenn wir im Wasser erklären: Der Mensch vermag nichts ohne Natur, so erklären wir durch Wein und Brot: Die Natur vermag nichts, wenigstens Geistiges, ohne den Menschen; *die Natur bedarf des Menschen wie der Mensch der Natur.* Im Wasser geht die menschliche, geistige Tätigkeit zugrunde, im Wein und Brot kommt sie zum Selbstgenuß. Wein und Brot sind *übernatürliche* Produkte – im allein gültigen und wahren, der Vernunft und Natur nicht widersprechenden Sinne. Wenn wir im Wasser die reine Naturkraft anbeten, so beten wir im Weine und Brote die *übernatürliche Kraft des Geistes,* des Bewußtseins, des Menschen an. Darum ist dieses Fest nur für den zum Bewußtsein gezeitigten Menschen; die Taufe wird auch schon den Kindern zuteil. Aber zugleich feiern wir hier das wahre Verhältnis des Geistes zur Natur: Die Natur gibt den Stoff, der Geist die Form. Das Fest der Wassertaufe flößt uns Dankbarkeit gegen die Natur ein, das Fest des Brotes und Weines Dankbarkeit gegen den Menschen. Wein und Brot gehören zu den ältesten Erfindungen. Wein und Brot vergegenwärtigen, versinnlichen uns die Wahrheit, daß der Mensch des Menschen Gott und Heiland ist.

Das *Essen und Trinken* sind die Mysterien des Abendmahls – das Essen und Trinken sind in der Tat an und für sich selbst *religiöse Akte;* sie sollen es wenigstens sein. Denke daher bei jedem Bissen Brotes, der dich von der Qual des Hungers erlöst, bei jedem Schlucke Wein, der dein Herz erfreut, an *den* Gott, der dir diese wohltätigen Gaben gespendet – an den *Menschen!* Aber vergiß nicht über der Dankbarkeit gegen den Menschen die Dankbarkeit gegen die heilige Natur! Vergiß nicht, daß der Wein das Blut der Pflanze und das Mehl das Fleisch der

Pflanze ist, welches dem Wohle deiner Existenz geopfert wird! Vergiß nicht, daß die Pflanze dir das Wesen der Natur versinnbildlicht, die sich liebevoll dir zum Genusse hingibt! Vergiß also nicht den Dank, den du der *natürlichen Qualität* des Brotes und Weines schuldest! Und willst du darüber lächeln, daß ich das Essen und Trinken, weil sie gemeine, alltägliche Akte sind, deswegen von Unzähligen ohne Geist, ohne Gesinnung ausgeübt werden, religiöse Akte nenne, nun so denke daran, daß auch das Abendmahl ein gesinnungsloser, geistloser Akt bei Unzähligen ist, weil er oft geschieht, und versetze dich, um die religiöse Bedeutung des Genusses von Brot und Wein zu erfassen, in die Lage hinein, wo der sonst alltägliche Akt unnatürlich, gewaltsam unterbrochen wird. Hunger und Durst zerstören nicht nur die physische, sondern auch geistige und moralische Kraft des Menschen, sie berauben ihn der Menschheit, des Verstandes, des Bewußtseins. Oh, wenn du je solchen Mangel, solches Unglück erlebtest, wie würdest du segnen und preisen die natürliche Qualität des Brotes und Weines, die dir wieder deine Menschheit, deinen Verstand gegeben! So braucht man nur den gewöhnlichen gemeinen Lauf der Dinge zu unterbrechen, um dem Gemeinen *ungemeine* Bedeutung, dem *Leben als solchem* überhaupt *religiöse Bedeutung* abzugewinnen. *Heilig* sei uns darum das Brot, *heilig* der Wein, aber auch *heilig* das Wasser! Amen.

Anhang

ANMERKUNGEN UND BEWEISSTELLEN*

Gott als Gott ist das objektive Wesen der Vernunft oder des Verstandes, Gott als Mensch, als Gegenstand der Religion, ist das objektive Wesen des Herzens oder Gemütes. Verstand und Herz oder Gemüt – als identisch mit dem Herzen gedacht – unterscheiden sich aber also. Die Vernunft ist das Selbstgefühl der Gattung als solcher, das Gemüt das Selbstgefühl der Individualität. Das Herz ist die Liebe des Menschen zu den Seinigen, die Vernunft die Liebe des Menschen zur Gattung, die Vernunft ist der Mensch im allgemeinen, das Herz der Mensch in specie, das Herz ein nur *persönliches,* die Vernunft ein *dingliches* Vermögen, das Herz vertritt die Person, die Vernunft die Sache. *Ich bin* – ist Sache des Herzens, *ich denke* – Sache des Kopfes. Cogito ergo sum? Nein!, sentio ergo sum. Fühlen nur ist *mein Sein,* Denken ist mein *Nichtsein,* Denken die Position der Gattung, die Vernunft das Nichts der Persönlichkeit. Denken ist ein geistiger Selbstbegattungsakt, der populäre Beweis ist die Sprache. Sprechen ist eine gegenseitige Befruchtung, Begattung. Nur die Wesen verstehen sich, die zu einer Gattung gehören; der Mitteilungstrieb ist der geistige Geschlechtstrieb. In der Vernunft sieht sich der Mensch im ganzen verschwinden; die Vernunft ist der Anblick des Sternenhimmels, der Anblick des Weltmeers, der Anblick einer unbegrenzten Ebene, das Gemüt der Anblick des menschenfreundlichen Mondes, der Anblick des sanftmurmelnden Mühlbaches, der Anblick eines abgeschlossenen, eng begrenzten Tales. Das Herz kontrahiert, die Vernunft expandiert den Menschen – Unterschiede, die alle nur in der *Antithese* Gültigkeit haben, denn auch die Vernunft kon-

* Die griechischen Stellen wurden zur Erleichterung des Drucks und der Korrektur in der deutschen oder lateinischen Übersetzung gegeben.

trahiert, auch das Herz expandiert, aber in anderer Art. Die Vernunft ist kalt, weil sie nicht dem Menschen schmeichelt, nicht ihm allein das Wort redet; das Herz aber ist der Mensch, der *nur allein für sich Partei* nimmt. Das Herz erbarmt sich wohl auch der Tiere, aber nur, weil auch das Tier ein Herz hat. Das Herz liebt nur, was es *mit sich selbst identifiziert*. Was du diesem Wesen antust, das tust du *mir selbst* an. Das Herz liebt überall nur sich selbst, kommt nicht über sich hinaus; das Herz gibt uns nicht den Begriff eines andern, eines von uns Unterschiedenen. Die Vernunft dagegen erbarmt sich der Tiere, nicht weil sie sich selbst in ihnen findet oder sie mit dem Menschen identifiziert, sondern weil sie dieselben als vom Menschen unterschiedne, nicht nur um des Menschen willen existierende, sondern auch als selbstberechtigte Wesen anerkennt. Das Herz opfert die Gattung dem Individuum, die Vernunft das Individuum der Gattung auf. Der Mensch ohne Gemüt ist ein Mensch, der keinen eignen Herd hat. Das Gemüt ist das *Hauswesen,* die Vernunft die *res publica* des Menschen. Der Vernunft ist die *Wahrheit der Natur,* das Herz die *Wahrheit des Menschen.* Populärer: Die Vernunft ist der *Gott der Natur,* das Herz der *Gott des Menschen.* Alles, was der Mensch wünscht, aber die Vernunft, aber die Natur versagt, gewährt ihm das Herz. Gott, Unsterblichkeit, Freiheit im supranaturalistischen Sinne existieren nur im Herzen. Das Herz ist *selbst* die *Existenz Gottes, die Existenz der Unsterblichkeit.* Begnügt euch mit dieser Existenz! Ihr versteht euer Herz nicht – das ist das Übel. Ihr wollt eine faktische, eine äußere, eine objektive Unsterblichkeit, einen Gott *außer euch.* Oh, welche Täuschung! –

Aber wie das Herz den Menschen von den Schranken, und zwar wesenhaften Schranken der Natur erlöst, so erlöst dagegen die Vernunft die Natur von den Schranken der äußerlichen Endlichkeit. Wohl ist die Natur das Licht und Maß der Vernunft – dies gilt gegen den naturlosen Idealismus. Nur was *natürlich* wahr, ist auch *logisch* wahr. Was keinen Grund in der Natur, hat gar keinen Grund. Was kein physikalisches, ist auch kein metaphysisches Gesetz. Jedes wahre Gesetz der Metaphysik läßt sich und muß sich physikalisch bewähren lassen. Aber zugleich ist auch die Vernunft das Licht der Natur – dies gilt gegen den geist- und vernunftlosen Materialismus. Die Vernunft ist die zu sich selbst gekommene, *in integrum sich restituierende Natur der Dinge.* Die Vernunft reduziert die Dinge aus den Entstellungen und Veränderungen, die sie im Drange der Außenwelt erlitten, auf ihr wahres Wesen zurück. Die meisten, ja fast alle Kristalle – um in die Augen fallende Beweise zu geben – kommen in der Natur in noch ganz andern Gestalten vor als in ihrer Grundgestalt; ja, viele Kristalle kommen nie in ihrer Grundgestalt zum Vorschein. Indes, die Vernunft der Mineralogie hat die Grundform ausgemittelt. Es ist daher nichts törichter, als die Natur der Vernunft als ein ihr *an sich* unbegreifliches Wesen entgegenzusetzen. Wenn die Vernunft die veränderten und verunstalteten Formen auf die primitive Grundform zurückführt, tut sie nicht, was die Natur selbst im Sinne hatte, aber nur infolge äußerer Hindernisse nicht ausführen konnte? Was tut sie also anderes, als daß sie die äußern Störungen, Einflüsse und Hemmungen beseitigt, um ein Ding so darzustellen, wie es sein soll, das *Dasein* der *Idee* gleichzumachen; denn die Grundgestalt ist die *Idee* des Kristalls. Ein anderes populäres Beispiel: Der Granit besteht aus Glimmer, Quarz und Feldspat. Aber oft sind ihm noch andere Steinarten beigemengt. Hätten wir nun keine andern Führer und Dozenten als die Sinne, so würden wir *ohne Bedenken* alle die Steine, die wir nur immer im Granit finden, auch zu ihm rechnen; wir würden zu allem, was uns die Sinne vorsagten, Ja sagen und so nie zum Begriffe des Granits kommen. Aber die Vernunft sagt zu den leichtgläubigen Sinnen: Quod non. Sie unterscheidet; sie sondert die *wesentlichen* von den *zufälligen* Bestandteilen. Die Vernunft ist die Hebamme der Natur; sie *expliziert,* sie *läutert,* sie *korrigiert,* sie *berichtigt* und *ergänzt* die Natur. Was nun das Wesentliche vom Unwesentlichen, das Notwendige vom Zufälligen, das Eigne vom Fremden sondert, was das gewaltsam Getrennte der Einheit und das gewaltsam Vereinte seiner Freiheit zurückgibt, ist das nicht göttlichen Wesens? Solches Tun nicht das Tun der höchsten, der göttlichen Liebe? Nicht das Tun einer erlösenden Macht? Und wie wäre es möglich, daß die Vernunft das lautere Wesen der Dinge, den Originaltext der Natur herstellte, wenn sie selbst nicht das lauterste, reinste, originalste Wesen wäre? Aber die Vernunft hat keine Vorliebe für diese oder jene Gattung der Dinge. Sie umfaßt mit gleichem Interesse das ganze Universum: Sie interessiert sich für alle Dinge und Wesen *ohne Unterschied, ohne Ausnahme* – sie würdigt den Wurm, den der menschliche Egoismus mit Füßen tritt, derselben Aufmerksamkeit als den Menschen, als die Sonne am Firmament. Die Vernunft ist also das *allumfassende,* das *allbarmherzige Wesen,* die *Liebe des Universums zu sich selbst.* Nur der Vernunft ist das große Werk der Auferstehung und Apokatastasis aller Dinge und Wesen, der allgemeinen Erlösung und Versöhnung aufgetragen. Auch nicht das vernunftlose Tier, auch nicht die sprachlose Pflanze, auch nicht der gefühllose Stein soll von diesem Allerseligenfest ausgeschlossen sein. Aber wie wäre es möglich, daß sich die Vernunft für alle Wesen ohne Ausnahme interessierte, wenn die Vernunft nicht selbst unbeschränkten, universalen Wesens wäre? Ist es möglich, daß sich beschränktes Wesen mit unbeschränktem Interesse oder beschränktes Interesse mit unbeschränktem Wesen verträgt? Woraus erkennst du denn die Beschränktheit des Wesens als eben aus der Beschränktheit des Interesses? Soweit das Interesse, so weit erstreckt sich das Wesen. Unendlich ist der Wissenstrieb, unendlich also die Vernunft. Die Vernunft ist die oberste Wesensgattung – darum schließt sie alle Gattungen in das Gebiet des Wissens ein. Die Vernunft kann daher der einzelne nicht in sich fassen. Die Vernunft hat nur in der *Gattung ihre adäquate Existenz,* und zwar in der Gattung, wie sie nicht nur in der Vergangenheit und Gegenwart bereits sich expliziert hat, sondern auch in der uns unbekannten Zukunft noch explizieren wird. Woraus man gewöhnlich die Endlichkeit der Vernunft zu beweisen sucht, gerade das beweist ihre Unendlichkeit, wie umgekehrt das, woraus man gewöhnlich die Unendlichkeit des Gefühls, des Gemüts oder Herzens beweist, gerade die Beschränktheit des Gemüts enthüllt. Das Individuum faßt in sich das ganze Herz, aber nicht die ganze Vernunft. *Mein* Denken, *mein* Wissen ist beschränkt, *weil* die Vernunft unbeschränkt ist, *mein* Gefühl, *mein* Herz unbeschränkt, weil das Herz an sich selbst beschränkt ist, ganz in mich aufgeht. In der Vernunfttätigkeit fühle ich einen *Unterschied* zwischen mir und der Vernunft; dieser Unterschied ist die *Grenze* der Individualität; im Gefühl fühle ich keinen Unterschied *zwischen mir* und dem *Herzen*; mit dem Unterschied fällt auch das Gefühl der Beschränktheit weg. Dies sind freilich wieder Unterschiede, die nur *antithetische* Gültigkeit haben, denn das Herz des Menschen als *Vernunftwesens* ist so unbeschränkt als die Vernunft selbst, indem ich nur dafür mich theoretisch interessiere, wofür ich Gefühl habe.

Die Vernunft ist also das von den Schranken der Endlichkeit, des Raums und der Zeit gereinigte Wesen der Natur *und* des Menschen in ihrer Identität – das allgemeine Wesen, der *allgemeine* Gott; das Herz aber, in seiner *Differenz* von der Vernunft gedacht, der *Privatgott* des Menschen. Alle Bestimmungen Gottes als Gottes, als allgemeinen, rationalistischen Wesens, sind Vernunftbestimmungen – alle Bestimmungen Gottes als religiösen Gottes sind Bestimmungen des menschlichen Herzens. Gott ist das *emanzipierte,* das von den Schranken, d. i. Gesetzen der Natur erlöste *Herz* des Menschen. Das *schrankenlose* Herz ist das Gemüt; *Gott das unbeschränkte Selbstgefühl des menschlichen Gemütes.* Damit kommen wir auf die *Differenz* von *Herz* und *Gemüt.* Das *Gemüt im Einklang mit der Natur* ist das Herz, das Herz im *Widerspruch mit der Natur* ist das Gemüt. Oder: Das Herz ist das *objektive,* realistische Gemüt, dieses das subjektive, idealistische oder, richtiger, spiritualistische Herz. Die Träne, welche die Braut Christi über ihren himmlischen Bräutigam vergießt, kommt aus dem Gemüte, aber die Träne der realistischen Braut über den irdischen natürlichen Bräutigam quillt aus dem Herzen. Das Gemüt ist transzendenten, übernatürlichen Wesens – das *kranke*, das *leidende*, mit der Natur zerfallene, mit der Welt entzweite Herz – die *Sehnsucht* nach *Gott* und *Unsterblichkeit*, oder auch wirklich schon, wenn es mit Willenskraft die Negation der Welt vollbracht hat, keinen Widerspruch mehr empfindet, der überschwengliche Genuß himmlischer Seligkeit und Unsterblichkeit – die Entzückung bis in den Himmel. Das *Herz anerkennt* auch, was dem *Herzen widerspricht*, anerkennt die Macht des Schicksals, anerkennt auch den Tod der Geliebten, aber das *Gemüt duldet nichts, was ihm widerspricht*; es ist das intolerante, ungebührliche, überschwengliche, sich *allein*, sich als das absolute Wesen, als das Wesen der Wesen setzende Herz. Darum hat das Herz nur wahre, das Gemüt nur scheinbare Leiden. Die Schmerzen des Herzens sind *Tatsachen*, die Schmerzen des Gemütes *Vorstellungen*. Das Herz blutet, das Gemüt weint. Christus weint über den Tod des Lazarus. Das Herz hat die *Natur* zur *Basis*, es hat physiologische Bedeutung; das Herz ist eine *physikalische Wahrheit* – nicht aber das Gemüt, d. h. das Gemüt gedacht *im Unterschiede* vom Herzen. Das Herz ist *aktiv*, das Gemüt *passiv*, das Herz *hilfreich*, das Gemüt *trostreich*. Das Herz ist *Leiden als Mitgefühl*, als Mitleiden, das Gemüt *Leiden als Selbstgefühl*, jenes handelt für *andere*, dieses läßt andere *für sich* handeln. Das Herz ist *bestimmtes*, das Gemüt *unbestimmtes* Gefühl, jenes bezieht sich nur auf *wirkliche*, dieses auch auf *erträumte* Gegenstände. Das Gemüt ist das *träumerische Herz*. Wenn wir Unsterblichkeit wünschen *aus Liebe zu andern*, so kommt dieser Wunsch aus dem *Herzen*; wenn wir aber Unsterblichkeit wünschen um *unsretwillen*, aus Mißbehagen, aus Unzufriedenheit mit der wirklichen Welt, so kommt dieser Wunsch aus dem *Gemüte*. Im Herzen bezieht sich der Mensch auf *andere*, im Gemüte *auf sich*. Das Herz ist die Sehnsucht, zu *beglücken*, das Gemüt, selbst *unendlich glücklich zu sein*. Das Herz befriedigt sich nur *im andern*, das Gemüt *in sich selbst*. Das in *sich selbst befriedigte* Gemüt ist Gott. Das Mittelalter ist gemütlich, aber herzlos, der christliche Himmel gemütlich, aber herzlos, denn er hat zur Seite die Hölle des Glaubens. Das Herz ist unabhängig vom Christentum, ja, es löscht die religiösen Differenzen aus, denn es ist universell, umfaßt alle Menschen, weil es selbst aus der Gattung, dem gemeinschaftlichen Ursprung abstammt. Das Herz beseligt auch den Ungläubigen, aber das Gemüt ist christlichen Glaubens, hat wenigstens im christlichen Glauben seinen vollen, entsprechenden Ausdruck gefunden. Kurz, das Herz ist das philosophische, das rationalistische, *weltoffne, sonnenklare* Gemüt; das Gemüt das mystische, dunkle, weltscheue Herz – das Herz das *Naturrecht* des Menschen, das Gemüt das *willkürliche* positive Recht. Allerdings hat auch, wie sich von selbst versteht, das Gemüt Grund in der Natur. Ängstliche Vorstellungen z. B. in betreff der Zukunft, bange Ahnungen, unbestimmte und deswegen namenlose Gefühle sind Eigenschaften des Gemüts. Allerdings hat auch das Gemüt an und für sich, abgesehen von allen positiven Religionen, eine reale Bedeutung. In dieser ist es das in sich glückliche, das kontemplative, spekulative Herz. Aber es ist auch, als wesentlich auf sich konzentriert, das sich selbst quälende, das nur mit sich beschäftigte, das von sich fort wollende und doch nicht von sich fort kommende Herz. Dieser bisher gemachte Unterschied zwischen Gemüt und Herz ist keineswegs nur ein willkürlicher. »Gemüt stammt von *muten, verlangen, wünschen* ab ... Es bezeichnet also das innere Prinzipium des Menschen von der Seite seines gesamten Begehrungsvermögens, der vernünftigen und sinnlichen, und dadurch unterscheidet es sich sowohl von Geist als von Seele.

Nieder am Staube zerstreun sich unsre gaukelnden Wünsche,
Eins wird unser *Gemüt droben ihr Sterne bei euch.*   (Schiller)
Das Herz bezeichnet »die *geselligen Neigungen,* womit wir an dem Wohl und Wehe anderer teilnehmen«, und zwar nur »die geselligen Neigungen, die sich durch Liebe äußern«.

Hab ich treu im Busen dich getragen,
Dich geliebt, wie je ein Herz geliebt. (Horen)

(J. A. Eberhard, *Synonymik*, Art. Geist). Der Unterschied von Christentum und Heidentum oder Philosophie reduziert sich nur auf den Unterschied von Gemüt und Vernunft oder, richtiger, Gemüt und Herz. Denn auch die heidnischen Philosophen hatten Herz, Gemüt, aber ihr Gemüt war selbst ein *kosmisches, realistisches, durch die Natur bestimmtes,* denn sie hatten ihr Herz in wirklichen Gegenständen, in der Freundschaft, in der Gattenliebe, in der Familie, während die Christen ihr Gemüt *in und als Gott selbst* setzten. Der Christ findet Gott nicht in der Vernunft; sie ist ihm vielmehr ein atheistisches Wesen, negativ, unbestimmt, indirekt ausgedrückt: Sie kann Gott *nicht* fassen, *nicht* begreifen; denn *der* Gott, den die Vernunft setzt, ist immer ein Vernunftwesen, das eigne Wesen der Vernunft. Der Christ findet Gott nur im Gemüte, eben weil das Gemüt sein wahrer Gott ist. Das Christentum machte das *Herz* zu Gott, zum *absoluten, allmächtigen Wesen* – dies ist das Mysterium, welches den Heiden und Philosophen verschlossen war, dies das ganze Mysterium des Christentums, woraus sich auf eine ebenso ungezwungene als spekulative, ebenso mit der Philosophie als mit der Empirie übereinstimmende Weise alle Erscheinungen der christlichen Geschichte von Anbeginn an bis auf den heutigen Tag erklären lassen. Hieraus erhellt auch, daß das Bestreben unserer positiven Spekulanten oder, richtiger, Phantasten, die Rechts-, Staats- und Naturverhältnisse, kurz alles, was dem Gemüte, dem christlichen Gott *widerspricht* und daher im Himmel, d. i. in der Wahrheit des Christentums aufgehoben wird, aus diesem Gotte abzuleiten, ebenso auf einer Ignoranz der Natur, des Staats, des Rechts als des Christentums selbst beruht, daß also dieses Bestreben ebenso unvernünftig, unphilosophisch als *unchristlich* ist. Aber gerade dadurch, daß das Christentum die naturgemäße Bestimmung und Begrenzung des Herzens negierte, setzte es sich wieder in Widerspruch mit dem wahren, universellen Herzen – das übernatürliche

Herz wurde ein unnatürliches. Wenn daher in dieser Schrift Gemüt und Herz bald als gleichbedeutend gebraucht, bald in dem angegebenen Sinne unterschieden werden, so trägt die Schuld dieses Widerspruchs keineswegs nur die Willkür des Verfassers und des Sprachgebrauchs, der Gemüt bald für den ganzen Menschen, bald für Herz setzt, sondern auch der *Gegenstand selbst*. Das Christentum ist der *Widerspruch* von *Herz* und *Gemüt,* weil der Widerspruch von Glaube und Liebe. Der *Glaube* kommt aus dem *Gemüte,* die *Liebe* aber aus dem *Herzen.*

In der Religion bezweckt der Mensch sich selbst oder ist er sich selbst als Gegenstand, als Zweck Gottes Gegenstand. Das Geheimnis der Inkarnation ist das Geheimnis der Liebe Gottes zum Menschen, das Geheimnis der Liebe Gottes aber das Geheimnis der Liebe des Menschen zu sich selbst. Gott leidet – leidet für mich –, dies ist der höchste Selbstgenuß, die höchste Selbstgewißheit des menschlichen Gemüts. »Also hat Gott die Welt *geliebet,* daß er seinen *eingebornen Sohn* gab« (Evangel. Joh. 3, 16). »Ist Gott *für uns,* wer mag *wider uns* sein? Welcher auch seines *eignen Sohnes* nicht hat verschonet, sondern hat ihn *für uns* alle dahingegeben« (Römer 8, 31. 32). »Preiset Gott seine Liebe gegen uns, daß Christus *für uns* gestorben ist« (ebend. 5, 8). »Was ich jetzt lebe im Fleisch, das lebe ich in dem Glauben des Sohnes Gottes, der *mich geliebet* hat und sich selbst *für mich* dargegeben« (Galater 2, 20); siehe auch Epistel an Titum 3, 4; Hebräer 2, 11. »Credimus in unum Deum patrem ... et in unum Dominum Jesum Christum filium Dei ... Deum ex Deo ... qui *propter nos homines* et *propter nostram salutem* descendit et incarnatus et homo factus est passus« (Fides Nicaenae Synodi). »Servator ... ex *praeexcellenti in homines charitate* non despexit carnis humanae imbecillitatem, sed ea indutus ad communem venit hominum salutem« (Clemens Alex., *Stromata,* l. VII, ed. Wircel. 1779). »Christianos autem haec universa docent *providentiam* esse, *maxime vero divinissimum* et propter excellentiam *amoris erga homines incredibilissimum providentiae* opus, *dei incarnatio,* quae *propter nos* facta est« (Gregorii Nysseni *Philosophiae,* l. VIII, *De provid.,* c. I, 1512. B. Rhenanus. Jo. Cono interp.). »Venit siquidem *universitatis creator* et Dominus: venit *ad homines,* venit *propter homines,* venit homo« (Divus Bernardus Clarev., *De adventu Domini,* Basil. 1552). »*Plus nos amat Deus quam filium pater* ... *Propter nos filio non pepercit.* Et quid plus addo? et hoc filio justo et hoc filio unigenito et hoc filio Deo. Et quid dici amplius potest? et hoc *pro nobis,* i. e. pro malis etc.« (Salvianus, *De gubernatione Dei,* Rittershusius 1611, p. 126-27). »Quid enim mentes nostras tantum erigit et ab *immortalitatis desperatione* liberat, quam quod *tanti nos fecit Deus,* ut Dei filius ... dignatus nostrum inire consortium mala nostra moriendo perferret« (Petrus Lomb., lib. III, dist. 20, c. 1). »Attamen si illa quae miseriam nescit, *misericordia non praecessisset,* ad hanc cujus mater est miseria, non accessisset« (D. Bernardus, *Tract. de XII gradibus hum. et sup.*). »Ecce omnia tua sunt, quae habeo et unde tibi servio. Verum tamen vice versa *tu magis mihi servis, quam ego tibi.* Ecce coelum et terra quae in ministerium hominis creasti, praesto sunt et faciunt quotidie quaecunque mandasti. Et hoc parum est: quin etiam Angelos in ministerium hominis ordinasti. Transcendit autem omnia, quia *tu ipse homini servire dignatus* es et te ipsum daturum ei promisisti« (Thomas a Kempis, *De imit.,* l. III, c. 10). »Ego omnipotens et altissimus, qui *cuncta creavi ex nihilo, me homini propter te humiliter subjeci* ... Pepercit tibi oculus meus, quia *pretiosa* fuit anima tua in conspectu meo« (ibid., c. 13). »Fili ego descendi de coelo pro salute tua, suscepi tuas miserias, non necessitate, sed *charitate* trahente« (ibid. c. 18). »Si consilium rei tantae spectamus, quod totum pertinet, ut s. litterae demonstrant, ad salutem generis humani, quid potest esse dignius Deo, quam illa tanta hujus salutis cura, et ut ita dicamus, tantus in ea re sumptus ... Itaque Jesus Christus ipse cum omnibus Apostolis ... in hoc mysterio Filii Dei ἐν σαρκὶ φανερωθέντος angelis hominibusque patefactam esse dicunt magnitudinem sapientis *bonitatis divinae*« (J. A. Ernesti *Dignit. et verit. inc. Filii Dei asserta*, Opusc. Theol., Lipsiae 1773, p. 404-5. Wie matt, wie geistlos gegen die Aussprüche des alten Glaubens!) »*Propter me* Christus suscepit meas infirmitates, mei corporis subiit passiones, pro me peccatum h. e. pro omni homine, pro me maledictum factus est etc. Ille flevit, ne tu homo diu fleres. Ille injurias passus est, ne tu injuriam tuam doleres« (Ambrosius, *De fide ad Gratianum*, l. II, c. 4).

> Deine *Monarchien*
> Sind es wohl nicht eigentlich,
> Die die Herzen ziehen
> Wundervolles Herz, an dich
> Sondern dein *Menschwerden*
> In der Füll der Zeit,
> Und dein Gang auf Erden
> Voll Mühseligkeit.
> Dieses ist das Große,
> Nicht zu übersehn,
> Aus des Vaters Schoße
> In den Tod zu gehn
> Für verlorne Sünder,
> O du höchstes Gut
> Daß sie Gottes Kinder
> Würden durch dein Blut.
> Unsre Seele lebet,
> Unser ganzes Herze lacht,
> Wenn der vor uns schwebet
> Christus, der uns selig macht,
> Wenn wir ihn im Bilde
> Sehn, wie er voll Not
> Sich *für uns* so milde
> Hat geblut't zu Tod,
> Weg ihr Herrlichkeiten
> Und du, eitle Ehr!
> Wer zu allen Zeiten
> Nur *ein Sünder wär*,
> Der wär immer selig,

Fröhlich und vergnügt,
Weil die *Kraft unzählig,*
Die *im Elend liegt.*

Führst du gleich das Steuerruder
Der gestirnten Monarchie
Bist du dennoch *unser Bruder;*
Fleisch und Blut verkennt sich nie.

Das mächtigste *Gereize,*
Davon mein Herz zerfließt,
Ist, daß mein Herr am Kreuze
Für mich verschieden ist.

Das ist mein eigentlicher Trieb:
Ich liebe dich für deine Lieb,
Daß du *Gott Schöpfer,* edler Fürst,
Für mich das Lämmlein Gottes wirst.

O wüßts und glaubts doch jedermann,
Daß unser Schöpfer Fleisch annahm
Und seiner armen Menschen Not
Zuliebe ging in bittern Tod.
Und daß er wieder auferstund
Und *für uns* droben sitzt itzund
Als Herr der ganzen Kreatur
In unsrer menschlichen Natur.

Dank sei dir, teures Gotteslamm
Mit tausend Sündertränen,
Du starbst *für mich* am Kreuzesstamm
Und suchtest *mich mit Sehnen.*

Dein Blut, dein Blut, das hats gemacht,
Daß ich mich dir ergeben,
Sonst *hätt' ich nie an dich gedacht*
In meinem ganzen Leben.

Hättst du dich nicht selber an mich gehangen,
Ich wär dich nimmer suchen gangen.

O süße Seelenweide
In Jesu *Passion*!
Es regt sich *Scham* und *Freude*,
Du Gotts und Menschensohn,
Wenn wir im Geist dich sehen
Für uns so williglich
Ans Kreuz zum Tode gehen
Und jedes denkt: *für mich.*

Ich glaubs und fühls im Herzen:
Mein Heiland liebet mich.

Der Vater nimmt uns in seine Hut,
Der Sohn wäscht uns mit seinem Blut,
Der Heilig Geist ist stets bemüht,
Daß er uns pfleget und erzieht.

Was hat mein armes Herze
Vor Liebe krank gemacht?
Ach, Jesu Tod und Schmerze,
Darein ich ihn gebracht.

Ach König groß zu aller Zeit
Doch *mir niemalen größer*
Als in dem blutgen Marterkleid.

Mein Wohlergehn im Herzen
Kommt von den bittern Schmerzen
Des Lammes Gottes her
Ich kann vor Liebesтränen
Der Sache kaum erwähnen;
Ach seht nur seine Wunden an!

Ihr auserwählten Wunden,
Wie seid ihr mir so schön!
Mein Herz wünscht alle Stunden
Euch gläubig anzusehn.
Ach bliebe durch den steten Blick
Der Eindruck seiner Marter
Recht tief in mir zurück.

Mein Freund ist mir und ich bin ihm
Wie's Gnadenstuhles Cherubim:
Wir sehn einander immer an,
Soviel er mag, soviel ich kann.
Er sucht in *meinem Herzen Ruh*
Und ich eil immer seinem zu:
Er wünscht zu sein in meiner Seel
Und ich in seiner Seitenhöhl.

Diese Lieder sind entnommen dem *Gesangbuch zum Gebrauch der evangelischen Brüdergemeine,* Gnadau 1824. Wir sehen an den bisher gegebenen Beispielen deutlich genug, daß das tiefste Mysterium der christlichen Religion sich in das *Geheimnis* der *menschlichen Selbstliebe* auflöst, daß aber die religiöse Selbstliebe sich dadurch von der natürlichen unterscheidet, daß sie das Activum in ein Passivum verwandelt. Allerdings abhorriert das tiefere, das mystische religiöse Gemüt solchen nackten, unverhohlenen Egoismus, wie er in den Herrnhutischen Liedern ausgesprochen ist; es reflektiert sich in Gott nicht ausdrücklich auf sich selbst zurück; vielmehr es vergißt, negiert sich selbst, fordert selbstlose, interesselose Liebe zu Gott, bezieht Gott auf Gott, nicht auf sich. »Causa diligendi Deum, Deus est. Modus sine modo diligere ... Qui Domino confitetur, non quoniam sibi bonus est, sed quoniam bonus est, hic vere diligit Deum *propter Deum* et *non propter seipsum.* Te enim quodammodo perdere, tanquam qui non sis et omnino non sentire te ipsum et a temetipso exinaniri et pene annullari, coelestis est conversationis, non humanae affectionis« (also das Ideal der Liebe, das aber erst im Himmel realisiert wird) (Bernhardus, *Tract. de dilig. Deo,* ad Haymericum). Aber diese freie, selbstlose Liebe ist nur der Moment der höchsten religiösen Begeisterung, der Moment der Einigung des Subjekts mit dem Objekt. Sowie der Unterschied hervortritt – und er tritt notwendig hervor –, so bezieht sich auch sogleich das Subjekt *als Objekt Gottes* auf sich selbst zurück. Und auch hievon abgesehen: Das religiöse Subjekt negiert nur sein Ich, seine Persönlichkeit, weil es in

Gott den Genuß der seligen Persönlichkeit hat, Gott per se das realisierte Wohl der Seele, Gott das höchste Selbst- und Wonnegefühl des menschlichen Gemüts ist. Daher der Ausspruch: »Qui *Deum* non diligit, *seipsum non diligit.*«

Weil und wie Gott leidet, so und darum muß auch der Mensch hinwiederum leiden. Die christliche Religion ist die Religion des Leidens.

»Videlicet vestigia Salvatoris sequimur in theatris. Tale nobis scilicet Christus reliquit exemplum, quem *flevisse legimus, risisse non legimus*« (Salvianus, l. c., l. VI, § 181). »Christianorum ergo est *pressuram pati* in hoc saeculo et *lugere* quorum est *aeterna vita*« (Origenes, *Explan. in Ep. Pauli ad Rom.*, l. II, c. II, interp. Hieronymo). »Non est discipulus super magistrum. Statim sequitur, nec servus super Dominum suum, quia cum magister et dominus ipse perpessus sit persecutionem et traditionem et occisionem, multo magis servi et discipuli eandem expendere debebunt, ne quasi superiores exemti de iniquitate videantur, quando hoc ipsum sufficere eis ad gloriam debeat, aequari passionibus Domini et magistri« (Tertulliani *Scorpiace*, c. IX). »Si quidem aliquid melius et utilius saluti hominum quam *pati* fuisset, *Christus* utique *verbo* et *exemplo* ostendisset ... Quoniam *per multas tribulationes oportet nos intrare in regnum Dei*« (Thomas a Kempis, *De imit.*, l. II, c. 12). Wenn übrigens die christliche Religion als die Religion des Leidens bezeichnet wird, so gilt dies natürlich nur von dem Christentum der alten verirrten Christen. Schon der Protestantismus negierte das *Leiden* Christi als ein *Moralprinzip.* Der Unterschied zwischen Katholizismus und Protestantismus in dieser Beziehung besteht eben darin, daß dieser aus *Selbstgefühl* sich nur ans *Verdienst,* jener aus *Mitgefühl* auch ans *Leiden* Christi, als Gebot und Exempel des Lebens hielt. »Lämmlein! ich wein nur *vor Freuden übers Leiden*; das war *deine,* aber dein *Verdienst* ist *meine*!« – »Ich weiß von keinen *Freuden* als nur aus deinem Leiden.« – »Es bleibt mir ewiglich im Sinn, daß dich's *dein Blut gekostet, daß ich erlöset bin.*« »O mein Immanuel! wie *süß* ist's meiner Seel', wenn du mich läßt *genießen* dein teures Blutvergießen.« »Sünder werden herzensfroh, daß sie einen Heiland haben, ... ihnen ist es *wunderschön,* Jesum an dem Kreuz zu sehn« (*Gesangb. d. ev. Brüdergemeine*). Nicht zu verwundern ist es daher, wenn die heutigen Christen nichts mehr vom Leiden Christi wissen wollen. Die haben ja erst herausgebracht, was das wahre Christentum ist – sie stützen sich ja allein auf das göttliche Wort der Heiligen Schrift. Und die Bibel hat, wie männiglich bekannt, die köstliche Eigenschaft, daß man alles in ihr findet, was man nur immer *finden will.* Was *einst,* das steht natürlich *jetzt* nicht mehr drin. Das Prinzip der Stabilität ist längst auch aus der Bibel verschwunden; so veränderlich die menschliche Meinung, so veränderlich ist die göttliche Offenbarung. Tempora mutantur. Davon weiß auch die Heilige Schrift ein Lied zu singen. Aber das ist eben der Vorzug der christlichen Religion, daß man ihr das Herz aus dem Leibe reißen und doch noch ein guter Christ sein kann. Nur darf nicht der *Name* angetastet werden. In diesem Punkte sind auch die heutigen Christen noch sehr empfindlich; ja, der Name ist es, worin noch allein die modernen Christen mit den alten übereinstimmen. Wie einst der bloße Name Christi Wunder wirkte, so auch jetzt noch; aber freilich Wunder anderer, ja entgegengesetzter Art. Einst trieb nämlich der Name Christi den *Antichristen,* jetzt treibt er umgekehrt den *Christen* aus dem *Menschen* aus. Siehe über die Metamorphosen der christlichen Wunder *Philosophie und Christentum* v. L. F.

Das Geheimnis der Trinität ist das Geheimnis des gesellschaftlichen Lebens.
»Unum Deum esse confitemur. Non sic unum Deum, quasi *solitarium,* nec eundem, qui ipse sibi pater, sit ipse filius, sed *patrem verum,* qui genuit *filium verum,* i. e. Deum ex Deo ... non creatum, sed *genitum*« (Concil. Chalced., Carranza, *Summa* 1559, p. 139). »Si quis quod scriptum est: *Faciamus*

hominem, non patrem ad filium dicere, sed *ipsum ad semet-ipsum* asserit dixisse Deum, anathema sit« (Concil. Syrmiense, ibid., p. 68). »Professio enim *consortii* sustulit intelligentiam singularitatis, quod consortium aliquid nec potest esse *sibi ipsi solitario,* neque rursum solitudo solitarii recipit: faciamus ... Non solitario convenit dicere: *faciamus* et *nostram*« (Petrus Lomb., l. I, dist. 2, c. 3. e). Auch die Protestanten erklären noch diese Stelle so: »Quod profecto aliter intelligi nequit, quam *inter ipsas trinitatis personas* quandam de creando homine institutam fuisse *consultationem*« (J. F. Buddei *Comp. Inst. Theol. dog.,* cur. J. G. Walch. l. II, c. 1, § 45).

Die Unterschiede im göttlichen Wesen der Dreieinigkeit sind natürliche, physikalische Unterschiede. »Iam de proprietatibus personarum videamus ... Ait Augustinus in libro de fide ad Petrum: Aliud est *genuisse* quam natum esse, aliudque est procedere quam genuisse et natum esse. Unde manifestum est, quod alius est pater, alius filius, alius spiritus s. Et est *proprium solius patris,* non quod non est natus ipse, sed quod *unum filium genuerit,* propriumque solius filii, non quod ipse non genuit, sed quod de *patris essentia natus est* ... Hylarius in l. III. de trinitate: ... Nos filii Dei sumus, sed non talis hic filius. Hic enim *verus* et *proprius* est filius *origine,* non adoptione, veritate, non nuncupatione, nativitate, non creatione« (Petrus L., l. I, dist. 26, c. 2 u. 4). Daß auch in der Bibel der filius dei einen wirklichen Sohn bedeutet, das geht unzweideutig aus der Stelle hervor: »Also hat Gott die Welt *geliebt,* daß er seinen *eingebornen Sohn* gab.« Soll die Liebe Gottes, die uns diese Stelle vorhält, eine Wahrheit sein, so muß auch der Sohn eine, und zwar, deutsch gesagt, physikalische Wahrheit sein. Darauf liegt der Akzent, daß er *seinen Sohn* für uns dahingab – darin nur der Beweis von der Größe seiner Liebe. Richtig trifft daher den Sinn der Bibel das Gesangbuch der evangelischen Brüdergemeinde, wenn es darin »von dem Vater unsers Herrn Jesu Christi, der auch unser Vater ist«, also heißt:

Sein Sohn ist ihm nicht zu teuer,
Nein! er gibt ihn für mich hin,
Daß er mich vom ew'gen Feuer
Durch sein teures Blut gewinn.

Also hast du die Welt geliebt,
Daß sich dein Herz drein ergibt,
Den Sohn, der *deine Freud' und Leb'n,*
In Not und Tod dahin zu geb'n.

Gott ist ein in sich dreifaches, dreipersönliches Wesen, heißt: Gott ist nicht nur ein metaphysisches, abstraktes, geistiges, sondern *physikalisches Wesen.* Der Zentralpunkt der Trinität ist der Sohn, denn der Vater ist Vater nur durch den Sohn, das Geheimnis der Zeugung aber das Geheimnis der Physik. *Der Sohn ist das in Gott befriedigte Bedürfnis der Sinnlichkeit oder des Herzens,* denn alle Herzenswünsche, selbst der Wunsch eines persönlichen Gottes und der Wunsch himmlischer Seligkeit, sind sinnliche Wünsche. Dies erhellt besonders daraus, daß der Sohn auch inmitten der göttlichen Dreieinigkeit den *menschlichen Leib* zu einem wesentlichen, bleibenden Attribut hat. »*Ambrosius*: scriptum est Ephes. I.: *Secundum carnem* igitur *omnia ipsi subjecta* traduntur. *Chrysostomus*: Christum *secundum carnem* pater jussit a cunctis angelis adorari. *Theodoretus*: Corpus dominicum surrexit quidem a mortuis, divina glorificata gloria ... *corpus* tamen est et habet, *quam prius habuit, circumscriptionem*« (s. Konkordienbuchs-Anhang. »Zeugnisse der H. Schrift und Altväter von Christo«, und Petrus L., l. III, dist. 10, c. 1. 2). Übereinstimmend hiermit singt die evangelische Brüdergemeine: »Will in Lieb' und Glauben dich stets umfassen, bis ich, wenn einst mein Mund wird erblassen, *dich leiblich seh*.« »Wir danken dir, Herr Jesu Christ, daß du gen Himmel g'fahren bist. Dein Abschied und was da geschehn, zielt auf ein fröhlichs *Wiedersehn*: Die Reise, die das Haupt getan, ist gleichfalls seiner Glieder Bahn.« »Dein' Augen, deinen Mund, den Leib für uns verwundt, drauf wir so fest vertrauen, das *werd ich alles schauen*.«

Deswegen ist auch der Sohn Gottes der Lieblingssohn des menschlichen Herzens, der *Bräutigam* der Seele, der Gegenstand einer *förmlichen, persönlichen Liebe.* »O Domine Jesu, si adeo sunt *dulces istae lachrymae,* quae ex *memoria et desiderio* tui excitantur, quam dulce erit gaudium, quod ex *manifesta tui visione* capietur? Si adeo dulce est *flere pro te,* quam dulce erit *gaudere de te.* Sed quid hujusmodi secreta colloquia proferimus in publicum? Cur ineffabiles et innarrabiles affectus communibus verbis conamur exprimere? *Inexperti* talia non intelligunt. *Zelotypus* est sponsus iste ... *Delicatus* est sponsus iste« (*Scala Claustralium sive de modo orandi,* unter den unechten Schriften des H. Bernhard). »Luge propter amorem Jesu Christi, sponsi tui, quousque *eum videre* possis« (*De modo bene vivendi,* Sermo X, ebend.).

Der Unterschied zwischen dem sohnerfüllten oder sinnlichen und dem sohnlosen oder sinnlichkeitslosen Gott ist nichts weiter als der Unterschied zwischen dem mystischen und dem rationellen, vernünftigen Menschen. Der vernünftige Mensch *lebt* und *denkt;* er ergänzt den *Mangel des Denkens* durch das *Leben* und den *Mangel des Lebens* durch das *Denken,* sowohl theoretisch, indem er aus der Vernunft selbst sich von der Realität der Sinnlichkeit überzeugt, als praktisch, indem er die Lebenstätigkeit mit der geistigen Tätigkeit verbindet. Was ich im Leben habe, brauche ich nicht im Geiste, nicht im metaphysischen Wesen, nicht in Gott zu setzen – Liebe, Freundschaft, Anschauung, die Welt überhaupt gibt mir, was mir das Denken nicht gibt, nicht geben kann, aber auch nicht geben *soll.* Aber eben deswegen lege ich im Denken die sinnlichen Herzensbedürfnisse beiseite, um die Vernunft nicht durch *Begierden* zu verdunkeln – in der *Sonderung* der Tätigkeiten besteht die *Weisheit* des Lebens und Denkens –, ich brauche keinen Gott, der mir durch eine *mystische, imaginäre Physi*k den Mangel der wirklichen ersetzt. Mein Herz ist befriedigt, wenn ich geistig tätig bin – ich denke daher dem ungebärdigen, seine Grenzen überspringenden, sich in die Angelegenheiten der Vernunft ungebührlich einmischenden

Herzen gegenüber kalt, indifferent, *abstrakt*, d. h. *frei* – ich denke also nicht, um mein Herz zu befriedigen, sondern um meine *durch das Herz nicht befriedigte Vernunft* zu befriedigen; ich denke nur im Interesse der Vernunft, aus *reinem Erkenntnistriebe*, will von Gott nur den Genuß der *lautern, unvermischten* Intelligenz. Notwendig ist daher der Gott des rationellen Kopfes ein *andrer* als der Gott des *nur sich selbst* im Denken, in der Vernunft befriedigen wollenden Herzens. Und dies will eben der mystische Mensch, der nicht das läuternde Feuer der scheidenden und begrenzenden Kritik verträgt; denn sein Kopf ist stets umnebelt von den Dämpfen, die aus der ungelöschten Brunst seines begehrlichen Gemüts aufsteigen. Er kommt nie zum *abstrakten*, d. h. *interesselosen, freien* Denken, aber eben deswegen auch nie zur *Anschauung der Dinge in ihrer einfachen Natürlichkeit, Wahrheit und Wirklichkeit*; er identifiziert daher, ein geistiger Hermaphrodit und Onanist, *unmittelbar, ohne Kritik* das männliche Prinzip des Denkens und das weibliche der sinnlichen Anschauung, d. h. er setzt sich einen Gott, in dem er in der *Befriedigung seines Erkenntnistriebes unmittelbar zugleich seinen Geschlechtstrieb*, d. h. den Trieb nach einem persönlichen Wesen befriedigt. So ist auch nur aus der Unzucht eines mystischen Hermaphroditismus, aus einem wollüstigen Traume, aus einer krankhaften Metastase des Zeugungsstoffes in das Hirn das Monstrum der Schellingschen Natur in Gott entsprossen; denn diese Natur repräsentiert, wie gezeigt, nichts weiter als die das Licht der Intelligenz verfinsternden Begierden des Fleisches.

In betreff der Trinität noch diese Bemerkung. Die ältern Theologen sagten, daß die *wesentlichen Attribute* Gottes als Gottes schon aus dem Lichte der *natürlichen Vernunft* erhellten. Warum anders aber kann die Vernunft *aus sich selbst* das göttliche Wesen erkennen, als weil das göttliche Wesen nichts andres ist als das eigne objektive Wesen der Intelligenz? Von der Trinität aber sagten sie, daß sie nur aus der Offenbarung erkennbar sei. Warum nicht aus der Vernunft? Weil

sie der Vernunft widerspricht, d. h. weil sie kein Vernunftbedürfnis, sondern ein sinnliches, gemütliches Bedürfnis ausdrückt. Übrigens heißt: Etwas stammt aus der Offenbarung,
überhaupt nur soviel als: Etwas ist uns nur auf dem *Wege
der Tradition* zugekommen. Die Dogmen der Religion sind
entsprungen zu gewissen Zeiten, aus bestimmten Bedürfnissen,
unter bestimmten Verhältnissen und Vorstellungen, deswegen
den Menschen einer spätern Zeit, in der diese Verhältnisse,
Bedürfnisse, Vorstellungen verschwunden, etwas Unverständliches, Unbegreifliches, nur Überliefertes, d. h. Geoffenbartes.
Der Gegensatz von Offenbarung und Vernunft reduziert sich
nur auf den Gegensatz von Geschichte und Vernunft, nur
darauf, daß die Menschheit zu einer gewissen Zeit nicht mehr
kann, was sie zu einer *andern* Zeit recht gut vermochte, gleichwie auch der Mensch als Individuum nicht gleichgültig zu jeder Zeit, sondern nur in den Momenten besonderer Aufforderung von außen und Aufregung von innen sein Vermögen
entfaltet. So entstehen die Werke des Genies immer nur unter
ganz besondern, nur einmal so zusammentreffenden innern
und äußern Bedingungen; sie sind ἅπαξ λεγόμενα. »Einmal ist
alles Wahre nur.« Daher dem Menschen in spätern Jahren oft
die eignen Werke ganz fremd und unbegreiflich vorkommen.
Er weiß jetzt nicht mehr, wie er sie erzeugte und erzeugen
konnte, d. h. er kann sie sich jetzt nicht mehr *aus sich* erklären,
noch weniger wieder hervorbringen. Das soll aber auch nicht
sein. Solche Repetition wäre unnötig und, weil unnötig,
geistlos. Wir wiederholen es: »Einmal ist alles Wahre nur.«
Nur was *einmal*, geschieht *notwendig*, und nur was notwendig, ist *wahr*. Die *Not* ist das Geheimnis jeder wahren
Schöpfung. Nur wo Not, da wirkt Natur, und nur wo Natur, da wirkt Genie, der Geist der unfehlbaren Wahrheit. So
töricht es daher wäre, wenn wir in reifern Jahren die Werke
unsrer Jugend, weil ihr Inhalt und Ursprung uns fremd und
unbegreiflich geworden, aus einer besondern Inspiration
von oben her ableiten wollten, so töricht ist es, den Lehren
und Vorstellungen einer vergangenen Zeit deswegen, weil die

nachgekommenen Menschen sie nicht mehr in ihrer Vernunft finden, einen die menschlichen Kräfte übersteigenden, einen göttlichen, d. h. imaginären, illusorischen Ursprung zu vindizieren.

Die Schöpfung aus Nichts drückt die Ungöttlichkeit, Wesenlosigkeit, d. i. die Nichtigkeit der Welt aus. Das Nichts, aus dem die Welt geschaffen, ist ihr eignes Nichts.

»Sanctus Dominus Deus omnipotens in principio, quod est in te, in sapientia tua, quae nata est de substantia tua, fecisti aliquid et de nihilo. Fecisti enim coelum et terram *non de te,* nam esset aequale unigenito tuo, ac per hoc et tibi, et nullo modo justum esset, ut *aequale tibi esset, quod in te non esset.* Et aliud praeter te non erat, unde faceres ea Deus ... Et ideo de nihilo fecisti coelum et terram« (Augustinus, *Confessionum,* l. XII, c. 7). »Creatio non est motus, sed simplicis divinae voluntatis vocatio ad esse eorum, quae antea nihil fuerunt et *secundum seipsa et nihil sunt et ex nihilo* sunt« (Albertus M., *De mirab. sci. Dei,* P. II, Tr. I, Qu. 4, art. 5, memb. II). »Creatura *in nullo debet parificari* Deo, si autem non habuisset initium durationis et esse, in hoc parificaretur Deo« (ibid., Quaest. incidens I).

Die Vorsehung ist das religiöse Bewußtsein des Menschen von seinem Unterschiede von den Tieren, von der Natur überhaupt.

»*Sorget Gott für die Ochsen?*« (Paulus 1. Korinther 9, 9). »Nunquid curae est Deo bobus? inquit Paulus. *Ad nos* ea cura dirigitur, non ad boves, equos, asinos, qui in usum nostrum sunt conditi« (J. L. Vivis Val., *De veritate fidei chr.,* Bas. 1544, p, 108). »Nunquid enim cura est Deo de bobus? Et sicut non est cura Deo de bobus, ita nec de aliis irrationalibus. Dicit *tamen scriptura* (sapient. 6) quia ipsi cura est de omnibus. Providentiam ergo et curam universaliter de cunctis, quae condidit, habet ... Sed *specialem* providentiam atque curam habet de rationabilibus« (Petrus L., l. I, dist. 39, c. 3).

Hier haben wir wieder ein Beispiel, wie die christliche Sophistik ein Produkt des christlichen Glaubens ist, insbesondere des Glaubens an die Bibel als das Wort Gottes. Gott kümmert sich nicht um die Ochsen; Gott kümmert sich um alles, also auch die Ochsen. Das sind Widersprüche; aber das Wort Gottes darf sich nicht widersprechen. Wie kommt nun der Glaube aus diesem Widerspruch heraus? Nur dadurch, daß er zwischen die Position und Negation des Subjekts ein Prädikat einschiebt, welches selbst *zugleich eine Position und Negation,* d. h. selbst ein Widerspruch, eine theologische Illusion, ein Sophisma, eine Lüge ist. So hier das Prädikat *allgemein.* Eine *allgemeine* Vorsehung ist eine illusorische, in Wahrheit *keine.* Nur die *spezielle* Vorsehung ist *Vorsehung* – Vorsehung im Sinne der Religion.

Die Negation der Vorsehung ist Negation Gottes. »Qui ergo *providentiam tollit, totam Dei substantiam* tollit, et quid dicit nisi Deum non esse? ... Si non curat *humana,* sive sciens, sive nesciens, cessat omnis causa pietatis, cum sit *spes nulla salutis*« (Joa. Trithemius, *Tract. de providentia Dei*). »Nam qui nihil aspici a Deo affirmant, prope est ut cui adspectum adimunt, etiam substantiam tollant« (Salvianus, l. c., I. IV). »Nec sane multum interest, utrum id (Deos esse) neget, an eos omni procuratione atque actione privet« (Cicero, *De Nat. D.,* II, 16). »Aristoteles gerät fast auf die Meinung, daß, obgleich er Gott nicht ausdrücklich einen *Narren* nennt, er ihn doch für einen solchen halte, der von unsern Sachen nichts wisse, nichts von unserm Vorhaben erkenne, verstehe, sehe, nichts betrachte als sich selbst ... Aber *was geht uns ein solcher Gott oder Herr an? Was vor Nutzen haben wir davon?*« (Luther in Walchs *Philos. Lexikon,* Art. Vorsehung). Die Vorsehung ist daher der unwidersprechlichste, augenfälligste Beweis, daß es sich in der Religion, im Wesen Gottes selbst um gar nichts anderes handelt als um den *Menschen,* daß das Geheimnis der Theologie die Anthropologie, der Inhalt, der Gehalt des unendlichen Wesens das »endliche« Wesen ist. Gott sieht den Menschen heißt: Der Mensch *sieht sich nur selbst* in Gott; Gott sorgt für den Menschen heißt: Die Sorge des Menschen *für sich selbst* ist sein *höchstes Wesen.* Die Realität Gottes wird abhängig gemacht von der Tätigkeit Gottes. Ein nicht aktiver Gott ist kein realer, wirklicher Gott. Aber keine Aktivität ohne Gegenstand. Erst der Gegenstand macht die Tätigkeit aus einem bloßen Vermögen zu *wirklicher* Tätigkeit. Dieser Gegenstand ist der Mensch. Wäre nicht der Mensch, so hätte Gott keine Ursache zur Tätigkeit. Also ist der Mensch das Bewegungsprinzip, die Seele Gottes. Ein Gott, der nicht den Menschen sieht und hört, nicht den Menschen *in sich hat,* ist ein blinder und tauber, d. h. müßiger, leerer, inhaltsloser Gott. Also ist die Fülle des göttlichen Wesens die Fülle des menschlichen – also die *Gottheit* Gottes die Menschheit. *Ich für mich* – das ist das trostlose Geheimnis des Epikuräismus, des Stoizismus, des Pantheismus; *Gott für mich* – dies ist das trostreiche Geheimnis der Religion, des Christianismus. Ist der Mensch um Gottes oder Gott um des Menschen willen? Allerdings ist der Mensch in der Religion um Gottes willen, aber nur weil Gott um des Menschen willen ist. *Ich für Gott, weil Gott für mich.*

Die Vorsehung ist, identisch mit der Wundermacht, die supranaturalistische Freiheit von der Natur, die Herrschaft der Willkür über das Gesetz. »Liberrime Deus imperat naturae – Naturam saluti hominum attemperat propter Ecclesiam ... Omnino tribuendus est Deo hic honos, quod possit et velit opitulari nobis, etiam cum a tota natura destituimur, *contra seriem* omnium secundarum causarum ... Et multa accidunt plurimis hominibus, in quibus mirandi eventus fateri eos cogunt, *se a Deo sine causis secundis* servatos esse« (C. Peucerus, *De praecip. Divinat. gen.,* Servestae 1591, p. 44). „Ille tamen qui omnium est conditor, nullis instrumentis indiget. Nam si id continuo fit, quicquid ipse vult, velle illius erit author atque instrumentum; nec magis ad haec regenda astris indiget, quam cum luto aperuit oculos coeci, sicut refert historia Evangelica. Lutum enim magis videbatur obturaturum oculos, quam aperturum. Sed ipse ostendere nobis voluit *omnem naturam esse sibi instrumentum ad quidvis, quantumcunque alienum*« (J. L. Vives, l. c., p. 102).

Die Allmacht der Vorsehung ist die Allmacht des von allen Determinationen und Naturgesetzen sich entbindenden menschlichen Gemüts. Diese Allmacht realisiert das Gebet. Das Gebet ist allmächtig.

»Das Gebet des Glaubens wird dem Kranken helfen ... Des Gerechten Gebet vermag viel. Elias war ein Mensch gleichwie wir, und er betete ein Gebet, daß es nicht regnen sollte, und es regnete nicht auf Erden drei Jahre und sechs Monate. Und er betete abermal, und der Himmel gab den Regen, und die Erde brachte ihre Frucht« (Jacobi 5, 15-18). »So ihr *Glauben* habt und nicht zweifelt, so werdet ihr nicht allein solches mit dem Feigenbaum tun, sondern so ihr werdet sagen zu diesem Berge: Hebe dich auf und wirf dich ins Meer, so wird es geschehen. Und *alles, was ihr bittet im Gebet,* so ihr glaubet, so werdet ihr es empfangen« (Matthäi 21, 21-22). Daß unter diesen Bergen, die die Kraft des Gebets oder Glaubens überwindet, nicht nur so im allgemeinen res difficillimae, wie die Exegeten sagen, welche diese Stelle nur für eine sprichwörtliche, hyperbolische Redensart der Juden erklären, sondern vielmehr der *Natur und Vernunft nach unmögliche Dinge* zu verstehen sind, dies beweist eben das Exempel mit dem augenblicklich verdorrten Feigenbaum, auf den sich diese Stelle bezieht. Es ist hier unbezweifelbar ausgesprochen die Allmacht des Gebets, des Glaubens, vor welcher die Macht der Natur in nichts verschwindet. »Mutantur quoque *ad preces* ea quae *ex naturae causis* erant secutura, quemadmodum in Ezechia contigit, rege Juda, cui, quod naturales causarum progressus mortem minabantur, dictum est a propheta Dei: Morieris et non vives; sed is *decursus naturae ad regis preces mutatus est* et mutaturum se Deus praeviderat« (J. L. Vives, l. c., p. 132). »Saepe fatorum saevitiam lenit Deus, placatus piorum votis« (Melanchthon, *Epist. Sim. Grynaeo*). Celsus fordert die Christen auf, dem Kaiser zu helfen, nicht den Kriegsdienst zu verweigern. Darauf erwidert Origenes: »*Precibus nostris* profligantes omnes bellorum excitatores daemonas et perturbatores pacis ac foederum plus conferimus regibus, quam qui arma gestant pro Republica« (Origenes, *Adv. Celsum*, S. Gelenio int., l. VIII).

Der Glaube ist die Freiheit und Seligkeit des Gemüts in sich selbst. Das sich in dieser Freiheit betätigende, vergegenständlichende Gemüt, die Reaktion des Gemüts gegen die Natur ist die Willkür der Phantasie. Die Glaubensgegenstände widersprechen daher notwendig der Natur, notwendig der Vernunft, als welche die Natur der Dinge repräsentiert.

»Quid magis contra fidem, quam credere nolle, quidquid non possit ratione attingere? ... Nam illam quae in Deum est fides, beatus papa Gregorius negat plane habere meritum, si ei humana ratio praebeat experimentum« (Bernardus gegen Abälard, *Ep. ad dom. Papam Innocentium*). »*Partus virginis* nec ratione colligitur, nec exemplo monstratur. Quodsi *ratione colligitur*, non erit *mirabile*« (Conc. Toletan. XI, Art. IV, *Summa* Carranza). »Quid autem incredibile, si *contra usum originis naturalis* peperit Maria et virgo permanet: quando contra usum naturae mare vidit et fugit atque in fontem suum Jordanis fluenta remearunt? Non ergo excedit fidem, quod virgo peperit, quando legimus, quod petra vomuit aquas et in montis speciem maris unda solidata est. Non ergo excedit fidem, quod homo exivit de virgine, quando petra profluit, scaturivit ferrum supra aquas, ambulavit homo supra aquas« (Ambrosius, *Epist.*, L. X, Ep. 81, edit. Basil. Amerbach 1492 u. 1516). »Mira sunt fratres, quae de isto sacramento dicuntur ... Haec sunt quae fidem necessario exigunt, rationem omnino non admittunt« (Bernardus, *De Coena Dom.*). »Quid ergo hic quaeris *naturae ordinem* in Christi corpore, cum *praeter naturam* sit ipse partus ex virgine« (Petrus Lomb., l. IV, dist. 10, c. 2). »Laus fidei est credere quod est supra rationem, ubi homo *abnegat intellec-*

tum et *omnes sensus«* (Addit. Henrici de Vurimaria, ibid., dist. 12, c. 5).

Das Christentum machte den Menschen zu einem außerweltlichen, übernatürlichen Wesen.

»Wir haben *hier keine bleibende Stadt,* sondern die *zukünftige* suchen wir« (Hebräer 13, 14). »Der erste Mensch Adam ist gemacht in das natürliche Leben und der letzte Adam in das geistliche Leben. Der erste Mensch ist von der Erde und irdisch, der andere Mensch ist der Herr vom Himmel« (1. Korinther 15, 45. 47). »Unser Wandel (nicht Wandel, sondern unser Indigenat, Heimatsrecht, πολίτευμα, civitas aut jus civitatis) ist *im Himmel,* von dannen wir auch warten des Heilands Jesu Christi, des Herrn, welcher unsern *nichtigen Leib* verklären wird, daß er ähnlich werde *seinem verklärten Leibe,* nach der Wirkung, damit er kann auch alle Dinge ihm unterwürfig machen« (Philipper 3, 20. 21). »Coelum de mundo: *homo supra mundum«* (Ambrosius, *Epist.,* l. VI, Ep. 38 nach der zit. Ausg.). »Agnosce o homo dignitatem tuam, agnosce gloriam conditionis humanae. Est enim tibi *cum mundo corpus* ... sed est tibi etiam sublimius aliquid, *nec omnino comparandus es caeteris creaturis«* (Bernardus, *Opp.,* Basil. 1552, p. 79). »At Christianus ... ita supra totum mundum ascendit, nec consistit in coeli convexis, sed transcensis mente locis supercoelestibus ductu divini spiritus velut jam *extra mundum raptus* offert Deo preces« (Origenes, *Contra Celsum,* ed. Hoeschelio, p. 370). »*Totus quidem iste mundus ad unius animae pretium aestimari non potest.* Non enim *pro toto mundo* Deus animam suam dare voluit, quam *pro anima humana* dedit. Sublimius est ergo animae pretium, quae non nisi *sanguine Christi* redimi potest« (*Medit. devotiss.,* c. II, unter den unechten Schriften des Heiligen Bernhard). »Sapiens anima ... Deum tantummodo sapiens hominem in homine exuit, Deoque plene et in omnibus affecta, *omnem infra Deum creaturam* non aliter quam Deus attendit. Relicto ergo corpore et corporeis omnibus curis et impedimentis om-

nium quae sunt praeter Deum obliviscitur, nihilque praeter
Deum attendens quasi *se solam, solumque Deum* existimans
etc.« (*De Nat. et Dign. Amoris divini,* c. 14, 15, ebend.).
»Quanta est nobilitas animae, *Christum Jesum habere spon-
sum*« (*De inter. Domo,* c. 33, ebend.).

Der Zölibat und das Mönchtum – natürlich nur in ihrer ursprünglichen, religiösen Bedeutung und Gestalt – *sind sinnliche
Erscheinungen, notwendige Folgen von dem supranaturalistischen, extramundanen Wesen des Christentums.*
Allerdings widersprechen sie auch – der Grund davon ist
selbst implicite in dieser Schrift ausgesprochen – dem Christentum; aber nur, weil das Christentum selbst ein Widerspruch ist. Sie widersprechen dem exoterischen, praktischen,
aber nicht dem esoterischen, theoretischen Christentum; sie
widersprechen der christlichen Liebe, *inwiefern* diese sich auf
den Menschen bezieht, aber nicht dem *christlichen Glauben,*
nicht der christlichen Liebe, inwiefern sie nur um Gottes
willen die Menschen liebt, sich auf Gott, als das außerweltliche, übernatürliche Wesen, bezieht. Vom Zölibat und Mönchs-
tum steht nun freilich nichts in der Bibel. Und das ist sehr
natürlich. Im Anfang des Christentums handelte es sich nur
um die Anerkennung Jesu als des Christus, des Messias, nur
um die Bekehrung der Heiden und Juden. Und diese Bekehrung war um so dringender, je näher man sich die Zeit
des Gerichts und Weltuntergangs dachte – also *periculum in
mora.* Es fehlte überhaupt Zeit und Gelegenheit zum Still-
leben, zur Kontemplation des Mönchtums. Notwendig waltete
daher damals eine mehr praktische und auch *liberalere* Gesinnung vor als in der spätern Zeit, wo das Christentum
bereits zu weltlicher Herrschaft gelangt und damit der Be-
kehrungstrieb erloschen war. »Apostoli«, sagt ganz richtig die
Kirche (Carranza, l. c., p. 256), »cum *fides inciperet,* ad
fidelium imbecillitatem se magis demittebant, cum autem
evangelii praedicatio sit magis ampliata, oportet et Ponti-
fices ad perfectam continentiam vitam suam dirigere.« So

wie einmal das Christentum sich weltlich realisierte, so mußte sich auch notwendig die supranaturalistische, überweltliche Tendenz des Christentums zu einer selbst weltlichen Scheidung von der Welt ausbilden. Und diese Gesinnung der Absonderung vom Leben, vom Leibe, von der Welt, diese erst *hyper-*, dann *antikosmische* Tendenz ist echt biblischen Sinnes und Geistes. Außer den bereits angeführten und andern allgemein bekannten Stellen mögen noch folgende als Beispiele dastehen. »Wer sein Leben auf dieser Welt hasset, der wird es erhalten zum ewigen Leben« (Johannes 12, 25). »Ich weiß, daß in mir, d. i. in meinem Fleische wohnet nichts Gutes« (Römer 7, 18. 14). (»Veteres enim omnis vitiositatis in agendo origenes ad *corpus* referebant«, J. G. Rosenmüller, *Scholia.*) »Weil nun Christus für uns im Fleisch gelitten hat, so wappnet euch auch mit demselbigen Sinne, denn wer *im Fleisch leidet,* der höret auf von Sünden« (1. Petri 4, 1). »Ich habe Lust, *abzuscheiden und bei Christo zu sein*« (Philipper 1, 23). »Wir sind aber getrost und haben viel mehr Lust, *außer dem Leibe* zu wallen und daheim zu sein bei dem Herrn« (2. Korinth. 5, 8). Die Scheidewand zwischen Gott und Mensch ist demnach der Leib (wenigstens der sinnliche, wirkliche Leib), der Leib also als ein Hindernis der Vereinigung mit Gott etwas Nichtiges, zu Negierendes. Daß unter der Welt, welche im Christentum negiert wird, keineswegs nur das eitle Genußleben, sondern die wirkliche, objektive Welt zu verstehen ist, das geht auf eine populäre Weise schon aus dem Glauben hervor, daß bei der Ankunft des Herrn, d. h. der Vollendung der christlichen Religion, Himmel und Erde vergehen werden. Allerdings erwarteten auch die Juden mit heißer Sehnsucht den Untergang der bestehenden Welt. Aber stammt denn das Christentum nicht aus dem Judentum? Hat das Christentum je seinen Zusammenhang mit diesem seinen Ursprung abgebrochen, verleugnet? Überhaupt, wenn man alles, was das Christentum mit andern Religionen gemein hat, als nicht christlich von ihm ausmerzen will, was bleibt denn noch von ihm übrig? Nichts als ein nomen proprium.

Nicht zu übersehen ist der Unterschied zwischen dem Glauben der Christen und dem Glauben der heidnischen Philosophen an den Untergang der Welt. Der *christliche Weltuntergang* ist nur eine *Krisis des Glaubens* – die Scheidung des Christlichen von allem Antichristlichen, der Triumph des Glaubens über die Welt, ein Gottesurteil, ein *antikosmischer, supranaturalistischer Akt.* »Der Himmel jetztund und die Erde werden durch sein Wort gesparet, daß sie zum Feuer behalten werden am *Tage des Gerichts* und *Verdammnis der gottlosen Menschen*« (2. Petri 3, 7). Der *heidnische Weltuntergang* ist eine *Krisis des Kosmos* selbst, ein gesetzmäßiger, im Wesen der Natur begründeter Prozeß. »Sic origo mundi, non minus solem et lunam et vices siderum et animalium ortus, quam quibus mutarentur terrena, continuit. In his fuit inundatio, quae non secus quam hiems, quam aestas, *lege mundi* venit« (Seneca, *Nat. Qu.*, l. III, c. 29). Es ist das der Welt immanente Lebensprinzip, das Wesen der Welt selbst, welches diese Krisis *aus sich* erzeugt. »*Aqua et ignis* terrenis dominantur. *Ex his ortus et ex his interitus est*« (ibid., c. 28). »Quidquid est, non erit; nec peribit, sed resolvetur« (idem, Epist. 71). *Die Christen schlossen sich von dem Weltuntergang aus.* »Und er wird senden Engel mit hellen Posaunen, und sie werden sammeln seine *Auserwählten* von den vier Winden, von einem Ende des Himmels bis zu dem andern« (Matthäi 24, 31). »Und ein Haar von eurem Haupt soll nicht umkommen. Und alsdann werden sie sehen des Menschen Sohn kommen in der Wolke, mit großer Kraft und Herrlichkeit. Wenn aber dieses anfähet zu geschehen, so sehet auf und hebet eure Häupter auf, darum daß sich *eure Erlösung* nahet« (Lukas 21, 18, 27-28). »So seid nun wacker allezeit und betet, daß ihr würdig werden möget, zu entfliehen diesem allen, das geschehen soll, und zu stehen vor des Menschen Sohn« (ebend., 36). *Die Heiden dagegen identifizieren ihr Schicksal mit dem Schicksal der Welt ...* »Hoc universum, quod omnia divina humanaque complectitur ... dies aliquis dissipabit et in confusionem veterem tenebrasque demerget.

Eat nunc aliquis et singulas comploret animas. Quis tam superbae impotentisque arrogantiae est, ut in hac naturae necessitate, omnia ad eundem finem revocantis, *se unum ac suos seponi velit*« (Seneca, *Cons. ad Polyb.*, c. 20 u. 21). »Ergo quandoque erit terminus rebus humanis ... Non muri quenquam, non turres tuebuntur. *Non proderunt templa supplicibus*« (*Nat. Qu.*, L. III, c. 29). Hier haben wir also wieder den charakteristischen Unterschied des Heidentums und Christentums. Der Heide vergaß *sich über der Welt*, der Christ *die Welt über sich.* Wie aber der Heide seinen Untergang mit dem Untergang der Welt, so identifizierte er auch seine Wiederkunft und Unsterblichkeit mit der Unsterblichkeit der Welt. Dem Heiden war der Mensch ein *gemeines*, dem Christen ein *auserlesnes* Wesen, diesem die Unsterblichkeit ein *Privilegium* des Menschen, jenem ein *Kommungut*, das er sich nur vindizierte, indem und wiefern er auch andere Wesen daran teilnehmen ließ. *Die Christen erwarteten demnächst den Weltuntergang,* weil die christliche Religion kein kosmisches Entwicklungsprinzip in sich hat – alles, was sich entwickelte im Christentum, entwickelte sich nur im Widerspruch mit seinem ursprünglichen Wesen –, weil mit der Existenz Gottes im Fleisch, d. h. mit der unmittelbaren Identität des Wesens der Gattung mit dem Individuum, alles erreicht, der Lebensfaden der Geschichte abgeschnitten, kein andrer Gedanke der Zukunft übrig war als der Gedanke an eine Repetition, an die Wiederkunft des Herrn. *Die Heiden dagegen verlegten den Weltuntergang in die ferne Zukunft,* weil sie, lebend in der Anschauung des Universums, nicht um ihretwillen Himmel und Erde in Bewegung setzten, weil sie ihr Selbstbewußtsein erweiterten und befreiten durch das *Bewußtsein der Gattung,* die Unsterblichkeit nur setzten in die Fortdauer der Gattung, die Zukunft also nicht sich reservierten, sondern den kommenden Generationen übrigließen. »*Veniet tempus quo posteri nostri tam aperta nos nescisse mirentur*« (Seneca, *Nat. Quae.*, l. 7, c. 25). Wer die Unsterblichkeit *in sich setzt,* hebt das geschichtliche Entwicklungsprinzip auf.

Die Christen warten zwar nach Petrus einer neuen Erde und eines neuen Himmels. Aber mit dieser christlichen Erde ist nun auch das Theater der Geschichte für immer geschlossen, das *Ende* der *wirklichen Welt* gekommen. Die Heiden dagegen setzen der Entwicklung des Kosmos keine Grenze, sie lassen die Welt nur untergehen, um wieder verjüngt als wirkliche Welt zu erstehen, gönnen ihr ewiges Leben. Der christliche Weltuntergang war eine *Gemütssache,* ein Objekt der Furcht und Sehnsucht, der heidnische eine Sache der Vernunft und Naturanschauung.

Die unbefleckte Jungfräulichkeit ist das Prinzip des Heils, das Prinzip der neuen, christlichen Welt.

»*Virgo genuit mundi salutem*; virgo peperit vitam universorum ... *Virgo* portavit, quem *mundus iste capere aut sustinere non potest* ... *Per virum autem et mulierem caro ejecta de paradiso: per virginem juncta est Deo*« (Ambrosius, *Ep.,* L. X, Ep. 82). »Jure laudatur bona uxor, sed melius *pia virgo* praefertur, *dicente Apostolo* (I. Cor. 7). Bonum conjugium, per quod est inventa posteritas successionis humanae; sed *melius virginitas*, per quam regni coelestis haereditas acquisita et coelestium meritorum reperta successio. Per mulierem cura successit: *per virginem salus evenit*« (ders., Ep. 81). »*Castitas jungit hominem coelo* ... Bona est castitas conjugalis, sed melior est continentia vidualis. *Optima vero integritas virginalis*« (*De modo bene vivendi,* Sermo 22; unter den unechten Schriften Bernhards). »*Pulchritudinem* hominis non concupiscas« (ibid., S. 23). »Fornicatio major est *omnibus peccatis* ... Audi *beati Isidori* verba: Fornicatione coinquinari deterius est omni peccato« (ibid.). »Virginitas cui gloriae merito non praefertur? Angelicae? Angelus habet virginitatem, sed non carnem, sane felicior, quam fortior in hac parte« (Bernhardus, Ep. 113, ad Sophiam Virginem). »Memento semper, quod *paradisi colonum de* possessione sua mulier ejecerit« (Hieronymus, *Ep. Nepot.*).

Wenn nun aber die Enthaltung von der Befriedigung des

Geschlechtstriebes, die Negation der Geschlechtsdifferenz und folglich der Geschlechtsliebe – denn was ist diese ohne jene? – das Prinzip des christlichen Himmels und Heils ist, so ist notwendig die Befriedigung des Geschlechtstriebes, der Geschlechtsliebe, worauf sich die Ehe gründet, die *Quelle der Sünde und des Übels.* So ist es auch. Das Geheimnis der Erbsünde ist das Geheimnis der Geschlechtslust. Alle Menschen sind in Sünden empfangen, weil sie mit sinnlicher, d. i. *natürlicher* Freude und Lust empfangen wurden. Der Zeugungsakt ist, als ein genußreicher sinnlicher, ein sündiger Akt. Die Sünde pflanzt sich fort von Adam an bis auf uns herab, lediglich weil die Fortpflanzung der natürliche Zeugungsakt ist. Dies also das große Geheimnis der christlichen Erbsünde. »Atque hic quam alienus a vero sit, etiam hic reprehenditur, quod *voluptatem* in homine *Deo authore* creatam asserit principaliter. Sed hoc divina scriptura redarguit, quae serpentis insidiis atque illecebris infusam Adae atque Evae voluptatem docet, siquidem ipse *serpens voluptas* sit . . . Quomodo igitur voluptas ad paradisum revocare nos potest, quae *sola nos paradiso* exuit?« (Ambrosius, *Ep.,* L. X, Ep. 82). »*Voluptas* ipsa *sine culpa* nullatenus esse potest« (Petrus L., l. IV, dist. 31, c. 5). »Omnes in peccatis nati sumus, et ex *carnis delectatione* concepti culpam originalem nobiscum traximus« (Gregorius, Petrus L. l. II, dist. 30, c. 2). »Firmissime tene et nullatenus dubites omnem hominem, qui per *concubitum viri et mulieris* concipitur, cum originali peccato nasci . . . Ex his datur intelligi, *quid sit originale peccatum* scl. *vitium concupiscentiae,* quod in omnes concupiscentialiter natos per Adam intravit« (ibid., c. 3; s. auch dist. 31, c. 1). »Peccati causa *ex carne* est« (Ambrosius, ibid.). »Homo *natus de muliere* et *ob hoc cum reatu*« (Bernhardus, *De consid.,* l. II). »Peccatum quomodo non fuit, ubi libido non defuit? . . . Quo pacto, inquam aut sanctus asseretur conceptus, qui de spiritu s. non est, *ne dicam de peccato* est?« (ders., epist. 174, edit. cit.). Es erhellt hieraus zur Genüge, daß die fleischliche Vermischung an und für sich selbst das Grundübel der Menschheit und folglich die Ehe, *inwiefern sie auf den Geschlechtstrieb sich gründet,* ehrlich herausgesagt, ein Produkt des Teufels ist. Der Christ hat freilich gesagt, daß den Reinen alles rein, daß alle Kreatur als Geschöpf Gottes gut sei. Aber aus demselben Munde, der diesen Satz ausgesprochen, ist der entgegengesetzte gekommen, daß wir alle *von Natur,* φύσει, *Kinder des Zornes Gottes* sind. Wäre wirklich und wahrhaft das Natürliche als das Gute anerkannt, so würde das Christentum mit allen seinen übernatürlichen Lehren und Gnadenmitteln zusammenstürzen, als welche eben die Verdorbenheit der Natur zur Voraussetzung haben. Wohl ist die Kreatur als Geschöpf Gottes gut, aber so, wie sie erschaffen worden, so *existiert* sie ja längst schon nicht mehr. Der Teufel hat die Kreatur Gott abspenstig gemacht und bis in den Grund hinein verdorben. »Verflucht sei der Acker um deinetwillen.« Der Fall der Kreatur ist aber nur eine Hypothese, wodurch sich der Glaube den lästigen, beunruhigenden Widerspruch, daß die Natur ein Produkt Gottes ist und dennoch so, wie sie wirklich ist, sich nicht mit Gott, d. h. dem christlichen Gemüte, zusammenreimen läßt, aus dem Sinne schlägt.

Allerdings hat das Christentum nicht das Fleisch als Fleisch, die Materie als Materie für etwas Sündhaftes, Unreines erklärt, im Gegenteil aufs heftigste gegen die Ketzer, welche dieses aussprachen und die Ehe verwarfen, geeifert (s. z. B. Clemens Alex., *Stromata,* lib. III und den H. Bernhard *Super Cantica,* Sermo 66) – übrigens, auch ganz abgesehen von dem *Haß gegen die Ketzer,* der so häufig die heilige christliche Kirche inspirierte und so weltklug machte, aus Gründen, aus denen keineswegs die Anerkennung der Natur als solcher folgte, und *unter Beschränkungen,* d. i. *Negationen,* welche diese Anerkennung der Natur zu einer nur scheinbaren, illusorischen machen. Der Unterschied zwischen den Ketzern und Rechtgläubigen ist nur der, daß diese *indirekt,* verschlagen, heimlich sagten, was jene unumwunden, direkt, aber eben deswegen auf eine *anstößige Weise* aussprachen. Von der Materie läßt sich die *Lust* nicht absondern. Die materielle Lust ist nichts weiter als, sozusagen, die *Freude der Materie an sich selbst,* die *sich selbst betätigende* Materie. Jede Freude ist Selbstbetätigung, jede Lust Kraftäußerung, Energie. Jede *organische Funktion* ist im normalen Zustande mit *Wollust* verbunden – selbst das Atmen ist ein wollüstiger Akt, der nur deswegen nicht *als solcher* empfunden wird, weil er ein ununterbrochener Prozeß ist. Wer daher nur die Zeugung, die fleischliche Vermischung als solche, überhaupt das Fleisch als solches für rein, aber das sich selbst *genießende* Fleisch, die mit *sinnlicher Lust* verknüpfte fleischliche Vermischung für Folge der *Erbsünde* und folglich selbst für *Sünde erklärt,* der anerkennt nur das *tote,* aber nicht *lebendige* Fleisch, der macht uns einen blauen Dunst vor, der *verdammt, verwirft* den *Zeugungsakt,* die *Materie überhaupt,* aber *unter dem Scheine,* daß er sie *nicht verwirft, daß er sie anerkennt.* Die *nicht heuchlerische, nicht* verstellte – die offenherzige, aufrichtige Anerkennung der Sinnlichkeit ist die Anerkennung des *sinnlichen Genusses.* Kurz, wer, wie die Bibel, wie die Kirche, nicht die *Fleischeslust* anerkennt – versteht sich die natürliche, nicht die widernatürliche –, der *anerkennt nicht das Fleisch.* Was nicht als *Selbstzweck* – keineswegs darum auch als *letzter* Zweck – anerkannt wird, das wird *nicht* anerkannt. Wer mir den Wein nur als Arznei erlaubt, verbietet mir den *Genuß* des Weines. Komme man nicht mit der freigebigen Spendung des Weines auf der Hochzeit zu Kanaa. Denn diese Szene versetzt uns ja unmittelbar durch die Verwandlung des Wassers in Wein über die Natur hinaus, auf das Gebiet des Supranaturalismus. Wo, wie im Christentum, als der *wahre,* ewige Leib ein supranaturalistischer, spiritualistischer Leib gesetzt wird, d. h. ein Leib, von dem alle *objektiven,* sinnlichen Triebe, alles Fleisch weggelassen ist, da wird die wirkliche, d. i. die sinnliche fleischliche Materie negiert, als nichtig gesetzt.

Allerdings hat das Christentum nicht die Ehelosigkeit – freilich später für die Priester – zu einem Gesetz gemacht. Aber eben deswegen, weil die Keuschheit oder vielmehr die Ehe, die Geschlechtslosigkeit die höchste, überschwenglichste, supranaturalistischste, die κατ' ἐξοχήν himmlische Tugend ist, so kann und darf sie nicht zu einem gemeinen Pflichtobjekt erniedrigt werden; sie steht *über dem Gesetze*, sie ist die *Tugend der christlichen Gnade und Freiheit*. »*Virginitas* non est *jussa*, sed admonita, quia *nimis est excelsa*« (*De modo bene viv.*, Sermo 21). »*Et qui matrimonio jungit virginem suam, benefacit, et qui non jungit melius facit*. Quod igitur bonum est, non vitandum est, et quod *est melius, eligendum* est. Itaque non imponitur, sed proponitur. Et ideo bene Apostolus dixit: De virginibus autem praeceptum non habeo, *consilium* autem do. Ubi praeceptum est, ibi *lex* est, ubi consilium, ibi *gratia* est ... Praeceptum enim castitatis est, *consilium* integritatis ... Sed *nec vidua* praeceptum accipit, sed consilium. Consilium autem non semel datum, sed *saepe repetitum*« (Ambrosius, *Liber de viduis*). Das heißt: Die Ehelosigkeit ist kein Gesetz im gemeinen oder jüdischen, aber ein Gesetz im christlichen Sinne oder für den christlichen Sinn, welcher die christliche Tugend und Vollkommenheit sich zu Gewissen, zu Gemüte zieht, kein gebieterisches, sondern vertrauliches, kein offenbares, sondern ein heimliches, esoterisches Gesetz – ein bloßer Rat, d. h. ein Gesetz, das sich nicht als Gesetz auszusprechen wagt, ein Gesetz nur für den feiner Fühlenden, nicht für die große Masse. Du darfst heiraten, jawohl, ohne alle Furcht, eine Sünde zu begehen, d. h. eine offenbare, namhafte, plebejische Sünde; aber desto besser tust du, wenn du nicht dich verheiratest; indes, das ist nur mein unmaßgeblicher, freundschaftlicher Rat. Omnia licent, sed non omnia expediunt. Was im Vordersatze zugegeben, das wird im Nachsatz widerrufen. Licet, sagt der Mensch, non expedit, sagt der Christ. Aber nur, was für den Christen gut, ist für den Menschen, wofern er ein christlicher sein will, das Maß des Tuns und Lassens. Quae non expediunt, nec licent – so schließt das Gefühl des christlichen Adels. Die Ehe ist daher nur eine Indulgenz gegen die Schwachheit oder vielmehr Stärke des Fleisches, ein Naturnachlaß des Christentums, ein

Abfall von dem wahrhaft, dem vollendet christlichen Sinn; aber insofern gut, löblich, heilig selbst, als sie das beste Arzneimittel gegen die fornicatio ist. Um ihrer selbst willen, als Selbstgenuß der Geschlechtsliebe, wird sie nicht anerkannt, nicht geheiligt – also ist die Heiligkeit der Ehe im Christentum nur *Scheinheiligkeit,* nur Illusion, denn was man nicht um seiner selbst willen anerkennt, wird *nicht anerkannt,* aber mit dem *trügerischen Scheine, daß es anerkannt wird.* Die Ehe ist sanktioniert, nicht um das Fleisch zu heiligen und befriedigen, sondern um das Fleisch zu beschränken, zu unterdrücken, zu töten – um durch den Teufel den Teufel auszutreiben. »Es ist besser freien denn Brunst leiden« (1. Korinther 7, 9). Aber wieviel besser ist, sagt Tertullian, diesen Spruch entwickelnd, weder freien noch Brunst leiden ... »Possum dicere quod permittitur, *bonum non est«* (*Ad Uxorem,* l. I, c. 3). »De minoribus bonis est conjugium, quod non meretur palmam, sed est *in remedium ... Prima* institutio habuit *praeceptum,* secunda *indulgentiam.* Didicimus enim ab Apostolo, humano generi propter vitandam fornicationem indultum esse conjugium« (Petrus Lomb., l. IV, dist. 26, c. 2). Die christliche Sophistik wird dagegen erwidern, daß nur die nicht-christliche Ehe, nur die nicht vom Geiste des Christentums konsekrierte, d. h. mit frommen Bildern verblümte Natur unheilig sei. Allein wenn die Ehe, wenn die Natur erst durch die Beziehung auf Christus geheiligt wird, so ist eben damit nicht *ihre* Heiligkeit, sondern nur die Heiligkeit des Christentums ausgesprochen, so ist die Ehe, die Natur *an und für sich selbst* unheilig. Und was ist denn der Heiligenschein, womit das Christentum die Ehe umgibt, um den Verstand zu benebeln, anders als eine fromme Illusion? Kann der Christ seine ehelichen Pflichten erfüllen, ohne nolens volens der heidnischen Liebesgöttin zu opfern, ohne sinnliche Erregung, ohne Fleischeslust? Jawohl. Der Christ hat nur zum Zweck die Bevölkerung der christlichen Kirche, nicht die Befriedigung des Fleisches, die Befriedigung der Liebe. Der Zweck ist heilig, aber das Mittel *an sich selbst* unheilig. Und der Zweck heiligt, entschuldigt das Mittel. »Conjugalis concubitus generandi gratia non habet culpam.« Der Christ, wenigstens der wahre, negiert also, wenigstens soll er negieren die Natur, indem er sie befriedigt; er will nicht, er verschmäht vielmehr das Mittel *für sich selbst,* er will nur den Zweck in abstracto; er tut mit *religiösem, supranaturalistischem Abscheu,* was er, aber widerwillig, mit *natürlicher, sinnlicher Lust tut.* Der Christ gesteht sich nicht offenherzig seine Sinnlichkeit ein, er verleugnet vor seinem Glauben die Natur und hinwiederum vor der Natur seinen Glauben, d. h. er desavouiert öffentlich, was er im geheimen tut. Oh, wieviel besser, wahrer, herzensreiner waren die Heiden, die aus ihrer Sinnlichkeit kein Hehl machten, während die Christen leugnen, daß sie das Fleisch befriedigen, indem sie es befriedigen! Noch heute halten die Christen theoretisch an ihrer himmlischen Ab- und Zukunft fest; noch heute verleugnen sie aus supranaturalistischer Scham ihr Geschlecht und gebärden sich bei jedem derb sinnlichen Bilde, als wären sie Engel, noch heute unterdrücken sie, selbst mit polizeilicher Gewalt, jedes offenherzige, freimütige Selbstbekenntnis der Sinnlichkeit, aber nur, um durch das öffentliche Verbot sich den geheimen Genuß der Sinnlichkeit zu würzen. Was ist also, kurz und gut gesagt, der Unterschied der Christen und Heiden in dieser delikaten Materie? Die Heiden *bestätigten,* die Christen *widerlegten* ihren Glauben durch ihr Leben. Die Heiden tun, was sie wollen, die Christen, was sie *nicht* wollen, jene sündigen mit, diese wider ihr Gewissen, jene einfach, diese doppelt, jene aus Hypertrophie, diese aus Atrophie des Fleisches. Das spezifische Laster der Heiden ist das ponderable sinnliche Laster der Unzucht, der Christen das imponderable theologische Laster der Heuchelei – jener Heuchelei, wovon der Jesuitismus zwar die auffallendste, weltgeschichtlichste, aber gleichwohl nur eine *besondere* Erscheinung ist. »Die Theologie macht sündhafte Leute«, sagt Luther – Luther, dessen *positive* Eigenschaften einzig sein Herz und Verstand, soweit sie *natürlich,* nicht durch die *Theologie verdorben* waren.

Der christliche Himmel ist die christliche Wahrheit. Was vom Himmel, ist vom wahren Christentum ausgeschlossen. Im Himmel ist der Christ davon frei, wovon er hier frei zu sein wünscht, frei von dem Geschlechtstrieb, frei von der Materie, frei von der Natur überhaupt.

»In der Auferstehung werden sie weder freien noch sich freien lassen; sondern sie sind gleichwie die Engel Gottes im Himmel« (Matthäi 22, 30). »Die Speise dem Bauch und der Bauch der Speise, aber Gott wird diesen und jenen hinrichten« (καταργή-σει, entbehrlich machen) (I. Korinth. 6, 13). »Davon sage ich aber, lieben Brüder, daß Fleisch und Blut nicht können das Reich Gottes ererben, auch wird das Verwesliche nicht erben das Unverwesliche« (ebend. 15, 50). »Sie wird nicht mehr hungern noch dürsten, es wird auch nicht auf sie fallen die Sonne oder irgendeine Hitze« (Offenb. Joh. 7, 16). »Und wird keine Nacht da sein und nicht bedürfen einer Leuchte oder des Lichts der Sonne« (ebend. 22, 5). »Comedere, bibere, vigilare, dormire, quiescere, laborare et *caeteris necessitatibus naturae* subjacere, vere magna miseria est et afflictio homini devoto, qui libenter esset absolutus et liber ab omni peccato. Utinam non essent *istae necessitates*, sed solum spirituales animae refectiones, quas heu! satis raro degustamus« (Thomas a K., *De imit.*, l. I, c. 22 u. 25; s. hierüber auch z. B. S. Gregorii Nyss., *De anima et resurr.*, Lipsiae 1837, p. 98, p. 144, 153). Wohl ist die christliche Unterblichkeit im Unterschiede von der heidnischen nicht die Unsterblichkeit des Geistes, sondern die des *Fleisches* ... »Scientia immortalis visa est res illis (den heidnischen Philosophen) atque incorruptibilis. Nos autem, quibus divina revelatio illuxit ... novimus, non solum mentem, sed *affectus perpurgatos*, neque animam tantum, sed etiam *corpus ad immortalitatem* assumptum iri suo tempore« (Baco de Verul., *De augm. Scien.*, l. I). Celsus warf deswegen den Christen ein desiderium corporis vor. Aber dieser unsterbliche Körper ist, wie schon bemerkt, ein immaterieller, d. h. durchaus gemütlicher, subjektiver Leib – ein Leib, welcher die direkte Negation des wirklichen, natürlichen Leibes ist. Und es handelt sich daher in diesem Glauben nicht sowohl um die Anerkennung oder Verklärung der Natur, der Materie als solcher, als vielmehr nur um die Realität des Gemüts, der Subjektivität, welcher der wirkliche, objektive Leib zur Last ist und daher statt dessen ein angemessener, ihren Wünschen entsprechender Körper zuteil wird.

Was die Engel eigentlich sind, denen die himmlischen Seelen gleichen werden, darüber gibt die Bibel ebensowenig wie über andere wichtige Dinge bestimmte Aufschlüsse, sie werden nur von ihr Geister, πνεύματα, genannt und als hominibus superiores bezeichnet. Die spätern Christen sprachen sich, und mit vollem Rechte, auch hierüber bestimmter aus, jedoch verschiedentlich. Die einen gaben ihnen Körper, die andern nicht – eine übrigens nur scheinbare Differenz, da der englische Leib nur ein phantastischer ist. Was jedoch den Körper der Auferstehung betrifft, so hatten sie hierüber nicht nur verschiedene, sondern auch sehr entgegengesetzte Vorstellungen – Widersprüche, die aber in der Natur der Sache liegen, sich notwendig ergeben aus dem Grundwiderspruch des religiösen Bewußtseins, welcher sich in dieser Materie, wie gezeigt, darin offenbart, daß es im Wesen derselbe individuelle Leib, den wir vor der Auferstehung hatten, und doch wieder ein anderer – ein anderer und doch wieder derselbe sein soll. Und zwar derselbe Leib selbst bis auf die Haare, »cum nec periturus sit capillus, ut ait Dominus: Capillus de capite vestro non peribit« (Augustinus und Petrus L., l. IV, dist. 44, c. 1). Jedoch zugleich wieder so derselbe, daß alles Lästige, alles dem naturentfremdeten Gemüte Widersprechende beseitigt wird. »Immo sicut dicit Augustinus: Detrahentur vitia et remanebit natura. *Superexcrescentia autem capillorum et unguium est de superfluitate et vitio naturae. Si enim non peccasset homo, crescerent ungues et capilli ejus usque ad determinatam quantitatem,* sicut in leonibus et avibus« (Addit. Henrici ab Vurimaria, ibid., Edit. Basiliae 1513). Welch determinierter, naiver, treuherziger zuversichtlicher, harmonischer Glaube! Der auferstandne Körper als derselbe und doch zugleich ein

andrer, neuer Leib hat auch wieder Haare und Nägel –
sonst wäre er ein verstümmelter, einer wesentlichen Zierde
beraubter Körper, folglich die Auferstehung nicht die restitu-
tio in integrum –, und zwar dieselben Nägel und Haare,
aber zugleich jetzt so beschaffen, daß sie mit dem Wesen des
neuen Körpers im Einklang sind. Dort ist ihnen der Trieb des
Wachstums genommen, dort überschreiten sie nicht das Maß
der Schicklichkeit. Dort brauchen wir daher nicht mehr die
Haare und Nägel abzuschneiden – ebensowenig als die sinnlichen Triebe der übrigen Fleischesglieder, weil schon an und
für sich der himmlische Leib ein abstrakter, verschnittener
Leib ist. Warum gehen denn die gläubigen Theologen der
neuern Zeit nicht mehr in derlei Spezialitäten ein wie die
ältern Theologen? Warum? Weil ihr Glaube selbst nur ein
allgemeiner, unbestimmter, d. h. nur geglaubter, vorgestellter,
eingebildeter Glaube ist, weil sie aus Furcht vor ihrem mit
dem Glauben längst zerfallnen Verstande, aus Furcht, ihren
schwachsinnigen Glauben zu verlieren, wenn sie bei Lichte,
d. h. im Detail die Dinge betrachten, die Konsequenzen, d. h.
die notwendigen Bestimmungen ihres Glaubens unterdrücken,
vor dem Verstande verheimlichen.

Der Widerspruch im göttlichen Wesen ist das oberste Prinzip
der christlichen Sophistik.
Alle Bestimmungen des göttlichen Wesens sind Selbstbeja-
hungen, Selbstbegründungen des menschlichen Wesens, die
aber dadurch unbegreiflich und unerforschlich werden, daß
sie in Gott etwas andres bedeuten und sein sollen, als sie in
der Tat sind und sein können. So ist die göttliche Weisheit,
der hervorbringende Verstand Gottes, nichts andres als der
sich als das absolute Wesen der Dinge bejahende und begründende Verstand im Menschen. Dem Verstande ist nur der
Verstand ein *reales* Wesen. Der Verstand oder nur ein Wesen
mit Verstand ist *sich selbst Zweck*, um seiner selbst willen,
nicht selbstloses Mittel. Und nur, was sich selbst Zweck ist,
handelt nach Zwecken, handelt mit Absichten; aber nur

*Zweck*tätigkeit ist *Selbst*tätigkeit und nur Selbsttätigkeit Tätigkeit, die ihren Grund in sich selbst hat. Das Dasein eines verständigen Wesens erklärt sich durch sich selbst: Es hat eben den Grund seines Daseins in sich, weil es Selbstzweck ist. Was aber selbst keine Absichten hat, muß den Grund seines Daseins in der Absicht eines *andern Wesens* haben. Die Welt hat daher für den Verstand nur Sinn, nur Verstand, wenn er sie daraus, woraus er sich alles erklärt und deutlich macht, d. h. *aus sich selbst* erklärt und ableitet, wenn er den Verstand als Grund und Zweck der Welt setzt. Denn *die* Lehre, daß die Welt nicht *für sich,* sondern für den Menschen oder überhaupt ein verständiges Wesen, dieses also der Zweck der Welt sei, ist im Grunde identisch mit *der* Lehre, daß die Zwecktätigkeit, der Verstand die Welt hervorgebracht habe. So ist also der göttliche Verstand nichts andres als der sich bewährende menschliche Verstand – der Unterschied daher jenes von diesem nur eine fromme Illusion, eine Phantasie oder eine raffinierte Selbsttäuschung, eine Lüge. Die Ableitung der Welt aus dem Verstande, das rationelle Bedürfnis einer verständigen Ursache stützt sich ja eben auf die Wahrnehmung, daß in der Welt im Widerspruch mit ihrem – vorausgesetzten, sei es nun wirklichen oder vermeintlichen – Wesen Ordnung, Zweck, Verstand obwaltet, daß die Welt nach Gesetzen bestimmt und regiert wird, die der Mensch eben als verständige, mit seinem *Verstande übereinstimmende* erkennt. Er findet z. B., daß die Tiere zu ihren verschiedenen Lebensbestimmungen passende Organe haben, daß also auch hier das Verstandesgesetz gilt, daß man, um einen bestimmten Zweck zu erreichen, ein bestimmtes entsprechendes Mittel ergreifen muß; er findet, daß sich der chemische Stoff in Würfeln, Rhomben, Oktaedern kristallisiert, daß also auch in der Natur die Gesetze der Arithmetik und Geometrie, wenn auch mit Modifikationen, walten, auch in ihr zwei mal zwei vier ist. Wäre es anders in der Natur, zwei mal zwei nicht vier, die gerade Linie ein Kreis, das Quadrat ein Dreieck, kurz, widersprächen ihre Gesetze den Gesetzen des Verstandes, so würde es dem Menschen nie, auch nicht im Traume einfallen, diese boshafte Satire auf den Verstand aus dem Verstande abzuleiten. Welch eine Selbsttäuschung ist es also, den Grund dieses Verstandes in der Natur oder vielmehr diesen Verstand selbst, dessen Annahme sich nur gründet auf die Wahrnehmung der Übereinstimmung desselben mit dem Verstande des Menschen, zu einem andern, vom Verstande des Menschen wesentlich unterschiednen Verstande zu machen! Welch ein Selbstbetrug! Dem Verstande ist das Bewußtsein seiner Einheit und Universalität wesentlich; er ist selbst nichts andres als das Bewußtsein *seiner als der absoluten Identität,* d. h. was dem Verstande für verstandesgemäß gilt, das ist ihm ein absolutes Gesetz; es ist ihm unmöglich zu denken, daß, was sich widerspricht, falsch, unsinnig ist, irgendwo wahr und, was wahr, was vernünftig, irgendwo falsch, unvernünftig sei. Von einem wesentlich andern Verstande habe ich auch nicht die entfernteste Vorstellung, die entfernteste Ahnung. Vielmehr ist jeder vermeintlich andere Verstand, den ich setze, nur eine *Position* meines eignen Verstandes, eine Idee, Vorstellung von mir, eine Vorstellung, die innerhalb meines Denkvermögens fällt, also meinen Verstand ausdrückt und bejaht. *Was* ich denke, und zwar als das Höchste denke, das ist eben der höchste Grad meiner Denkkraft, das Maß dessen, was ich überhaupt zu denken *vermag.* Was ich *denke,* das *tue* ich selbst – natürlich bei rein theoretischen oder intellektuellen Dingen –, was ich als *verbunden* denke, *verbinde* ich, was ich denke als *getrennt, unterscheide* ich in meinem Denken. Denke ich also z. B. in dem göttlichen Verstande die Anschauung oder Wirklichkeit des Gegenstandes mit der Vorstellung desselben unmittelbar verbunden, so verbinde ich sie wirklich; mein Verstand oder meine Einbildungskraft ist also das Verbindungsvermögen dieser Unterschiede oder Gegensätze. Wie könntest du sie dir denn verbunden vorstellen – sei diese Vorstellung nun eine konfuse oder deutliche –, wenn du sie nicht in dir selbst verbändest? Wie könntest du überhaupt eine Schranke in Gott aufheben, wenn du sie *nicht an dir selbst als Schranke* empfändest und aufhöbest, wie in Gott eine Realität setzen, wenn du sie nicht selbst als Realität empfändest? Was ist also Gott anderes als das höchste, ungetrübteste, freieste Selbstgefühl des Menschen? was der Verstand Gottes anderes als der seiner selbst gewisse, seiner selbst bewußte Verstand des Menschen?

Die christliche Religion ist ein Widerspruch. Sie ist die Versöhnung und zugleich der Zwiespalt, zugleich die Einheit und der Gegensatz von Gott und Mensch. Dieser personifizierte Widerspruch ist der Gottmensch – die Einheit der Gottheit und Menschheit in ihm Wahrheit und Unwahrheit.

Es ist schon oben behauptet worden, daß, wenn Christus zugleich Gott, Mensch und zugleich ein andres Wesen war, welches als ein des Leidens unfähiges Wesen vorgestellt wird, sein Leiden nur eine Illusion war. Denn sein Leiden für ihn *als Menschen* war kein Leiden *für ihn als Gott.* Nein, was er als Mensch bekannte, leugnete er als Gott. Er litt nur äußerlich, nicht innerlich, d. h. er litt nur *scheinbar, doketisch,* aber nicht wirklich, denn nur der Erscheinung, dem Ansehn, dem Äußern nach war er Mensch, in Wahrheit, im Wesen aber, welches eben deswegen nur den Gläubigen Gegenstand war, Gott. Ein wahres Leiden wäre es nur gewesen, wenn er zugleich *als Gott* gelitten hätte. Was nicht in Gott selbst aufgenommen, wird nicht in die Wahrheit, nicht in das Wesen, die Substanz aufgenommen. Unglaublich aber ist es, daß die Christen selbst, teils direkt, teils indirekt, eingestanden haben, daß ihr höchstes, heiligstes Mysterium nur eine Illusion, eine Simulation ist. Eine Simulation, die übrigens schon dem durchaus unhistorischen, theatralischen, illusorischen Evangelium Johannis zugrunde liegt, wie dies *unter anderm* besonders aus der Auferweckung des Lazarus hervorgeht, indem hier der allmächtige Gebieter über Tod und Leben offenbar nur zur Ostentation seiner Menschlichkeit sogar Tränen vergießet und ausdrücklich sagt: »Vater, ich danke dir, daß du mich erhöret hast, doch ich weiß, daß du mich allezeit

hörest, sondern *um des Volks willen,* das umherstehet, sage
ich es, daß sie glauben.« Diese evangelische Simulation hat
nun die christliche Kirche bis zur offenbaren Verstellung ausgebildet. »Si credas susceptionem corporis, adjungas *divini-*
tatis compassionem, portionem utique perfidiae, non perfi-
diam declinasti. Credis enim, quod tibi prodesse praesumis,
non credis quod *Deo dignum* est ... Idem enim patiebatur
et non patiebatur ... Patiebatur secundum corporis susceptionem, ut *suscepti corporis veritas crederetur* et non patiebatur
secundum verbi impassibilem divinitatem ... Erat igitur
immortalis in morte, impassibilis in passione ... Cur *divini-*
tati attribuis aerumnas corporis et infirmum doloris humani
divinae connectis naturae?« (Ambrosius, *De incarnat. domin.*
sacr., c. 4 u. 5). »Juxta hominis naturam proficiebat sapientia,
non quod ipse sapientior esset ex tempore ... sed eandem, qua
plenus erat, sapientiam caeteris ex tempore paulatim *demon-*
strabat ... In aliis ergo *non in se* proficiebat sapientia et
gratia« (Gregorius in *Homil. quadam,* bei Petrus Lomb.,
l. III, dist. 13, c. 1). »Proficiebat ergo humanus sensus in eo
secundum ostensionem et *aliorum* hominum *opinionem.* Ita
enim patrem et matrem dicitur ignorasse in infantia, quia
ita se gerebat et habebat ac si agnitionis expers esset« (Petrus
L., ibid., c. 2). »Ut homo ergo dubitat ut homo locutus est
(Ambrosius). His verbis innui videtur, quod Christus non
inquantum Deus vel Dei filius, sed inquantum homo dubitaverit
affectu humano. Quod ea ratione dictum accipi potest: non
quod ipse dubitaverit, sed quod *modum gessit dubitantis* et
hominibus dubitare videbatur« (Petrus L., ibid., dist. 17, c. 2).
Wir haben im ersten Teil unsrer Schrift die Wahrheit, im
zweiten die Unwahrheit der Religion dargestellt. Wahrheit ist
nur die Identität Gottes und des Menschen – Wahrheit nur
die Religion, wenn sie die menschlichen Bestimmungen Gottes
als menschliche bejaht, Falschheit, wenn sie dieselben negiert,
Gott als ein andres Wesen sondernd vom Menschen. So hatten
wir im ersten Teil zu beweisen die Wahrheit des Leidens
Gottes; hier haben wir den Beweis von der Unwahrheit

dieses Leidens, und zwar nicht den subjektiven, sondern den objektiven – das Eingeständnis der Theologie selbst, daß ihr höchstes Mysterium, das Leiden Gottes, nur eine Täuschung, Illusion ist. Habe ich also falsch geredet, wenn ich sagte, das oberste Prinzip des Christentums sei die Hypokrisie? Leugnet nicht auch der Theanthropos, daß er Mensch ist, während er Mensch ist? Oh, widerlegt mich doch!

Es ist daher die höchste Kritiklosigkeit, Unwahrhaftigkeit, Willkürlichkeit, die christliche Religion nur als Religion der Versöhnung, nicht auch als die *Religion des Zwiespalts* zu demonstrieren, in dem Gottmenschen nur die Einheit, *nicht auch den Widerspruch* des göttlichen und menschlichen Wesens zu finden. Christus hat nur *als Mensch,* nicht *als Gott* gelitten – Leidensfähigkeit ist aber das Zeichen wirklicher Menschheit –, nicht als Gott ist er geboren, gewachsen an Erkenntnis, gekreuzigt; d. h. alle menschlichen Bestimmungen sind von ihm als Gott *entfernt* geblieben. »Si quis non confitetur proprie et vere *substantialem differentiam naturarum* post ineffabilem unionem, ex quibus unus et solus extitit Christus, in ea salvatam, sit condemnatus« (Concil. Later., I. can. 7; Carranza). Das göttliche Wesen ist *in* der Menschwerdung, ungeachtet der Behauptung, daß Christus zugleich wahrer Gott und wahrer Mensch gewesen, ebensogut *entzweit* mit dem menschlichen Wesen als vor derselben, indem jedes Wesen die *Bestimmungen des andern von sich ausschließt,* obwohl beide, aber auf eine *unbegreifliche, mirakulöse,* d. i. *unwahre,* der *Natur* des Verhältnisses, in dem sie zueinander stehen, *widersprechende* Weise zu einer Persönlichkeit verknüpft sein sollen. Auch die Lutheraner, ja Luther selbst, so derb er sich über die Gemeinschaft und Vereinigung der menschlichen und göttlichen Natur in Christo ausspricht, kommt doch nicht über ihren unversöhnlichen Zwiespalt hinaus. »Gott ist Mensch, und Mensch ist Gott, dadurch doch weder die Naturen noch derselben Eigenschaften miteinander vermischt werden, sondern es behält eine *jede Natur ihr Wesen und Eigenschaften.*« »Es hat der Sohn Gottes selbst wahr-

haftig, doch *nach der angenommenen menschlichen Natur*
gelitten und ist wahrhaftig gestorben, wiewohl *die göttliche*
Natur weder leiden noch sterben kann.« »Ist recht geredet:
Gottes Sohn leidet. Denn obwohl *das eine Stück* (daß ich so
rede) *als die Gottheit nicht leidet,* so leidet dennoch die Person, welche Gott ist, *am andern Stück als an der Menschheit*; denn in der Wahrheit ist Gottes Sohn für uns gekreuzigt, das ist *die Person,* die Gott ist; denn sie ist, sie (sage ich)
die Person ist gekreuzigt *nach der Menschheit.*« »Die Person
ist's, die alles tut und leidet, *eins nach dieser Natur, das andre*
nach jener Natur, wie das alles die Gelehrten wohl wissen«
(Konkordienb., Erklär. Art. 8). So sind also nur in der Person, d. h. nur in einem nomen proprium, nur dem *Namen*
nach, aber nicht im Wesen, nicht in der Wahrheit, die beiden
Naturen zur Einheit verbunden. »Quando dicitur: Deus est
homo vel homo est Deus, propositio ejusmodi vocatur per-
sonalis. Ratio est, quia unionem personalem in Christo
supponit. Sine tali enim naturarum in Christo unione nunquam dicere potuissem Deum esse hominem aut hominem esse
Deum … Abstracta autem naturae de se invicem enuntiari
non posse, longe est manifestissimum … Dicere itaque non
licet, divina natura est humana aut deitas est humanitas et
vice versa« (J. F. Buddei *Comp. Inst. Theol. dogm., l. IV,*
c. II, § 11). So ist also die Einheit des göttlichen und menschlichen Wesens in der Inkarnation nur eine Täuschung, eine
Illusion. Das alte Dissidium von Gott und Mensch liegt auch
ihr noch zugrunde und wirkt um so verderblicher, ist um so
häßlicher, als es sich hinter den Schein, hinter die Imagination
der Einheit verbirgt. Darum war auch der Sozinianismus
nichts weniger als flach, wenn er, wie die Trinität, so auch
das Kompositum des Gottmenschen negierte – er war nur
konsequent, nur wahrhaft. Gott war ein dreipersönliches
Wesen, und doch sollte er zugleich schlechthin *einfach,* ein ens
simplicissimum sein, so leugnete die Einfachheit die Trinität; Gott war Gott-Mensch, und doch sollte die Gottheit nicht
von der Menschheit tangiert oder aufgehoben werden, d. h.

wesentlich von ihr geschieden sein; so leugnete die Unvereinbarkeit der göttlichen und menschlichen Bestimmungen die Einheit der beiden Wesen. Wir haben demnach schon im Gott-Menschen selbst den Leugner, den Erzfeind des Gottmenschen, den *Rationalismus,* nur daß er hier zugleich noch mit seinem Gegensatze behaftet war. Der Sozinianismus negierte also nur, was der Glaube selbst negierte, zugleich aber im Widerspruch mit sich wieder behauptete; er negierte nur einen Widerspruch, nur eine Unwahrheit.

Gleichwohl haben aber doch auch wieder die Christen die Menschwerdung Gottes als ein Werk der Liebe gefeiert, als eine Selbstaufopferung Gottes, als eine Verleugnung seiner Majestät – amor triumphat de deo –, denn die Liebe Gottes ist ein leeres Wort, wenn sie nicht als wirkliche Aufhebung seines Unterschieds vom Menschen gefaßt wird. Wir haben daher im Mittelpunkt des Christentums den am Schluß entwickelten Widerspruch von Glaube und Liebe. Der Glaube macht das Leiden Gottes zu einem Scheine, die Liebe zu einer Wahrheit. Nur auf der Wahrheit des Leidens beruht der wahre, positive Eindruck der Inkarnation. Sosehr wir daher den Widerspruch und Zwiespalt zwischen der menschlichen und göttlichen Natur im Gottmenschen hervorgehoben haben, so sehr müssen wir hinwiederum die Gemeinschaft und Einheit derselben hervorheben, vermöge welcher Gott wirklich Mensch und der Mensch wirklich Gott ist. Hier haben wir darum den unwidersprechlichen, unumstößlichen und zugleich sinnfälligen Beweis, daß der Mittelpunkt, der höchste Gegenstand des Christentums nichts andres als der Mensch ist, daß die Christen das *menschliche Individuum als Gott und Gott als das menschliche Individuum* angebetet haben. »Lebendig machen, alles Gericht und alle Gewalt haben im Himmel und auf Erden, alles in seinen Händen haben, alles unter seinen Füßen unterworfen haben, von Sünden reinigen usw. sind ... *göttliche unendliche Eigenschaften,* welche doch nach Aussage der Schrift dem *Menschen Christi* gegeben und mitgeteilt sind.« »Daher glauben, lehren und bekennen wir, daß des

Menschen Sohn ... jetzt nicht allein als Gott, sondern auch *als Mensch alles weiß, alles vermag, allen Kreaturen gegenwärtig ist.*« »Demnach *verwerfen* und *verdammen* wir ... (15) daß er (der Sohn Gottes) *nach der menschlichen Natur* der Allmächtigkeit und anderer Eigenschaften göttlicher Natur allerdings *nicht fähig* sei« (Koncordienb., summar. Begr. u. Erklär. Art. 8). »Unde et sponte sua fluit, Christo etiam qua *humanam naturam spectato cultum religiosum deberi*« (Buddeus, l. c., l. IV, c. II, § 17). Dasselbe lehren ausdrücklich die Kirchenväter und Katholiken. Z. B. »*Eadem adoratione adoranda* in Christo est divinitas et *humanitas* ... Divinitas intrinsece inest humanitati per unionem hypostaticam: ergo *humanitas* Christi seu Christus *ut homo* potest adorari absoluto cultu latriae« (Theol. Schol., sec. Thomam Aq., P. Mezger, T. IV, p. 124). Zwar heißt es: Nicht der Mensch, nicht Fleisch und Blut *für sich selbst,* sondern das mit Gott verbundne Fleisch wird angebetet, so daß der Kultus nicht dem Fleische oder dem Menschen, sondern Gott gilt. Aber es ist hier wie mit dem Heiligen- und Bilderdienste. Wie der Heilige nur *im* Bilde, Gott nur *im* Heiligen verehrt wird, weil man das Bild, den Heiligen selbst verehrt, so wird Gott nur im *menschlichen Fleische* angebetet, weil das menschliche Fleisch selbst angebetet wird. Was im *Bewußtsein* der Religion Prädikat ist, ist im Wesen, im ihr selbst verborgnen Grunde derselben das wahre Subjekt. Gott wird Fleisch, Mensch, weil schon *im Grunde* der Mensch Gott *ist.* Wie könnte es dir nur in den Sinn kommen, das menschliche Fleisch mit Gott in so innige Beziehung und Berührung zu bringen, wenn es dir etwas Unreines, Niedriges, Gottes Unwürdiges wäre? Wenn der *Wert,* die Würde des menschlichen Fleisches nicht *in ihm* selbst liegt, warum machst du nicht andres, nicht *tierisches* Fleisch zur Wohnstätte des göttlichen Geistes. Zwar heißt es: Der Mensch ist nur das Organ, »*in, mit* und *durch*« welches die Gottheit wirket »wie die Seele im Leibe«. Aber auch dieser Einwand ist durch das eben Gesagte schon widerlegt. Gott wählte den Menschen zu seinem Organ, seinem Leibe, weil er nur im Menschen ein seiner würdiges, ein ihm passendes, wohlgefälliges Organ fand. Wenn der Mensch gleichgültig ist, warum inkarnierte sich denn Gott nicht in einem Tiere? So kommt Gott nur *aus* dem Menschen *in* den Menschen. Die Erscheinung Gottes im Menschen ist nur eine Erscheinung von der Göttlichkeit und Herrlichkeit des Menschen. »Noscitur ex alio, qui non cognoscitur ex se« – dieser triviale Spruch gilt auch hier. Gott wird erkannt aus dem Menschen, den er mit seiner persönlichen Gegenwart und Einwohnung beehrt, und zwar *als ein menschliches Wesen*, denn was einer bevorzugt, auserwählt, liebt, das ist sein gegenständliches Wesen selbst; und der Mensch wird aus Gott erkannt, und zwar *als ein göttliches Wesen*, denn nur Gotteswürdiges, nur Göttliches kann Objekt, kann Organ und Wohnsitz Gottes sein. Zwar heißt es ferner: Es ist *nur dieser Jesus Christus ausschließlich allein*, kein andrer Mensch sonst, der als Gott verehrt wird. Aber auch dieser Grund ist eitel und nichtig. Christus ist zwar einer nur, aber *einer für alle*. Er ist Mensch wie wir, »unser Bruder, und wir sind Fleisch von seinem Fleische und Bein von seinem Bein«. Jeder erkennt daher *sich* in Christo, jeder findet *sich* in ihm repräsentiert. »*Fleisch und Blut verkennt sich nicht.*« Man mag sich daher drehen und wenden, leugnen und lügen soviel, als man will: Es steht unumstößlich fest: *Die Christen beten das menschliche Individuum an als das höchste Wesen – als Gott.* Freilich nicht mit Bewußtsein; denn dies eben konstituiert die Illusion des religiösen Prinzips. Aber in diesem Sinne beteten auch die Heiden nicht die Götterstatue an; denn auch dem frommen Heiden war die Götterstatue keine Statue, sondern der Gott selbst. Aber dennoch beteten sie ebensogut die Statue an als die Christen das menschliche Individuum, ob sie es gleich natürlich nicht Wort haben wollen.

Und die Christen haben nicht nur das menschliche Individuum nach seinem Wesen, sie haben selbst – was eine ganz natürliche Konsequenz ist – den Körper des menschlichen Individuums – was ist das Individuum ohne Leib? –, ja selbst die einzelnen Teile dieses Körpers angebetet. So findet sich z. B. unter den – ich weiß nicht mehr, aber es ist hier gleichgültig, ob echten oder unechten – Schriften des Heiligen Bernhards eine »Rhythmica oratio ad unum quodlibet membrorum Christi patientis et a cruce pendentis«, worin folgende Stellen vorkommen, z. B.

Ad Pedes:
Plagas tuas rubicundas
Et fixuras tam profundas
Cordi meo fac inscribi
Ut configar totus tibi
Te modis amans omnibus.
Ne repellas me indignum
De tuis sanctis pedibus.
Coram cruce procumbentem
Hosque pedes complectentem
Jesu bone non me spernas.

Ad Manus:
Manus sanctae! vos amplector
Et gemendo condelector,
Grates ago plagis tantis
Clavis duris, guttis sanctis
Dans lacrymas cum osculis
In cruore tuo lotum
Me commendo tibi totum.

Ad Faciem:
Salve Latus Salvatoris,
In quo latet mel dulcoris,
In quo patet vis amoris,
Ex quo scatet fons cruoris.
In hac fossa me reconde,
Infer meum cor profunde,
Ubi latens incalescat
Et in pace conquiescat.

Ad Faciem:
Salve caput cruentatum
Totum spinis coronatum.

377

... Tuum caput hic inclina
In meis pausa brachiis.

Ähnliche Gedichte an die einzelnen Körperteile Christi, nur
ärmer an Geschmack, Poesie und Empfindung, aber reicher
an blutdürstigem Egoismus finden sich in dem schon exzerpier-
ten Gesangbuch der evangelischen Brüdergemeinen.

*Der Widerspruch in den Sakramenten ist der Widerspruch
vom Naturalismus und Supranaturalismus. Das erste in der
Taufe ist die Position des Wassers.*
»Si quis dixerit *aquam veram* et *naturalem* non esse de necessitate Baptismi atque ideo verba illa domini nostri Jesu Christi: Nisi quis renatus fuerit *ex aqua* et Spiritu sancto, ad
metaphoram aliquam detorserit, anathema sit« (Concil. Tri-
dent., Sessio VII, Can. II, de Bapt.). »De *substantia*
hujus sacramenti sunt *verbum* et *elementum* ... Non ergo
in alio liquore potest consecrari baptismus *nisi in aqua*«
(Petrus Lomb., l. IV, dist. 3, c. 1, c. 5). »Ad certi-
tudinem baptismi requiritur major quam *unius guttae* quan-
titatas ... Necesse et ad valorem baptismi fieri *contac-
tum physicum* inter aquam et corpus baptizati, ita ut
non sufficiat, vestes tantum ipsius aqua tingi ... Ad certitu-
dinem baptismi requiritur, ut saltem *talis pars* corporis ablua-
tur, ratione cujus homo solet dici vere ablutus, v. 9 collum,
humeri, pectus et *praesertim caput*« (*Theolog. Schol.*, P. Mezger, Aug. Vind. 1695, T. IV, p. 230-31). Es kommt also
wesentlich auf das Wasser an. Aber nun kommt die *Negation*
des Wassers. Die Bedeutung der Taufe ist nicht die natürliche
Kraft des Wassers, sondern vielmehr die übernatürliche, allmächtige Kraft des Wortes Gottes, welches das Wasser zu
einem Sakrament eingesetzt und nur vermittels dieses Stoffes
auf eine übernatürliche, wunderbare Weise sich dem Menschen
mitteilt, aber ebensogut auch irgendeinen anderen beliebigen
Stoff wählen könnte, um die nämliche Wirkung hervorzubrin-
gen. So sagt z. B. Luther: »Also fasse nun den Unterschied,

daß viel ein ander Ding ist Taufe denn alle andere Wasser, nicht des natürlichen Wesens halben, sondern daß hie etwas Edleres darzu kömmt. Denn Gott selbst seine Ehre hinansetzet, seine Kraft und Macht daran legt ... wie auch Sct. Augustin gelehret hat: accedat verbum ad elementum et fit sacramentum« (*Der große Katechismus*).

Aber wie mit dem Wasser in der Taufe, die nichts ohne das Wasser ist, obgleich es an sich gleichgültig ist, ebenso ist es mit dem Wein und Brot in der Eucharistie, selbst bei den Katholiken, wo doch die Substanz von Brot und Wein durch die Gewalt der Allmacht destruiert wird. »Accidentia eucharistica tamdiu continent Christum, quamdiu retinent illud temperamentum, cum quo connaturaliter panis et vini substantia permaneret: ut econtra, quando tanta fit temperamenti dissolutio, illorumque corruptio, ut sub iis substantia panis et vini naturaliter remanere non posset, desinunt continere Christum« (Theol. Schol., Mezger, l. c., p. 292). Das heißt also: Solange das Brot Brot bleibt, so lange bleibt das Brot Fleisch; ist das Brot weg, ist auch das Fleisch weg. Daher muß auch eine gehörige Portion Brot, wenigstens eine so große, daß das Brot als Brot erkennbar ist, zugegen sein, um konsekriert werden zu können (ebend., p. 284). Übrigens ist die katholische Transsubstantiation, die »conversio realis et physica totius panis in corpus Christi«, nur eine konsequente Fortsetzung von den Wundern im A. u. N. T. Aus der Verwandlung des Wassers in Wein, des Stabes in eine Schlange, der Steine in Wasserbrunnen (Psalm 114), aus diesen biblischen Transsubstantiationen erklärten und begründeten die Katholiken die Verwandlung des Brotes in Fleisch. Wer einmal an jenen Verwandlungen keinen Anstoß nimmt, der hat kein Recht, keinen Grund, diese Verwandlung zu beanstanden. Das Prinzip der protestantischen Abendmahlslehre widerspricht nicht weniger der Vernunft als das katholische. »*Absurda* minus offendent eum, qui meminerit de rebus coelestibus ex verbo Dei, non ex Geometria faciendum esse judicium« (Melanchthon, *Ep. ad Oecolampadium de S. Coena*;

Camerarius, *Vita Mel.*, ed. Strobel, p. 405). »Quis *Deum devoret in coena?* quis sanguinem illius bibat? Noli tu tumultuari Carolstadi: Nam multa sunt quae rationi adversantur, vera tamen sunt et verbo Dei nituntur: itaque non ingenio humano, sed vera fide apprehendenda sunt. Quid enim tam *absurdum dictu, quam aqua peccatum ablui?* Quid tam *absonum,* quam esu pomi totum genus humanum in aeternum exitium praecipitari?« (N. Frischlini *Phasma,* Act. III, Sc. III). Auch die Protestanten nahmen in der Abendmahlslehre ebenso wie die Katholiken zur Allmacht, der Quelle aller vernunftwidersprechenden Vorstellungen, ihre Zuflucht (Konkord., summ. Begr. Art. 7, Affir. 3, Negat. 13).

Ein köstliches, ja wahrhaft inkomparables und zugleich höchst lehrreiches Exempel von der theologischen Unbegreiflichkeit und Übernatürlichkeit liefert die in betreff des Abendmahls (Konkordienbuch, summar. Begr. Art. 7) gemachte Unterscheidung zwischen *mündlich* und *fleischlich* oder *natürlich.* »Wir glauben, lehren und bekennen, daß der Leib und Blut Christi *nicht allein geistlich durch den Glauben,* sondern auch *mündlich,* doch nicht auf kapernaitische, sondern *übernatürliche, himmlische* Weise, um der sakramentlichen Vereinigung willen, mit dem Brote und Wein empfangen werden.« »Probe namque *discrimen* inter manducationem *oralem* et *naturalem* tenendum est. Etsi enim oralem manducationem adseramus atque propugnemus, naturalem tamen non admittimus ... Omnis equidem manducatio naturalis etiam oralis est, sed non vicissim *oralis manducatio* statim est *naturalis* ... Unicus itaque licet sit actus, *unicumque organum,* quo panem et corpus Christi, itemque vinum et sanguinem Christi accipimus, *modus* (jawohl, der modus) nihilominus maximopere differt, cum panem et vinum modo naturali et sensibili, corpus et sanguinem Christi simul *equidem cum pane* et *vino,* at *modo supernaturali* et *insensibili,* qui adeo etiam a nemine mortalium (sicherlich auch von keinem Gotte) explicari potest, *revera interim* et *ore corporis accipiamus«* (Jo. Fr. Buddeus, l. c., Lib. V, c. I, § 15). Welch eine Heuchelei! Mit demselben Munde, womit er seinen Gott zwischen die Lippen preßt und sein Blut in sich saugt, um sich seiner wirklichen, d. i. fleischlichen Existenz zu versichern, mit demselben Munde leugnet der Christ, und zwar im heiligsten Momente seiner Religion, die fleischliche Gegenwart, den fleischlichen Genuß Gottes. So leugnet er also auch hier, daß er das Fleisch befriedigt, während er es in der Tat befriedigt.

Der Widerspruch der christlichen Religion ist der Widerspruch von Glaube und Liebe.
Der Glaube opfert die Liebe zur Liebe der Liebe zu Gott als einem vom Menschen unterschiednen pessönlichen Wesen auf. Wohl ist Gott der mystische Gattungsbegriff der Menschheit – was die Religion dadurch ausspricht, daß sie Gott zum gemeinsamen Vater der Menschen macht –, und wer daher Gott liebt, liebt insofern die Menschen. Die Liebe zu Gott ist die mystische Liebe zum Menschen. Aber Gott ist nicht nur das gemeinsame, er ist auch ein besonderes Wesen, ein Wesen für sich – ein Subjekt. Wie sich daher *theoretisch* in dem Satze: Gott ist die Liebe, das Subjekt von dem Prädikat der Liebe unterscheidet, so scheidet sich auch notwendig *praktisch* das Wesen, die *Persönlichkeit* Gottes von der *Liebe*. Wo sich das Wesen von der Liebe scheidet, entspringt die *Willkür*. Die *Liebe* handelt aus *Notwendigkeit,* die *Persönlichkeit* aus *Willkür.* Die Persönlichkeit bewährt sich als *Persönlichkeit* nur durch Willkür; die Persönlichkeit ist herrschsüchtig, ehrgeizig; sie will *sich* nur geltend machen. Die höchste Feier Gottes als eines persönlichen Wesens ist daher die Feier Gottes als eines schlechthin unumschränkten, willkürlichen Wesens. Die Persönlichkeit als solche ist indifferent gegen alle substantiellen Bestimmungen; die innere Notwendigkeit, der Wesensdrang erscheint ihr als *Zwang.* Hier haben wir das Geheimnis der christlichen Liebe. Die Liebe Gottes als Prädikat eines *persönlichen* Wesens hat hier die Bedeutung der *Gnade*: Gott ist ein *gnädiger* Herr, wie er im Judentum ein *strenger* Herr war. Die Gnade ist die *beliebige* Liebe – die Liebe, die nicht

aus innerem Wesensdrang handelt, sondern, was sie tut, *auch nicht tun,* ihren Gegenstand, wenn sie wollte, auch verdammen könnte –, also die *grundlose,* die *unwesentliche,* die *willkürliche,* die *absolut subjektive,* die nur *persönliche* Liebe. Wo die Liebe in diesem Sinne erfaßt wird, da wird daher eifersüchtig darüber gewacht, daß der Mensch sich nichts zum Verdienste anrechne, daß der göttlichen Persönlichkeit allein das Verdienst bleibe; da wird sorgfältigst jeder Gedanke an eine Notwendigkeit beseitigt, um auch subjektiv durch das Gefühl der Verbindlichkeit und Dankbarkeit ausschließlich die Persönlichkeit feiern und verherrlichen zu können. Die Juden vergötterten den Ahnenstolz; die Christen dagegen verklärten und verwandelten das jüdisch-aristokratische Prinzip des Geburtsadels in das demokratische Prinzip des Verdienstadels. Der Katholik macht die Seligkeit vom *Verdienste* des *Werkes,* der Protestant vom *Verdienste* des *Glaubens* abhängig. Aber der Begriff der Verbindlichkeit und Verdienstlichkeit verbindet sich nur mit einer Handlung, einem Werke, das nicht von mir gefordert werden kann oder nicht notwendig aus meinem Wesen hervorgeht Die Werke des Dichters, des Philosophen können nur äußerlich betrachtet unter den Gesichtspunkt der Verdienstlichkeit gestellt werden. Sie sind Werke des Genies – notgedrungene Werke: Der Dichter mußte dichten, der Philosoph philosophieren. Die höchste Selbstbefriedigung lag für sie in der beziehungs- und rücksichtslosen Tätigkeit des Schaffens. Ebenso ist es mit einer wahrhaft edlen moralischen Handlung. Für den edlen Menschen ist die edle Handlung eine *natürliche:* Er zweifelt nicht, ob er sie tun soll, er legt sie nicht auf die Waage der Wahlfreiheit; er *muß* sie tun. Nur wer so handelt, ist auch ein *zuverlässiger* Mensch. Die Verdienstlichkeit führt immer die Vorstellung mit sich, daß man etwas sozusagen nur aus *Luxus,* nicht aus Notwendigkeit tut. Die Christen feierten nun wohl die höchste Handlung in ihrer Religion, die Menschwerdung Gottes, als ein Werk der Liebe. Aber die christliche Liebe hat *insofern, als* sie sich auf den Glauben stützt, auf die Vorstellung Gottes als eines Herrn, eines dominus, die Bedeutung eines Gnadenaktes, einer an sich Gott *überflüssigen, bedürfnislosen* Liebe. Ein gnädiger Herr ist ein solcher, der von seinem Rechte abläßt, ein Herr, der tut aus Gnade, was er als Herr zu tun nicht nötig hat, was über den strikten Begriff des Herrn hinausgeht. Gott hat als Herr nicht nur nicht die Pflicht, dem Menschen wohlzutun; er hat sogar das Recht — denn er ist durch kein Gesetz gebundner Herr —, den Menschen zu vernichten, wenn er will. Kurz, die Gnade ist die unnotwendige Liebe, die Liebe im Widerspruch mit dem Wesen der Liebe, *die* Liebe, die nicht Wesen, nicht Natur ausdrückt, *die* Liebe, welche der Herr, das Subjekt, die Person — Persönlichkeit ist nur ein abstrakter, moderner Ausdruck für Herrlichkeit — *von sich unterscheidet* als ein Prädikat, welches sie haben und *nicht haben* kann, ohne deswegen aufzuhören, *sie selbst* zu sein. Notwendig mußte sich daher auch im Leben, in der Praxis des Christentums dieser innere Widerspruch realisieren, das Subjekt vom Prädikat, der Glaube von der Liebe scheiden. Wie die Liebe Gottes zum Menschen nur ein Gnadenakt war, so wurde auch die Liebe des Menschen zum Menschen nur zu einem *Gnadenakt des Glaubens*. Die christliche Liebe ist der *gnädige* Glaube, wie die Liebe Gottes die *gnädige* Persönlichkeit oder Herrschaft. (Über die göttliche Willkür s. z. B. J. A. Ernestis schon oben zitierte Abhandlung: *Vindiciae arbitrii divini*.)

Der Glaube hat ein böses Wesen in sich. Der christliche Glaube, sonst nichts ist der Grund der christlichen Ketzerverfolgungen und Ketzerhinrichtungen. Der Glaube anerkennt den Menschen nur unter der Bedingung, daß er Gott, d. h. den Glauben anerkennt. Der Glaube ist die Ehre, die der Mensch Gott erweist. Und diese Ehre gebührt ihm unbedingt. Dem Glauben ist die Basis aller Pflichten der Glaube an Gott — der Glaube die absolute Pflicht, die Pflichten gegen die Menschen nur abgeleitete, untergeordnete Pflichten. Der Ungläubige ist also ein *rechtloses* — ein vertilgungswürdiges Subjekt. Was Gott negiert, muß selbst negiert werden. Das höchste Verbrechen ist das Verbrechen der laesae majestatis dei. Gott ist dem Glauben ein persönliches, und zwar das allerpersönlichste, unverletzlichste, berechtigtste Wesen. Die Spitze der Persönlichkeit ist die *Ehre* – eine Injurie gegen die höchste Persönlichkeit also notwendig das höchste Verbrechen. Die Ehre Gottes kann man nicht als eine zufällige, roh sinnliche, anthropomorphistische Vorstellung desavouieren. Ist denn nicht auch die Persönlichkeit, auch die Existenz Gottes eine sinnliche, anthropomorphistische Vorstellung? Wer die Ehre negiert, sei so ehrlich, auch die Persönlicheit aufzuopfern. Aus der Vorstellung der Persönlichkeit ergibt sich die Vorstellung der Ehre, aus dieser die Vorstellung der religiösen Injurie. »Quicunque Magistratibus male precatus fuerit, pro eorum arbitrio poenas luito; quicunque vero idem scelus erga Deum admiserit ... *lapidibus blasphemiae causa* obruitur« (Moses III, 24, 15, 16). »Eos autem merito torqueri, qui Deum nesciunt, ut impios, ut injustos, nisi profanus nemo deliberat: quum parentem omnium et *dominum omnium non minus sceleris sit ignorare,* quam *laedere*« (Minucii Fel., *Oct.,* c. 35). »Ubi erunt legis praecepta divinae, quae dicunt: honora patrem et matrem, si vocabulum patris, quod in homine honorari praecipitur, *in Deo impune violatur?*« (Cypriani *Epist.* 73, ed. Gersdorf). »Si hi qui nummos adulterant morte mulctantur, quid de *illis statuendum censemus,* qui *fidem pervertere conantur?*« (Paulus Cortesius in *Sententias* Petri L., III, l. dist. VII). »Si enim illustrem ac praepotentem virum nequaquam exhonorari a quoquam licet, et si quisquam exhonoraverit, decretis legalibus reus sistitur et injuriarum auctor jure damnatur: *quanto utique majoris piaculi crimen est, injuriosum quempiam Deo esse?* Semper enim per dignitatem injuriam perferentis, crescit culpa facientis, quia necesse est, quanto major est persona ejus qui contumeliam patitur, tanto major sit noxa ejus, qui facit.« Also spricht Salvianus *De gubernat. Dei,* l. VI, p. 218, edit. cit.), Salvianus, den man genannt Magistrum Episcoporum, sui saeculi Jeremiam, Scriptorem Christianissimum, Orbis christiani magistrum. Aber die

Häresie, der Unglaube überhaupt – die Häresie ist nur ein bestimmter, beschränkter Unglaube – ist eine Blasphemie, also das höchste, strafbarste Verbrechen. So schreibt, um von unzähligen Beispielen nur eines anzuführen, J. Oecolampadius an Servet: »Dum non summam patientiam prae me fero, dolens Jesum Christum filium Dei sic dehonestari, parum christiane tibi agere videor. In aliis mansuetus ero: in *blasphemiis* quae in Christum, non item« (*Historia Mich. Serveti*, H. ab Allwoerden, Helmstadii 1727, p. 13). Denn was ist Blasphemie? Jede Negation einer Vorstellung, einer Bestimmung, wobei die Ehre Gottes, die Ehre des Glaubens beteiligt ist. Servetus fiel als ein Opfer des christlichen Glaubens. Calvin sagte noch zwei Stunden vor seinem Tode zu Servet: »Ego vero ingenue praefatus, me nunquam *privatas injurias* fuisse persecutum«, und schied von ihm mit bibelfester Gesinnung: »Ab haeretico homine, qui αὐτοκατάκριτος peccabat, *secundum Pauli praeceptum* discessi« (ibid. p. 120). Es war also keineswegs persönlicher Haß, wenn auch dieser mit im Spiel gewesen sein mag, es war der *religiöse Haß*, der S. auf den Scheiterhaufen brachte – *der* Haß, der aus dem Wesen des Glaubens entspringt. Selber Melanchthon billigte bekanntlich Servets Hinrichtung. Die Schweizer Theologen, welche die Genfer um ihren Rat fragten, erwähnten zwar in ihren Antworten schlangenklugerweise nichts von der Todesstrafe, aber stimmten doch darin mit den Genfern überein, »horrendos Serveti errores detestandos esse, severiusque idcirco in Servetum animadvertendum«. Also keine Differenz im Prinzip, nur in der Art und Weise der Bestrafung. Selbst Calvin war so *christlich,* daß er die grausame Todesart, wozu der Genfer Senat S. verurteilte, mildern wollte. Auch die spätern Christen und Theologen billigten noch die Hinrichtung Servets. (S. hierüber z. B. M. Adami *Vita Calvini,* p. 90; *Vita Bezae,* p. 207; *Vitae Theol. exter.,* Francof. 1618). Wir haben daher diese Hinrichtung als eine Handlung von allgemeiner Bedeutung – als ein Werk des Glaubens, und zwar nicht des römisch-katholischen, sondern des reformierten, des auf die göttliche Offenbarung reduzierten, des evangelischen Glaubens anzusehen. – Daß man die Ketzer nicht durch Gewalt zum Glauben zwingen müsse, dies allerdings behaupteten die meisten Kirchenlichter, aber gleichwohl lebte in ihnen doch der boshafteste Ketzerhaß. So sagt z. B. der Heilige Bernhard (*Super Cantica*, S. 66) in betreff der Ketzer: »Fides suadenda est, non imponenda«, aber er setzt sogleich hinzu: »quamquam melius procul dubio gladio coercerentur, illius videlicet, qui non sine causa gladium portat, quam in suum errorem multos trajicere permittantur«. – Wenn der jetzige Glaube keine solchen eklatanten Greueltaten mehr hervorbringt, so kommt das nur daher, daß unser Glaube kein unbedingter, entschiedner, lebendiger, sondern vielmehr ein skeptischer, eklektischer, ungläubiger, durch die Macht der Kunst und Wissenschaft gebrochner und gelähmter Glaube ist. Wo keine Ketzer mehr verbrannt werden, da hat der Glaube selbst kein Feuer mehr im Leibe. Der Glaube, der erlaubt, anderes zu glauben, verzichtet auf seinen göttlichen Ursprung, degradiert sich selbst zu einer nur *subjektiven Meinung.* Der Glaube, der andern den Zweifel an sich gestattet, ist ein *dubioser,* ein *an sich selbst zweifelnder* Glaube. *Nicht dem christlichen Glauben, nicht der christlichen, d. h. der durch den Glauben beschränkten Liebe, nein, dem Zweifel an dem christlichen Glauben, dem Sieg der religiösen Skepsis, den Freigeistern, den Häretikern verdanken wir die Toleranz der Glaubensfreiheit.* Die von der christlichen Kirche verfolgten Ketzer nur verfochten die Glaubensfreiheit. Die *christliche* Freiheit ist *Freiheit nur im Unwesentlichen,* den Grundartikel des Glaubens gibt sie nicht frei.

Der Glaube scheidet den Menschen vom Menschen, setzt an die Stelle der naturbegründeten Einheit und Liebe eine übernatürliche – die Einheit des Glaubens. »Inter Christianum et gentilem *non fides tantum* debet, sed etiam *vita* distinguere ... Nolite, ait Apostolus, jugum ducere cum infidelibus ... Sit ergo *inter nos et illos maxima separatio*« (Hieronymus,

Epist. Caelantiae matronae). »Prope nihil gravius quam copulari alienigenae ... Nam cum ipsum conjugium velamine sacerdotali et benedictione sanctificari oporteat: *quomodo potest conjugium dici ubi non est fidei concordia?* ... Saepe plerique capti amore feminarum fidem suam prodiderunt« (Ambrosius, *Ep.* 70, Lib. IX). »Non enim licet christiano cum gentili vel judaeo inire conjugium« (Petrus L., l. IV, dist. 39, c. 1). Auch diese Scheidung ist keineswegs *unbiblisch*. Wir sehen ja vielmehr, daß die Kirchenväter sich gerade auf die Bibel berufen. Die bekannte Stelle des Apostels in betreff der Ehen zwischen Heiden und Christen bezieht sich nur auf Ehen, die schon vor dem Glauben bestanden, nicht auf solche, die erst geschlossen werden sollen. Man sehe, was hierüber schon Petrus L. sagt in dem eben zitierten Buche. »Qui amat patrem et matrem plus quam me, non est me dignus Matth. 10 ... in hoc vos non agnosco parentes, sed hostes ... Alioquin quid mihi et vobis? *Quid a vobis habeo nisi peccatum et miseriam*?« (Bernardus, *Epist.* 111. Ex persona Heliae monachi ad parentes suos). »Etsi impium est, contemnere matrem, contemnere tamen propter Christum piissimum est« (Bernhardus, *Ep.* 104. S. auch Epist. 351 ad Hugonem novitium). »Audi sententiam *Isidori*: multi canonicorum, monachorum ... temporali salute suorum parentum perdunt animas suas ... Servi Dei qui parentum suorum utilitatem procurant a Dei amore se separant« (*De Modo bene vivendi*, S. VII). »Omnem hominem *fidelem* judica tuum esse fratrem« (ibid., Sermo 13). »Ambrosius dicit, longe plus nos debere diligere *filios quos de fonte levamus, quam quos carnaliter genuimus*« (Petrus L., l. IV, dist. 6, c. 5, addit. Henr. ab Vurim). »Ut Episcopi vel clerici in eos qui *Catholici Christiani non sunt,* etiam si *consanguinei* fuerint, nec per donationes rerum suarum aliquid conferant« (Concil. Carthag., III, can. 13, *Summa* Carranza). »Cum *haereticis nec orandum, nec psallendum*« (Concil. Carthag., IV, can. 72, ibid.).

Der Glaube hat die Bedeutung der Religion, die Liebe nur die der Moral. Dies hat besonders entschieden der Protestantismus ausgesprochen. Der Ausdruck, daß die Liebe nicht vor Gott gerecht mache, sondern nur der Glaube, sagt eben nichts weiter aus, als daß die Liebe keine *religiöse* Kraft und Bedeutung habe. (S. Apologia der Augsburgischen Konfess., Art. 3. Von der Liebe und Erfüllung des Gesetzes.) Zwar heißt es hier: »Darum was die Scholastici von der Liebe Gottes reden, ist ein Traum und ist unmöglich, Gott zu lieben, ehe wir durch den Glauben die Barmherzigkeit erkennen und ergreifen. Denn alsdann erst wird Gott objectum amabile, ein lieblich, selig Anblick.« Es wird also hier zum eigentlichen Objekt des Glaubens die Barmherzigkeit, die Liebe gemacht. Allerdings unterscheidet sich zunächst der Glaube auch nur dadurch von der Liebe, daß er außer sich setzt, was die Liebe in sich setzt. Allerdings ist der Glaube im protestantischen Sinne der Glaube an die Vergebung der Sünde, der Glaube an die Gnade, der Glaube an Christus als den für den Menschen sterbenden und leidenden Gott, so daß der Mensch, um die ewige Seligkeit zu erlangen, nichts weiter seinerseits zu tun hat, als diese Hingebung Gottes für ihn selbst wieder hingebend, d. i. gläubig, zuversichtlich anzunehmen. Aber Gott ist nicht allein als Liebe Gegenstand des Glaubens. Im Gegenteil, der charakteristische Gegenstand des Glaubens als Glauben ist Gott als Subjekt. Oder ist etwa ein Gott, der dem Menschen kein Verdienst gönnt, der alles nur *sich* ausschließlich vindiziert, eifersüchtig über seiner Ehre wacht, ist ein solcher selbstsüchtiger Gott ein Gott der Liebe?

Die aus dem Glauben hervorgehende Moral hat zu ihrem Prinzip und Kriterium nur den Widerspruch mit der Natur, mit dem Menschen.

Wie der höchste Gegenstand des Glaubens der ist, welcher der *Vernunft* am meisten widerspricht, die Eucharistie, so ist notwendig die höchste Tugend der dem Glauben getreuen und gehorsamen Moral die, welche am meisten der *Natur* widerspricht. Die *dogmatischen* Wunder haben konsequent *moralische* Wunder in ihrem Gefolge. Die übernatürliche Moral ist die natürliche Schwester des übernatürlichen Glaubens. Wie der Glaube die Natur *außer* dem Menschen, so überwindet die Glaubensmoral die Natur *im* Menschen. Diesen praktischen Supranaturalismus, dessen epigrammatische Spitze die »Jungferschaft, die Schwester der Engel, die Königin der Tugenden, die Mutter alles Guten« ist (s. A. v. Buchers *Geistliches Suchverloren,* Sämtl. W., B. VI, 151), hat insbesondere der Katholizismus ausgebildet, denn der Protestantismus hat nur das Prinzip festgehalten, aber die notwendigen Konsequenzen desselben willkürlich, eigenmächtig weggestrichen, hat sich nur den christlichen Gedanken, aber nicht die christliche Moral zu Gemüte gezogen. »Grandis igitur virtutis est et sollicitae diligentiae, *superare quod nata sis: in carne non carnaliter* vivere, tecum pugnare quotidie« (Hieronymus, *Ep. Furiae Rom. nobilique viduae*). »Quanto igitur *natura amplius vincitur* et premitur, tanto major gratia infunditur« (Thomas a K., *Imit.,* l. III, c. 54). »Esto robustus tam in agendo, quam in patiendo *naturae contraria*« (ibid., c. 49). »Beatus ille homo, qui propter te Domine, omnibus creaturis licentiam abeundi tribuit, qui *naturae vim* facit et concupiscentias carnis fervore spiritus crucifigit« (c. 48). »Adhuc proh dolor! vivit in me *verus homo,* non est totus crucifixus« (ibid., c. 34, s. auch l. III, c. 19, l. II, c. 12). Und diese Sätze sind keineswegs nur ein Abdruck der frommen Individualität des Verfassers der Schrift *De imitatione Christi*; sie drücken die echte Moral des Katholizismus aus – *die* Moral, welche die Heiligen mit ihrem Leben bestätigten und selbst das sonst so weltliche Oberhaupt der Kirche sanktionierte. So heißt es z. B. in der *Canonizatio S. Bernhardi Abbatis per Alexandrum papam III. anno Ch. 1164. Litt. apost. ... primo ad Praelatos Eccles. Gallic.:* »In *afflictione vero corporis sui* usque adeo sibi mundum, seque mundo reddidit crucifixum, ut confidamus martyrum quoque eum merita obtinere sanctorum etc.« Aus diesem rein negativen Moralprinzip kommt es auch, daß sich innerhalb des Katholizismus selbst diese krasse Ansicht aussprechen konnte und durfte, daß das bloße Märtyrertum auch ohne die Triebfeder der Liebe zu Gott himmlische Seligkeit erwerbe.

Der Glaube opfert Gott den Menschen auf. Das Menschenopfer gehört selbst zum Begriffe der Religion. Die blutigen Menschenopfer dramatisieren nur diesen Begriff. »Durch den Glauben opferte Abraham den Isaak« (Hebräer 11, 17). »Quanto major Abraham, qui unicum filium *voluntate jugulavit* ... Jepte obtulit virginem filiam et idcirco in enumeratione sanctorum ab Apostolo ponitur« (Hieronymus, *Epist. Juliano*). Über die Menschenopfer in der jüdischen Religion siehe W. Vatke, *Die Religion des A. Testaments*, I. T. p. 275-78 u. Daumer *Tabu, Moloch und Sabbath*. Auch in der christlichen Religion ist es nur das Blut, die Negation des Menschensohnes, wodurch der Zorn Gottes gestillt, Gott mit dem Menschen versöhnt wird. Darum mußte ein reiner, schuldloser Mensch als Opfer fallen. Solches Blut nur ist kostbar, solches nur hat versöhnende Kraft. Und dieses am Kreuze zur Besänftigung des göttlichen Zorns vergoßne Blut genießen die Christen im Abendmahl zur Bestärkung und Besiegelung ihres Glaubens. Aber warum denn das Blut in der Gestalt des Weins, das Fleisch unter der Gestalt des Brotes? Damit es nicht den *Schein* hat, als äßen die Christen wirklich Menschenfleisch, als tränken sie wirklich Menschenblut, damit nicht der natürliche Mensch, d. i. der homo verus, beim Anblick von wirklichem Menschenfleisch und Blute vor den Mysterien des christlichen Glaubens zurückschaudert. »Etenim ne humana infirmitas esum carnis et potum sanguinis in sumptione *horreret,* Christus *velari et palliari illa duo voluit speciebus* panis et vini« (Bernard., edit. cit., p. 189-191). »Sub alia autem specie tribus de causis carnem et sanguinem tradit Christus et deinceps sumendum instituit. Ut fides scil. haberet meritum, quae est de his quae non videntur, quod *fides non habet meritum,* ubi humana ratio praebet experimentum. Et ideo etiam ne *abhorreret animus* quod cerneret oculus; quod *non habemus in usu carnem crudam comedere et sanguinem bibere* ... Et etiam ideo ne ab *incredulis religioni christianae insultaretur.* Unde *Augustinus*: Nihil rationabilius, quam ut sanguinis similitudinem sumamus, ut et ita veritas non desit et *ridiculum nullum fiat a paganis,* quod cruorem occisi hominis bibamus« (Petrus Lomb., *Sent.,* lib. IV, dist. 11, c. 4).

Aber wie das blutige Menschenopfer in der höchsten Negation des Menschen zugleich die höchste Position desselben ausdrückt – denn nur deswegen, weil das Menschenleben für das Höchste gilt, weil also das Opfer desselben das *schmerzlichste* ist, *das* Opfer, welches die größte Überwindung kostet, wird es Gott dargebracht –, ebenso ist auch der Widerspruch der Eucharistie mit der menschlichen Natur nur ein scheinbarer. Auch ganz abgesehen davon, daß Fleisch und Blut mit Wein und Brot, wie der H. Bernhard sagt, bemäntelt werden, d. h. in Wahrheit nicht Fleisch, sondern Brot, nicht Blut, sondern Wein genossen wird – das Mysterium der Eucharistie löst sich auf in das Geheimnis des Essens und Trinkens. »Alle alten christlichen Lehrer ... lehren, daß der Leib Christi nicht allein geistlich mit dem Glauben, welches auch *außerhalb* des Sakraments geschieht, sondern auch mündlich, nicht allein von gläubigen, frommen, sondern auch von unwürdigen, ungläubigen, falschen und bösen Christen empfangen werde.« »So ist nun *zweierlei* Essen des Fleisches Christi, eines geistlich ... Solch geistlich Essen aber ist nichts andres als der Glaube ... Das *andere* Essen des Leibes Christi ist *mündlich* oder sakramentlich« (Konkordienb., Erkl. Art. 7). Was begründet also die *spezifische Differenz* der Eucharistie? Essen und Trinken. Außer dem Sakrament wird Gott geistig, im Sakrament sinnlich, mündlich genossen, d. h. getrunken und gegessen. Wie könntest du aber Gott in deinen Leib aufnehmen, wenn er dir für ein Gottes unwürdiges Organ gälte? Schüttest du den Wein in ein Wassergefäß? Ehrst du ihn nicht durch ein besondres Glas? Fassest du mit deinen Händen oder Lippen an, was dich ekelt? Erklärst du nicht dadurch das Schöne allein für das Berührungswürdige? Sprichst du nicht die Hände und Lippen heilig, wenn du mit ihnen das Heilige ergreifst und berührst? Wenn also Gott gegessen und getrunken wird, so wird Essen und Trinken als ein *göttlicher Akt* ausgesprochen. Und dies sagt die Eucharistie, aber auf eine sich selbst widersprechende, mystische, heimliche Weise. Unsere Aufgabe ist es jedoch, offen und ehrlich, deutlich und bestimmt das Mysterium der Religion auszusprechen. Das *Leben* ist *Gott, Lebensgenuß Gottesgenuß, wahre* Lebensfreude *wahre* Religion. Aber zum Lebensgenuß gehört *auch* der Genuß von Speise und Trank. Soll daher das Leben überhaupt heilig sein, so muß auch Essen und Trinken heilig sein. Ist diese Konfession Irreligion? Nun, so bedenke man, daß diese Irreligion das analysierte, explizierte, das unumwunden ausgesprochene Geheimnis der Religion selbst ist. Alle Geheimnisse der Religion resolvieren sich zuletzt, wie gezeigt, in das Geheimnis der himmlischen Seligkeit. Aber die himmlische Seligkeit ist nur die von den Schranken der Wirklichkeit entblößte Glückseligkeit. Die Christen wollen sogut glückselig sein als die Heiden. Der Unterschied ist nur, daß *die Heiden den Himmel auf die Erde, die Christen die Erde in den Himmel versetzen.* Endlich ist, was ist, was wirklich genossen wird; aber unendlich, was *nicht* ist, was nur geglaubt und gehofft wird.

ANHANG

Vorwort [zur 2. Auflage]
[1843]

Die albernen und perfiden Urteile, welche über diese Schrift seit ihrer Erscheinung in der ersten Auflage gefällt wurden, haben mich keineswegs befremdet, denn ich erwartete keine anderen und konnte auch rechtlicher- und vernünftigerweise keine anderen erwarten. Ich habe es durch diese Schrift mit Gott und Welt verdorben. Ich habe die »*ruchlose Frechheit*« gehabt, schon in dem Vorwort auszusprechen, daß »auch das Christentum seine *klassischen Zeiten* gehabt habe und nur das Wahre, das Große, das *Klassische würdig sei, gedacht zu werden*, das Unwahre, Kleinliche, Unklassische aber vor das Forum der Satire oder Komik gehöre, daß ich daher, um das Christentum als ein *denkwürdiges* Objekt fixieren zu können, von dem dissoluten, charakterlosen, komfortabeln, belletristischen, koketten, epikureischen Christentum der modernen Welt abstrahiert, mich zurückversetzt habe in Zeiten, wo die Braut Christi noch eine keusche, unbefleckte Jungfrau war, wo sie noch nicht in die Dornenkrone ihres himmlischen Bräutigams die Rosen und Myrten der heidnischen Venus einflocht, wo sie zwar arm war an irdischen Schätzen, aber überreich und überglücklich im Genusse der Geheimnisse einer übernatürlichen Liebe«. Ich habe also die ruchlose Frechheit gehabt, das von den modernen Scheinchristen vertuschte und verleugnete wahre Christentum aus dem Dunkel der Vergangenheit ans Licht wieder hervorzuziehen, aber nicht in der löblichen und vernünftigen Absicht, es als das non plus ultra des menschlichen Geistes und Herzens hinzustellen, nein, in der entgegengesetzten, in der ebenso »*törichten*« als »*teuflischen*« Absicht, es auf ein höheres, allgemeineres Prinzip zu reduzieren – und bin infolge dieser ruchlosen Frechheit mit Fug und Recht der Fluch der modernen Christen, insbesondre der Theologen geworden. Ich habe die *spekulative* Philosophie an ihrer empfindlichsten Stelle, an ihrem eigentlichen point d'honneur angegriffen, indem ich die scheinbare Eintracht, welche sie zwischen sich und der Religion gestiftet, unbarmherzig zerstörte – nachwies, daß sie, um die Religion mit sich in Einklang zu bringen, die Religion ihres wahren, wesenhaften Inhalts beraubt; zugleich aber auch die sogenannte *positive* Philosophie in ein höchst fatales Licht gesetzt, indem ich zeigte, daß das *Original* ihres Götzenbildes der *Mensch* ist, daß zur Persönlichkeit wesentlich Fleisch und Blut gehört – durch meine extraordinäre Schrift also die ordinären Fachphilosophen gewaltig vor den Kopf gestoßen. Ich habe mir ferner durch die *äußerst unpolitische*, leider aber intellektuell und sittlich notwendige Aufklärung, die ich über das dunkle Wesen der Religion gegeben, selbst die Ungnade der Politiker zugezogen – sowohl *de*r Politiker, welche die Religion als das politischste Mittel zur Unterwerfung und Unterdrückung des Menschen betrachten, als auch derjenigen, welche die Religion als das politisch gleichgültigste Ding ansehen und daher wohl auf dem Gebiete der Industrie und Politik Freunde, aber auf dem Gebiete der Religion sogar Feinde des Lichts und der Freiheit sind. Ich habe endlich, und zwar schon durch die rücksichtslose Sprache, mit welcher ich jedes Ding bei seinem wahren Namen nenne, einen entsetzlichen, unverzeihlichen Verstoß gegen die *Etikette* der Zeit gemacht.

Der Ton der »*guten* Gesellschaften«, der neutrale, leidenschaftslose Ton konventioneller Illusionen und Unwahrheiten, ist nämlich der herrschende, der normale Ton der Zeit – *der* Ton, in welchem nicht etwa nur die eigentlich politischen, was sich von selbst versteht, sondern auch die religiösen und wissenschaftlichen Angelegenheiten, id est Übel der Zeit behandelt und besprochen werden müssen. *Schein* ist das *Wesen* der Zeit – Schein unsre Politik, Schein unsre Sittlichkeit, Schein unsre Religion, Schein unsre Wissenschaft. Wer jetzt die Wahrheit sagt, der ist *impertinent*, »ungesittet«, wer »*ungesittet*«, *unsittlich. Wahrheit* ist unsrer Zeit *Unsittlichkeit.* Sittlich, ja autorisiert und honoriert ist die *heuchlerische* Verneinung des

Christentums, welche sich den *Schein* der *Bejahung* desselben gibt; aber unsittlich und verrufen ist die wahrhaftige, die *sittliche* Verneinung des Christentums – *die* Verneinung, die sich als *Verneinung* ausspricht. Sittlich ist das *Spiel der Willkür mit dem Christentum,* welche den einen Grundartikel des christlichen Glaubens *wirklich* fallen-, den andern aber *scheinbar* stehenläßt, denn wer *einen* Glaubensartikel umstößt, der stößt, wie schon *Luther* sagte (Leipziger Ausg. 1731, T. XI, p. 426)*, *alle* um, wenigstens dem Prinzipe nach, aber unsittlich ist der *Ernst der Freiheit* vom Christentum aus *innerer Notwendigkeit,* sittlich ist die *taktlose Halbheit,* aber unsittlich die *ihrer selbst gewisse* und *sichere Ganzheit,* sittlich der *liederliche Widerspruch,* aber unsittlich die *Strenge der Konsequenz,* sittlich die *Mittelmäßigkeit,* weil sie mit nichts *fertig* wird, nirgends auf den *Grund* kommt, aber unsittlich das *Genie,* weil es *aufräumt,* weil es seinen Gegenstand *erschöpft* – kurz, sittlich ist nur die *Lüge,* weil sie das Übel der Wahrheit oder – was jetzt eins ist – die Wahrheit des Übels umgeht, verheimlicht.

Wahrheit ist aber in unsrer Zeit nicht nur Unsittlichkeit, Wahrheit ist auch *Unwissenschaftlichkeit* – Wahrheit ist die Grenze der Wissenschaft. In demselben Sinne, als sich die Freiheit der deutschen Rheinschiffahrt jusqu'à la mer, erstreckt sich die Freiheit der deutschen Wissenschaft jusqu'à la verité. Wo die Wissenschaft zur Wahrheit kommt, Wahrheit wird, da hört sie auf, Wissenschaft zu sein, da wird sie ein *Objekt der Polizei* – die Polizei ist die Grenze zwischen der Wahrheit und Wissenschaft. Wahrheit ist der Mensch, nicht die Vernunft in abstracto, das Leben, nicht der Gedanke,

---

* An einer andern Stelle (ebend., T. XXI, p. 445) drückt sich Luther hierüber also aus: »*Rund und rein, ganz und alles gegläubt oder nichts gegläubt.* Der heilige Geist läßt sich nicht trennen, noch teilen, daß er ein Stück sollte wahrhaftig und das andere falsch lehren oder gläuben lassen ... Wo die Glocke an einem Orte berstet, klingt sie auch nichts mehr und ist ganz untüchtig.« O wie wahr! Wie beleidigen den musikalischen Sinn die Glockentöne des modernen Glaubens! Aber freilich, wie ist auch die Glocke zerborsten!

der auf dem Papier bleibt, auf dem Papier seine volle, entsprechende Existenz findet. Gedanken daher, die unmittelbar aus der Feder in das Blut, aus der Vernunft in den Menschen übergehen, sind keine wissenschaftlichen Wahrheiten mehr. Wissenschaft ist wesentlich nur ein unschädliches, aber auch unnützliches Spielwerkzeug der faulen Vernunft; Wissenschaft ist nur Beschäftigung mit für das Leben, für den Menschen gleichgültigen Dingen oder, gibt sie sich ja mit nicht gleichgültigen Dingen ab, doch eine so indifferente, gleichgültige Beschäftigung, daß darum *kein Mensch* sich kümmert. Ratlosigkeit im Kopfe, Tatlosigkeit im Herzen – Wahrheits- und Gesinnungslosigkeit, kurz Charakterlosigkeit ist daher jetzt die notwendige Eigenschaft eines echten, rekommandabeln, koschern Gelehrten – wenigstens eines solchen Gelehrten, dessen Wissenschaft ihn notwendig in Berührung mit den delikaten Punkten der Zeit bringt. Aber ein Gelehrter von unbestechlichem Wahrheitssinne, von entschiedenem Charakter, der eben deswegen den Nagel mit einem Schlage auf den Kopf trifft, der das Übel bei der Wurzel packt, den Punkt der Krisis, der Entscheidung unaufhaltsam herbeiführet – ein solcher Gelehrter ist *kein* Gelehrter mehr – Gott bewahre, er ist ein »*Herostrat*« –, also flugs mit ihm an den Galgen oder doch wenigstens an den Pranger! Ja, nur an den Pranger; denn der Tod am Galgen ist, den ausdrücklichen Grundsätzen des heutigen »*christlichen* Staatsrechts« zufolge, ein unpolitischer und »*unchristlicher*«, weil offen ausgesprochner, unleugbarer Tod, aber der Tod am Pranger, der bürgerliche Tod, ist ein höchst politischer und christlicher, weil hinterlistiger, heuchlerischer Tod – Tod, aber ein Tod, der nicht *scheint*, Tod zu sein. Und Schein, purer Schein ist das Wesen der Zeit in allen nur einigermaßen kitzlichen Punkten.

Kein Wunder also, daß die Zeit des scheinbaren, des illusorischen, des renommistischen Christentums an dem *Wesen* des Christentums einen solchen Skandal genommen hat. Ist doch das Christentum so sehr außer Art geschlagen und außer Praxis gekommen, daß selbst die offiziellen und gelehrten Repräsentanten des Christentums, die Theologen, nicht einmal mehr *wissen* oder wenigstens wissen wollen, *was* Christentum ist. Man vergleiche nur, um sich hievon mit *eignen Augen* zu überzeugen, die Vorwürfe, welche mir die Theologen z. B. in betreff des Glaubens, des Wunders, der Vorsehung, der Nichtigkeit der Welt gemacht, mit den *historischen Zeugnissen,* die ich in meiner Schrift, namentlich in dieser zweiten, eben deswegen mit Belegstellen bedeutend vermehrten Auflage, anführe, und man wird erkennen, daß diese ihre Vorwürfe nicht *mich,* sondern das Christentum selbst treffen, daß ihre »Indignation« über meine Schrift nur eine Indignation über den wahren, aber ihrem Sinne gänzlich entfremdeten Inhalt der christlichen Religion ist, wie dies denn auch schon der Verfasser der sarkastischen Schrift *Hegels Lehre von der Religion und Kunst. Von dem Standpunkte des Glaubens aus beurteilt,* p. 28-32, bemerkt und gezeigt hat. Nein, es ist kein Wunder, daß in einer Zeit, welche – übrigens offenbar aus Langerweile – den abgelebten, den jetzt ach! so kleinlichen Gegensatz zwischen Protestantismus und Katholizismus – ein Gegensatz, über den jüngst noch der Schuster und Schneider hinaus war – mit affektierter Leidenschaftlichkeit wieder angefacht und sich nicht geschämt hat, den Hader über die gemischten Ehen als eine ernsthafte, hochwichtige Angelegenheit aufzunehmen, eine Schrift, welche auf dem Grund historischer Dokumente beweist, daß nicht nur die gemischte Ehe, die Ehe zwischen Gläubigen und Ungläubigen, sondern die Ehe überhaupt dem *wahren* Christentum widerspricht, daß der *wahre* Christ – aber ist es nicht die Pflicht der »christlichen Regierungen«, der christlichen Seelsorger, der christlichen Lehrer, dafür zu sorgen, daß wir alle wahre Christen seien? – keine andere Zeugung kennt als die Zeugung im Heiligen Geiste, die Bekehrung, die Bevölkerung des Himmels, aber nicht der Erde – nein, es ist kein Wunder, daß in einer solchen Zeit eine solche Schrift ein empörender Anachronismus ist.

Aber eben deswegen, weil es kein Wunder, so hat mich auch

das Geschrei über und gegen meine Schrift im geringsten nicht aus dem Konzept gebracht. Ich habe vielmehr in aller Ruhe meine Schrift noch einmal der strengsten, ebensowohl historischen als philosophischen Kritik unterworfen, sie von ihren formellen Mängeln soviel als möglich gereinigt und mit neuen Entwicklungen, Beleuchtungen und historischen Zeugnissen – höchst schlagenden, unwidersprechlichen Zeugnissen – bereichert. Hoffentlich wird man jetzt, wo ich oft Schritt für Schritt den Gedankengang meiner Analyse mit historischen Belegen unterbreche und unterstütze, sich überzeugen, wenn man *nicht stockblind* ist, und eingestehen, wenn auch widerwillig, daß meine Schrift eine getreue, richtige Übersetzung der christlichen Religion aus der orientalischen Bildersprache der Phantasie in gutes, verständliches Deutsch ist. Und weiter will meine Schrift nichts sein als eine *sinngetreue Übersetzung* – bildlos ausgedrückt: eine *empirisch-* oder *historisch-philosophische* Analyse, Auflösung des Rätsels der christlichen Religion. Die allgemeinen Sätze, die ich in der Einleitung vorausschickte, sind keine apriorischen, selbst ersonnenen, keine Produkte der Spekulation; sie sind entstanden erst aus der Analyse der Religion, sind nur, wie überhaupt die Grundgedanken der Schrift, in Gedanken umgesetzte, d. h. in allgemeine Ausdrücke gefaßte und dadurch zum Verständnis gebrachte tatsächliche Äußerungen des menschlichen Wesens – und zwar des religiösen Wesens und Bewußtseins des Menschen. Die Gedanken meiner Schrift sind nur Konklusionen, *Folgerungen* aus Prämissen, welche *nicht wieder Gedanken,* sondern *gegenständliche,* entweder *lebendige* oder *historische* Tatsachen sind – Tatsachen, die ob ihrer *plumpen Existenz in Großfolio* in meinem Kopfe gar nicht Platz hatten. Ich verwerfe überhaupt unbedingt die *absolute,* die *immaterielle,* die *mit sich selbst* zufriedne Spekulation – *die* Spekulation, die ihren Stoff *aus sich selbst* schöpft. Ich bin himmelweit unterschieden von *den* Philosophen, welche sich die *Augen* aus dem Kopfe reißen, um desto besser denken zu können; ich brauche zum Denken die Sinne, vor allem die Augen, gründe meine

Gedanken auf *Materialien,* die wir uns stets nur vermittels der Sinnentätigkeit aneignen können, erzeuge nicht den Gegenstand aus dem Gedanken, sondern umgekehrt den Gedanken *aus dem Gegenstande,* aber *Gegenstand* ist nur, was *außer dem Kopfe existiert.* Ich bin *Idealist* nur auf dem Gebiete der *praktischen* Philosophie, d. h., ich mache hier die Schranken der Gegenwart und Vergangenheit nicht zu Schranken der Menschheit, der Zukunft, glaube vielmehr unerschütterlich, daß gar manches, jawohl, gar manches, was den kurzsichtigen, kleinmütigen Praktikern heute für Phantasie, für nie realisierbare Idee, ja für bloße Chimäre gilt, schon morgen, d. h. im nächsten Jahrhundert – Jahrhunderte im Sinne des einzelnen Menschen sind Tage im Sinne und Leben der Menschheit – in voller Realität dastehen wird. Kurz, die Idee ist mir nur der Glaube an die geschichtliche Zukunft, an den Sieg der Wahrheit und Tugend, hat mir nur *politische* und *moralische* Bedeutung; aber auf dem Gebiete der eigentlichen theoretischen Philosophie gilt mir im direkten Gegensatze zur Hegelschen Philosophie, wo gerade das Umgekehrte stattfindet, nur der Realismus, der Materialismus in dem angegebenen Sinne. Den Grundsatz der bisherigen spekulativen Philosophie: Alles, was mein ist, führe ich bei mir selbst – das alte omnia mea mecum porto – kann ich daher leider nicht auf mich applizieren. Ich habe gar viele Dinge *außer mir,* die ich nicht in der Tasche oder im Kopfe mit mir transportieren kann, aber gleichwohl doch zu *mir selbst* rechne, nicht zu mir nur als Menschen, von dem hier keine Rede ist, sondern zu mir als Philosophen. Ich bin nichts als ein *geistiger Naturforscher,* aber der Naturforscher vermag nichts ohne *Instrumente,* ohne *materielle* Mittel. Als ein solcher, als ein geistiger Naturforscher also schrieb ich denn auch diese meine Schrift, die folglich nichts andres enthält als das Prinzip, und zwar bereits praktisch bewährte, d. h. in concreto, an einem besondern Gegenstande – einem Gegenstande übrigens von allgemeiner Bedeutung –, an der Religion dargestellte, entwickelte und durchgeführte Prinzip einer neuen, von der bis-

herigen Philosophie *wesentlich* unterschiednen, dem *wahren,
wirklichen, ganzen* Wesen des Menschen entsprechenden,
aber freilich gerade eben deswegen allen durch eine über-,
d. h. widermenschliche, widernatürliche Religion und Spekulation verdorbenen und verkrüppelten Menschen widersprechenden Philosophie – einer Philosophie, welche nicht, wie
ich mich schon anderwärts ausdrückte, den Gänsekiel für das
einzige entsprechende Offenbarungsorgan der Wahrheit hält,
sondern *Augen* und *Ohren, Hände* und *Füße* hat, nicht den
Gedanken der Sache mit der Sache selbst identifiziert, um so
die wirkliche Existenz durch den Kanal der Schreibfeder auf
eine papierne Existenz zu reduzieren, sondern beide voneinan-
ander trennt, aber gerade durch diese Trennung zur *Sache
selbst* kommt, nicht das Ding, wie es Gegenstand der abstrakten Vernunft, sondern wie es Gegenstand des *wirklichen,
ganzen* Menschen, also selbst ein ganzes, *wirkliches* Ding ist,
als das *wahre* Ding anerkennt – einer Philosophie, welche,
weil sie sich nicht auf einen Verstand *für sich selbst,* auf
einen absoluten, namenlosen Verstand, von dem man nicht
weiß, wem er angehört, sondern auf den Verstand des – freilich nicht verspekulierten und verchristelten – Menschen
stützt, auch die *menschliche,* nicht eine *wesen-* und *namenlose*
Sprache spricht, ja welche, wie der Sache, so der Sprache nach,
gerade das *Wesen* der Philosophie in die *Negation der Philosophie* setzt, d. h. nur die in succum et sanguinem vertierte,
die Fleisch und Blut, die Mensch gewordene Philosophie für
die wahre Philosophie erklärt und daher ihren höchsten
Triumph darin findet, daß sie allen plumpen und verschulten
Köpfen, welche in den *Schein* der Philosophie das *Wesen*
der Philosophie setzen, gar nicht Philosophie zu sein scheint.
Als ein Specimen dieser Philosophie nun, welche nicht die
Substanz Spinozas, nicht das Ich Kants und Fichtes, nicht die
absolute Identität Schellings, nicht den absoluten Geist Hegels,
kurz, kein abstraktes, nur gedachtes oder eingebildetes, sondern ein *wirkliches* oder vielmehr das allerwirklichste Wesen,
das wahre ens realissimum: *den Menschen,* also das positivste

Realprinzip zu ihrem Prinzip hat, welche den Gedanken aus seinem *Gegenteil,* aus dem *Stoffe,* dem *Wesen,* den *Sinnen* erzeugt, sich zu ihrem Gegenstande erst sinnlich, d. i. leidend, rezeptiv verhält, ehe sie ihn denkend bestimmt, ist also meine Schrift – obwohl andrerseits das wahre, das Fleisch und Blut gewordene Resultat der bisherigen Philosophie – doch so wenig ein in die Kategorie der Spekulation zu stellendes Produkt, daß sie vielmehr das direkte Gegenteil, ja die Auflösung der Spekulation ist. Die Spekulation läßt die Religion nur sagen, was *sie selbst* gedacht und weit besser gesagt [hat] als die Religion; sie bestimmt die Religion, ohne sich von ihr bestimmen zu lassen; sie kommt nicht *aus sich* heraus. Ich aber lasse die Religion *sich selbst aussprechen*; ich mache nur ihren Zuhörer und Dolmetscher, nicht ihren Souffleur. Nicht zu erfinden – zu entdecken, »Dasein zu enthüllen« war mein einziger Zweck; richtig zu *sehen* mein einziges Bestreben. Nicht ich, die Religion betet den Menschen an, ob sie oder vielmehr die Theologie es gleich leugnet; nicht meine Wenigkeit nur, die Religion selbst sagt: Gott ist Mensch, der Mensch Gott; nicht ich, die Religion selbst verleugnet und verneint *den* Gott, der *nicht* Mensch, sondern nur ein ens rationis ist, indem sie Gott Mensch werden läßt und nun erst diesen vom Menschen nicht unterschiednen, diesen menschlich gestalteten, menschlich fühlenden und gesinnten Gott zum Gegenstande ihrer Anbetung und Verehrung macht. Ich habe nur das Geheimnis der christlichen Religion verraten, nur entrissen dem *widerspruchsvollen Lug- und Truggewebe* der Theologie – dadurch aber freilich ein wahres Sakrilegium begangen. Wenn daher meine Schrift negativ, irreligiös, atheistisch ist, so bedenke man, daß der Atheismus – im Sinne dieser Schrift wenigstens – das Geheimnis der Religion selbst ist, daß die Religion selbst, zwar nicht auf der Oberfläche, aber im Grunde, zwar nicht in ihrer Meinung und Einbildung, aber in ihrem Herzen, ihrem wahren Wesen, an nichts andres glaubt als an die Wahrheit und Gottheit des menschlichen Wesens – eine Wahrheit, welche ich *vielleicht,* denn an sich ist es überflüssig, zur Beschämung unsrer Theologen und Philosophen auf eine höchst populäre Weise noch an einem historischen Gegenstande von ebenso tiefer als populärer Bedeutung erörtern und nachweisen werde. Oder man *beweise mir, daß sowohl die historischen als rationellen Argumente* meiner Schrift *falsch, unwahr* sind – widerlege sie –, aber ich bitte mir aus: nicht mit juristischen Injurien oder theologischen Jeremiaden oder abgedroschnen spekulativen Phrasen oder namenlosen Miserabilitäten, sondern mit Gründen, und zwar solchen Gründen, die ich nicht selbst bereits gründlichst widerlegt habe.

Allerdings ist meine Schrift negativ, verneinend, aber, wohlgemerkt, nur gegen das *unmenschliche*, nicht gegen das menschliche Wesen der Religion. Sie zerfällt daher in zwei Teile, wovon der Hauptsache nach der erste der *bejahende*, der zweite – mit Inbegriff des Anhangs – nicht ganz, doch größtenteils der *verneinende* ist; aber in beiden wird dasselbe bewiesen, nur auf verschiedene oder vielmehr entgegengesetzte Weise. Der erste ist nämlich die Auflösung der Religion in ihr *Wesen*, ihre *Wahrheit*, der zweite die Auflösung derselben in ihre *Widersprüche*; der erste *Entwicklung*, der zweite *Polemik*, jener daher der *Natur der Sache* nach ruhiger, dieser lebendiger. Gemach schreitet die Entwicklung vorwärts, aber rasch der Kampf, denn die Entwicklung ist auf jeder Station in sich befriedigt, aber der Kampf nur im letzten Ziele. Bedenklich ist die Entwicklung, aber resolut der Kampf. *Licht* erheischt die Entwicklung, aber *Feuer* der Kampf. Daher die Verschiedenheit der beiden Teile schon in formeller Beziehung. Im ersten Teile also zeige ich, daß der *wahre Sinn* der Theologie die Anthropologie ist, daß zwischen den Prädikaten des göttlichen und menschlichen Wesens, folglich – denn überall, wo die Prädikate, wie dies vor allem bei den theologischen der Fall ist, nicht zufällige Eigenschaften, Akzidenzen, sondern das Wesen des Subjekts ausdrücken, ist zwischen Prädikat und Subjekt kein Unterschied, kann das Prädikat an die Stelle des Subjekts gesetzt werden, weshalb ich verweise auf die Analytik des Aristoteles oder auch nur die Einleitung des Porphyrius – folglich auch zwischen dem göttlichen und menschlichen Subjekt oder Wesen *kein* Unterschied ist, daß sie *identisch* sind; im zweiten zeige ich dagegen, daß der *Unterschied,* der zwischen den theologischen und anthropologischen Prädikaten gemacht wird oder vielmehr gemacht werden soll, sich in *nichts,* in *Unsinn* auflöst. Ein sinnfälliges Beispiel. Im ersten Teile beweise ich, daß der Sohn Gottes in der Religion *wirklicher* Sohn ist, *Sohn* Gottes in demselben Sinne, in welchem der Mensch Sohn des Menschen ist, und finde darin die *Wahrheit,* das *Wesen* der Religion, daß sie ein tief menschliches Verhältnis als ein göttliches Verhältnis erfaßt und bejaht; im zweiten dagegen, daß der Sohn Gottes – allerdings nicht unmittelbar in der Religion selbst, sondern in der Reflexion derselben über sich – nicht Sohn im natürlichen, menschlichen Sinn, sondern auf eine *ganz andre,* der Natur und Vernunft widersprechende, folglich *sinn-* und *verstandlose* Weise Sohn sei, und finde in dieser Verneinung des menschlichen Sinnes und Verstandes die Unwahrheit, das Negative der Religion. Der erste Teil ist demnach der *direkte,* der zweite der *indirekte* Beweis, daß die Theologie Anthropologie ist; der zweite führt daher notwendig auf den ersten zurück; er hat keine selbständige Bedeutung; er hat nur den Zweck, zu beweisen, daß der Sinn, in welchem die Religion dort genommen worden ist, der richtige sein *muß, weil* der *entgegengesetzte* Sinn *Unsinn* ist. Kurz, im ersten Teile habe ich es hauptsächlich – hauptsächlich, sage ich, denn es war unvermeidlich, nicht in den ersten auch schon die Theologie, wie in den zweiten die Religion, hineinzuziehen – mit der *Religion* zu tun, im zweiten mit der *Theologie,* aber nicht nur, wie man hie und da irrtümlich gemeint hat, mit der *gemeinen* Theologie, deren mir übrigens wohlbekannte Quisquilien ich vielmehr mir soviel als möglich vom Leibe hielt, mich überall nur auf die wesentlichste, die strengste, notwendigste Bestimmung des Gegenstandes beschränkend, wie z. B. bei den Sakramenten nur auf zwei, denn im strengsten Sinne

(s. Luther T. XVII, p. 558 nach der zitierten Ausgabe) gibt es nur zwei, also auf die Bestimmung, welche einem Gegenstand *allgemeines Interesse* gibt, ihn *über die beschränkte Sphäre der Theologie erhebt*, sondern auch, was ja schon der bloße Augenschein zeigt, mit der *spekulativen* Theologie oder Philosophie. Mit der Theologie, sage ich, nicht mit den Theologen; denn ich kann überall nur fixieren, was *prima causa* ist – das *Original*, nicht die Kopie, *Prinzipien*, nicht Personen, *Gattungen*, aber nicht Individuen, *Objekte der Geschichte*, aber nicht Objekte der chronique scandaleuse.

Wenn meine Schrift nur den zweiten Teil enthielte, so hätte man allerdings vollkommen recht, derselben eine nur negative Tendenz vorzuwerfen – den Satz: Die Religion ist nichts, ist Unsinn, als den wesentlichen Inhalt derselben zu bezeichnen. Allein ich sage keineswegs – wie leicht hätte ich es mir dann machen können! –: Gott ist *nichts*, die Trinität ist *nichts*, das Wort Gottes ist *nichts* usw., ich zeige nur, daß sie *nicht das* sind, was sie in der Illusion der Theologie sind – nicht ausländische, sondern einheimische Mysterien, die Mysterien der menschlichen Natur; ich zeige, daß die Religion das scheinbare, oberflächliche Wesen der Natur und Menschheit für ihr wahres, inneres Wesen nimmt und daher das wahre, esoterische Wesen derselben als ein andres, als ein besondres Wesen vorstellt, daß folglich die Religion in den Bestimmungen, die sie von Gott, z. B. vom Worte Gottes, gibt – wenigstens in *den* Bestimmungen, welche keine negativen sind in dem eben angegebnen Sinne –, nur das *wahre Wesen* des menschlichen Wortes definiert oder vergegenständlicht. Der Vorwurf, daß nach meiner Schrift die Religion Unsinn, nichts, pure Illusion sei, hätte nur dann Grund, wenn ihr zufolge auch *das,* worauf ich die Religion zurückführe, was ich als ihren *wahren Gegenstand* und *Inhalt* nachweise, der Mensch, die Anthropologie, *Unsinn, nichts, pure Illusion* wäre. Aber, weit gefehlt, daß ich der Anthropologie eine nichtige oder auch nur untergeordnete Bedeutung gebe – eine Bedeutung, die ihr gerade nur so lange zukommt, als über ihr und ihr entgegen eine Theologie steht –, indem ich die Theologie zur Anthropologie erniedrige, erhebe ich vielmehr die Anthropologie zur Theologie, gleichwie das Christentum, indem es Gott zum Menschen erniedrigte, den Menschen zu Gott machte, freilich wieder zu einem dem Menschen entfernten, transzendenten, phantastischen Gott – nehme daher auch das Wort *Anthropologie,* wie sich von selbst versteht, nicht im Sinne der Hegelschen oder bisherigen Philosophie überhaupt, sondern in einem unendlich höhern und allgemeineren Sinne.

Die Religion ist der Traum des menschlichen Geistes. Aber auch im Traume befinden wir uns nicht im Nichts oder im Himmel, sondern auf der Erde – im Reiche der Wirklichkeit, nur daß wir die wirklichen Dinge nicht im Lichte der Wirklichkeit und Notwendigkeit, sondern im entzückenden Scheine der Imagination und Willkür erblicken. Ich tue daher der Religion – auch der spekulativen Philosophie oder Theologie – nichts weiter an, als daß ich ihr die *Augen öffne* oder vielmehr nur ihre *einwärts* gekehrten Augen *auswärts* richte, d. h. ich verwandle nur den Gegenstand in der Vorstellung oder Einbildung in den Gegenstand in der Wirklichkeit.

Aber freilich für diese Zeit, welche das Bild der Sache, die Kopie dem Original, die Vorstellung der Wirklichkeit, den Schein dem Wesen vorzieht, ist diese Verwandlung, weil *Enttäuschung,* absolute Vernichtung oder doch ruchlose Profanation, denn *heilig* ist ihr nur die *Illusion, profan* aber die *Wahrheit.* Ja, die Heiligkeit steigt in ihren Augen in demselben Maße, als die Wahrheit ab- und die Illusion zunimmt, so daß *der höchste Grad der Illusion* für sie auch der *höchste Grad der Heiligkeit* ist. Verschwunden ist die Religion und an ihre Stelle getreten selbst bei den Protestanten der *Schein* der Religion – die *Kirche,* um wenigstens der unwissenden und urteilslosen Menge *den* Glauben beizubringen, es bestehe noch der christliche Glaube, weil heute noch die christlichen Kirchen, wie vor tausend Jahren, dastehen und heute noch, wie sonst, die *äußerlichen Zeichen* des Glaubens im Schwang sind. Was keine Existenz mehr im *Glauben* hat – der Glaube der modernen Welt ist nur ein scheinbarer Glaube, ein Glaube, der *nicht* glaubt, was er zu glauben sich einbildet, nur ein *unentschiedner, schwachsinniger* Unglaube, wie dies von mir und andern hinlänglich bewiesen worden –, das soll doch noch in der *Meinung* gelten, was nicht mehr in sich selbst, *in Wahrheit* heilig ist, doch wenigstens noch *heilig scheinen*. Daher die *scheinbar* religiöse Entrüstung der gegenwärtigen Zeit, der Zeit des Scheines und der Illusion, über meine Analyse namentlich von den Sakramenten. Aber man verlange nicht von einem Schriftsteller, der sich nicht die Gunst der Zeit, sondern nur die Wahrheit, die unverhüllte, nackte Wahrheit zum Ziele setzt, daß er vor einem leeren Scheine Respekt habe oder heuchle, um so weniger, als der Gegenstand dieses Scheines an und für sich der Kulminationspunkt der Religion, d. h. der Punkt ist, wo die Religiosität in Irreligiosität umschlägt. Dies zur Rechtfertigung, nicht zur Entschuldigung meiner Analyse von den Sakramenten.

Was übrigens den eigentlichen Sinn der insbesondre in der Schlußanwendung gegebenen Analyse von den Sakramenten betrifft, so bemerke ich nur, daß ich hier den wesentlichen Inhalt meiner Schrift, das eigentliche Thema derselben, besonders in Beziehung auf ihre praktische Bedeutung, an einem sinnlichen Beispiel veranschauliche, daß ich hier die Sinne selbst zu Zeugen von der Wahrhaftigkeit meiner Analyse und Gedanken aufrufe, ad oculos, ja ad tactum, ad gustum demonstriere, was ich durch die ganze Schrift ad captum dozierte. Wie nämlich das Wasser der Taufe, der Wein und das Brot des Abendmahls, in ihrer natürlichen Kraft und Bedeutung genommen, unendlich mehr sind und wirken als in einer supranaturalistischen, illusorischen Bedeutung, so ist überhaupt der Gegenstand der Religion, im Sinne der Schrift, also im anthropologischen Sinne aufgefaßt, ein unendlich ergiebigerer und reellerer Gegenstand der Theorie und Praxis als im Sinne der Theologie; denn wie das, was im Wasser, Wein und Brot als ein von diesen natürlichen Stoffen Unterschiednes mitgeteilt wird oder vielmehr werden soll, nur etwas in der Vorstellung, Einbildung, aber nichts in Wahrheit, in Wirklichkeit ist, so ist auch der Gegenstand der Religion überhaupt, das göttliche Wesen im Unterschiede vom Wesen der Natur und Menschheit, d. h., wenn die Bestimmungen desselben, wie Verstand, Liebe usw., etwas andres sein und bedeuten sollen als eben diese Bestimmungen, wie sie das Wesen des Menschen und der Natur ausmachen, nur etwas in der Vorstellung, in der Einbildung, aber nichts in Wahrheit und Wirklichkeit. Wir sollen also – ist die Lehre der Fabel – die Bestimmungen und Kräfte der Wirklichkeit, überhaupt die wirklichen Wesen und Dinge nicht, wie die Theologie und spekulative Philosophie, zu willkürlichen Zeichen, zu Vehikeln, Symbolen oder Prädikaten eines von ihnen unterschiednen, transzendenten, absoluten, d. i. abstrakten Wesens machen, sondern in der Bedeutung nehmen und erfassen, welche sie *für sich selbst* haben, welche identisch ist mit ihrer Qualität, mit *der* Bestimmtheit, die sie zu dem macht, was sie sind – so erst haben wir die Schlüssel zu einer *reellen Theorie und Praxis*. Ich setze in der Tat und Wahrheit an die Stelle des unfruchtbaren Taufwassers die Wohltat des wirklichen Wassers. Wie »wässerig«, wie trivial! Jawohl, sehr trivial. Aber eine *sehr triviale Wahrheit* war seiner Zeit auch der Ehestand, welchen Luther auf dem Grund seines natürlichen Menschensinns der scheinheiligen Illusion des ehelosen Standes entgegensetzte. Das Wasser ist mir daher allerdings *Sache*, aber doch zugleich wieder nur Vehikel, Bild, Beispiel, Symbol des »unheiligen« Geistes meiner Schrift, gleichwie auch das Wasser der Taufe – der Gegenstand meiner Analyse – zugleich eigentliches und bildliches oder symbolisches Wasser ist. Ebenso ist es mit dem Wein und Brot. Die Bosheit hat hieraus den lächerlichen Schluß gezogen: Baden, Essen und Trinken sei die summa summarum, das positive Resultat meiner Schrift. Ich erwidre hierauf nur dieses: Wenn der ganze Inhalt der Religion in den Sakramenten enthalten ist, es folglich auch keine anderen religiösen Akte oder Handlungen gibt, als die bei der Taufe und beim Abendmahl verrichtet werden, so ist allerdings auch der ganze Inhalt und das positive Resultat meiner Schrift: Baden, Essen und Trinken, sintemal und alldieweil meine Schrift nichts ist als eine sachgetreue, ihrem Gegenstand sich aufs strengste anschließende, historisch-philosophische Analyse – die *Selbst*enttäuschung, das *Selbstbewußtsein* der Religion.

Eine *historisch-philosophische* Analyse, im Unterschiede von den nur historischen Analysen des Christentums. Der Historiker zeigt, z. B. wie *Daumer* und *Ghillany*, daß das Abendmahl ein aus dem alten Menschenopferkultus stammender Ritus ist, daß einst statt des Weines und Brotes wirkliches Menschenfleisch und Blut genossen wurde. Ich dagegen mache nur die christliche, im Christentum *sanktionierte* Bedeutung desselben zum Objekt meiner Analyse und Reduktion und befolge dabei den Grundsatz, daß nur *die Bedeutung,* welche ein Dogma oder Institut, mag dieses nun in andern Religionen vorkommen oder nicht, im Christentum, natürlich nicht im heutigen, sondern alten, wahren Christentum hat, auch der *wahre Ursprung* desselben ist, *inwiefern* es ein *christliches* ist. Oder er zeigt, wie z. B. *Lützelberger,* daß die Erzählungen von den Wundern Christi sich in lauter Widersprüche und Ungereimtheiten auflösen, daß sie spätere Erdichtungen sind, daß folglich Christus kein Wundertäter, überhaupt nicht der *gewesen* ist, den die Bibel aus ihm gemacht hat. Ich dagegen frage nicht danach, was wohl der wirkliche, natürliche Christus im Unterschiede von dem gemachten oder gewordenen supranaturalistischen gewesen ist oder sein mag; ich nehme diesen religiösen Christus vielmehr an, aber zeige, daß dieses übermenschliche Wesen nichts andres ist als ein Produkt und Objekt des übernatürlichen menschlichen Gemüts. Ich frage nicht, ob dieses oder jenes, überhaupt ein Wunder geschehen *kann* oder nicht; ich zeige nur, *was* das Wunder *ist,* und zwar nicht a priori, sondern an den *Beispielen* von Wundern, die in der Bibel als wirkliche Begebenheiten erzählt werden, beantworte aber damit gerade die Frage von der Möglichkeit oder Wirklichkeit oder gar Notwendigkeit des Wunders auf eine Weise, die selbst die Möglichkeit aller dieser Fragen aufhebt. Soviel über meinen Unterschied von den unchristlichen Historikern. Was aber mein Verhältnis betrifft zu *Strauß* und *Bruno Bauer,* in Gemeinschaft mit welchen ich stets genannt werde, so mache ich hier nur darauf aufmerksam, daß schon in dem Unterschiede des Gegenstandes, wie ihn auch nur der Titel angibt, der Unterschied unsrer Werke angedeutet ist. B[auer] hat zum Gegenstand seiner Kritik die evangelische Geschichte, d. i. das biblische Christentum oder vielmehr biblische Theologie, Str[auß] die christliche Glaubenslehre und das Leben Jesu, das man aber auch unter den Titel der christlichen Glaubenslehre subsumieren kann, also das dogmatische Christentum oder vielmehr die dogmatische Theologie, ich das Christentum überhaupt, d. h. die christliche Religion, und als Konsequenz nur die christliche Philosophie oder Theologie. Daher zitiere ich hauptsächlich auch nur solche Männer, in welchen das Christentum nicht nur ein theoretisches oder dogmatisches Objekt, nicht nur Theologie, sondern Religion war. Mein hauptsächlicher Gegenstand ist das Christentum, ist die Religion, wie sie *unmittelbares Objekt, unmittelbares Wesen des Menschen* ist. Gelehrsamkeit und Philosophie sind mir nur die *Mittel,* den im Menschen verborgnen Schatz zu heben.

Erinnern muß ich auch noch, daß meine Schrift ganz wider meine Absicht und Erwartung in das allgemeine Publikum gekommen ist. Zwar habe ich von jeher nicht den Gelehrten, nicht den abstrakten und partikulären Fakultätsphilosophen, sondern den universellen Menschen mir zum Maßstab der wahren Lehr- und Schreibart genommen, überhaupt den Menschen – nicht diesen oder jenen Philosophen – als das Kriterium der Wahrheit betrachtet, von jeher die höchste Virtuosität des Philosophen in die Selbstverleugnung des Philosophen – darein gesetzt, daß er weder als Mensch noch als Schriftsteller den Philosophen zur Schau trägt, d. h. nur dem *Wesen,* aber nicht der *Form nach,* nur ein *stiller,* aber nicht lauter oder gar vorlauter Philosoph ist, und mir daher bei allen meinen Schriften, so auch bei dieser, die höchste Klarheit, Einfachheit und Bestimmtheit, die nur immer der Gegenstand erlaubt, zum Gesetz gemacht, so daß sie eigentlich jeder *gebildete* und *denkende* Mensch, wenigstens der Hauptsache nach, verstehen kann. Aber dessen ungeachtet kann meine Schrift nur von dem Gelehrten – versteht sich nur von dem *wahrheitsliebenden, urteilsfähigen,* dem *über die Gesinnungen und Vorurteile des gelehrten und ungelehrten Pöbels erhabnen* Gelehrten – gewürdigt und vollständig verstanden werden; denn obwohl ein durchaus selbständiges Erzeugnis, ist sie doch zugleich nur eine notwendige Konsequenz der Geschichte. Sehr häufig beziehe ich mich auf diese oder jene geschichtliche Erscheinung, ohne sie auch nur dem Namen nach zu bezeichnen, weil ich es für überflüssig hielt – Beziehungen, die also nur dem Gelehrten verständlich sind. So beziehe ich mich z. B. gleich im ersten Kapitel, wo ich die notwendigen Konsequenzen des Gefühlsstandpunktes entwickle, auf die Philosophen Jacobi und Schleiermacher, im zweiten Kapitel von vornherein hauptsächlich auf den Kantianismus, Skeptizismus, Theismus, Materialismus, Pantheismus, im Kapitel vom »Standpunkt der Religion«, da, wo ich den Widerspruch zwischen der religiösen oder theologischen und physikalischen oder naturphilosophischen Anschauung der Natur erörtre, auf die Philosophie im Zeitalter der Orthodoxie, und zwar vorzüglich die *Cartesische* und *Leibnizsche* Philosophie, in welcher dieser Widerspruch auf eine besonders charakteristische Weise hervortritt. Wer daher nicht die geschichtlichen Voraussetzungen und Vermittlungsstufen meiner Schrift kennt, dem fehlen die Anknüpfungspunkte meiner Argumente und Gedanken; kein Wunder, wenn meine Behauptungen ihm oft rein aus der Luft gegriffen zu sein scheinen, stehen sie auch gleich auf noch so festen Füßen. Zwar ist der Gegenstand meiner Schrift von allgemeinem menschlichen Interesse; auch werden einst die Grundgedanken derselben – allerdings *nicht in der Weise,* in welcher sie hier ausgesprochen sind und unter den gegenwärtigen Zeitverhältnissen ausgesprochen werden konnten – sicherlich Eigentum der Menschheit werden, denn nur hohle, machtlose, dem wahren Wesen des Menschen widersprechende Illusionen und Vorurteile sind es, die ihnen in der gegenwärtigen Zeit entgegenstehen. Aber ich behandelte meinen Gegenstand zunächst nur als eine wissenschaftliche Angelegenheit, als ein Objekt der Philosophie, und konnte ihn zunächst auch nicht anders behandeln. Und indem ich die Aberrationen der Religion, Theologie und Spekulation rektifiziere, muß ich mich natürlich auch ihrer Ausdrücke bedienen, ja selber zu spekulieren oder – es ist eins – zu theologisieren scheinen, während ich doch gerade die Spekulation auflöse, d. h. die Theologie auf die Anthropologie reduziere. Meine Schrift enthält, sagte ich oben, das, und zwar in concreto entwickelte, Prinzip einer neuen, nicht schul- aber menschgerechten Philosophie. Ja, sie enthält es, aber nur, indem sie es *erzeugt*, und zwar aus den Eingeweiden der Religion – daher, im Vorbeigehen gesagt, die neue Philosophie nicht mehr, wie die alte katholische und moderne protestantische Scholastik, in Versuchung geraten kann und wird, ihre Übereinstimmung mit der Religion durch ihre Übereinstimmung mit der christlichen Dogmatik zu beweisen; sie hat vielmehr, als erzeugt aus dem Wesen der Religion, das wahre Wesen der Religion in sich, ist an und für sich, als Philosophie, Religion. Aber eben eine genetische und folglich explizierende und demonstrierende Schrift ist schon um dieser ihrer formellen Beschaffenheit willen keine für das allgemeine Publikum geeignete Schrift.

Schließlich verweise ich – um mich nicht auf meine zukünftigen Schriften zu berufen, die vieles erst in ihr vollständiges Licht setzen werden – zur Ergänzung meiner Schrift in betreff mancher scheinbar unmotivierter Behauptungen auf meine vorjährigen Artikel in den *Deutschen Jahrbüchern* (Januar und Februar), auf meine ebendaselbst in frühern Jahrgängen enthaltnen Kritiken und »Charakteristiken des modernen Afterchristentums«, und meine frühern Schriften, besonders auf *P. Bayle. Ein Beitrag zur Geschichte der Philosophie und*

Menschheit, Ansbach 1838, bei C. Brügel, und *Philosophie und Christentum*, Mannheim 1839, wo ich mit wenigen, aber scharfen Zügen die historische Auflösung des Christentums geschildert und gezeigt habe, daß das Christentum längst nicht nur aus der Vernunft, sondern auch aus dem Leben der Menschheit verschwunden, daß es nichts weiter mehr ist als eine *fixe Idee,* welche mit unsern Feuer- und Lebensversicherungsanstalten, unsern Eisenbahnen und Dampfwägen, unsern Pinakotheken und Glyptotheken, unsern Kriegs- und Gewerbsschulen, unsern Theatern und Naturalienkabinetten im schreiendsten Widerspruch steht.

Bruckberg, den 14. Februar 1843

Postscr. Als ich diese Vorrede niederschrieb, war noch nicht die *neuschellingsche* Philosophie – diese Philosophie des *bösen Gewissens,* welche seit Jahren lichtscheu im Dunkeln schleicht, weil sie wohl weiß, daß der Tag ihrer Veröffentlichung der Tag ihrer Vernichtung ist; diese Philosophie der *lächerlichsten Eitelkeit,* welche zu ihren *Argumenten* nur *Namen* und *Titel* hat, und was für Namen und Titel!; diese *theosophische Posse des philosophischen Cagliostro* des neunzehnten Jahrhunderts[*] – durch die Zeitungen förmlich als »Staatsmacht proklamiert« worden. Wahrlich, wäre diese Posse mir gegenwärtig gewesen – ich würde meine Vorrede anders geschrieben haben.

31. März

Armes Deutschland! Du bist schon oft in den April geschickt worden, selbst auch auf dem Gebiete der Philosophie, namentlich von dem eben genannten Cagliostro, der dir stets nur blauen Dunst vorgemacht hat, nie gehalten, was er versprochen, nie bewiesen, was er behauptet. Aber sonst stützte er

---

[*] Die urkundlichen Beweise von der Wahrheit dieses Bildes sind in einer demnächst erscheinenden kategorischen Schrift über Schelling in Hülle und Fülle zu finden.

sich doch wenigstens auf den *Namen* der Vernunft, den *Namen* der Natur – also auf Namen von *Sachen* –, jetzt will er dich zum Schlusse gar betören mit Namen von *Personen*, den Namen eines Savigny, eines Twesten und Neander! Armes Deutschland, selbst deine wissenschaftliche Ehre will man dir nehmen. Unterschriften sollen für wissenschaftliche Beweise, für Vernunftgründe gelten! Doch du läßt dich nicht betören. Du kennst noch zu gut die Geschichte mit dem Augustinermönch. Du weißt, daß nie noch eine Wahrheit mit Dekorationen auf die Welt gekommen, nie im Glanze eines Thrones unter Pauken und Trompeten, sondern stets im Dunkel der Verborgenheit unter Tränen und Seufzern geboren worden ist; du weißt, daß nie die »*Hochgestellten*«, eben weil sie zu hoch gestellt sind, daß stets nur die Tiefgestellten von den Wogen der Weltgeschichte ergriffen werden.

Den 1. April

BEMERKUNGEN ZUM TEXT

Ludwig Feuerbach. *Sämtliche Werke*, 10 Bände, Leipzig 1846-1866 (zit.: SW)

– *Sämtliche Werke*, 13 Bände, Band 1-10, hg. von Wilhelm Bolin und Friedrich Jodl, Stuttgart 1903-1910, 2. Auflage (als Faksimile-Nachdruck) Stuttgart (1959–1960); Band 11: *Jugendschriften*, hg. von Hans-Martin Saß. Mit Zeittafel und Bibliographie, Stuttgart (1962); Band 12/13: *Ausgewählte Briefe von und an Ludwig Feuerbach*, aufgrund der von Wilhelm Bolin besorgten Ausgabe neu hg. und erweitert von Hans-Martin Saß, Stuttgart (1964) (zit.: SW B/J)

– *Gesammelte Werke*, hg. von Werner Schuffenhauer, Berlin 1967 ff. (zit.: GW)

– *Das Wesen des Christentums*, 2 Bände, hg. von Werner Schuffenhauer, Berlin 1956 (zit.: WdChr.)

– *Philosophische Kritiken und Grundsätze*, hg. von Werner Schuffenhauer, (Reclams Universalbibliothek 58) Leipzig (1969) (zit.: KuG)

– *in seinem Briefwechsel und Nachlaß sowie in seiner philosophischen Charakterentwicklung*, dargestellt von Karl Grün, 2 Bände, Leipzig und Heidelberg 1874 (zit.: BwN)

– *Schriften aus dem Nachlaß*, hg. von Erich Thies, bisher erschienen: *Vorlesungen über die Geschichte der neueren Philosophie*, Erlangen 1835/1836, *Einleitung in die Logik und Metaphysik*, Erlangen 1829/1830, bearbeitet von Carlo Ascheri (†) und Erich Thies, Darmstadt 1974, 1975 (zit.: SchrN I, II)

– *Briefwechsel*, hg. von Werner Schuffenhauer, (Reclams Universalbibliothek 105) Leipzig (1963) (zit.: BwRecl.)

Bruno Bauer, *Die Posaune des jüngsten Gerichts über Hegel den Atheisten und Antichristen. Ein Ultimatum*, Leipzig 1841 (zit.: Bauer, Posaune)

Georg Wilhelm Friedrich Hegel, *Phänomenologie des Geistes,* hg.

von Johannes Hoffmeister, (Philos. Bibliothek 114) Hamburg
⁶(1952) (zit.: Hegel, Phänomenologie)

– *Wissenschaft der Logik*, 2 Bände, hg. von Georg Lasson, (Philos.
Bibliothek 56/57) Hamburg (1963) (zit.: Hegel, Logik)

– *Grundlinien der Philosophie des Rechts*, hg. von Johannes
Hoffmeister, (Philos. Bibliothek 124a) Hamburg ⁴(1962) (zit.:
Hegel, Rechtsphilosophie)

– *Enzyklopädie der philosophischen Wissenschaften im Grund-
risse* (1830), neu hg. von Friedhelm Nicolin und Otto Pöggeler,
(Philos. Bibliothek 33) Hamburg ⁶(1959) (zit.: Hegel, Enzyklopädie 1830)

– *Vorlesungen über die Geschichte der Philosophie*, 3 Bände, hg.
von Hermann Glockner (Sämtliche Werke, Band 17-19), Stutt-
gart-Bad Cannstatt 1965 (zit.: Hegel, Gesch. d. Phil.)

– *Vorlesungen über die Philosophie der Religion*, 4 Bände, hg.
von Georg Lasson, (Philos. Bibliothek 59/60 und 61/63) Hamburg (1966) (zit.: Hegel, Religion)

– *Briefe von und an Hegel*, 4 Bände, hg. von Johannes Hoffmeister und Rolf Flechsig, (Philos. Bibliothek 235-238) Hamburg
²(1961) (zit.: Hegel, Briefe)

Karl Marx/Friedrich Engels, *Gesamtausgabe*, hg. von D. Rjazanow,
Berlin 1927 ff. (zit.: MEGA)

– *Die Frühschriften*, hg. von Siegfried Landshut, Stuttgart o. J.
(zit. Marx, Frühschriften)

Max Stirner (= Kaspar Schmidt), *Der Einzige und sein Eigentum*,
Leipzig (Reclam) o. J. (zit. Stirner, Einzige)

Carlo Ascheri, *Feuerbachs Bruch mit der Spekulation. Kritische Einleitung zu Feuerbach: Die Notwendigkeit einer Veränderung*
(1842), Frankfurt/Wien 1969 (zuerst als: *Feuerbach 1842:
Necessità di un cambiamento*, in: De Homine, Rom 1967, Heft
19/20. Übersetzt von Heidi Ascheri.) (zit.: Ascheri, F.)

Karl Löwith, *Von Hegel zu Nietzsche. Der revolutionäre Bruch im
Denken des neunzehnten Jahrhunderts. Marx und Kierkegaard*,
Stuttgart ⁵(1964) (zit.: Löwith, Hegel)

Simon Rawidowicz, *Ludwig Feuerbachs Philosophie. Ursprung und Schicksal*, Berlin ²1964 (zit.: Rawidowicz, F.)

Erich Thies (Hg.), *Ludwig Feuerbach*, (Wege der Forschung, Bd. CDXXXVIII) Darmstadt (1975) (zit.: Feuerbach, WdF)

Weitere Literaturhinweise enthalten die *Anmerkungen* (Bände 2, 3, 4) und die *Bibliographie* (Band 6).

In den Bänden 1 bis 5 werden aus ungedrucktem Material zitiert:

1. Feuerbachs Berliner Abgangszeugnis (1826) – Archiv der Humboldt-Universität zu Berlin

2. Testate Hegels – Privatbesitz

3. Akte zur Promotion und Erlanger Dozententätigkeit Feuerbachs – Archiv der Philosophischen Fakultät der Universität Erlangen

4. Manuskripte aus dem Nachlaß Feuerbachs – Universitätsbibliothek München (4° Cod. ms. 935^{a-c})

5. Briefe an Arnold Ruge – Sächsische Landesbibliothek, Dresden (Signatur MSCR.DRESD. h 46)

Nr. 1, 2, 3 sowie Teile aus 4 sind in Band 6 abgedruckt.

Zeichenerklärung:

Kursivdruck	einfache Hervorhebung im Manuskript
[ ]	vom Herausgeber hinzugefügt
⟨ ⟩	vom Herausgeber eliminiert
[...]	Lücke im Manuskript oder unlesbare Stelle
[?]	unsichere Lesung des vorhergehenden Wortes
*	Anmerkung Feuerbachs
[*]	vom Herausgeber zugeordnete Anmerkung
Hochzahl im Text	Hinweis auf Anmerkung des Herausgebers oder Textvariante

Zeitgenössische Rezensionen des »*Wesens des Christentums*«

1. Biedermann, C., Ludwig Feuerbachs »Wesen des Christentums«

und D. Fr. Strauß »Die christliche Glaubenslehre«, in: *Deutsche Monatsschrift für Lit. u. öff. Leben,* red. C. Biedermann, Leipzig 1842, 1. Jg., 1. H.

2. Fichte, I. H. in: *Zeitschrift für Philosophie u. spekulative Theologie,* hg. von I. H. Fichte, 1842, I, S. 115 ff.

3. Lange, in: *Jahrb. für wiss. Kritik,* red. von Henning, 1842

4. Müller, J. in: *Theologische Studien u. Kritiken,* hg. von Ullmann u. Umbreit, Hamburg 1842, I, S. 171 ff.

5. Stöhr, Dr. in: *Deutsche Jahrb. für Wissenschaft u. Kunst,* hg. von A. Ruge, 1842, S. 793 ff.

6. Ruge, A., Neue Wende der deutschen Philosophie. Kritik des Buches »Wesen des Christentums« von L. Feuerbach, in: *Anekdota zur neuesten deutschen Philosophie und Publizistik* von B. Bauer, L. Feuerbach, Fr. Koeppen, K. Nauwerck, A. Ruge und einigen Ungenannten, Zürich 1843, II, S. 3 ff.

7. Zeller, E. in: *Theologische Jahrbücher,* hg. von E. Zeller, 1843, S. 324 ff.

8. Zeller, E. in: *Theologische Jahrbücher,* hg. von F. Chr. Baur u. E. Zeller, 1844, S. 342 ff.

9. Ribbentrop, A. de in: *Revue indépendante* v. 10. Juni 1845

Die frühesten, im Nachlaß erhaltenen, Überlegungen zum Thema *Wesen des Christentums* schrieb F. wahrscheinlich bereits 1839 nieder (UB München 4° Cod. ms. 935^d 17a). Es handelt sich um einen *Entwurf der Einleitung*, der, vom Gattungsbegriff ausgehend, Prinzipien einer philosophischen Anthropologie mit dem Gedanken der Zurückführung der Prädikate des göttlichen Wesens auf das menschliche Wesen entwickelt (vgl. Ascheri, F., S. 17 ff.). Im Einleitungs-Entwurf heißt es: »Die Aufgabe dieser Schrift ist, den grundverderblichen Gegensatz von Menschlichem und Göttlichem aufzuheben und demgemäß nachzuweisen, daß alle die Vorstellungen, Lehren, Glaubensartikel, Geheimnisse, die die Religion sei es nun dem Ursprung oder Inhalt nach für übernatürliche und übermenschliche ausgibt, sehr natürliche und menschliche Vorstellungen sind, nachzuweisen demnach, daß das Objekt oder das Wesen dieser Vorstellungen oder Geheimnisse kein vom menschlichen Wesen unterschiedenes Wesen ist, daß wir auch auf dem Gebiete der Religion, wo wir uns über die Erde hinaus in den Himmel zu schweben einbilden, noch auf dem Boden der Erde und Wahrheit stehen.«

Die Annahme, daß eine erste Fassung der Einleitung bereits 1839 entstanden ist, stützt sich zunächst auf eine Bemerkung F.s in einem Brief an Christian Kapp vom 8. März 1839: Die Abhandlung über *Pierre Bayle* ... (1838) sei das »Präludium zu einem größeren Werke«, mit dessen Vorbereitung er bereits begonnen habe (*Briefwechsel zwischen Ludwig Feuerbach und Christian Kapp*, herausgegeben und eingeleitet von August Kapp, Leipzig 1876, S. 72; vgl. Ludwig Feuerbach, *Das Wesen des Christentums*, hg. von Werner Schuffenhauer, 2 Bände, Berlin 1956 (= WdChr, Schuffenhauer), S. XXXVI, LIV. Zwei weitere Hinweise bestärken diese These. In der Abhandlung *Über das Wunder* (Mai 1839) (s. Bd. 2, Anm. 115 f.) schreibt F., er analysiere nur das Wunder, weil es »zum Behufe einer größeren kritischen Arbeit der Vollständigkeit wegen nötig« sei; und am 25. Oktober 1839 heißt es in einem Brief an Christian Kapp, er sei nicht imstande, Kapps literarische Leistungen (s. Bd. 3, Anm. 23) ausführlich zu würdigen, weil er sich genötigt fühle, sein »bewußtes Thema – das übrigens, im Vorbeigehen gesagt, kein nur negatives, sondern kritisches, d. i. zugleich positives ist«, zu Ende zu bringen. (Zur Bedeutung des *Bayle* für das *Wesen des Christentums* vgl. Rawidowicz, F., S. 62 ff., WdChr, Schuffenhauer, S. XXXVI f., Ascheri, F., S. 49 ff.)

Um den von Kapp und F.s Bruder Anselm initiierten Versuch, F. auf einen philosophischen Lehrstuhl nach Freiburg berufen zu lassen, nicht von vornherein zum Scheitern zu verurteilen, schob er die Publikation seiner Schrift noch hinaus, wie aus einem Brief an Kapp von Mitte Juni 1840 hervorgeht. »Bekomme ich nicht in einigen Wochen entscheidende Nachricht, so rücke ich mit meiner neuen Schrift, die bereits fix und fertig zum Drucken bereitliegt, heraus. Ich kann sie, übrigens aus sehr empirischen Gründen [F. meint seine finanziellen Schwierigkeiten], nicht mehr lange daliegen lassen« (SW B/J XIII, S. 38).

Am 17. Juli 1840 erkundigt sich Arnold Ruge, ob F. mit seinem Buche fertig sei, denn er hoffe auf weitere Beiträge für die *Hallischen Jahrbücher* (SW B/J XIII, S. 40). Zuvor hat Ruge bereits im *Wastebook* der *Hallischen Jahrbücher* (Jg. 1840, S. 93 ff.) einen Brief veröffentlicht, in dem F. im Bewußtsein der Bedeutung seines kritischen Unternehmens eine Skizze desselben liefert: Er habe eine Arbeit vor, »welche tief in die Lebensfragen der Zeit eingreift und diesen Winter [1839] wenigstens den Hauptpartien nach vollendet werden muß. – Was ist der letzte Grund unserer geistigen und politischen Unfreiheit? *Die Illusionen der Theologie.* Ich weiß das aus meinem eignen früheren Leben, wo dieser Teufel in Engelsgestalt mich in seinen Krallen gehabt hat. Darum ist aber auch das ein Sujet, ganz für mich gemacht. Denn die Theologie ist bei mir bereits den Weg alles Fleisches, den Weg durch die Leber gegangen. Führ' ich mein Thema gut aus, so hoffe ich die Heuchlerin vollkommen zu entlarven. Ich habe zum Behufe meiner Arbeit auch die alte katholische Dogmatik – den Petrus Lombard, die Konzilienbeschlüsse, den Heil. Bernhard, den langweiligen Ambrosius etc. etc. ganz durchgemacht. Hieraus läßt sich schließen, welchen Unrat ich aufgehäuft. Es ist unglaublich, welche Illusionen die arme Menschheit beherrschen, noch heute beherrschen, und wie uns die spekulative Philosophie in ihrer letzten Richtung, statt von diesen Illusionen befreit, nur darin bestärkt hat. Übrigens sehne ich mich nach der Vollendung dieses Geschäfts selbst, um aus diesen traurigen, dunklen Regionen ans Licht der Wirklichkeit wieder emporzukommen. Si parva magnis componere fas est: Kant schrieb eine Kritik der reinen Vernunft; meine Parvität schreibt an einer Kritik der *unreinen* Vernunft.« (Vgl. auch KuG, S. 91 und 333 f.) Am 5. Januar 1841 bietet F. sein Manuskript dem Herausgeber der *Hallischen Jahrbücher,* Otto Wigand, an. Dabei gibt er einen Überblick über die Struktur und Intention seiner Schrift. F. versteht das *Wesen des Christentums* als wissenschaftliche Begründung und Ausführung der in seinen bisherigen *Kritiken und Abhandlungen* (Band 2 und 3) vertretenen Ansichten über Religion, Christentum, Theologie und spekulative Religionsphilosophie, aber zugleich auch als selbständiges, in sich geschlossenes Werk. Der Grundgedanke ist: »Das *selbst objektive* Wesen der Religion, insbesondere der christlichen, ist nichts anderes als das *Wesen des menschlichen,* insbesondere christlichen *Gemüts,* das Geheimnis der Theologie daher Anthropologie ... Hier ist das Fundament zu einer neuen Wissenschaft gelegt, indem hier die Religionsphilosophie als die esoterische, die geheime Anthropologie oder Psychologie erfaßt und dargestellt wird« (SW B/J XIII, S. 54). Seine Methode nennt F. im Unterschied zur spekulativen, deren indirekte Kritik seine eigene Methode sei, die »*spekulativ-empirische,* die spekulativ-*rationelle* oder auch ... die *genetisch-kritische*« (ebd., S. 55).

In diesem Stadium seiner Arbeit erwägt F., seinen Namen bei der Veröffentlichung nicht zu nennen. Die Gründe dafür liegen nicht nur in der Erkenntnis, daß damit die Aussichten auf eine Professur endgültig verstellt wären, sondern auch in seinem »Ekel gegen Publikum und Publikat« (ebd., S. 48, vgl. auch S. 30). So heißt es in einem Brief an Christian Kapp vom 12. Januar 1841: »Ob mein opus novum auf dem Titel meinen Namen trägt, darüber hat nur der Buchhändler zu entscheiden. Erscheint er nicht, so geschieht das nicht aus politischen, sondern subjektiven Gründen, aus Antipathie gegen die literarischen Namen und Sekten, aus Neigung zur Mystik, aus Hang zum praktischen Obskurantismus, aus Kryptokatholizismus. Nicht doch! Der Buchhändler hat nicht allein darüber zu entscheiden. Ich darf meinem apokryphischen Hang nicht nachgeben in diesem Falle ... Der Gegenstand gegenwärtiger Schrift ist ein ebenso populärer als spekulativer. Diese Gelegenheit darf nicht versäumt werden – da muß der L. F. auf dem Titel figurieren –, abgesehen von hohen sittlichen Motiven« (ebd., S. 57 f.). F.s Unentschlossenheit bezüglich der Anonymität kennzeichnet auch den eine

Woche zuvor – am 5. Januar 1841 – verfaßten Brief an Otto Wigand, in dem er auch Überlegungen zum Titel anstellt. »Vor allem wünsche ich mich nicht als den Verfasser zu nennen, keineswegs aus politischen, sondern subjektiven Gründen. Ich glaube keineswegs die Anonymität im Widerspruche mit Ihrem eigenen Interesse. Die Anonymität übt einen mächtigen Reiz aus, zumal wenn sie, wie in diesem Falle, zu dem Inhalte paßt. Jeder Name hat seine Feinde, Namenlosigkeit nicht. Nur an sich gleichgültige Schriften müssen durch den Namen gehoben werden. Anonyme Schriften aber bedürfen nichts als einen pikanten Titel. Auf den Fall der Anonymität berechnet ist der Titel: Γνῶθι σαυτόν oder die *Wahrheit der Religion* und die *Illusion der Theologie.* Ein Beitrag zur Kritik der spekulativen Religionsphilosophie – oder: Ein Beitrag zur *Kritik der reinen Unvernunft,* oder ein kritisches Komplement zur spekulativen Religionsphilosophie. Der Zusatz ›*Ein Beitrag*‹ scheint mir nötig, um das Gebiet zu bezeichnen, wohin die Schrift gehört. Ob es aber nicht zu sehr die Aussicht beschränkt und daher Ihnen nachteilig, überlasse ich Ihrem Ermessen. Übrigens bestehe ich nicht unabänderlich auf der Anonymität. Aber im anderen Falle muß ein anderer Titel gewählt werden, etwa: Analysis der Geheimnisse der christlichen Dogmatik, oder: Religionsphilosophie vom Standpunkte eines spekulativen Rationalismus, oder: im Sinne der genetisch-kritischen Philosophie« (ebd., S. 55 f.). (Arnold Ruge erwähnt noch, F. habe erwogen, seine Schrift »Organon der Unvernunft« zu nennen – *Arnold Ruges Briefwechsel und Tagebuchblätter aus den Jahren 1825-1880,* hg. von P. Nerrlich, 2 Bände, Berlin 1886, II, S. 346.)

Ein weiterer Grund, seinen Namen zu verschweigen, mag für F. damit gegeben gewesen sein, daß er das Produkt seiner zweijährigen Arbeit nicht befriedigend fand. In einem Brief an Kapp (vom 12. Januar 1841) berichtet er, sein Interesse für die Geologie habe die »altersschwache Theologie bedeutend verkürzt und verkümmert. Vieles habe ich flüchtig, oberflächlich, widerwillig hingeworfen. Vieles ganz ausgelassen, um nur fertig zu werden. Es ist die erste Schrift, die ich, wenn auch nicht konzipiert, doch mit geteilten Sinnen niedergeschrieben« (ebd., S. 58). Deshalb entschließt sich F. (Brief an Kapp vom 12. Februar 1841 – ebd., S. 59 f.) zur Umarbeitung. »Schon war ich im Begriff, das Manuskript abzuschicken, als jener rückhaltene Dämon des Sokrates in mich fuhr. Nur in den letzten

Momenten, nur wo es sein muß, komme ich zur Tat, komme ich zum Bewußtsein, zur kritischen Entscheidung. So auch in diesem Falle. Ich war ein Patient, der nicht wußte, wo es ihm fehlt. Die Scheu vor ernstlichen Maßregeln, die Faulheit der Hand, war Schuld an dem Bestand des unbestimmten namenlosen Elends. Endlich schritt ich zu einer Radikalkur, zur Umarbeitung und folglich Neuschreiberei der mißbehaglichen Partien. So konnte ich denn einen Teil des Manuskripts mit gutem Gewissen abgehen lassen, obgleich noch vieles hinter meinen Forderungen zurückbleibt. Ich glaube, ich wäre vor Scham tot zu Boden gesunken, wenn ich meine Arbeit in der ersten, bereits fertig geglaubten Gestalt gedruckt zu Gesichte bekommen hätte. Jetzt habe ich nur noch die geistlose Arbeit, den gelehrten Anhang abzuschreiben, weil ich ihn anders ordnen muß und nicht anders ordnen kann, wenn ich ihn abschreibe. Das sind die Fata eines Skribenten.«
Für das von F. geforderte Honorar von 400 Gulden war Wigand unverzüglich bereit, das *Wesen des Christentums* in Verlag zu nehmen; wie der endgültige Titel entstand, ist nicht zu ermitteln. Dank der Geschicklichkeit Arnold Ruges (der auch die Korrekturarbeiten übernahm) im Umgang mit der sächsischen Zensur gelang es, das *Wesen des Christentums* ohne Streichungen und Veränderungen durch die Zensur zu bekommen. Ruge schreibt später darüber: »Ich habe ihm bei der ersten Auflage die Korrektur und das Durchlotsen durch Niedners Zensur besorgt, der sagte: ›Ich lasse alles stehen. Nur Autotheismus kann ich nicht vertragen.‹ Dagewesen ist er aber doch! Es war übrigens ein Glück, daß wir Niedner fanden, das Rhinozeros Wachsmuth [auf dessen Veranlassung *Philosophie und Christentum* – Bd. 2, Anm. 135 – verboten wurde] hätte die Ketzerei nicht zur Welt kommen lassen ...« (*Arnold Ruges Briefwechsel ...*, II, S. 346).

Erschienen ist die hier abgedruckte erste Auflage des *Wesen des Christentums*, nach mehr als zwei Jahren Arbeit an diesem Thema, spätestens im August 1841. Am 9. August berichtet F. an Christian Kapp vom Erfolg seines Buches: »Meine Schrift scheint wirklich entweder schon vergriffen zu sein oder doch wenigstens es zu werden« (SW B/J XIII, S. 70).
Bereits am 13. November 1841 schreibt F., Wigand habe ihn

aufgefordert, die zweite Auflage vorzubereiten (ebd., S. 83). F. muß gleich mit der Arbeit begonnen haben, denn Mitte Januar kann er an Wigand schreiben: »Mein Werk wird in der zweiten Auflage bedeutend gewinnen ... Ich habe bereits mehrere Materien tiefer begründet und weiter entwickelt und dabei so klar, daß das Werk den Rang einer unumstößlichen, evidenten Wahrheit, einer wissenschaftlichen – einer *welthistorischen Tatsache* bekommen muß. Auch habe ich die köstlichsten Belegstellen – zumal aus *Luther* und *Augustin*, den beiden Matadoren des Christentums – bereits gesammelt« (ebd., XII, S. 83). Karfreitag 1842 schickt F. die Druckvorlage an Wigand. »Die Schrift hat nicht nur formell, sondern auch materiell bedeutend gewonnen: nicht nur der kritische, sondern auch der *produktive* Geist hat zum Schrecken und Ärger der Philisterwelt sein Scherflein dazu beigetragen. Gleich das dritte Kapitel, ›*Gott als Verstandeswesen oder die Gottheit des Verstandes*‹, ist ein höchst gewichtiger Zuwachs. Selbst schon durch die vielen Belegstellen aus Luther, durch die schließliche Deduktion der neuen Lehre als der Wahrheit des Protestantismus am Ende der Anmerkungen hat die Schrift eine neue Gestalt und Bedeutung bekommen« (ebd., S. 83 f.). Am 14. April 1842 teilt Ruge im Auftrage Wigands mit, dieser habe das Manuskript der zweiten Auflage erhalten, möchte aber den Druck einige Monate verzögern, um wegen der österreichischen Zensur zurückgegebene Exemplare noch verkaufen zu können (ebd., XIII, S. 99). Daraufhin schickt Wigand das Manuskript zurück, das von F. noch einmal überarbeitet wird. Am 19. August 1842 teilt F. Kapp mit: »Mein Werk ist nun fertig, oder vielmehr mein Verstand steht mir stille. Mehrere Materien wollte ich noch hineinarbeiten, aber ich bin stumpf und müde« (ebd., S. 107 f.). Am 8. November heißt es in einem Brief an Ruge, er habe den Text abermals an Wigand übersandt (ebd., S. 403). Im Januar 1843 ist F. dabei, die Korrekturfahnen durchzugehen (ebd., S. 117).

Das in dieser Ausgabe im Anschluß an den Text des *Wesen des Christentums* abgedruckte *Vorwort* zur zweiten Auflage (1843) ist mit »Bruckberg, den 14. Februar 1843« datiert, die Zusätze mit »31. März« und »1. April«. Über die Vorrede schreibt Karl Marx am 30. Oktober 1843 an F.: »Ich glaube fast aus Ihrer Vorrede zur 2. Auflage des ›Wesen des Christentums‹ schließen zu können, daß Sie mit einer ausführlicheren Arbeit über *Schelling* beschäftigt sind, oder doch manches über diesen Windbeutel in petto hätten. Sehen Sie, das wäre ein herrliches Debut [für die *Deutsch-Französischen Jahrbücher*]« (ebd., S. 127). Zum dritten Mal überarbeitet F. seine Schrift für die *Sämtlichen Werke* (Bd. VII) im Jahre 1849 (= 3. Auflage).

Die Differenzen der Auflagen sind noch nicht genügend untersucht worden. Ein paar Hinweise auf die wichtigsten Unterschiede der 1. und 2. Auflage müssen hier genügen. Grundsätzlich ist die 1. Auflage in ihrer Begrifflichkeit und in einzelnen Fragen auch noch darüber hinaus durch ihre Nähe zur Hegelschen Philosophie bestimmt. Die Anordnung, Gliederung und Beziehung der einzelnen Kapitel ändert sich mit der 2. Auflage, die Fußnoten sind zum Teil erheblich erweitert und der Anhang mit den Belegstellen fast verdoppelt worden (vgl. Rawidowicz, F., S. 82 f., Anm. 2 und WdChr, Schuffenhauer II, S. 705 f.). Eduard Zeller hat zuerst auf die Differenz der Auflagen (in seiner Rezension der 2. Auflage in den *Theologischen Jahrbüchern*, hg. von Chr. Baur und E. Zeller, Jg. 1844, S. 336 ff.) und auf die Bedeutung Luthers für die 2. Auflage verwiesen (vgl. dazu Bd. 3, Anm. 108 und Bd. 4, Anm. 1). Vgl. auch Ascheri, F., S. 124 f. und O. Bayer, Gegen Gott für den Menschen. Zu Feuerbachs Lutherrezeption, in: *Zeitschrift für Theologie und Kirche,* Jg. 1972, H. 1 (abgedruckt in: Feuerbach, WdF).

Bereits aus dem für F. und den Verleger Wigand selbst überraschend schnellen Absatz des Werkes ist ersichtlich, welche Resonanz das *Wesen des Christentums* fand. Die Interpretation seiner Kritik der Religion lief zunächst in eine F. nicht befriedigende Richtung. Einige »Linkshegelianer« und hegelianisierende Philosophiehistoriker verstanden sie als von der Sache geforderte Ergänzung und Weiterführung der Hegelschen Religionsphilosophie. So sieht Arnold Ruge F.s Tat als einen »Fortschritt gegen Hegel, indem er den Subjektivismus und dessen praktisches Pathos gegen den systematischen Objektivismus Hegels, das Werden gegen das Sein, das Sollen gegen die Schranken des erreichten Absoluten im System und in der Wirklichkeit auf eine völlig selbstbewußte und gebildete Weise geltend macht« (*Arnold Ruges Briefwechsel ...,* I, S. 224 – Brief vom 7. 11. 1841 an Starr). Strauß, Feuerbach und Bruno Bauer seien die richtigen »Ausleger der Hegelschen Philosophie, und es ist noch zu verwundern, daß so viel Geduld mit dem alten Kram vorhanden ist. Unsre Zeit ist die fundamentalste Aufklärungsperiode, die es je gegeben hat ...« (ebd., S. 246). (H. M. Chalybäus zählt F. noch 1842 zu den »signifikantesten Herzögen« des Hegeltums – vgl. Rawidowicz, F., S. 84.) Auch Eduard Zeller erwähnt diese Auffassung des *Wesen des Christentums*: »Man pflegt Feuerbach mit zu der Hegelschen Schule zu rechnen, man hält seine Schrift nicht selten für die letzte Konsequenz der Hegelschen Philosophie, man benützt diese Konsequenz von der einen Seite zum abschreckenden Beispiel oder zum einleuchtenden Verdächtigungsgrund, man sucht von der andern, wie der Verfasser der Posaune, Feuerbach schon in Hegel selbst nachzuweisen, und seine Anerkennung jedem rechtschaffenen Hegelianer zur Gewissenssache zu machen« (Rezension der 1. Auflage in den *Theologischen Jahrbüchern*, Jg. 1843, S. 326).

Diese Auffassung scheint so verbreitet gewesen zu sein, daß F. sich genötigt sieht, in einem Artikel in der *Augsburger Allgemeinen Zeitung* und durch Aufsätze zu Rezensionen seines Werkes auf seinen vollständigen Gegensatz zur Hegelschen Philosophie zu verweisen – vgl. *Zur Beurteilung der Schrift ...* (1842); auf F.s Korrektur wird ausführlich eingegangen: Bd. 3, Anm. 74. Erst daraufhin revidiert Ruge seine Interpretation des *Wesen des Christentums* als Fortsetzung der spekulativen Religionsphilosophie (*Neue Wendung der deutschen Philosophie*, in: *Anekdota ...*, Zürich 1843, Bd. II, S. 3 ff.).

Auch Friedrich Engels vertritt in seiner Abhandlung *Schelling und die Offenbarung* (1842) noch die – wie gezeigt verbreitete – These, F.s Kritik des Christentums sei eine »notwendige Ergänzung zu der durch Hegel begründeten spekulativen Religionslehre« (MEGA, I. Abt., Bd. 2, S. 225). Im Jahre 1888 beschreibt er sein »Feuerbach-Erlebnis« mit den viel zitierten Worten: »Mit einem Schlage zerstäubt es [das *Wesen des Christentums*] den Widerspruch, indem es den Materialismus ohne Umschweife wieder auf den Thron erhob ... Der Bann war gebrochen; das ›System‹ war gesprengt und bei Seite geworfen, der Widerspruch war, als nur in der Einbildung vorhanden, aufgelöst. Man muß die befreiende Wirkung dieses Buchs selbst erlebt haben, um sich eine Vorstellung davon zu machen. Die Begeisterung war allgemein: wir waren alle momentan Feuerbachianer ... Selbst die Fehler des Buchs trugen zu seiner augenblicklichen Wirkung bei. Der belletristische, stellenweise sogar schwülstige Stil sicherte ein größeres Publikum und war immerhin eine Erquickung nach den langen Jahren abstrakter und abstruser Hegelei« (Marx/Engels, *Werke*, Bd. 21, S. 272).

Mit dem *Wesen des Christentums* war F. aus dem engen Kreis der Universitätsphilosophie zu einem breiteren Publikum vorgestoßen. Die progressive Intelligenz der 40er und 50er Jahre ist durch F.s religionskritische und anthropologische Gedanken geprägt. F. hat den Weg geebnet für die Popularphilosophie eines Stirner und den Vulgärmaterialismus von Moleschott, Büchner und Vogt (vgl. Bd. 4, Anm. 13 und 99). Zur Wirkungsgeschichte der F.schen Philosophie in der Philosophie- und Geistesgeschichte s. die ausführliche Darstellung von Rawidowicz, F., S. 307 ff. Die Bedeutung F.s für die intellektuelle Biographie von Karl Marx ist von Werner Schuffenhauer untersucht worden (*Feuerbach und der junge Marx. Zur Entstehungsgeschichte der marxistischen Weltanschauung*, Berlin 1965), der auch eine ausführliche Einleitung (in das WdChr., Schuffenhauer) lieferte.

Das *Wesen des Christentums* ist F.s Hauptwerk; durch das *Wesen des Christentums,* die *Vorläufigen Thesen zur Reformation der Philosophie* (1843 – Bd. 3, Anm. 95), die *Grundsätze der Philosophie der Zukunft* (1843 – Bd. 3, Anm. 109) sowie das *Wesen der Religion* (1846 – Bd. 4, Anm. 28) ist das Urteil der Zeitgenossen wie auch unser Urteil über F.s Gesamtwerk bestimmt. Das *Wesen des Christentums* ist die geschlossenste Darstellung der F.schen Religionskritik und kennzeichnet den Höhepunkt seiner philosophischen, ja geistesgeschichtlichen, Wirksamkeit. F. selber hat den darin formulierten Standpunkt sehr bald verlassen und für ergänzungsbedürftig gehalten. Der *Mensch* und seine Religion ist der Gegenstand des *Wesen des Christentums,* mit dem *Wesen der Religion* führt F. seinen Ansatz konsequent weiter und formuliert sein zweites zentrales Thema: Die *Natur* als »Grund und Gegenstand« der Religion (vgl. Bd. 4, Anm. 28).